Neckar
Eberbach
Zwingenberg
Neckargerach
Minneburg
Binau
Hornberg
Gundels-
heim
Guttenberg
Wimpfen

ADOLF SCHMITTHENNER

Das deutsche Herz

VERLAG W. KRAUTH GMBH · EBERBACH

98. – 100. Tausend
Verlag: W. Krauth GmbH, Eberbach
Herstellung: Druckerei und Verlag W. Krauth, GmbH, Eberbach
Umschlag und Zeichnungen: Emil Waas
1988

SCHMITTHENNER · DAS DEUTSCHE HERZ

ERSTER TEIL

1

Aus dem weiten und warmen Busen des Schwabenlandes rauscht der Neckar dem Odenwald zu. Er verschmäht es, durch die niedrigen Hügel des Kraichgaues zu brechen; er will seine Kraft an den Lenden eines Gebirges erproben. Oder es geht ihm wie einem verwöhnten Muttersohn: es ist ihm zu wohl geworden im bequemen schwäbischen Bürgerhaus, er will ein wenig auf Ritterschaft in die Büsche hinein.

Was nun auch der Grund sei, eigensinnig hält er die Richtung nach Norden fest und bohrt sich ins Gebirge hinein, wo es am höchsten emporsteigt. „Dort ist der Rhein!" spricht zu ihm der Katzenbuckel und drückt ihn links hinüber. Und nun ist es, wie wenn des unschierigen Mahners Rippenstoß das Gewissen des träumenden Burschen geweckt hätte. Ungestüm und doch mit der Hoheit, die dem deutschen Strome ziemt, bricht er sich nach Westen die Bahn. Leidenschaftliche Sehnsucht gibt ihm die Kraft, die Felsen auseinander zu schieben oder zu durchbrechen und das Gebirge zu zerteilen bis auf den Grund. Und doch tut er zuweilen wieder, wie wenn er sich nicht trennen könnte von diesen grünen, runden Bergen; er schmiegt sich daran fest und hält sie umschlungen mit seinem glänzenden Arm, also daß, wohin auch der Abhang sich senke, des Neckars Woge zu ihm aufrauscht. Strom und Gebirge rüsten sich zum Abschied. Es wird ihnen feierlich zumute, und die große Empfindung gibt ihnen ein erhabenes Ansehen. Stolzer steigen die Berge empor, näher rücken sie an den Strom heran, höher schäumt die Woge, majestätischer blinkt die gleitende Flut. Der Neckar und der Odenwald halten Abschied. Wie eine entfesselte Schlange schießt der Fluß in die Ebene hinaus, genießt der Freiheit in weitem, wohligem Bogen, und dann streckt er sich dem blinkenden Rheine entgegen. Das Gebirge aber reckt sich und schaut dem enteilenden Freunde nach mit einem langen, stillen Blick. —

Über dreihundert Jahre sind vergangen seit dem Tag, wo unsere Geschichte anfängt. Am Fuße des Königsstuhles rauschte der Neckar lauter, als er heute rauscht, denn man war den Granitblöcken, die im Strombett liegen, noch nicht mit Pulver und Dynamit zu Leibe gegangen. Viel mehr Waldvögelchen als heute netzten ihre Schnäbel im Neckarwasser, denn man hatte die Ufer des Flusses und der Seitenbäche noch nicht von dem tausendfältigen Buschwerk gesäubert und ließ die lieben Hecken wachsen, wo sie wachsen wollten. Die Reiher im Reiherwald hatten herrliche Tage, denn den Junkern war die Falkenjagd abhanden gekommen und der Neckar wimmelte von Fischen. Oh, wie es in einer lauen Sommernacht unter dem Ersheimer Kirchlein schnalzte! Die Fische waren wie trunken vom Mondenlicht. Zuweilen klang es plump und grob vom Neckar her, wie wenn ein Pfundstein ins Wasser fiele. Das war ein alter Hecht, der ein Maulvoll Sommernachtlicht geschnappt hatte, oder ein würdevoller Salm, der bei sich dachte: ‚Ich komme auf des Junkers Tisch, das ist mein verbrieftes Recht‘, und bei diesem Selbstgespräch vor Hochmut durch die Luft sprang. Nachtigallenchöre sangen herüber und hinüber über den schimmernden Strom, und die Turteltäubchen gurrten aus dem Wald. Es ist keine Frage, bei Nacht war es damals schöner im Neckartal als heute. Bei Tag dagegen ist es heute lustiger. Noch nicht floß vor dreihundert Jahren der grüne tiefe Strom des Waldes von Berg zu Berg und ins Tal herunter bis zu den Neckarwiesen. Man wußte nicht, was man mit dem Holz anfangen sollte, und rodete sinnlos bald hier bald dort für ein paar Jahre; dann ließ man wieder die Buchen und Eichen hereinwachsen über den ausgeraubten Boden und fing wo anders an. So sah man rechts und links auf den Höhen nur dürftige Roggenfelder oder unerfreulichen Lausewald. Die Berge, worauf die Burgen liegen, waren völlig kahl, und die Schlösser, als sie noch ganz waren, sahen sehr weißgetüncht, nüchtern und behäbig aus, halb ritterlich, halb bäuerlich. Der Torwärtel saß in Schlappen auf dem Bänklein, sagte: „Hä!“ und aß ein dickes Käsebrot.

Die Dörfer und Städtlein, die heute im Neckartal liegen, waren damals schon alle miteinander da; ja noch einige Flecken und Weiler mehr, die in den späteren Kriegsläuften abhanden gekommen sind. Die Dörfer sahen ungefähr geradeso aus wie heute, nur gackerten viel mehr Hühner, und wenn man einen Bauern gefragt hätte, was ihm von der ganzen Welt das liebste sei, so hätte er gesagt: das Schwein und noch einmal das Schwein und zum drittenmal das Schwein. Oh, wie es so köstlich grunzte des Winters in den Ställen und des Sommers in lauschigen Talbuchten unter dem jungen Eichwald! Mit den Städtlein aber, wie Eberbach, Hirschhorn, Steinach, Gemünd, hatte es zu jener Zeit ein ganz andres Wesen als heute. Sie staken in Schanz und Wehr, waren von Mauern umgeben, hatten ein

Neckartürlein, ein Bergpförtlein, ein Vordertor, ein Hintertor und ein Mitteltor. Auf den Wällen standen einige Katzenköpfe und andres grobes Geschütz. Es läutete sehr oft, bald dünn, bald dick, und jedermann wußte, was es bedeute. Des Morgens früh, ehe der Tag graute, mahnte die Betglocke: befehlet Leib und Seele dem Herrn und steiget flugs aus dem Bett! Des Abends in der lichten oder dunklen Dämmerung rief dieselbe Glocke die spielenden Kinder in die Häuser; auch die Knechte und Mägde kamen herein. Alle standen um Vater und Mutter herum und beteten der Reihe nach:

„Als unser Herr in Garten ging
und sein bitteres Leiden anfing.“

Des Morgens um elf Uhr rief ein helles, weit klingendes Glöcklein die Mähder und Holzfäller zum Mittagsmahl. Und dasselbe Glöcklein verkündete des Winters um drei und des Sommers um vier den bekümmerten Mägen rings in der Rund: jetzt gibt's wieder etwas zu essen. Um neun oder um zehn Uhr des Abends läutete die Lumpenglocke, und der Schiffer Stapf zu Hirschhorn stülpte den Würfelbecher um und sagte: „Gute

Nacht, Löwenwirt!" Auch das Bürgerglöcklein hatte mancherlei zu sagen. Es rief die Mannsleut zur Frond oder die Schöffen zum Gericht. Mitunter gellte die Sturmglocke, dann rannten die Leute wie besessen auf die qualmende Gasse und schrien: „Wo, wo?" Wenn aber die große Glocke mitläutete, dann ließen die Bürger alles stehen und liegen, sprangen in verteilter Ordnung an die Tore und verriegelten und verrammelten die eichenen Flügel. Mitunter kam auch das Armsünderglöcklein in Schwung. Dieses geschah jedesmal eine halbe Stunde später, als der Meister Henker mit seinem Knecht auf der Fähre über den Neckar gefahren war. Das Armsünderglöcklein läutete unterschiedlich lang. Wenn nichts als der Block und das lange Richtschwert auf dem Wägelein des Scharfrichters lag, war das Glöcklein bald zu Ende; wenn aber bei den übrigen Gerätschaften ein schweres eichenes Rad mit dicken Speichen über dem Wägelchen lag, dann läutete die Glocke lange, ach, furchtbar lange, es waren keine einzelnen Schläge mehr, sondern ein fortgehendes Heulen und Wimmern. Wenn es endlich aufgehört hatte, dann wurde dem Meister, wie es anders unbillig gewesen wäre, zu seinem höchsten Lohn noch ein starker Imbiß verehrt. Während nur die Armsünder auf dieses Glöcklein Anspruch erhoben, war die übrige Menschheit, mit Ausnahme derer, die sich selber aus dem Leben beförderten, mit der allgemeinen Totenglocke zufrieden. Diese Glocke läutete nach keiner irdischen Uhr, aber der, den sie meinte, war immer bereit; beim ersten Schlag machte er sich schleunig auf, und lang hingestreckt fuhr er über den Neckar, dem Ersheimer Friedhof zu.

So war das Neckartal zwar damals noch ohne die tausend Geräusche der heutigen Zeit. Kein Dampfschlepper brüllte, keine Lokomotive pfiff, kein Güterzug polterte, kein Automobil blökte, kein Fahrrad klingelte, aber viel mannigfaltiger und eindringlicher redeten Glocke und Glöcklein in das Leben der Menschen hinein.

Wenn diese Leute einmal zu ernster Feier oder zu Spiel und Scherz beieinander waren, wie sah die Versammlung doch so stattlich aus! Die kurzen, stämmigen Bauern in Wams und Lederkappe, die Bürger in ihren pelzverbrämten Röcken und kübelartigen Pelzmützen, die man für wunderschön hielt, weil die Tracht von weither kam; sie kam aus dem Lande der wilden Kroaten, von denen man aus den Türkenkriegen her viel erzählte. Die Junker gingen im Barett und im bequemen Flaus oder im engen, düsteren spanischen Gewand, worinnen man wohl oder übel steif und gemessen wandeln mußte. Malerisch sahen die Soldaten aus, die Landsknechte und Reiter, in Blechhaube, Harnisch und hellgelben Schlappstiefeln oder im buntfarbigen Rock, Pluderhose und breitem, verwegenen

Filzhut. Wärest du mit dabei gewesen auf einer Kirchweih in Gerach oder auf dem Jahrmarkt in Hirschhorn, nach einer Weile hättest du gemerkt, daß die Leute kein Kauderwelsch reden, sondern Deutsch, und hättest sie auch bald fast ganz verstanden und hättest dich gefreut, wie sie so frisch und kernig und lustig drauflos redeten, sangen und lachten. Auch hättest du manch ein Mägdlein und manch eine Ehefrau gesehen, die dir herzlich wohlgefallen hätte, und nicht allein dir, sondern auch deinem Herrn Bruder und vielleicht sogar deinem eigenen Schatz. Die Kinder glichen den heutigen am meisten. Sie aßen gerne Äpfel und hatten nichts dagegen einzuwenden, wenn der Lehrer auch einmal außer der Reihe Ferien gab. Ein schönes Leben hatten die Kinder. Denn so bucklig und verschunden die Landstraßen waren, so waren sie doch viel reicher an buntem Leben und Treiben, an Sang und Klang, freilich auch an Seufzen und Wehklagen, als sie heute sind. Täglich gab es irgend etwas Herrliches, Fremdartiges, Rauschendes oder Klirrendes zu sehen, was die Straße gesprengt oder getrabt oder gefahren oder gewandert kam. Die heutigen Kinder des Neckartals wären aus dem Gaffen gar nicht herausgekommen. Wären sie und ihre Kameraden von damals sich gegenübergestanden, so hätten sie sich freilich verwundert angeschaut und hätten zueinander gesagt: ihr seid einmal sonderbar ausstaffiert! Hätten sich aber beide Parteien in holder Nacktheit in ihr eigentliches Element, in den Neckar, gestürzt und hätten sich darinnen getummelt wie die Fische, so hätte man die Knaben von damals und von heute nicht voneinander unterscheiden können: dieselben rosigen Gesichter und die gleichen flachsgelben Haare, vor allem aber die nämliche kurze stumpige Gestalt, weshalb ja auch die Burschen aus dem Neckartal zu Mannheim und zu Worms in der zwölften Kompanie standen, bei den „Mündungsdeckeln", während sie damals von den hochgewachsenen Leuten der Ebene die „Grampen" genannt wurden. Sie selbst aber bezeichneten sich mit Stolz als „Neckarschleim", und ein Zimmergesell aus Heidelberg hatte ein neu Lied gedichtet, dessen Kehrreim lautete:

„Wir sind ein jung frisch Neckarschleimer Blut,
Neckarschleimer Blut."

Wenn nun wir Leute vom heutigen Tag in das Wesen und Treiben der Neckarschleimer vor dreihundert Jahren hineinschauen, müssen wir einmal übers andre Mal den Kopf schütteln und sagen: „Allhier geht's wunderlich zu." Wenn ein Rechtsbeflissener alles, was gültig und Rechtens war in Stadt und Dorf, in Weiler und Mühle, in Burg und Stift, schwarz auf weiß in Lehensbriefen, Pfandscheinen, Schenkungsurkunden, Zinstabellen und Zehntbeschreibungen hätte sammeln wollen, er hätte mit einem vierspännigen Planwagen fahren müssen, um all das Papier und Pergament mitzunehmen, und wenn einer in einem kleinen Dörflein wie in Mückenloch oder in Igelsbach von Haus zu Haus und von Mensch zu Mensch gefragt hätte, wer alles an den Gefällen, an den Gilten, Zehnten und Frondrechten Anteil habe, er wäre verrückt geworden, noch ehe er zum halben Dorf draußen gewesen wäre. Aus all dem kunterbunten Zeug der siebenundvierzig und dreiviertel Herrschaften, die sich in Recht und Macht teilten, wären doch schließlich zwei als die vornehmsten herausgetreten, das Kurstift Mainz und die Kurpfalz, und unter den einzelnen Herren, deren Hände zu füllen waren, wäre keiner häufiger genannt worden als der Junker von Hirschhorn. Hätte man irgendwelchen Juden oder Müller oder Schiffmann oder Bauern oder Knecht gefragt: was hast du dem Junker von Hirschhorn zu leisten, so hätte unter zehnen kaum einer gesagt: nichts; die andern alle hätten etwas zu nennen gehabt, sei es sieben Batzen oder zwei Sester Korn auf Martini oder einen Hahnen auf Ostern oder einen Brotkuchen auf den Stephanstag. Und hätte man verwundert gesagt: Muß doch ein reicher Herr sein, der Junker von Hirschhorn, so hätte der Jude gerufen: „Reich? Grausam reich! Allen hohen Herren hat er Geld geliehen." Der Müller aber hätte gesagt: „Hundert Dörfer sind sein eigen, und der Erzbischof von Mainz, sein Lehensherr, hat ihm zu Ladenburg einen Kuß gegeben, obgleich der Junker lutherisch ist."

Das war damals allerdings ein großes Stück, denn die Religionen standen sich damals in Deutschland feindselig gegenüber. Im südlichen Odenwald jedoch ging es auch in Glaubenssachen so buntscheckig wie möglich zu. Wenn einer ein Pferd von mäßiger Gangart hatte, so konnte er an einem Tag katholisch frühstücken, lutherisch zu Mittag essen und auf reformiert den Abendimbiß einnehmen.

Ja, es ging wunderlich zu bei den alten Neckarschleimern.

Aber die liebe Sonne schien damals in den Tagen, die die längsten sind, geradeso lieb und warm, wie sie uns geschienen hat an dem letzten längsten Tag, den wir verlebt haben. Und die Haselstaude hatte damals geradeso weiche grüne Blätter, wie die waren, die wir im letzten Juni durch die Finger gleiten ließen. Und es gibt heute keinen spitzbübischeren und abgefeimteren Fuchs im ganzen Odenwald, als es der alte Fuchs war, der damals am Johannistage im hellen Sonnenschein vor der Haselstaude lag, sich den Bart leckte und seinen beiden hoffnungsvollen Knaben vergnüglich zublinzelte. Die kleinen Füchslein spielten vor ihrem Vater auf einer Waldblöße, bis sie müde waren, dann legten sie sich dem Alten zwischen die Pfoten und baten ihn: „Erzähle uns etwas."

„Heute hat der Junker Hochzeit", antwortete der Alte.

„Wie ist denn das, wenn man Hochzeit macht?", fragte der jüngste der beiden Buben und drückte die Augen geradeso pfiffig zu wie sein Vater.

„Das verstehst du nicht, du bist noch zu jung", erwiderte der Vater.

„Kriegen wir auch etwas von der Hochzeit?", fragte das andre Füchslein.

„Ja, Hasenbraten."

„Wieso, liebster Vater?"

„Der Junker hat auf Hirschhorn fünf Forstwärtel, die haben heut und morgen fünf große Räusche. Er hat auf der Burg fünfundzwanzig Hetzhunde, die haben heut und morgen vielhundert Knochen zu beißen. Der Junker selber denkt nicht ans Jagen, wohl vierzehn Tage nicht. Wenn er zum erstenmal wieder herauskommt in den Wald, nimmt er keine Hunde mit, sondern seine schöne junge Frau."

„Wie heißt sie denn?" fragte der älteste Sohn.

Der Vater besann sich eine Weile und sprach: „Sie heißt Fuchsia."

„Das ist ein schöner Name, Vater."

„Freilich. Wenn er zum erstenmal hier herauskommt, geht die liebliche Fuchsia an seiner Seite. Da denkt er nicht ans Jagen. Folglich?"

Die beiden Knaben schwiegen.

„Folglich?" wiederholte der Alte in strengem Ton.

„Folglich sind wir die Meister im Wald", sagte der ältere Knabe.

„Ja", bestätigte der Vater. „Und wir fangen fette junge Hasen."

„Junge fette Hasen!" lachte der Jüngste und schlug vor Vergnügen einen Purzelbaum.

In diesem Augenblick rief eine Menschenstimme: „Ein Fuchs!"

Im Nu waren der Vater und der älteste Sohn verschwunden. Der jüngste aber überschlug sich und fiel einem blondlockigen Knaben in die Arme. Der hielt das Füchslein lachend an den Ohren fest. Das Kerlchen wehrte sich, warf sein Unterkörperchen hin und wider und biß um sich, daß es eine Lust war. Endlich fing es in der Todesangst zu hofieren an. Der blonde Knabe erschrak, aber blitzschnell drehte er das Tierlein um, so daß es vorwärts schaute, und hielt es mit gestreckten Armen von sich. Steif und still hing es da und vollendete sein Geschäftchen so säuberlich und anständig, daß sich jedes Heddesbacher Büblein hätte ein Vorbild daran nehmen können. Dann fing das Bürschlein wieder zu zappeln und zu schnappen an, aber nimmer lang. Der Knabe warf das Tierchen über seinen blonden Kopf rückwarts in das Dickicht hinein, dann wandte er sich um und schaute mit blitzenden Augen den Weg, den er gekommen war, zurück ins Tal hinunter.

2

Während der alte Fuchs blinzelnd seinem Söhnlein zuhörte, das mit großen Gebärden von seiner Heldentat erzählte, vergoß einige hundert Schritt weiter oben der Brummbaß von Affolterbach dicke Schweißtropfen. Er blieb stehen, beugte sich vornüber und stemmte die Hände auf die Knie. Der Bauch der Baßgeige lag über seinem Kopf, und ihr Hals hob eine entwurzelte Hainbuche aus dem zerbröckelten Boden.

Die Viola, die mit langen, dünnen Beinen die Waldhalde heraufgestiegen kam, lachte aus vollem Hals und rief in die Büsche zurück: „Guckt einmal, was unser Brummbaß für Kunststücke macht!"

Der Brummbaß schielte zurück nach seinem Rücken und klagte: „Einen ganzen Wald schlepp' ich den Berg hinauf. Ich sag's ja immer, wo viel ist, will viel hin. Du, Posaune, wo ist denn die Burg?"

„Die Posaune ist nicht da."

„Findebusch, Kind, wo ist denn die Burg?"

„Findebusch ist nicht da."

„Wenn nur Findebusch da wäre, daß mir doch ein ehrlicher Mensch die Augen zudrückt. Wenn die Burg nicht gleich kommt, sterbe ich."

„Meinst du denn, die Burg käme zu dir? Wenn du da stehen bleibst, muß der Junker seine Urschel ohne Brummbaß nehmen."

Die gutmütige Viola trat heran und fing an, das Bäumchen aus den Saiten zu lösen.

„Schade!" rief der Pfeifer herauf, der neben dem Geiger gemächlich hintennach stieg.

„Schade?" greinte der Brummbaß und schaute erbost zurück. „Der sähe es gern, wenn ich unter einem Eichbaum läge."

„Sag lieber: ‚Wenn ich an einem Eichbaum hinge!' Wo wir gehen und stehen, sollten wir einen Baum bei uns haben, damit sich jeder, der Lust hat, ohne Umstände aufhängen kann."

Der Pfeifer hatte eine harte, barsche Stimme. Er schien der Oberste in der Gesellschaft zu sein.

Unterdessen hatte die Viola die Zweige zwischen den Saiten herausgehoben und legte das Bäumchen vorsichtig auf den Boden, wie wenn es ein totes Kind wäre. Dann trat der Geselle zu dem weiterkeuchenden Brummbaß, legte ihm die Hand auf die Schulter und sagte: „Du, warum soll denn ich dir nicht einmal die Augen zudrücken?"

Der Brummbaß schaute den Frager erbost an.

„Du mir? Ich werde sie dir zudrücken, ob Gott will!"

Der Pfeifer und der Geiger waren nun herangekommen.

Die beiden andern blieben stehen und fragten eines Mundes: „Nichts?"

„Nichts!" erwiderte der Pfeifer. „Sie muß doch auf dieser Seite liegen. Hätten die beiden andern sie gefunden, so hätten sie schon gerufen."

„Findebusch und die Posaune, wo sind sie denn?" fragte der Brummbaß.

„Ich habe sie rechts hinübergeschickt, Ausguck zu halten", antwortete der Pfeifer und stieg rüstig aufwärts.

„Ich fürcht', wir kriegen heute noch etwas aufs Dach", meinte der Geiger. „Die Sonne sticht und es ist dunstig."

„Und wenn es Katzen hagelt, wir müssen gleich nach Mitternacht abfahren, denn morgen früh um sechs Uhr müssen wir dem Zehntrechner in Kirchheim aufspielen."

„Abfahren?" fragte die Viola. „Schickt uns der Zehntrechner ein Wägelein?"

„Mit dem Schiff. Wir fahren den Neckar hinunter und wenn es donnert, daß dem Petrus die Schwarten krachen."

„Wenn es donnert, kriech' ich am liebsten in einen Kuhstall", greinte der Brummbaß. „Beim unvernünftigen Vieh ist man am besten aufgehoben, denn das flucht nicht."

„Warum müssen wir denn ums Verrecken morgen früh dem geizigen Zehntschreiber zum Kirchgang spielen? Hätt' er nicht dem Federvieh absagen können? Bei des Junkers Hochzeit sollte man sich doch gründlich auslustieren, und jetzt müssen wir davon, wenn es am schönsten ist."

Niemand gab der Viola Antwort. Der Brummbaß blieb ein wenig zurück und raunte dem Frager zu: „Er freit um des Zehntschreibers Schwester."

Dabei winkte er mit dem Kopf nach dem Pfeifer hinüber, sah aber bei seinem scheelen Blick dabei aus wie ein stößiger Widder, verwickelte sich mit dem linken Fuß in eine Wurzel und fiel vornüber gestreckten Leibs in einen Haselbusch.

Der Geiger schaute zurück und lachte hellauf.

„Alles macht Hochzeit", rief er. „Der Junker mit der Ursula, der Zehntschreiber mit der Urschel, der Buchbaum mit der Baßgeige, der Brummbaß mit der Hasel."

„Und der besoffene Geiger mit dem Misthaufen!" schrie der Brummbaß grimmig und rappelte sich mühselig auf. Die Viola half ihm dabei.

„Wenn nur der Findebusch da wäre!" jammerte der Brummbaß.

„Ich helfe dir ja. Ist das nicht geholfen, wenn ich es tue?"

„Ach, wenn nur das Kind da wäre, damit ein Ehrenmann bezeugen kann, wie ich schwitze!"

Um den Brummbaß zu ärgern, fing der Geiger zu singen an:

„Am Himmel glänzt ein heller Stern,
Ju, ja, heller Stern,
Bei meinem Schatz da lieg' ich gern,
Ju, ja —"

Wie's Wetter war der Brummbaß bei dem Sänger, hielt ihm mit seiner breiten Tatze den Mund zu und rief in hellem Zorn:

„Schweig still, du wüster Igel! Sing deine Schandlieder auf dem Privet und halt dein Maul dazu! Du bist so voller Schweinerei, wie meine Geige voller Baß. Wenn nur ein Funke Gottesfurcht in dir wäre, müßtest du dich der Sünde fürchten, das Kind zu verderben. Das Kind! Wo bleibt es nur? Findebusch!"

„Dort kommt die Posaune", rief die Viola. „Da ist die Trompete auch nicht weit. Wo ist Findebusch?"

„Nichts gesehen?" fragte der Pfeifer den Heraufkletternden.

„Nichts! Die Burg muß hier oben sein."

Dann wandte er sich der Viola zu und sagte: „Findebusch hat zu schaffen. Er hat ein Füchslein auf einen Ulmer Hafen gesetzt, und jetzt besieht er das Wasser."

Die Posaune hatte sich zu den andern gesellt, und die fünf Männer gingen durch den Niederwald dem nahen Höhenrande zu.

Plötzlich blieben alle stehen wie auf einen Schlag.

„Was war das?" fragte der Geiger.

„Wenn wir nicht mitten im Walde wären", meinte die Posaune, „würde ich sagen, es sägt einer ein Brett."

„Es war vielleicht ein Specht. Still!"

Man hörte wieder den singenden, knirschenden Ton, und ganz in der Nähe.

„Kein Zweifel", sagte der Pfeifer. „Dort oben ist eine Säge und ein Brett."

„Und eine Hobelbank und ein Schreiner", fuhr die Posaune fort.

„Woher weißt du, daß es ein Mensch ist von Fleisch und Blut?" sagte der Geiger ängstlich. „Vielleicht ist es der Lindenschmitt. Der geht um hierzuland."

„Der Reitersknab'?" antwortete die Viola. „Was hat das mit der Säge zu tun? Soeben fallen die Bretter, hört ihr nicht?"

„Gehen wir drauflos", entschied der Pfeifer, und die Männer stiegen in einer Reihe den letzten Rain hinauf.

„Wäre nur das Kind da!" klagte der Brummbaß. „Vor dem Findebusch weicht jeder Spuk."

„Was er wohl machen mag?" fragte der Geiger, der wieder Mut bekommen hatte. Er gab sich selbst die Antwort. „Was anders als ein Ehebett, oder gar eine Wiege, oder — oh, ich weiß —". Er brach in ein wieherndes Gelächter aus. „Er macht — einen —"

Sein Einfall erstickte ihn fast durch den Haufen Gelächter, worin er sich wickelte.

„So hör doch auf und sag's!" rief die Posaune.

„Er macht — einen —"

Eine neue Flut kreischenden Gekichers.

Die andern waren auf die Höhe getreten und standen still und unbeweglich.

Jetzt kam auch der lachende Geiger nach. Auch er verstummte. Sein freches Gesicht wurde bleich. Seine Augen wurden groß und größer und bekamen einen angstvollen Schein. „Er macht einen Sarg", sagte er leise.

Die Männer standen am Rande einer weiten Lichtung, die sich, an den Seiten und im Rücken von Hochwald umgeben, über den Kamm des Höhenzuges hinzog. Auf dem mit Waldgras überwachsenen Boden standen einzelne hohe Föhren. Unter der nächsten und größten war eine Hobelbank zu sehen. Auf ihr und um sie herum standen und lagen alle möglichen Werkzeuge und Gerätschaften der Schreinerei. Mehrere zurechtgesägte Bretter lagen auf dem Boden, hinter dem Baum lehnte ein Bord am Stamm, noch in seiner ganzen Länge, mit rindigem Rand. Weiter vorn aber, dicht vor den Musikanten, lag Sarg an Sarg im hohen Gras.

Als die Männer auf die Höhe traten, wurde gerade das Bord vom Boden gehoben, leicht, als ob es ein Pfahl wäre, auf eine schlanke Schulter geworfen, über die Hobelbank gelegt, und eine jugendliche Gestalt beugte sich darüber, setzte die Säge mit Sorgfalt an und sägte. Die wirren blonden Haare fielen über die Stirn in das Gesicht hinein und bedeckten es, so daß nur die bleichgelbe und magere Wange zu sehen war. Vom Hals bis zu den bloßen Füßen hing ein langer, weiter Rock herunter, der mit mehr denn hundert Stücken von allerhand Tuch überflickt und aufeinander gesetzt war. Anstatt des Gürtels war ihm ein Strick um den Leib geschlungen.

Der wunderliche Mensch verwandte keinen Blick von der Arbeit, und wenn er nicht taub und blind war für die ganze Welt, die außerhalb seiner Arbeit lag, so wollte er es wenigstens für die Fremdlinge sein, die da standen und ihn angafften.

„Wie hast du denn die Hobelbank heraufgebracht mitten in den Wald?“ fragte der Geiger.

Der Brummbaß warf dem albernen Gesellen einen zornigen Blick zu; aber es wäre unnötig gewesen, denn der Einsiedler sägte zu und gab keine Antwort.

„Wieviel Särge machst du denn?“ fragte der Fant weiter.

„Wieviel Leute seid ihr denn?“ erwiderte der Jüngling und hielt im Sägen inne.

Er sah langsam auf und zählte: „Eins, zwei, drei, vier, fünf —“

„Nein, sechse!“ rief eine helle Stimme, und ein blondgelockter Knabe tauchte aus dem Gebüsch.

Der Einsiedler sah den zuletzt Gekommenen scharf an und sagte: „Sechs Särge mache ich.“

Er schaute wieder auf das Brett und zog die Säge an, aber nach dem ersten Strich hielt er inne, und sein düsterer Blick, wie wenn er etwas vergessen hätte, hob sich wieder zu dem Rufer von vorhin.

Es war auch ein wonniges Ding, in das feine, offene frauenhaft schöne Gesicht zu schauen. Ein wundersamer Reiz war darüber ausgebreitet, aber man mußte oft hinschauen, bis man sich über den Grund Rechenschaft geben konnte.

Findebusch hatte die Arme übereinander geschlagen und sah verwundert drein, wie die andern getan hatten. Bei diesen war der Bann des Staunens einer unruhigen Neugier gewichen, bei dem Geiger seiner fahrigen Frechheit.

„Sechs Särge! Dann reicht es ja gerade für uns!“ rief er lachend. „Wir wollen doch sehen, ob sie uns angemessen sind.“

Und er sprang mit gleichen Füßen in eine der offenen Grabkisten und streckte sich der Länge nach aus.

„Den Deckel darauf, daß wir ihn nimmer sehen, den Schandbuben!“ rief der Brummbaß.

Was er im Zorn meinte, meinten die Posaune und der Pfeifer im Scherz. Sie holten den Sargdeckel und stülpten ihn darüber. Der darinnen lag, war still und regte sich nicht.

Niemand lachte. Die beiden Gesellen schämten sich des mißlungenen Spaßes. Der Pfeifer trat hinweg und ließ den andern hantieren. Der hob leise den Deckel auf und ließ ihn ins Gras fallen. Jetzt erhob sich auch der Geiger, half sich auf die Beine und stieg vorsichtig aus dem Sarg. Er war weiß wie ein Handtuch und schlotterte an allen Gliedern. Er versuchte zu lachen, aber es gelang ihm nicht; er trat blöd und verlegen auf die Seite und stand da wie ein nasser, frierender Hund.

Der Sargmacher hatte unterdessen weitergearbeitet, wie wenn er allein wäre. Die Frage der Posaune, wo die Burg läge und wie weit es noch bis dorthin wäre, hatte er überhört oder keiner Antwort gewürdigt.

„Hier liegt sie ja!" rief Findebusch.

Er war auf einen geglätteten Baumstumpf gestiegen, so daß er eines Hauptes größer war als die andern.

„Ihr braucht nicht hierherzukommen. Dort, wo der Geiger steht, wenn ihr ein paar Schritte weiter vorgeht, müßt ihr sie sehen. Wahrhaftig, ein stolzes Schloß! Was für ein mächtiger Turm! Und unten glänzt der Neckar. Oh, ist die Welt hier so schön!"

Findebuschs Zuruf machte die müde und verstörte Gesellschaft wieder lebendig. Alle waren froh, den düsteren Eindruck abschütteln zu können, und zeigten sich doppelt lustig. Der Brummbaß, der auf einem in die Quere liegenden Baumstamm ausruhte, schlug sich vergnügt auf die Schenkel, und der Pfeifer, der Grund haben mochte, den liederlichen Geiger bei der Gesellschaft zu halten, trat zu diesem hin und reichte ihm die Branntweinflasche.

Findebusch aber stand noch immer auf seinem Schemel und schaute barhäuptig in das Land hinaus.

Sein Gesicht war der vollen Sonne dargeboten. Geradeso schien das erleuchtende Himmelsgestirn mit breitem Schein in das Antlitz des Eremiten, der ein eisernes Winkelmaß hinter sich auf den Baumstumpf gelegt hatte, auf dem Findebusch stand, und jetzt nach der Säge griff und ihre Schneide fester schraubte. Findebusch ragte dicht hinter dem Siedler in die Höhe, und sein glattes Kinn berührte fast die dunkelblonden Locken des Waldschreiners.

Auf seinen Zuruf: „Dort ist die Burg!" hatten für einen Augenblick alle zu ihm hingesehen, der Brummbaß mit einem verklärten Blick. Während aber jetzt die andern vorgetreten waren, um behaglich das Tal und die Burg und das Städtlein zu beschauen, ging die Viola alsbald wieder zurück, und wie wenn seine Augen etwas verabsäumt hätten, schaute er alsbald wieder den einen Kopf und den andern an, und so oft ihn auch die Gesellen durch Frage oder Zuruf oder eine Bemerkung in Anspruch nahmen, kehrte sein Blick immer wieder zu dem Geschäfte zurück, die beiden Gesichter zu besehen und zu vergleichen.

Plötzlich rief er: „Hast du einen Bruder, Trompeter?"

Der Knabe griff an sein Instrument.

„Viele, viele! Alle, die lieber blasen als sägen, und lieber küssen als essen, und lieber schlemmen als sparen!"

„Was er großtut", sagte der Brummbaß, „und ist doch der einzige unter uns, der noch nie einen Rausch gehabt und ein Mädel geküßt hat!"

Er kam herbei und hängte sich mit einem Seufzer die Baßgeige über den Rücken.

Die Viola schaute noch einmal prüfend die beiden Gesichter an, schüttelte den Kopf und sagte: „Unter all deinen Blasbrüdern sieht dir keiner so ähnlich wie hier der Sargbruder. Schaut nur einmal her, ihr andern!"

Sie sahen die beiden Jünglinge an, und einer wie der andere staunte über die Ähnlichkeit. Was die häßliche Kutte um den Nacken und an den Handknöcheln von den Gliedmaßen sehen ließ, verriet einen schlanken Leib und einen zarten, feinen Bau. Er mochte etwa fünfundzwanzig Jahre alt sein oder anfangs der zwanziger stehen, denn das Kleid und der düstere Blick waren über die Jahre, auf die sein glattes Gesicht schließen ließ. Wenn auch die Züge schärfer, spitzer und ernster waren als in dem lachenden, vollen Antlitz des Knaben, so zeigten sie doch denselben Schnitt von der hohen freien Stirn an bis zu dem weichen Kinn, worinnen weder bei dem einen noch bei dem andern das Grübchen fehlte. Vor allem fiel bei dem ersten Blick in jedem der beiden Gesichter das Auge auf, und wenn man sie verglich, hätte man sich die Augen und ihre Umgebung vertauscht denken können, ohne daß die beiden Menschen anders geworden wären: dasselbe Leuchten aus der Tiefe, dieselbe unbestimmbare Farbe, bald tiefblau, bald schwarz, bald golden, dieselbe steile, zarte Nasenwand und vor allem die gleichen schwarzen, scharfgezeichneten, edelgeschwungenen Brauen.

Der Einsiedler hatte sich aufgerichtet, die Säge aus der Hand gelegt und sich langsam umgedreht. Und dann betrachteten sich die beiden.

„Ich hatte nie einen Bruder", sagte der Waldschreiner, „aber ein Schwesterlein." Nach einer Weile fügte er hinzu im Tone einer klagenden Litanei: „Ich hatte einen Vater und eine Mutter."

„Ei, wie merkwürdig!" rief der Geiger, der sich wieder ins Ansehen setzen wollte. „Findebusch, merke wohl auf: der Vater hat ihn gezeugt und die Mutter hat ihn geboren."

„Ich schlag' dir mein Instrument um die Ohren! Lieber komm' ich aufs Rad, als daß du Igel mir das Kind verdirbst!" Brummbaß hob drohend die Baßgeige.

„Laß nur liegen", begütigte der Knabe. „Ich trag' sie dir vollends bis zur Burg. Geh nur mit den andern voraus, ich folge euch sofort nach."

Der Pfeifer hatte das Zeichen zum Aufbruch gegeben und war mit langen Schritten den hohen Tannen zugegangen. Der Geiger und die Posaune folgten ihm auf dem Fuße nach. Die Viola wartete auf den Brummbaß, der sein Instrument abnahm, die Riemen kürzer schnallte und sich dann, der fortweisenden Gebärde des Knaben gehorsam, wankend und trippelnd auf den Weg machte. Findebusch blieb allein zurück.

Er hängte sich die Baßgeige um die Schulter. Dann eilte er auf den Einsiedler zu, ergriff seine Hand und sagte: „Sargbruder, ade!"

Der andere legte die Säge hin, zog den Knaben an seine Brust und flüsterte: „Noch nie hatt' ich jemand so lieb wie dich!"

Er bückte sich, griff unter die Hobelbank und holte ein kleines Sträußchen roter Blüten vom Boden. Die kurzen Stiele waren mit einer Binse zusammengebunden.

„Da nimm! Steck es an! Verlier es nicht! Es sind Donnerblumen. Sie schützen im Wetter."

Findebusch steckte sich das Sträußchen in den Wams.

„Ich kann dir nichts geben als meine Fuchsmütze."

Er stülpte sie ihm über die wirren Locken.

„Nimm sie nur! Die Posaune macht mir eine andre, sie versteht sich darauf. — Du, warum machst du so viele Särge? Ist bei euch eine Seuche?"

„Ich mache Särge" — der Einsiedler hielt den Knaben an die Brust gepreßt und flüsterte: „Bis ich meiner Mutter Grab gefunden habe." — Mit lauter Stimme fuhr er fort: „Dann mache ich Kreuze, nichts als Kreuze."

„Auch ich kenne meiner Eltern Grab nicht", sagte Findebusch fröhlich. „Aber das kümmert mich nicht. Springt mir ein Fuchs in die Arme, dann denke ich, den schickt mir mein Vater aus dem Grab, und streichelt mir ein Haselbusch die Wange, dann denke ich, der ist aus meiner Mutter Grab gewachsen. Darum ist mir so wohl in der ganzen Welt."

„Versprich mir eins, Bruder Findebusch! Wenn du drüben bist im Schloß, dann blase ein Sterbelied!"

„Du bist nicht gescheit! Für wen denn?"

„Für meine Mutter. Die ist drinnen in der Burg irgendwo verscharrt und vermodert."

„Was soll da das Sterbelied? Sie feiern Hochzeit dort drüben."

„Aber sie hat noch kein Grablied bekommen. Den ärmsten Leuten und den Fahrenden und Gerichteten wird eines gesungen. Den Selbstmördern nicht; aber sie hat sich nicht selber umgebracht. Nein, du —"

Er schüttelte den Knaben an den Schultern und raunte: „Ich weiß, man hat sie schmählich gemordet."

„Wer? Der Junker?"

„Der nicht; er war damals zwölf Jahre alt. Aber dabeigewesen ist er und weiß ihr Grab."

„Warum fragst du ihn nicht?" — „Er schweigt." — „Und die andern?"

„Die es getan haben, leben nimmer. Sie sind ertrunken, haben den Hals gebrochen, die Pest hat sie gefressen. Keiner hat im Frieden die Augen geschlossen und keiner in der Burg ihres Geschlechtes. Ich habe allen die Särge gemacht und habe in jeden einen Fluch gelegt. Aber gesungen hat man ihnen doch drüben in der Ersheimer Kirche. Nur meiner Mutter, meiner Mutter ist nicht gesungen worden. Drum blase du ihr heute nacht auf des Junkers Hochzeit ein Grablied."

Findebusch machte sich aus den Armen des Einsiedlers los, reichte dem Gesellen die Hand und sah ihm treuherzig in die Augen.

„Versprechen will ich dir es nicht. Aber wenn ich es tun kann, dann vollbringe ich's und blase mitten hinein in den Tanzreigen der andern:

‚Wer weiß, wie nahe mir mein Ende?
Hin geht die Zeit, her kommt der Tod!'"

Die beiden umarmten sich in urplötzlicher Bewegung. Und wie sie nun schieden, da war es, als ob zwei Brüder voneinander gingen.

Findebusch sprang seinen Gesellen nach. Hinter einem Busch stand der Brummbaß und wartete. Er warf einen mißtrauischen Blick nach der Richtung, woher die Säge des Einsiedlers schrillte, und fragte seinen Liebling:

„Willst du mich verlassen, Kind?"

Im nächsten Augenblick hing Findebusch an dem Hals des alten Mannes und bedeckte dessen Brust mit seinen Tränen.

Der neigte seinen Kopf und lauschte, denn es war, als ob der Knabe schluchzend etwas sage.

„Ich habe dich nicht verstanden."

„Wie plötzlich, ach, und wie behende
Kann kommen meine Todesnot."

Der Brummbaß schüttelte den Kopf, hob das Gesicht von seiner Brust hinweg und in die Höhe und sah dem Knaben eindringlich in die Augen.

„Willst du mich verlassen, Kind?"

„Nie", flüsterte der Knabe. „Ich bleibe bei dir bis in den Tod."

Und nun eilten die beiden, ohne ein weiteres Wort zu wechseln, dem Hochwalde zu. Als sie ihn erreicht hatten, sahen sie das Goldblech der Posaune links unter sich durch die Büsche blitzen.

Der Einsiedler aber arbeitete, ohne aufzusehen, Stunde um Stunde, bis der Mond über den Berg gestiegen war, und vollendete den sechsten Sarg.

Der Mond schien bleich und verschleiert aus einem tiefen Dunsthof. Der Tag war düster erloschen, wie ein Licht erstickt im Qualm. Der Einsiedler nahm die Hobelbank auseinander und trug die einzelnen Stücke in eine Hütte, die eine Strecke weiter hinten im niederen Tannengrün lag. Ebendorthin trug er die Werkzeuge und Gerätschaften, und dann schleifte er die Särge über den grasigen Boden und barg sie unter dem Dach. Darüber war es völlig Nacht geworden.

Nachdem er die Tür der Hütte verschlossen hatte, ging er über die Lichtung auf die Stelle, von der man nach der Burg sehen konnte. Mit gekreuzten Armen stand er an eine Buche gelehnt und sah zum hellerleuchteten Schlosse hinüber.

Man hörte die Klänge fröhlicher Tanzweisen, sah dunkle Gestalten an den Fenstern vorübergleiten, und aus den Höfen und vom Neckar her erscholl mitunter ein Jauchzen.

Jetzt fingen die Musikanten von neuem an: es war die Melodie eines marschartigen Reigens, aber hell und fröhlich; der Klang der Trompete war der König unter den Tönen.

‚Jetzt geleiten sie das Paar in die Kammer', dachte der Siedler und horchte gespannt.

Da löste sich der Trompetenklang los von dem übrigen Klingen und Singen, Dröhnen und Rauschen, und klar und rein scholl durch die Luft die Weise des Grabliedes. Zuerst wirbelten und schwirrten die übrigen Töne verwirrt um die majestätischen Klänge her, dann wurden sie mitgezogen, zuerst der Baß und ein Klang nach dem andern, bis in voller Harmonie der Choral herüberklang:

„Wer weiß, wie nahe mir mein Ende?
Hin geht die Zeit, her kommt der Tod.
Wie plötzlich, ach, und wie behende
Kann kommen meine Todesnot!
O Gott, ich bitt' durch Christi Blut,
Mach's nur mit meinem Ende gut!"

Der Einsiedler hielt die Fuchsmütze an seine Brust gepreßt. Aus seinen Augen stürzten Tränen. Als die Weise vorüber war, fiel er auf die Knie zu brünstigem Gebet. Dann erhob er sich und ging mit großen Schritten durch den schwarzen Wald dem Schlosse zu.

3

„Hä!“ sagte der Torwärtel Peter, als der letzte Gast draußen war. Er zog die Torflügel herein, legte den Querbalken dahinter und riegelte das Pförtchen. Dann ging er in die Stube, entledigte sich seiner Hochzeitsstiefel und seines Festgewandes und kam bald wieder in den Torbogen heraus in seinen Schlappen und im Hauswams. Er schlurfte ein wenig herum, um sich wieder ins gewohnte Leben hineinzufinden; er schlappte zur inneren Torbrücke und spuckte über das Geländer, dann schlitterte er wieder herunter und goß Milch in das Katzenschüsselchen, dann tappelte er noch einmal hinauf, stieg auf die Zwingmauer und stellte eine Mausefalle vor den Meisenkäfig. Eine Weile stand er tiefsinnig vor den Schweineställen. Dann kam er an den Brunnen heran und zog einen gefüllten Eimer herauf, ließ ihn aber in der Kette hängen, wie es die nächtliche Burgordnung gebot. Dann schleifte er seine Schlappen wieder zum Tore hinunter, in die Stube hinein und kreuz und quer über die sandigen Dielen. Endlich kam er mit einem dick gestrichenen Käsebrot heraus, setzte sich auf sein Bänklein, sagte „Hä!“ und biß ein.

Da klopfte es an das Pförtchen, und eine tiefe Stimme sagte: „Ich bin's, der Hannes.“

Peter schob den Riegel zurück. Ein stämmiger Bursche kam herein, schloß das Pförtchen und setzte sich neben den Wärtel.

„Heute nacht kommt noch ein Wetter, und was für eines!“ sagte er. „Die Musikanten täten gescheiter und blieben hier. In der Johannisnacht ist der Neckar aufs Ersäufen aus, und Schiffer Stapf ist heute der rechte Mann, ihm dabei zu helfen, denn er hat einen Mordsrausch.“

Der Bursche redete vor sich hin, ohne zu beanspruchen, daß ihm jemand zuhöre. Wie es zum Abschluß des Festtages dem Peter ein Bedürfnis war, herumzuschlurfen, so war es dem Hannes ein Bedürfnis, vor sich hin zu pappeln.

„Herrschaft, war das ein Wesen, bis sie alle untergebracht waren! Mit den Junkern ging's noch, die machten sich's bequem und schlenderten zum Nachttrunk in den ‚Löwen'. Aber die Edelfrauen. Einer Mutter und einer Tochter hab' ich den Mantelsack ins Zimmer getragen. ‚Hier riecht es nicht gut', hat die Alte gesagt. ‚Es stinkt', sagt' ich drauf; ‚aber es geht natürlich zu'. Drauf fragte die Junge: ‚Ob es wohl hier Flöhe gibt?' ‚Ich schätze, daß es gibt', sagt' ich drauf. ‚Denn hier sind zwei Weibsleute und in der oberen Kammer drei.' Drauf haben sie mich zur Stube hinausgejagt."

Der Torwärter stand auf, tappelte in den Hof hinauf und betrachtete im Zwielicht einen liegengebliebenen Stallbesen.

Hannes legte die Ellbogen auf die Knie und erzählte in seinen Schoß hinein.

„Meiner Seel, die Unkosten! Der Junker Landschad ist mit dreizehn Pferden gekommen. Alle Ställe sind voll. Die Häuser der Herrschaft und die Wirtshäuser sind gepfropft voll, daß sie mit ihren Buckeln und Bäuchen schier gar die Dächer abheben. Und immer noch nicht genug! Das liebe Vieh weiß doch, wann's zufrieden ist. Aber die fressen und saufen in Ewigkeit Amen. Wär' ich der Junker, tät' ich so: Jeder kriegt auf der Burg sein Gesatz an Essen und Trinken, wie sich's gehört. Wer noch mehr will, für den gibt's Wirtshäuser in der Stadt. — Aber auf Rechnung vom Junker Hirschhorn? Nicht wahr, Hannes? — Prost die Mahlzeit, gnädige Frau! Habt ihr Geld, kriegt ihr was. — Meiner Seel, sie hätten nicht den zwölften Teil Hunger und Durst! — Aber die Gäule? Die sind doch zehrungsfrei? Für ein brav Trinkgeld kriegt jeder Gaul einen Stallplatz, aber Hafer und Heu und was der Roßbub verzehrt, kostet für jeden Gaulskopf zwei Batzen. Hei, wäre jetzt das Städtlein so sauber und so still; neckarauf, neckarab täten sie reiten, was das Zeug hält, damit sie noch heimkommen, ehe das Wetter einbrennt."

Über solchen und ähnlichen Phantasien schlief der Hannes ein. Der Peter aber geisterte noch ein wenig herum. War es im Tore wie in einem Bratofen, so war es im Stüblein daneben wie in einem Backofen. Peter zog das Losament mit der fliegenden Hitze vor. Er schlurfte schließlich endgültig in die Kemenate und legte sich auf die Pritsche.

Nun wachte niemand mehr in der Burg als der Junker und sein junges Weib. Und hätte man nach schlafenden Menschen gesucht, man hätte nur zwei gefunden, und zwar im Tore, sonst nicht einmal im Wächterstüblein oben auf dem Turm. Der Junker hatte allen seinen Leuten erlaubt, die Nacht in der Stadt oder am Strande oder bei den Johannisfeuern auf den nächsten Höhen zuzubringen, bis es zu Ersheim Tag läute.

In den alten Gassen, in den Schenkstuben der Wirtshäuser, oben auf dem Feuerberg und vor der Neckarpforte auf dem grünen Rasen ging es laut und lustig zu. Die Edelknechte und Edelfräulein tanzten um die lodernden Holzstöße. Die ritterlichen Herren saßen mit den Männern vom Gericht und mit den Bürgermeistern und Vögten des Junkers in den kühlen Stuben am eichenen Tisch und redeten von den bedrohlichen Zeichen der Zeit. Die Edelfrauen wandelten am kühlen Neckar und freuten sich, wie die flammenden Räder vom Feuerberg herunterrollten, Funken sprühten, wenn sie springend, aufschlingend und endlich fauchend und zischend im Neckar versanken. Auf dem Plan aber, über den man zur Ersheimer Fähre herunterstieg, waren Bänke und Tische im Freien aufgerichtet und ein bretterner Tanzboden war aufgeschlagen. Beim qualmenden Licht aufgesteckter Pechfackeln spielten die Odenwälder Musikanten, und das junge Volk wurde nicht müde, sich zu umfassen und im Tanze zu drehen. Hinter den Bergen aber brauten die Luftgeister ein Wetter. Mit schlaffen Flügeln standen sie hoch und schwarz zwischen Himmel und Erde und senkten die Köpfe und schauten mit glühenden Augen in die auf und ab steigenden stillen Wirbel, und aus geheimnisvoll spielenden Fingern quollen immer neue schwangere Dünste und zogen sich, verhohlen qualmend, in den brodelnden Kessel. Von Westen aber flog ein Wind und fing an zu blasen, und siehe, der verstockte Brodem dehnte und flog auseinander wie ein ungeheurer schwarzer Flügel, der sich entfaltet, langsam und doch unheimlich schnell, schwarze Wolken zogen herauf. Es wetterleuchtete, und wenn die Musik nicht spielte und das Volk nicht jauchzte, hörte man ununterbrochen ein fernes dumpfes Grollen. Schwarz, eilfertig und tückisch zog die Flut des Neckars dahin. An die Fähre angebunden war ein breites Boot; darinnen wollten die Musikanten nach Heidelberg hinunterfahren. Es hob und senkte sich unter der ziehenden, schwellenden Flut, kleine Wellchen leckten hinauf; zuweilen klirrte die Kette, und dann atmete es aus der Tiefe, wie wenn dort unten etwas laure.

Auf der Erde aber ging die Liebe um, weiß und gewaltig. Blick und Händedruck wurden getauscht, Mund streifte am Mund vorüber. Die Paare lösten sich vom Reigen und wandelten eng zusammengepreßt den Schatten zu. Der treue Schultheiß von Eschelbach aber verließ die Schenkstube, trat auf die Straße, schöpfte Atem und schaute zu dem dunkeln Schlosse empor. Er faltete die Hände und sagte zu sich selbst: ‚Will's Gott, setzt in dieser Nacht ein neues Reis an und wächst in viel tausendmal tausend.'

Friedrich von Hirschhorn und seine angetraute Braut Ursula von Sternenfels standen aneinander gelehnt auf dem Balkon. Hinter ihnen war alles finster. Wohl brannte in der Kemenate die Ampel, aber hinter einem Schirm, so daß die Fenster dieses Gemaches geradeso schwarz waren wie alle übrigen. Auch nicht das schärfste Auge konnte vom Tale oder von der Stadt her die beiden Gestalten aus dem Schatten lösen, der schwer und schwarz den Berghang hinunterhing bis auf die Dächer der Bergstadt. Sie selber aber schauten wie zwei schwebende Vögel vor sich und unter sich das wundersame Bild, das vom bewegten Himmel groß und lebendig zu ihnen herankam und das wie ein phantastisches Kinderspiel schwirrend und flimmernd die stille, nächtliche Erde beunruhigte. Das feuerhauchende Gewölk überspannte Gebirg und Tal. Noch stand der Mond am östlichen Himmel und um ihn her eine kleine Schar von tröstlichen Sternen. Aber diese Insel, von der Wolkenflut umringt, wurde kleiner und kleiner, und Ursula wollte nimmer zu ihr emporschauen, weil jeder Stern, der verschwand, sie traurig machte. Das ferne Grollen war hinterhaltig und kam nicht näher; das Ohr hatte sich daran gewöhnt, und wenn die Braut darauf lauschte und ihrem Gatten sagte: „Hörst du, wie es dort hinten murrt und knurrt?“, dann tröstete er sie: „Laß die Bestien murren und knurren; sie kommen nicht zu uns herüber.“

Zu Füßen der Schauenden lag das schattenerfüllte, schweigende Finkenbachtal, und die schwarzen Stücke finsterster Nacht, die hier und dort dicht unter der Burgmauer die Schatten umhüllten, verrieten den gähnenden Schloßgraben. Der Zug des Neckars flimmerte zwischen den Bergen vor und im Tale her und zeigte die huschenden Himmelsflammen im stillen Abbild. Es sah aus, als ob er, ein Verbündeter der Wetterwolken, aus ihrem Dunkel herwärts käme, während er doch in Wirklichkeit dem Gewitter entgegenflutete.

Gegenüber diesen machtvollen Vorgängen am Himmel und auf Erden erschien alles, was die Menschen taten, winzig und putzig: das Feuer auf dem Berg, die glühenden Scheiben und flammenden Räder, die hin und wieder huschenden Fackellichter, die schwarzen Gestalten am Strand mit ihrem wunderlichen Hinundherlaufen. Nur die freundlichen Lichter des Städtleins taten den Augen wohl in ihrer Ruhe und Traulichkeit; sie erinnerten an die Sterne am Himmel, wie Menschliches an Göttliches erinnern kann.

„Hörst du die Trompete?“ sagte Ursula zu ihrem Gatten und beugte sich lauschend über die Brüstung. „Ihr Ton schwingt sich in die Höhe wie ein Falke.“

„Grollst du ihr nicht, daß sie dir Tränen entlockt hat?“ fragte Friedrich und stemmte sich auf das Geländer.

„Ich bin ihr dankbar, und es tat mir leid, daß du dem Trompeter zürntest.“

„Es war nur für einen Augenblick.“

„Ich sah den jähen Grimm und erschrak.“

Friedrich ergriff ihre Hand und drückte sie leise. Es war wie ein Gelöbnis.

„Du brauchst dich nicht vor mir zu fürchten. Früher war ich der wilde Hirschhorn. Ich habe es gelernt, meinen Zorn niederzuringen.“

Er seufzte aus der Tiefe.

„Und wenn je einmal die jache Flamme über mich kommt, dann hebe deine Hände so, siehst du? — So! Dann werde ich still und klein wie ein ängstliches Kind. — Verstehst du mich?“

Ursula sagte leise: „Nicht ganz; aber ich weiß, woran du denkst.“

„Du Gute!“

Die Gatten schwiegen eine Weile. Die Musik jauchzte hellauf, und der Trompetenklang flatterte heran.

„Nicht das hat mich ergrimmt“, fing der Ritter wieder an, „daß er auf einmal den frohen Marsch hinüberleitete in den Choral; denn ich liebe unsere Kirchenlieder, und es war wundersam und rührend, wie die andern Töne stutzten und aus der Reihe kamen und hin und her schwirrten, bis der Trompetenton sie alle zwang und sie wohl oder übel und schließlich sehr wohl mit ihm zogen. Darüber habe ich mich gefreut. Aber als er nun vor der Tür zu unserm Brautgemach die Trompete absetzte und mit lauter Stimme zu singen anhub:

‚Wer weiß, wie nahe mir mein Ende?
Hin geht die Zeit, her kommt der Tod; —‘

und als ich die bestürzten Gesichter der Herren und Frauen sah, die uns zu unserm Gemach geleitet hatten, da wallte in mir der Zorn auf.“

„Du griffst nach deinem Dolch“, sagte sie vorwurfsvoll.

„Ich weiß es.“ — „Wie ein Engel hat er gesungen.“

„Wie ein Engel. Um so furchtbarer war mein Grauen. — Du verstehst doch. Vor der Schwelle zur Hochzeitskammer wird keiner gern an das Sterben erinnert. Und — Ursula — du weißt doch, mit welchen Gedanken alle, die mein Haus liebhaben, die Tür anschauen, die zum Brautgemach führt; du weißt doch“, er senkte die Stimme, „was viele gute Menschen vom heutigen Tag erwarten für mein Geschlecht.“

Ursula nickte mit dem Kopf und stand da wie jemand, der gewärtig ist.

Aber Friedrich war in seinen Gedanken noch ganz bei jenem Vorgang „Da war mir der Gesang, der vom nahen Ende und vom herkommenden Tod kündete, wie ein Schlag ins Gesicht, und ich wurde zornig. Aber ich dachte an etwas, woran mich Gottes Geist erinnert, wenn die Wut über mich kommt, und ich sagte zu mir: der Herr hat's ihn geheißen. Da wurde ich ruhig und konnte um mich blicken. Du standest in Tränen und wolltest nicht über die Schwelle — deine Muhme schlug die Tür zu. Unsere Gäste standen verstört und betreten in Gruppen, die Musikanten waren auseinander gestoben, nur der unglückselige Trompeter stand an der Wand. Der erboste Landschad schrie auf ihn ein, und Venningen rief mir zu: ‚Wirf den Schelmen in den Turm!' Ich aber sagte: ‚Er steht im Frieden meiner Burg. Ich bitte die Gäste, uns zu verlassen. Die Musik voran! Hinunter in die Stadt! Viel Freud' und Glück! Auf Wiedersehen morgen in der Früh'."

„Von all dem weiß ich nichts", sagte Ursula. „Wo war ich doch mit meinen Gedanken?"

„Du standest und weintest still vor dich hin. Ich habe noch nie einen Menschen so weinen sehen: die Augen weit offen, das Gesicht still, der Mund zusammengepreßt, kein Laut, aber Tränen und Tränen wie quellende Wasser. Da rief ich dem Trompeter: ‚Bitte die Herrin um Vergebung!' — Ich tat es um seinetwillen, denn sie schalten ihn greulich. Er hörte nicht; da nahm ich dich bei der Hand und führte dich zu ihm und wiederholte: ‚Bitte die Herrin, daß sie dir vergebe!' Er rührte sich nicht. Er hatte nicht gehört. Und nun sah ich das Merkwürdigste von der Welt: er stand und weinte geradeso wie du: die Augen weit offen, das Gesicht regungslos, die Lippen geschlossen, kein Laut, aber Tränen und Tränen wie quellende Wasser. Verwundert sah ich von ihm zu dir und von dir zu ihm, und mein Staunen wuchs. Ursula, er sieht dir ähnlich wie ein Bruder, der seiner älteren Schwester aus dem Gesicht geschnitten ist. Komm, ich will dir zeigen, wo er dir ähnlich ist; da — und da — und da — und da."

Er küßte ihr die Stirn und die Brauen und beide Augen und das Grübchen im Kinn und dann ihren Mund.

Die Trompete drunten am Neckar jauchzte, ein heller Blitz und ein munterer Donnerschlag flammte und rollte über den Kuß, der länger währte als das rollende Echo und der Raketenstrahl des Trompetenklanges. Es war still und finster, als Friedrich sein Haupt hob und seinem Gemahl ins Ohr flüsterte. Sie nickte unmerklich, und die beiden wandten sich langsam, verließen den Altan und traten in die Kemenate.

Ursula stand in der Mitte des Zimmers und harrte. Friedrich holte die Ampel hinter ihrem Schirme vor und schob den Riegel der Tür zurück. Ehe er öffnete, sah er sein Weib lächelnd an.

„Wir müssen dem Trompeter dankbar sein", sagte er. „Ist es nicht so viel schöner, als wenn die, die jetzt drunten zechen und tanzen, alle hier ständen, und wir hörten hinter der Tür ihr Lärmen und Pochen und den frechen Pfeifenton, und wir säßen da und zitterten und fürchteten uns vor dem wüsten Lärm. Wie ist es doch so viel heimeliger und traulicher!"

„Oh, es war schrecklich!" sagte Ursula. „Ich verging vor Scham, darum hatten auch die Tränen solche Gewalt über meine Augen."

„Ursula, komm!"

Er öffnete die Türe weit. Ein Windstoß kam ihnen entgegen. Die Ampel flatterte hoch.

Ursula warf einen Blick durch die Tür und fragte betreten: „Wo führst du mich hin?"

„Wohin? In unser Schlafgemach."

„Hier ist kein Gemach; hier ist ein Gang."

„Wohl; er führt an der Mauer hin, aus dem neuen Haus in das alte Haus; links ist die Tür in dein und mein Schlafzimmer. Seit unser Geschlecht hier oben haust, haben dort die Ritter bei ihren Frauen geschlafen."

„Und dort das schwarze Fenster?"

„Es geht in den hinteren Graben und schaut in den Tannwald. Das Fenster ist nicht geschlossen. Daher der Windzug, der dich erschreckt hat. Wir schließen das Fenster im Vorübergehen. — Ursula, dir schaudert?"

„Ja", sagte sie und zitterte. Sie stand noch immer jenseits der Schwelle, im neuen Haus.

„Dort aus dem Gange hat es geseufzt."

Friedrich erbleichte.

„Das ist vorbei", sagte er leise vor sich hin.

„Was ist vorbei? Ich hab' es wohl gehört, was du gesagt hast. Du selber bist bleich."

„Oh, Ursula, frag nicht! Die Vergangenheit liegt schwer auf meiner Seele, und ich werde sie nicht los, weil ich meinen Namen nicht los werde. Du bist mein starkes, treues Weib, du hilfst mir tragen. Aber höre, Ursula, wir wollen unwissend tragen. Oh, zwinge die Vergangenheit nicht, dir zu antworten! Laß sie ruhen und schweigen. Ursula, komm und gib mir dein süßes Herz!"

Sie wollte kommen. Aber von neuem schreckte sie zurück.

„Ich kann ja nicht!" flüsterte sie. „Es stöhnt so entsetzlich dort!"

Friedrich sah erleichtert auf. „Allerdings", sagte er, „das ist ein lebendiger Mensch. Einer von den Wunderlichen. Er fragt so viel; dadurch ist er sich zur Last, und mir ist er's auch. Jetzt sitzt er im Burggraben oder läuft drinnen umher und klopft an die Mauern und fragt die schweigenden Steine. Es ist dies nicht hübsch für dich und für mich. Aber sei ohne Furcht. Er tut dir nichts zuleid. Und in der Burg selber erschreckt er dich nicht. Es ist ihm verboten, sie zu betreten. Aber draußen lassen wir ihn gewähren, Ursula, daß er tue nach seiner seltsamen Weise. Denn der Herr hat es ihn geheißen. — Ursula, komm, gib mir dein süßes Herz."

Er hielt die Ampel hoch, faßte sein Weib an der Hand und schritt vorwärts. Sie zögerte noch immer, so daß ihr Arm und der ziehende ihres Gatten gestreckt waren. Durch das auf und zu wehende Fenster und das rasch bewegte Windlicht entstanden huschende, streichende, sich beugende Schatten an der langen Wand des Ganges.

Ursula stieß einen markerschütternden Schrei aus und, vorgebeugt, hielt sie sich zitternd fest an ihrem Gatten.

„Sieh! sieh! dort!" stammelte sie.

„Es ist nichts", sagte er erschüttert.

„Doch! Eine Gestalt — eine Frau ist aus der Mauer getreten, mir in den Weg, und sie hat die Hände erhoben, so, Friedrich, so, wie du mir vorhin gezeigt hast."

Der Junker sank in die Knie. Es sträubten sich ihm die Haare.

„Geh!" rief er, und wie ein Flüchtiger drängte er sein Weib in die Stube zurück.

Er stellte das Licht auf den Tisch und ging einigemale im Zimmer auf und nieder. Dann ging er mit festen Schritten durch den finsteren Gang und schloß das auf- und zuschlagende Fenster. Ursula ergriff die Leuchte und hielt sie ihm zum Rückweg entgegen. In der Mitte des Ganges bückte er sich und hob etwas vom Boden auf. Er brauchte dazu längere Zeit, als dieses Geschäft erfordert hätte. Als er das Ding in der Hand hielt, schüttelte er den Kopf, sah an der Wand empor und schüttelte den Kopf von neuem. Als er in die Stube trat, sah er so bleich aus wie ein Mensch, der ein Gespenst gesehen hat.

Ursula bemerkte die Wandlung bei ihrem Manne, und jetzt wurde sie ruhig und sicher.

„Verzeih mir, Geliebter", sagte sie zu ihm. „Ich war eine Törin, aber es ist vorbei. Laß mich dir leuchten und komm!"

Sie wollte voraus in den Gang hinein. Er aber war ans Fenster getreten.

Sie stellte die Lampe auf einen Stuhl und trat zu ihm.

„Das Gewitter ist näher gekommen. Wie es blitzt! Der ganze Himmel ein Feuer. Aber noch regnet es nicht. Das Wetter steht noch hinter dem Berg."

Friedrich schwieg.

„Sind auch unsere Gäste alle gut untergebracht? Ich weiß, sieben Herrschaftshäuser und zwei Wirtshäuser hast du dazu eingerichtet. Vortrefflich, ich weiß es, aber ich bin doch etwas in Sorge. Meine Muhme, die Degenfeld, ist so heikel."

„Wenn ich nur jemand hätte, den ich schicken könnte", sagte Friedrich, „so ließe ich jetzt allsogleich den Trompeter holen, um ihn etwas zu fragen."

„Was hast du mich doch über das Fragen gelehrt?" sagte Ursula lächelnd.

„Aber alle meine Leute sind drunten; nur der Wärtel ist da, vielleicht auch sein Knecht, aber wahrscheinlich nicht."

„So geh doch selbst!"

„Ich dich verlassen?"

„Ich gehe mit dir, lieber Herr!"

Friedrich zog sie an sein Herz.

„Nein, ich schicke morgen einen reitenden Boten mit einem ledigen Gaul nach Kirchheim. Sie spielen dort auf. Dann ist er gegen Mittag hier."

„Und nun?" fragte Ursula nach einer Pause. „Lieber Herr!"

„Warum sagst du jetzt so zu mir?"

„Ich weiß nicht, wie ich dich fassen soll, damit du wieder —"

Sie brach ab und wurde blutrot.

Er rührte sich nicht.

Sie schmiegte sich an ihn und flüsterte: „Es ziemt sich nicht, daß die Braut — komm!"

„Ja, komm!" seufzte er und ging vom Fenster.

„Wohin?" fragte sie betreten und sah ihn mit großen Augen an.

„Laß mich!" sagte er und trat wieder hinaus auf den Altan.

„Willst du eine nasse Braut in dein Bett tragen?" fragte sie ihn verwundert und folgte ihm.

Und nun standen sie wieder draußen und schauten hinunter ins Tal.

Es lag ganz finster. Die Fackeln am Strande zeigten, wie schwarz die Nacht war. Das Gewitter war näher gekommen. Unaufhörlich flammte es hinter den Bergen vor, und das Rollen des Donners hatte keine Pause. Es rauschte in der Schloßlinde, und ein Weben und Sausen kam vom Walde herüber. Aber noch führte der Sturm nur Staub und Blätter mit sich. Noch war kein Tropfen gefallen.

Vom Strande her hörte man das Sprechen und Rufen arbeitender Männer. Sie schlugen die Zelte ab und brachten die Fässer und Kannen unter Dach und Fach. Die Häuser der Stadt waren noch alle hell erleuchtet. Die Musik spielte in einem der Wirtshäuser.

„Sie können nicht genug bekommen", sagte Friedrich. „Aber es ist mir lieb, daß die Musikanten hierbleiben."

„Grausig schön müßte es sein, in dieser Nacht den Neckar hinunterzufahren."

„Schön, aber gefährlich, denn wenn die Wetterbraut in den Neckar fällt, wird er wild. — Ich wüßte die Leute nicht gern heute nacht auf dem Fluß. Es ist die Johannisnacht. — Es ist ein wunderlich Ding. Ich glaube nicht dran, aber es schaudert mich doch. — So ist es auch mit dem Strauße hier. Es ist ein Wetterstrauß. Hätte er ihn mitgenommen, so wäre ich ruhiger. Nun lag der Strauß in der Burg, und zwar seltsamerweise —"

Friedrich brach ab.

„Was bewegt dich so? Ich versteh' dich nicht. Wovon redest du?"

„Von diesem Sträußchen hier. Der Trompeter hat es am Wams getragen. Ich habe es wohl bemerkt. Und nun lag es mitten im Gang, hart an der Mauer."

„Was ist daran Wunderliches? Lieber, ich muß über dich lächeln."

„Es sind Himmelfahrtsblumen. Sie sind selten und werden in diesen Tagen von den Leuten im Wald gesucht. Sie wachsen an liebsten unter hohen Eichen, die der Blitz getroffen hat. Man sagt, daß sie aus Wettersamen sprießen und daß sie bei Sturm und Blitz Schutz gewähren. Aber wie kommt der Strauß dorthin?"

„Das ist leicht zu erraten", sagte Ursula. „Der Trompeter hat ihn verloren."

„Er hat ja den Gang gar nicht betreten! Keines Menschen Fuß hat ihn betreten außer mir. Die unser Zimmer bereiteten, kamen vom Turm hinein. Den Schlüssel zum Gang trug ich in der Tasche."

„Oh, ich weiß", rief Ursula; sie rief es fröhlich, denn es war ihr ein Anliegen, daß ihr Herr wieder froh wurde.

„Du hast ja die Tür geöffnet, als sie uns im Zuge hingeleiteten. Ich habe nicht hingesehen, denn ich verbrannte vor Scham. Aber der

Trompeter hat hineingeschaut, und da er wußte, daß dort unser Brautgemach ist, hat er die Blumen in den Gang geworfen, damit wir sicher ruhen in Sturm und Wetter."

Ein greller Blitz, ein heftiger Donnerschlag. Friedrich sah erdfahl aus im Wetterschein.

„Warum gerade dorthin?" schrie er in das Krachen des Donners.

Als der Donner verrollte, ergriff er heftig Ursulas Hände und drückte sie, aber seine Stimme war sanft geworden.

„Oh, jetzt weiß ich es", sagte er leise. „Der Herr hat's ihn geheißen."

Ursula sah angstvoll zu ihrem Gatten auf.

„Friedrich, weder ich noch du haben uns heute früh vorgestellt, daß wir um Mitternacht auf dem Altane stehen würden. Muß ich es sein, die zum Gehen mahnt?"

Er schüttelte abwehrend mit dem Kopf und lauschte ins Tal hinaus.

Zwei Burschen kamen singend vom Städtchen her, auf der Straße, die unten an der Burg vorüberführt gen Langental. Jeden Ton, jedes Wort konnte man verstehen, denn das Gewitter schwieg; es schien sich zu entfernen.

„Wohlan, so heben wir wiederum an
Vom Herrn zu Handsschuchheime,
Wie ihn der wilde Hirschhorn erstach
Auf dem Markt zu Heidelberge."

Der Ritter trat seufzend von der Brüstung und lehnte sich an die Mauer. Ursula warf sich ihm um den Hals, dann hielt sie ihm in krampfhafter Heftigkeit mit ihren Händen die Ohren zu. Er sträubte sich, und sie rangen miteinander. Darüber gingen einige Strophen an dem Gehör vorüber.

Er hatte sich von ihren Händen befreit. Die Burschen kamen gemächlich den Berg herauf und sangen:

„O Fritz, du hast wie ein Schelm getan,
Zieh mir den Stahl heraußen.
Da dreht er ihn in der Wunde herum.
Des mußt er sich verbluten."

„Das Lied lügt", stöhnte Friedrich. „So war es nicht!"

„Herrgott, donnere!" rief Ursula. Dann bedeckte sie ihm den Mund mit wütenden Küssen. Sie zog seinen Kopf zu sich her und tat wie unsinnig vor Liebe. Aber sie vermochte nicht, seine Seele aus ihrem fürchterlichen Lauschen zu reißen. Sie selber überhörte in ihrer Raserei die folgenden Strophen; aber er saugte jedes schmerzende Wort. Als sie ermattet abließ, sangen die Burschen gerade unter der Burg:

„Von Ingelheim die Beußerin
Hob ihre schneeweißen Hände.
Verflucht sei deiner Frauen Schoß,
Eine Kröte soll sie gebären."

Ursula brach in bitteres Weinen aus.

„Ein Zeichen trägst du an der Stirn,
Es grauset deinen Erben.
Du jagst sie selber in den Tod.
Dein Haus soll mit dir sterben."

Die Burschen bogen um den Berg. Man verstand ihren Gesang nicht mehr.

In Ursula aber war der Zorn aufgelodert und hatte über Schrecken und Schmerz überhandgenommen.

„Es ist empörend!" rief sie. „Das wagen deine Untertanen? An deinem Wein haben sie sich berauscht, und nun schmähen sie dich, wie noch kein Mörder geschmäht worden ist."

„Sie wissen nicht, was sie tun", sagte der Ritter düster.

„Bist du ein Herr, daß du solches dulden magst?" rief Ursula unmutig.

„Sie denken sich nichts dabei. Sie wissen kaum, daß ich es sei. Jeder von den beiden dort unten geht doch für mich durchs Feuer."

„Woher haben sie das Lied?"

„Leonhard hat sie's gelehrt."

„Wer ist Leonhard?"

„Der Einsiedler. Der arme Narr, der dort hinten im Burggraben liegt und nach seiner Mutter sucht."

Ursula schaute verwundert zu ihrem Gatten auf.

„Friedrich, ich verstehe dich nicht."

„Laß ihn", sagte er sanft. „Der Herr hat's ihn —"

Ursula flammte auf. Sie hielt ihm den Mund zu.

„Tu mir die Liebe und sage dies Wort nimmer. Du lästerst."

Der Wind war wieder in die alte Richtung umgesprungen, und es fielen schwere Tropfen. Die beiden setzten sich auf ein Bänklein in der Mauernische, so daß sie vor dem Regen geschützt waren, solange ihn nicht der Wind peitschte.

Friedrich schlang den Arm um sein Weib und sagte: „Das Gewitter kommt nun doch. Hörst du, das Ersheimer Gewitterglöcklein läutet."

Sie falteten die Hände und beteten still.

Aus dem Städtlein kam eine schwatzende Schar dem Neckar zu.

„Es sind die Musikanten", sagte Friedrich. „Sie fahren doch im Nachen. Ich höre die Stimme des Fährmanns Stapf. Er fährt sicher, wenn er nicht trunken ist. Sie sind im Zwist, hörst du?"

Verworrenes Geschrei tönte herauf.

„Versprich mir!" sagte Ursula.

„Was, du Liebe?"

„Sag nicht mehr das feige Wort."

„Welches?"

„Der Herr hat sie's geheißen."

„Das Wort ist nicht feig", sagte Friedrich ernst. „Siehst du, unsere Vergangenheit ist ein fertiges Ding. An ihr können wir nichts ändern. Was aus dieser Brunnenstube quillt, das müssen wir in unser Leben fließen lassen, sei es Fluch oder Segen. Meine Vergangenheit ist furchtbar und dunkel. Du hast großen Mut, Ursula, daß du sie mit mir teilen willst. Wir müssen sie tragen. Aber die Zukunft, die bauen wir uns selber mit eigenen glücklichen Händen."

Ursula schüttelte den Kopf.

„Wer die Vergangenheit nicht meistert, ist auch über die Zukunft nicht Herr. Du denkst zu viel an das, was dahinten liegt. Nicht tragen, sondern vergessen wollen wir miteinander. Und dazu wollen wir uns liebhaben. Man sagt, die Minne habe solche Gewalt, daß man in ihren Wonnen alles vergißt."

Sie lauschte erwartungsvoll auf seinen Odem, auf sein nächstes Wort. Als er still blieb, seufzte sie leise und fing von neuem an.

„Auch ich habe eine ungute Vergangenheit. Ich kenne sie nicht, man hat sie vor mir verhüllt. Aber ich ahne, daß sie nichts Trautes birgt. Als ich noch ganz klein war, hatte ich jemand, der mit mir spielte und Leonhard hieß wie dein Feind im Burggraben. Mich dünkt, es war mein Bruder."

„Du redest wunderlich. Dich dünkt?"

„Ja; wenn ich später von ihm redete, sagten meine Eltern, ich hätte geträumt. Ich hatte nicht geträumt, das wußte ich ganz genau. Aber die Eltern wollten's so haben, da ließ ich es sein."

Ursula schwieg eine Weile; dann fuhr sie fort:

„Auch daß ich einmal einen andern Vater und eine andre Mutter gehabt habe, hat mir nicht geträumt. Ich sehe sie noch deutlich vor mir. Meine Mutter war eine große schlanke Frau. Sie hat etwas in ihren Augen gehabt —"

„Wie du, Ursula." Er zog sie an sich und küßte ihre Augen und ihren Mund.

Ursula lächelte glückselig. Ihre Frauenlist hatte erreicht, was sie wollte.

„Hast du schon einmal so wunderliche Augen gesehen, wie meine?"

„Wie deine? Ja. Heute abend bei dem jungen Trompeter."

„Oh weh, was hab' ich getan!" seufzte Ursula in der Stille.

„Auch bei Leonhard", fuhr Friedrich fort, „dem armen Menschen, der vielleicht jetzt noch um die Burg streicht."

„Auch schon einmal bei einer Frau?" raunte Ursula und schmiegte sich an ihn.

„Bei einer Frau? Nein. — Doch, bei einer einzigen, die ich einmal gesehen habe als zwölfjähriger Knabe."

„Wer war es?"

„Ich weiß es nicht."

„Wo hast du sie gesehen?"

„Wo? Hier. Nicht weit — von hier. — Ursula, du quälst mich mit deinen Fragen."

Seine Stimme war hart und rauh geworden.

Ursula biß sich auf die Lippen. Sie faßte einen Entschluß.

„Du zitterst, Geliebter", sagte sie und stand auf. „Komm, wir wollen zur Ruhe. Ich fürchte mich nicht mehr vor jenem Gang; ich schließe die Augen, und du führst mich. Oder du schließest die Augen? Dann führe ich dich. Aber den Strauß nehmen wir mit. Denn das Wetter kommt. Wo ist er nur?"

„Oh Ursula", klagte Friedrich. „Sie haben alle geschlafen. Warum hast du sie geweckt?"

„Ich?"

„Laß, du liebes Herz!" Er ergriff ihre Hand. „Wir wollen gehen."

„Aber der Gewitterstrauß, wo ist er?"

„Ich habe ihn auf die Brüstung gelegt."

„Er ist nimmer da, er ist hinuntergefallen. — Oh, wie es blitzt! Was das Glöcklein wimmert! Wie sie johlen und schreien in der Stadt! Welch häßliches Schelten und Streiten. Was ist das für eine grobe Stimme?"

„Es ist der Fährmann. Sie zanken sich um den Preis oder um sonst etwas."

„Gefällt dir das so gut, daß du dich nicht trennen kannst?" fragte Ursula unter der Tür.

Friedrich seufzte. „Wenn er nur hierbliebe! Daß er gerade in den Gang hineinblies! Und als er die Trompete absetzte und zu singen anhub, hat er gerade mitten auf die Wand geschaut, auf die weiße Wand, und Tränen liefen ihm über die Wangen. Warum hat er so getan? Oh, daß ich wüßte!"

„Du weißt zu viel", sagte Ursula und zog ihn aus dem Erker in das Wohngemach. „Was tot ist, muß man vergessen. Wir wollen schlafen und von der Zukunft träumen."

Er löschte die Ampel im Wohngemach. Im Finstern öffnete er die Tür, und sie schlüpften in den finsteren Gang. Er machte die Tür hinter sich zu und verschloß sie. Auf den Zehen schlichen sie an der Wand hin. In der Mitte des Weges blieb Ursula stehen wie gebannten Fußes und ging keinen Schritt weiter. Vom Fenster her aus dem Burggraben erscholl ein herzerschütterndes Weinen und Klagen: „Mutter, Mutter, Mutter, Mutter!"

Immer nur dies eine Wort: „Mutter, Mutter!"

Da geschah etwas Wundersames. Ursula nahm die Klage auf und fuhr in ihr fort. Und wie sie nun so seufzte und weinte: „Mutter, Mutter!", da klangen die beiden Stimmen zusammen wie zwei Saiten von einer Harfe, wie zwei Reime in einem Lied.

Da umfaßte Friedrich seine Braut, hob sie auf und trug die Schluchzende in die Hochzeitskammer.

Ein gedämpftes Licht kam ihnen entgegen. Er schloß die Fenster und verriegelte die Türen.

Die Burg lag im schwarzen Schweigen. Das Wetter hatte die Wehr der Wälder und Berge überwunden. Ein Windstoß fegte über die Giebel und heulte im Turm. Die Geister, die um die Mauern und Zinnen webten, die harten Gespenster mit ihren bösen Erinnerungen und die zarten Seelen ungeborener Geschlechter stoben auseinander. Die Blitze waren selten, aber der Donner fiel krachend hinter ihnen her und über sie herein. Es fing zu regnen an und zu hageln, es prasselte auf die Blätter, es klatschte an die Wände. Bald war es ein stiller, starker Guß. In Ersheim läutete das Glöcklein von neuem. Das heftige Geschrei der Streitenden klang vom Neckar herauf. Ein Schiff stieß ab vom Lande. Jetzt fuhr es unter der Burg hin. Der Lärm war vom Land ins Wasser gestiegen. Die polternde Stimme des Fährmanns übertönte alles. Mit ihr rangen zwei, drei andre in wüstem Streit. Da erscholl die Trompete. Ein langgezogener Ton wie ein Feuerstreifen, dann eine helle Fanfare. Leise zitterte sie aus, dann schwoll der Ton, und ernst-feierlich klang durch das Tal die große Weise, die alle Hochzeitsgäste so tief bewegt hatte.

Die Streitenden waren verstummt; kein Donner, kein Blitz, kein Sturm. Nur leise Ruderschläge und das heilige Lied. Viele Hände von Wachenden, von Betenden, von Gedenkenden falteten sich. Manch eine Maid sah den schönen jungen Trompeter vor den geschlossenen Augen. Und mancher Mund sagte, während das Herz lauschte:

„Wer weiß, wie nahe mir mein Ende?
Hin geht die Zeit, her kommt der —“

Der Klang brach ab. Ein Todesschrei, gräßlich, daß alles Lebendige erstarrte — und es ward still.

Der Mond trat aus den Wolken und schaute ins traute Tal. Befriedigt zog der Neckar dahin. Seine plätschernden Wogen spielten träumerisch mit einem umgeworfenen Nachen.

4

Der Schrei war in ganz Hirschhorn gehört worden. Alsbald machten sich die Leute der Schiffergilde auf. Wer unter ihnen trunken war, wurde nüchtern. Rasch waren die Boote bemannt, und von Fackelträgern begleitet, kreuzten die Fischer nach verabredetem Plan und suchten in der Tiefe, im Felsgeröll, unter den Weidenbüschen. Noch in der Nacht wurden die Viola, der Pfeifer und die Posaune geborgen und am Ersheimer Friedhof ausgeschifft. Im Morgengrauen fand man den Brummbaß und Findebusch. Die Arme des Knaben waren im Gewande des alten Mannes verfangen. Der eine hatte den andern retten wollen und war von ihm in die Tiefe gezogen worden. Gegen Mittag kam ein Bote aus Neckarhausen gelaufen mit der Nachricht, daß der Fischer Stapf und der sechste Musikant am Hofe gegenüber ans Land geschwemmt worden seien. Alsbald wurde von Ersheim ein Wagen dorthin geschickt, und am frühen Nachmittag kam die traurige Fracht zu Ersheim an. Man legte die sieben Ertrunkenen in einer Reihe hin, unter die Kirchhofmauer an den Rain.

Eine große Menschenmenge strömte herbei. Von Hirschhorn fuhren sie herüber, von Eberbach und von Pleutersbach kamen sie, von Moosbrunn und Haag eilten sie herunter. Die Knaben und halbwüchsigen Burschen sprangen auf den Landstraßen daher, wie wenn es etwas zu versäumen gäbe, und vor dem Kirchenplatz und auf dem Friedhof standen sie Kopf an Kopf. Die Kleinen wurden von ihren Müttern in die Höhe gehoben und die Dirnen stießen einander mit den Ellbogen zurück. Mit weit aufgesperrten Augen schauten die Leute auf die sieben toten Männer, und wer etwas von dem einen oder dem andern der Fremdlinge zu sagen wußte, war für die begierigen Ohren der Nachbarschaft ein wichtiger Mensch. Aber auch für die Allgemeinheit gab es zu hören, und zwar ausgiebig. Die Frau des Fährmannes Stapf tobte, wie es ihre Pflicht und Schuldigkeit war, und ihre fünf Kinder schrien, und zwar um so ärger, je kleiner sie waren. Das kleinste fürchtete sich vor den vielen Leuten, das nächste entsetzte sich vor seiner Mutter, dem dritten war ein Heddesbacher Lümmel auf den nackten Fuß getreten. Die beiden größeren standen da und weinten still um ihren lieben Vater, während die Frau des Schiffers sich auf die Leiche warf und dann wieder händeringend aufsprang und ein Mal übers andre rief: „Ach Gott, ach Gott, du armer Teufel, du armer Teufel!"

So wurde dem Einheimischen sein gutes Recht auf eine anständige Totenklage reichlich zuteil. Die Fremden wurden mit kritischen Augen beguckt und begutachtet, und die älteren Bürger sagten zueinander: „Die Unkosten müssen von der Herrschaft bezahlt werden."

Plötzlich rief jemand: „Alleweil fahren der Junker und seine Frau herüber." — „Der Junker und seine Frau!" rief es. — „Seine Frau auch?" — „Ja, seine Frau!"

Und nun wandte die ganze Gesellschaft den Leichen den Rücken zu, Frau Stapf nicht ausgenommen, und die vorhin am übelsten daran waren, waren jetzt die vordersten und konnten am besten sehen. Beim gestrigen Einzug war die neue Herrin nur den wenigsten zu Gesicht gekommen, denn die kurze Straße durch das Städtlein war vom Zug der ritterlichen Gäste und ihrem Gefolge angefüllt, und das alte Karmeliterkirchlein war gar klein. Darum drängten sie jetzt alle, die Frau zu betrachten.

Sie stand neben ihrem Gatten im Nachen. Die beiden großen, schönen Menschen, er in seiner frischen Männlichkeit und sie in ihrer blühenden Jugend, boten einen Anblick, wie ihn das Volk gerne und herzlich genießt. „Ein sauberes Weibsbild!" sagten die Leute zueinander; ein kleines Mädchen faltete andächtig die Hände und ein anderes rief: „Sie fahren durch einen Regenbogen hindurch."

Da Friedrich alle Fährleute auf dem jenseitigen Ufer vermutete, hatte er den Hannes vom unteren Tore mitgenommen, damit er ihn und sein Weib hinüberrudere. Der Bursche hatte während der Überfahrt wohlweise Reden geführt über die Verderblichkeit der Musik, über die Gottlosigkeit der Musikanten und über die Gefahren des Weltlebens für Leib und Seele. Als sie gelandet waren und der Junker mit seiner Gattin durch das zurückweichende Volk auf die Leichen zuging, hielt es Hannes für seine Pflicht, dem Paare das Ehrengeleite zu geben und auf alles Wissenswerte aufmerksam zu machen.

„Ich, wenn ich etwas zu sagen hätte“, erklärte er vor dem aufhorchenden Volk, während Friedrich und Ursula ergriffen vor den Leichen standen, „ich tät ein Gesetz geben: Wer Musik machen will, hat jedem, der sie hören muß, einen Batzen zu zahlen und der Herrschaft auf Martini einen Gulden. Da liegt der Johannes Stapf; der hat nie nichts geglaubt, sonst wäre er nicht in der Johannisnacht auf den Neckar.“

Die Erwähnung ihres Mannes erinnerte die Frau Stapf an ihre Pflicht. Sie warf sich auf ihren Mann und schrie: „Da steh' ich Witfrau mit meinen fünf Kinderlein, und du gehst fort, du armer Teufel!“

Der Hannes schüttelte mißbilligend den Kopf und meinte: „Unser Herrgott hätte keine Weibsleut schaffen sollen.“ Wie ein Mann, der bekunden will, daß er an dem Vorgange, dem er leiblich anwohnen muß, keinen Anteil nimmt, schaute er in die Krone eines Lindenbaumes hinauf, während der Junker und seine Gattin mit der Witwe redeten; als diese Unterbrechung vorüber war, stellte er sich vor die Toten, und mit einer vorstellenden Handbewegung fuhr er fort: „Dies ist der Brummbaß von Affolterbach. Ist Euch der Jakob Henner in Rothenberg bekannt?“ wandte er sich an Ursula; „mit dem ist er Geschwisterkind. Der dort mit den dicken Backen und dem offenen Mund stammt aus Katzenbach. Dem sein Großvater ist einmal auf dem Wege nach Mosbach einem Wildfräulein begegnet, das hat ihn eingeladen, er solle am Weihnachtsabend in das Binauer Schloß kommen ...“

Friedrich gebot ihm mit einer Handbewegung Schweigen. Dann faßte er seine Gattin an der Hand und führte sie vor die Leiche des Knaben. „Das ist er“, sagte er leise und trat zurück.

Ursula beugte sich über den armen jungen Trompeter, sah ihm ins Angesicht und faltete die Hände. Zuerst lag Neugier und Spannung in ihrem Antlitz, dann wurde Ergriffenheit und Schmerz daraus; aus ihren weit geöffneten Augen quollen Tränen und fielen auf das Angesicht des Toten. Friedrich legte ihr die Hand auf die Schulter; da richtete sie sich in die Höhe, ging an die Kirchhofmauer und brach einen Strauß wilder Rosen. Es dauerte eine Weile, bis sie die scheuen Kinder aus ihrem stacheligen Haus gefangen geholt hatte. Friedrich sprach derweilen mit dem Schultheißen von Hirschhorn über die Versorgung der Familie des Schiffers. Dabei lächelten seine beobachtenden Augen dem Beginnen der Gattin freundlich zu, und als ihr Blick dem seinen begegnete, rief er ihr halblaut zu: „Der Dank für seine Blumengabe!“ Hannes aber, von einer aufhorchenden Kinderschar umgeben, erläuterte die Posaune durch Aufschlüsse und Anmerkungen.

Als Ursula vor die Leiche des Knaben trat, erblickte sie eine Gestalt, die gesenkten Kopfes oben am Raine hart an der Mauer kniete und mit gefalteten Händen inbrünstig betete. Beim ersten Aufblick wußte sie, daß es der Einsiedler Leonhard war. Mit Grauen sah sie auf die sich leise bewegenden Lippen und gedachte an die Seufzer und Klagen, die sie in der vergangenen Nacht gehört hatte. Unwillkürlich flüsterte sie: „Mutter!“ Da schaute der Jüngling auf, und die beiden betrachteten sich mit forschenden Augen. Zwischen ihnen lag, von dem Einsiedler den Frauen zugestreckt, der tote Trompeter. Die Augen, die vorhin offen gestanden hatten, waren jetzt zugedrückt, und die Arme waren kreuzweise übereinandergelegt.

„Mutter!“ wiederholte Leonhard und schaute Ursula bedeutungsvoll an.

„Du hast mit mir heute nacht der Mutter gerufen“, sagte er leise. „Ich habe es wohl gehört, als ich in deinem Burggraben lag.“

Sie wollte zürnend blicken, aber sie vermochte es nicht.

„Gewiß, ich hab' es gehört. Es klang, wie wenn eine Tochter weint an ihrer Mutter Grab. Wo ist deiner Mutter Grab? Weißt du's?“

Sie schüttelte leise den Kopf.

„Dann haben wir zwei das gleiche Leid“, sagte Leonhard, richtete sich auf und streckte ihr über die Leiche die Hand entgegen.

Ursula legte ihre Hand darein, und nun schauten sich die beiden verwundert an. Jedes schaute vom Antlitz des andern auf das Gesicht des Toten und hob dann wieder die erstaunten fragenden Augen, daß sie forschend in den lebendigen Zügen lasen. Da zog Ursula die Hand zurück und legte den Rosenstrauß dem Toten auf die Brust. Leonhard sah es und lächelte. Er bückte sich und griff ins Gras und holte einen mächtigen Waldblumenstrauß und legte ihn über die Rosen, so daß sich die zarten Blüten und Gräser in das aufgeblühte Morgenrot senkten.

Der Junker hatte die beiden nicht aus den Augen gelassen. Er brach das Gespräch ab, befahl, daß die Zuschauer entfernt und die Familie des Stapf nach Hause geleitet werde, und trat hinter seine Frau. Auch des Ritters Augen wanderten vergleichend von einem der drei Gesichter zum andern.

Schweigend ging er an die Kirchhofmauer, beugte sich hinüber und brach einen Rosmarinzweig. Dann ging er auf den Toten zu und legte den Zweig auf seiner Frauen Strauß. Leonhard sah ihm zu, beugte sich nieder, hob des Junkers Zweig auf und legte ihn ins Gras.

Friedrich griff an sein Schwert. Die Ader auf seiner Stirne schwoll. Leonhard sah ihn feindselig an und sagte:

„Sechs Särge sind bereit. Sie stehen am Wege über meiner Hütte. Laß sie heute abend herführen. Den Sarg für den Fährmann macht der Hirschhorner Schreiner."

Ursula hob den Zweig ihres Gatten vom Boden und steckte ihn in ihre Rosen hinein, so daß er gerade über die Hände des Toten zu liegen kam. Dann trat sie zu ihrem Gatten und sah den Einsiedler bedeutungsvoll an, wie wenn sie ihm sagen wollte: Ich stehe zu dem.

Unterdessen hatte Hannes mit vielen Scheltworten und Sittensprüchen den Platz gesäubert. Er jagte gerade ein Rudel Buben zurück, das um den Friedhof herumgesprungen und von der andern Seite wiedergekommen war, als mitten durch die davonlaufenden Kinder sich ein uralter Mann nahte. Er hatte einen eisgrauen Bart, trug eine Schaufel über der Schulter und schritt so schwerfällig daher, wie wenn jeder Fuß einen halben Morgen Ackerland trüge.

„Der Notwendigste kommt zuletzt", rief Hannes dem Totengräber zu.

„Vor soviel lebendigen Leuten fürchte ich mich", sagte der Mann, „bei den Toten ist mir's wohler."

Er warf einen gleichmütigen Blick über die sieben Leichen, dann setzte er sich dicht neben die letzte — es war der Fährmann — auf den Rain, legte den Spaten über seinen Schoß und den bodenschweren rechten Fuß auf das Eisen.

Friedrich nickte dem alten Manne freundlich zu. Dann verabschiedete er die Bürger, die beieinander in einer Gruppe zurückgeblieben waren. „Ich habe mit Leonhard ohne Zeugen zu reden", sagte er zu ihnen.

„Und ich habe mit dir zu reden", rief ihm Leonhard zu, „aber vor dem da", er wies auf den toten Knaben, „und vor deinem Weibe."

Der Junker schickte den Hannes zum Nachen zurück. Leonhard warf einen fragenden Blick auf den Totengräber.

„Er soll bleiben", sagte der Ritter, „er kümmert sich nicht um lebendige Dinge."

„Er soll bleiben", erwiderte Leonhard, „denn er ist daheim bei den Toten."

Sie standen sich schweigend gegenüber, bis der letzte weggegangen war. Der Totengräber klopfte mit der Fußspitze auf das glänzende Grabscheit. Ursula stand erwartungsvoll ihrem Gatten zur Seite. Sie hatte die Hand auf seinen Arm gelegt, sei es, um sich an dem Geliebten zu halten, sei es, um ihn durch ihre Nähe zu beschwichtigen.

„Ich will dir etwas sagen, Leonhard. Es ist das erstemal, daß wir uns Aug' in Aug' gegenüberstehen. Ich ließ dich bisher gewähren. Mißbrauche nicht meine Güte. Du hast mein Weib und mich in dieser Nacht gequält. Habe Erbarmen mit dieser um deiner Mutter willen. Erspare mir's, daß ich dir gebieten muß. Ich bitte dich."

Der Einsiedler richtete sich hoch auf, kreuzte die Arme über der Brust und sah feindselig zum Ritter hinüber.

„Hirschhorn", sagte er, „ich habe etwas zu fragen; etwas und noch etwas. Zwei Kinder hatte sie, als man sie auf die Burg brachte, die jetzt dein Haus ist. Das eine war ein Sohn von sieben Jahren. Der entsprang und stak im Busch und schlich hinterher und fand so zum ersten Male den Weg in deinen Burggraben. Das andre war ein Mägdlein, fünf Jahre alt; das trug ein treuer Knecht und brachte es Gott weiß wohin. Wer aber ist dieser?" — Er deutete auf Findebusch.

„Sie hatte noch ein drittes Kind", sagte der eisbärtige Totengräber und drehte das Grabscheit hin und wieder, so daß die Sonne aus dem Eisen stach.

„Das dritte Kind trug sie unter dem Herzen. Ehe sie verschwand, ist sie seiner genesen, eines Knaben. "

Es war so stille geworden, daß das sanfte Rauschen des still gleitenden Flusses heraufklang.

Zu gleicher Zeit beugten sich Friedrich und Leonhard nieder; Friedrich streichelte die Hand des Toten, Leonhard griff in die wirren Locken. Ursula aber lehnte sich an ihren Gatten und barg ihr weinendes Gesicht an seiner Brust.

„Und nun die zweite Frage", sagte Leonhard und richtete sich auf. „Wo ist meiner Mutter Grab?"

Auch Friedrich hatte sich erhoben.

„Hundertmal hast du mich so gefragt vom Burggraben herauf. Die Hochzeitsnacht hast du mir damit begeifert. Du kennst meine Antwort: Ich weiß es, aber das Geheimnis geht nicht über meine Lippen."

Leonhard eilte zwischen den beiden Leichen hindurch auf den Junker zu, faßte ihn an der Hand und fiel auf die Knie.

Mit der andern Hand zerrte er an Ursulas Kleid.

„Komm du, auch du weißt es nicht, wo die Gebeine deiner Mutter modern. Ich beschwöre dich bei dem, dessen Leiche wir zusammen geschmückt haben, knie mit mir nieder und flehe mit mir um Antwort: Wo ist der Mutter Grab?"

Ursula schlang ihre beiden Arme um den Gatten und schüttelte das Haupt.

„Nun denn“, rief Leonhard und faßte mit beiden Händen des Ritters Arm, „so beschwöre ich dich bei deinem Weibe, und dich, den einzigen Hirschhorn, der noch lebendig ist, bei den Hoffnungen, die du hegst für dein Haus: Wo ist meiner Mutter Grab?“

„Nikolaus“, rief der Junker dem Totengräber zu, „entscheide! Dürfen wir es sagen?“ — „Eid ist Eid“, sagte der alte Mann.

„Ich war ein Knabe von zwölf Jahren. Sie erklärten mich an jenem Tage für fähig zur Eides- und Schwerthilfe, umgürteten mir die Wehr und gaben mir Wein zu trinken. Dann brachten sie mich in die Schloßkapelle. Du führtest mich, Nikolaus. Und wir beide haben eines Mundes geschworen, die Hand auf dem Evangelium, daß wir den Rest des Tages in Schweigen vergraben. Die Männer meines Hauses waren oft wild, grausam und herzlos. Aber meineidig wird kein Hirschhorn. Laß uns im Frieden scheiden, Leonhard!“

„Dir reiche ich die Hand nicht“, sagte Leonhard, „aber deinem Weibe.“

Ursula wandte sich ihm zu und reichte ihm die Rechte. Sie beugten sich zueinander, und die Locken berührten sich.

„Erlaube“, sagte Leonhard und drückte einen brüderlichen Kuß auf die Wange des Weibes.

Friedrich wandte sich zu Nikolaus.

„Diese sechse bekommen ihre Gräber in der Reihe der Männer. Stapf zuvörderst, dann die andern fünfe nach ihrem mutmaßlichen Alter. Dieser aber“, er deutete auf Findebusch und senkte seine Stimme, „dieser wird in der Kirche bestattet, in der Gruft — als ob er mein lieber Schwäher wäre.“

Der Einsiedler war ohne Gruß entwichen. Der Junker faßte sein Weib an der Hand und führte es langsam zum Gestade.

Der Totengräber sah ihnen düsteren Blickes nach.

„Gott schenke dir einen verschlossenen Schoß“, sagte er vor sich hin und streckte seinen Spaten aus.

5

Ursula faßte ihren Gatten heftig am Arm.

„Ich bitte dich, sage mir —“

„Frage nicht!“ erwiderte er schwermütig. „Wir wollen schweigen, und wir müssen vergessen.“ — —

Sie schwiegen. Aber vergessen? Konnte e r es? Tag und Nacht quälte sich seine Seele. Konnte s i e es? Tag und Nacht grübelte sie über die Frage, was denn sie mit all diesen Geheimnissen, die wie ruhelose Seelen umgingen, zu schaffen habe, und bekümmerte sich ob der Herzensqual ihres Geliebten. Aber keines von ihnen rührte mit einem Wort an diese eiserne Tür, an der sich ihre Gemüter wund rieben. Denn sie fürchteten sich vor ihrem unbekannten Tönen. Redlich wollten sie sich einander zum Vergessen helfen, er, indem er in leidenschaftlicher Zärtlichkeit sie suchte — sie, indem sie in ungestümer Hingebung ihm erwiderte. Aber sie förderten einander nur einen kurzen Rausch, der das Erinnern betäubte, aber nicht tötete. Waren sie voneinander gegangen, dann taten beide, als ob sie schliefen, und jedes wußte vom andern, daß es wache und woran es denke.

Es mochten zwei Monate seit der Hochzeit vergangen sein, da wurde Friedrich in der Nacht durch ein leises Geräusch geweckt. Er richtete sich auf und sah sein Weib im Nachtgewand am geöffneten Fenster stehen. Sie beugte sich hinaus und spähte in die Tiefe. Eine Weile stand sie so. Da löste sich irgendwo ein Steinchen und fiel in das rauschende Laub. Die Frau am Fenster und der Mann im Lager lauschten atemlos. Kein Tritt wurde gehört. Sie beugte sich weiter hinaus. Kein Schatten löste sich von der Wand. Dann rief sie leise: „Mutter! Mutter!“ Keine Antwort kam aus der Tiefe. Darauf schloß sie das Fenster und kehrte zu ihrem Lager zurück. Da faßte er sie an den Händen, zog sie zu sich und sagte: „Ursula, sind wir nicht Toren, daß wir uns einander zu Tod schweigen? Wir wollen davon reden, damit es uns leichter werde.“

„Gott sei gepriesen für dein Wort“, sagte Ursula.

Nun schöpften sie beide Atem, und beide — schwiegen.

„Heute nicht mehr“, sagte endlich der Gatte. „Aber morgen. Wir reiten miteinander nach Zwingenberg. Unterwegs reden wir.“

Es war ein kräftig schöner Septembertag. Friedrich und Ursula ritten nebeneinander auf der Landstraße zwischen dem Neckar und dem Bergwald.

„Was bedeutet das Kreuz dort in der Wiese?“ fragte Ursula.

„Dort hat einer meiner Vorfahren einen Ritter von Vellberg erschlagen.“

„Wie ging das zu?“

„Sie ritten miteinander von einem Turnier, das in Würzburg gehalten worden war. Sie waren Vettern und Freunde und ritten im Frieden weg.

Aber es ritt nur einer in unsre Burg. Er trat ohne Gruß in den Saal, warf sein blutiges Schwert auf den Boden, setzte sich an den Tisch und sah mit verstörten Augen im Zimmer herum. — Oh, ich kenne das!" fügte er schmerzlich hinzu.

Ursula hielt ihr Roß an. Friedrich tat das gleiche. Sie sah ihren Gatten innig an.

„Was haben wir uns gestern nacht zugesagt, als ich in deinen Armen lag? Oh, so rede doch, Geliebter!"

„Wovon? Von dem erschlagenen Vellberg? Ich weiß nichts von ihm."

Friedrich trieb sein Pferd an und trabte voraus. Ursula ritt im Schritte hintendrein. Nach kurzer Weile wartete der Junker, und die Gatten ritten wieder nebeneinander.

„Von Johann, dem Handschuhsheimer, rede!" sagte Ursula.

Friedrich senkte den Kopf.

„An den Toten kann ich ohne Unruhe denken", antwortete er. „Ich tue es oft, und ich bin dabei fromm und getrost. Aber wenn ich an die Lebendige denke —"

„Du meinst seine Mutter, die Beußerin von Ingelheim?"

Friedrich nickte.

„— dann kommt über mich eine unsagbare Angst. Wenn ich ein Weib sehe, das so macht" — er hob die flachen Hände in die Höhe —, „dann werde ich verzagt wie ein Kind. Der Tote quält mich nicht. Gott hat mir vergeben. Aber wenn ich von ihm rede, steht mir die Beußerin vor der Seele. Laß mich schweigen."

Ursula seufzte tief auf. Aber sie faßte ihre Seele und sprach:

„Nun gut, so will denn ich reden. Von meinen Kindertagen will ich dir erzählen. Wären die Kürnbacher Eltern da, so müßte ich sagen: Ich will dir erzählen, was mir dereinst einmal, als ich auf dem Schlosse zu Kürnbach zwischen Vater und Mutter in meinem Kinderbettlein schlief, Wunderliches geträumt hat. Ist es dir recht?"

Friedrich ritt dicht an sie heran, schlang den Arm um ihren Nacken, drückte ihr einen durstigen Kuß in das süße Gesicht und sprach: „Ich bitte dich darum!"

„Laß!" wehrte Ursula. „Was sollen unsre Gäule denken? Und dort der Mähder über dem Neckar sieht uns und lacht uns aus."

„Aber in Zwingenberg?"

„Was ist in Zwingenberg?"

„Küsse ich mich satt. Ach! Unsinn! Das gibt es ja nicht. Halber satt ist ganz durstig."

„Soll ich dir erzählen oder nicht?"

„Ach ja, bitte."

„Also hat mir's geträumt. Ich war ein kleines Mädchen und hatte gelbe Lederstiefelchen an. Denn ich sprang über die Steine und durch die Hecken hinter meinem Bruder her. Der war gut einen Kopf größer als ich und hieß Leonhard. Ich faßte ihn, wenn er sich von mir fangen ließ, mit beiden Händen in seinen blonden Locken und ließ mich von ihm den Rain hinaufschleppen. Auf einmal kam unsre Mutter in den Garten, aber nicht meine Kürnbacher Mutter, eine andre, die war viel jünger und, wie mich dünkt, viel schöner. Sie kam in großer Eile und Angst und rief uns zu sich. ‚Wir müssen alsobald fortreiten', sagte sie, ‚zum Oheim nach Kürnbach.' — ‚Dürfen wir mit?' rief ich. ‚Freilich', sagte sie. ‚Kommet rasch und trinket Milch!' — ‚Wir wollen keine Milch!' Aber schon kam eine Magd mit zwei Gläsern, und wir mußten trinken. Die Magd weinte, und wir Kinder waren so lustig.

Nun habe ich ein gutes Stück von meinem Traum vergessen. Meine Erinnerung fängt wieder an mitten im Wald. Wir ritten auf einem schmalen grünen Weg an einem Bächlein hin. Rechts und links ging es den Berg hinauf. Mein Vater ritt voraus. Er war gerüstet, wie ich ihn nie gesehen hatte, mit Harnisch und Helm und hatte ein Schwert an der Seite. Vor sich hatte er meinen Bruder Leonhard auf dem Pferde. Hinter dem Vater ritt meine Mutter. Dann kam der Knecht. Auch er war gerüstet, und er trug mich an der Brust, in seinen Mantel gewickelt. Ich tat mir weh an seiner Harnischschnalle, wachte auf und weinte. Dann klagte ich über Hunger. Meine Mutter reichte eine Flasche her, die voller Milch war, und der Knecht ließ sein Pferd halten und tränkte mich. Die andern waren schon weit voraus. Auf einmal schleuderte der Knecht die Flasche weg und gab seinem Roß die Sporen. Bald hatte er die Vorausreitenden eingeholt und schrie: ‚Sie sind uns auf den Fersen!' Nun ritten wir drauflos, was die Pferde laufen konnten. Auf einmal riß meine Mutter ihr Pferd zur Seite, ließ es traben und schließlich im Schritt gehen und klagte und weinte, ich glaube nicht vor Angst, sondern vor Schmerzen. Du, wenn ich mir sie vorstelle, wie sie neben mir die Gartenstufen herunterging, während ich mich an ihrer Schürze festhielt, so vermute ich, daß sie damals hochschwanger war."

„Ist dir dies gewiß?" fragte Friedrich gedrückt.

Ursula sah ihn forschend an.

„Es hat mir ja nur geträumt“, sagt sie nach einer Weile.

„Fahre fort.“

„Wir waren über sie hinausgeschossen, kehrten aber um, als sie uns nicht nachkam, und ritten langsam zu ihr zurück. Im Nu waren die Verfolger da. Mein Vater und der Knecht zogen die Schwerter. Ich verkroch mich in den Mantel, aber ich hörte das Krachen und Dröhnen und das Sausen der Schwerthiebe. Ein Hieb hat mich verletzt; daher rührt die Narbe, die du kennst, nicht von einem Fall in ein Garteneisen, wie mir meine andre Mutter gesagt hat und wie du von mir vernommen hast.“

„Wie viele waren es, die euch angegriffen haben?“

„Ich habe ihnen entgegengeschaut, wie sie heransprengten. Sie hatten schwarze Gesichter und alte, rostige Rüstung und Wehr, solche, wie sie auch in unsern Speichern ungebraucht und abgetan beim Gerümpel lag und hing. Es waren ihrer viele.“

„Mehr als acht?“

„Sicherlich; etwa dreizehn oder fünfzehn.“

Friedrich atmete auf.

„Weiter!“ sagte er und wich einem Hühnlein aus.

Sie waren an den ersten Hütten von Lindach angelangt.

„Nachher“, erwiderte Ursula. „Jetzt bin ich die Frau des Herrn von Lindach.“

Die meisten Bewohner des Dörfleins waren auf den Wiesen. Alte Leute saßen hier und dort vor den Häusern und hüteten die Kinder, die in den Höfen und auf der Straße spielten. Die Männer lüpften ihre Kappen und standen schwerfällig auf. Die Frauen hielten im Stricken inne und nickten grüßend mit dem Kopf. Man sah es den Leuten an, daß sie ihren Herrn gern hatten und die Herrin willkommen hießen, und Ursula schwoll das Herz.

Das erste Kind, an dem sie vorüberritten, war ein hübscher kleiner Blondkopf von ungefähr sechs Jahren. Ursula ließ ihr Pferd halten, winkte das Kind zu sich heran und reichte ihm ein seidenes Beutelchen.

„Da“, sagte sie, „funkelnagelneue Weißpfennige sind drinnen. Jedes Kind in Lindach bekommt einen. Willst du meine ehrliche Schaffnerin sein und alles schön austeilen?“

Das Kind nickte ernsthaft mit dem Kopf.

„Bekommen die kleinen Kinder auch?“ fragte das Mägdlein.

„Allerdings, die Wickelkinder auch.“

„Aber die großen Buben kriegen nichts?“

„Nein, die großen Buben und die großen Mädchen, die schon bei der Herrschaft arbeiten —"

„Aha, die vierzehnjährigen —"

„Ja, die vierzehnjährigen, die bekommen von mir nichts, denen gibt der Herr etwas wie allen großen Leuten."

„So?" lachte Friedrich.

„Und wenn etwas übrigbleibt?"

„Dann gibst du mir's heute abend zurück. Wir reiten wieder durch Lindach, so um die Zeit, wenn die Sonne untergeht. Hast du alles gut verstanden?"

Das Kind sagte ja und empfing in beide Hände das Beutelchen.

Ein zwölfjähriger Knabe, der dem allen zugesehen hatte, wandte sich vor den Pferden um und sprang wie ein Schnelläufer, die nackten Beine hoch in die Luft werfend, auf der Straße hin gen Zwingenberg.

„Wir werden angemeldet", sagte Friedrich.

„Wie weit ist es noch?"

„In einer kleinen halben Stunde sind wir dort. Kommst du mit deiner Geschichte zu Ende?"

„Ich bin sogleich fertig. Ich fahre fort, sobald wir das Dorf hinter uns haben."

„Dort kommt das letzte Haus."

„Nun also. Ich muß durch den Stoß betäubt worden sein, denn ich weiß nichts mehr. Als ich wieder zu mir kam, rauschte ein Strom. Der Knecht hatte mich auf dem Arm, das Pferd stand daneben. Wir waren auf einem großen breiten Brett. Es muß eine Fähre gewesen sein. Du, jetzt glaube ich ganz bestimmt, daß wir damals über den Neckar gefahren sind."

„Über den Neckar?" rief Friedrich betroffen.

„Ja. Die Berge waren gerade wie hier, unten grün und lustig, oben gelb und grämlich. Wir fuhren auf ein Städtlein zu, ich erinnere mich an Mauern und Türme."

„War ein Schloß auf dem Berge?"

„Davon weiß ich nichts."

„Und dann?"

„Ich weiß nichts andres mehr, als daß ich dann immer auf der Burg Kürnbach gewesen bin."

„So müßte jenes Städtchen Gmünd gewesen sein", sagte der Junker.

„Was geschah mit den andern?"

„Ich weiß es nicht. Ich habe sie niemals wiedergesehen."

„Und der Knecht?"

„Ich vermute, daß er in jenem Kampfe eine tödliche Wunde davongetragen hat. Denn ich erinnere mich noch, daß mich meine neue Mutter in eine Kammer brachte. Es war ein Bett an der Wand, darinnen lag der Knecht und hatte einen roten Kopf. Er begehrte, daß man mich zu ihm ins Bett lege. Das tat meine neue Mutter und weinte. Er rührte sich nicht, aber sah mich in einemfort an und lachte. Ich sehe noch heute seine weißen Zähne und seinen schwarzen Schnurrbart. Auf einmal schnappte er nach Luft und verdrehte die Augen und lag ganz stille da. Er sah so wunderlich aus, daß ich zu weinen anfing. Meine Muhme kam her, sah ihm ins Gesicht und erschrak. Dann nahm sie mich schleunigst aus dem Bett und trug mich zum Zimmer hinaus."

„Hast du nie etwas von deinen Eltern gehört?"

„Gehört nie; aber gesehen habe ich sie an der Wand. Mein zweiter Vater hat sich von einem Maler aus Weilderstadt einen Stammbaum seines Hauses abschildern lassen in Gestalt einer großmächtigen Eiche. Du weißt, er war der letzte männliche Zweig des Geschlechtes. Seit er die Augen geschlossen hat, bin ich die einzige meines Stammes. Ganz oben am Ende der Baumkrone ist er gemalt als grüner Zweig, der in eine dürre Spitze ausläuft. Unter seinem Namen steht der seiner Gattin; ein einziges Blättchen entsprießt diesem Zweige, das bin ich. Daneben aber wächst noch ein anderer Zweig, ein jüngerer, aus dem elterlichen Holze heraus: das ist mein wirklicher Vater."

„Wie war sein Name?"

„Otto von Sternenfels. Meine Mutter hieß Luitgard von Ehrenberg. Was ich da habe" — Ursula fuhr sich mit der Hand über die Brauen und Augen — „das ist ehrenbergisch."

„Die drei Sterne der Sternenfelse und der Sporn der Ehrenberge finden sich mehrmals in den Wappenschildern meiner Ahnfrauen; doch erzähle zu Ende."

„Nach dem Stammbaum ist diesem Ehebund ein einziges Kind entsprossen, ein Sohn; der hieß Leonhard. Daneben war dereinst noch ein Blatt gemalt — die Blätter bedeuten die Mädchen —, aber das Blatt ist später ausgekratzt worden wie auch der Name, der darauf stand. Das bin ich gewesen. Nach dem Tode meiner Eltern hat mein Oheim das Blättchen versetzen lassen an seinen eignen Zweig. So bin ich, die Letzte meines Geschlechtes, völlig um meine lieben Eltern gekommen."

„Hast du nie deinen Oheim zur Rede gestellt?"

„Doch, kurz bevor du um mich geworben hast. Er war so leidlich wiederhergestellt. Da sagte ich ihm einmal, als wir miteinander seiner Frauen Grab besuchten: ‚Warum erzählst du mir nie von meinem Oheim Otto und meiner Muhme Luitgard und meinem Vetter Leonhard?‘

‚Da ist nichts zu erzählen‘, erwiderte er heftig. ‚Sie sind sehr früh gestorben, als du noch ein kleines Kind warst.‘

‚Es muß doch etwas zu erzählen sein‘, fuhr ich fort, ‚denn sie sind alle drei an einem und demselben Tag gestorben.‘

Da winkte er mir mit der Hand, daß ich schweigen solle, und zitterte am ganzen Leib. Ich habe niemals mehr die Rede darauf gebracht."

„Woher wußtest du denn das, was du deinem Oheim sagtest, daß alle drei an einem Tage ihr Ende gefunden haben?"

„Vergib, ich vergaß, dir dies zu erzählen. Hinter jedem der drei Namen stand ein Kreuzlein und dabei das Datum ihres Todes. Bei allen dreien war es derselbe Tag und derselbe Monat und dasselbe Jahr."

„Sag ihn an!" rief Friedrich und schaute in der größten Spannung sein Weib an.

„Der achte April."

„Also die Osterzeit!" sagte Friedrich leise.

„Ja. Ich erinnere mich deutlich, daß ich an jenem Tage mit meinem Brüderchen Leonhard die ersten Veilchen gesucht hatte. Eine weite Strecke des Wegs hielt ich das Sträußchen in der Hand. Als ich es verloren hatte, schrie ich so heftig, daß der Knecht abstieg und mir große Waldveilchen brach. Habe ich dir's nicht erzählt?"

„Und nun noch das Jahr", sagte Friedrich. Sein Wort klang mehr wie ein düsterer Abschluß, als wie eine Frage der Wißbegierde.

„Anno 1589."

Des Junkers Hengst sprang auf die Seite. Friedrich hatte sich hoch aufgerichtet und sah in die Wiesen hinüber. Er ritt fort, ohne zu bemerken, daß sein Weib stillhielt.

„Friedrich!" rief sie ihm nach. Er wandte sein Pferd und ritt langsam zurück. Sein Gesicht war sehr bleich und sehr ernst, seine Haltung war straff. Mit unsäglicher Traurigkeit und in überströmendem Erbarmen sah er sein Weib an.

„Friedrich!" rief sie ihm entgegen, „siehe, die Kinder von Zwingenberg wollen uns grüßen."

Im grünen Eingang einer Schlucht stand ein Häuflein von Knaben und Mädchen. Sie schwenkten grüne Maien und riefen um die Wette:

„Heil dir, lieber Herr! Heil dir, liebe Frau!“ Dann stellten sie sich in eine Gruppe und sangen Johann Heermanns schönes Lied:

„Mit Jesu fang' ich an,
Mit Jesu will ich enden;
Was ich nur immer tu',
Wohin ich mich mag wenden,
Soll meiner Augen Ziel
Nur einzig Jesus sein:
In meinem Herzen nichts
Als Jesus wohn' allein.“

Friedrich hatte die Hände gefaltet und saß andächtig im Sattel, als der Gesang schon eine Weile zu Ende war.

„Der Herr dankt euch“, sagte Ursula freundlich zu den Kindern. „Ich freue mich, daß ihr euern Herrn so liebhabt und daß ihr so schön singen könnt.“

Sie winkte ein Mädchen zu sich heran.

„Was hast du in deinem Körbchen?“

„Eier! Unsre Hühner haben ausgelegt; sie fliegen alle Morgen in die Wolfsschlucht und verlegen ihre Eier. Aber wir haben alle sieben gefunden.“

„Weis' einmal her.“

Das Kind hob das Körbchen in die Höhe.

„Frischgelegte Eier! Wer von euch Buben hat ein Messer im Sack?“

Drei hoben den Finger in die Höhe und riefen: „Ich!“

„Wessen Messer ist am saubersten?“

Zweie der Knaben schauten sich verlegen an. Der dritte aber war wie der Blitz in das rieselnde Bächlein gesprungen, wusch die Klinge seines Messers und rief während dieses Geschäftes: „Meines ist das sauberste!“

„Auf jeden Fall bist du der fixeste.“

Der Knabe brachte das Messer. Die Schneide blinkte wie Fensterglas in der Abendsonne.

Ursula sah das Bübchen aufmerksam an.

„Bist du nicht der Schnelläufer, der von Lindach hierher gesprungen ist?“

Der Knabe nickte stolz mit dem Kopf.

„Bist du von Lindach oder von Zwingenberg?“

„Ich bin von hier. Wir wohnen oben gerade vor dem Schloß, seit unser Haus abgebrannt ist.“

„Ihr armen Leute! Euer Haus ist abgebrannt?"

Der Knabe nickte betrübt mit dem Kopf, und in dem Tone, in dem man zu sagen pflegt: „Selten kommt ein Unglück allein", fügte er hinzu: „Wir haben daheim auch noch ein kleines Wickelkind."

„Oh! Das will ich sehen! Sage deiner Mutter, ich besuche euch heute. Und nun nimm dein Messer und köpfe ein Ei. Kannst du es tun?"

„Oh gut!"

„Nun komme du, mit der blauen Jacke, halte das geköpfte Ei."

„Und du mit dem Messer, wie heißest du noch?"

„Lips!"

„Lips, du machst es mit einem zweiten Ei geradeso."

„Junker Hirschhorn!" rief sie ihrem Gatten zu.

Er war rastlos im Schritt auf und nieder geritten.

„Wir nehmen jetzt die beiden Eier. Das sind unsre Becher. Mit denen stoßen wir an, und trinken sie aus auf alle Kinder in Zwingenberg."

Die Kinder schauten lachend zu.

„Nun aber müssen wir auch unsre Zeche zahlen, lieber Herr. Was kosten die Eier?"

„Die kosten nichts."

„Ich gebe dir für jedes einen Weißpfennig."

„Das ist zuviel", sagte das Mädchen. „So teuer sind sie nicht."

„Nimm nur! Und halte dein Körbchen her."

Sie schüttelte den Inhalt des grünseidenen Beutelchens über die Eier und legte dann das geleerte darüber.

„Verteile das unter die Kinder in Zwingenberg. Das Beutelchen selber gehört dir."

„Wie sollen wir's verteilen?" fragte das Mädchen.

„Wie ihr wollt", sagte Ursula traurig. „Fragt euern Lehrer."

Sie winkte den Kindern Abschied zu und ritt zu ihrem Gatten. Je länger sie mit den Kleinen gesprochen hatte, desto mehr drückte sie die unbezwingliche Schwermut ihres Gemahles, die sie fühlte, obgleich sie ihn nicht ansah.

Sie ritt dicht an seine Seite und sagte zu ihm:

„Ich habe dir noch etwas zu erzählen, das wird dich sicherlich froh machen. Ich weiß es ganz gewiß."

Ihre Augen strahlten.

„Ich sag' es dir, wenn wir allein sind. Heute noch, und hier noch. Zuletzt kommt das Beste."

„Das Beste?" fragte er langsam und sah sein Weib traurig an.

Sie ritten unter der Burg hin längs der Straße, an deren Bergseite sich die Hütten an die Felsen lehnten, während der andre Rand vom Neckar bespült wurde. Gegen Ende des Dorfes bogen sie in den Burgweg ein und hatten nun zu ihrer Linken die Hinterseite der Häuser oder kleine, niedrige Hütten, die davor gebaut waren, zur Rechten aber den steil aufsteigenden felsigen Berg.

Die Pferde schritten rüstig aus, und die Reiter kamen rasch in die Höhe.

„Ist es nicht schön hier?" fragte der Junker sein Weib.

„Sehr schön, aber in Hirschhorn ist es schöner."

„Oh sieh doch, wie der Wald hier so groß steht, und er steigt hinauf bis über die Gipfel der Berge. Solchen Wald hat niemand weit und breit. Schau zurück, wie der Neckar dahereilt zwischen den knappen grünen Wiesen und wie er nun im herrlichen Bogen geht, und dann entgleitet und flutet er in die tiefe Einsamkeit des Waldes hinein. Hier habe ich die schönsten Tage meiner Kindheit erlebt. Dort drüben habe ich den ersten Auerhahn erlegt."

„Wie alt warst du da?"

„Zwölf Jahre alt", sagte Friedrich nach einer Pause. „Es war im Frühling 1589."

Ein Schatten flog über sein Gesicht. Ursula biß sich auf die Lippen.

Da dröhnten rasch hintereinander drei Schüsse von den drei Kartaunen auf dem Wall.

„Wir sind da!" rief Friedrich. Seine Stirne war wieder klar, und seine Augen leuchteten.

„Siehe da, das liebste unter all meinen Häusern!"

Zwischen dem Gebüsch der Abstürze treten nackte Felsen mächtig hervor. Von wildem Walde umwogt, ruht Schloß Zwingenberg auf stolzem Gesims. Düster und drohend blickt es herab, unheimlich wie sein Name.

„Heil der Herrin von Zwingenberg!" rief Friedrich, als sie in den Schloßhof ritten.

Er reichte dem Burgvogt die Hand, stieg ab und hob sein Weib aus dem Sattel.

„Laß sieden und braten!" rief er munter. „Der Imbiß von Eberbach liegt lange hinter uns. Wir haben Hunger und Durst!"

„Und nun sieh, Ursula! Der neue Torbau! Und hier die Schnecke! Ist die nicht zierlich? Nun geht es in den innersten Hof. Schau einmal den Brunnen! Gefällt er dir nicht? Ist das Traubengehänge nicht schön um die Muschel herum? Das hat ein Gipskünstler aus Heidelberg gemacht. Und sieh, hier ist das Meer und nebendran das Morgenland. Sieh, der Walfisch speit gerade den Jonas aus. Ich weiß nicht, wer mehr zu bedauern war, der Fisch oder der Prophet. Gefällt dir es nicht? Sieh, das habe ich mir selbst so alles ausgedacht."

„Es ist hier stattlich und stolz", sagte Ursula, „aber so finster und so kalt. Kein Sonnenstrahl kommt in diesen Hof."

„Oh, die Burg hat auch sonnige Stuben. Wir gehen jetzt die Schnecke hinauf und sehen uns alles an. Hier herein gehen wir zuletzt, denn da speisen wir. Hier ist das Schlafzimmer, ist das nicht hell und luftig? Schau doch, da schauen wir in die Wolfsschlucht hinunter."

„Oh, ist die wild!"

„Ja, herrlich wild! Im Winter kommen die Wölfe in Rudeln da herunter. Schier aus dem Bette können wir sie schießen."

„Ja, kommen sie hier herein? Ich danke."

„Nein! Aber wir rücken unsre Betten an das Fenster, zwischen uns legen wir ein geladenes Gewehr."

„Ich danke."

„Warum denn nicht? Und wenn wir des Morgens aufwachen, schauen wir schnell zum Fenster hinaus und schießen einen Wolf. Oh, die Jagd! Die Jagd! Hier wird mein Weib eine Jägerin!"

So redete er sich immer mehr in eine aufgeregte Heiterkeit hinein, und alles, was er sagte, verriet die Absicht, ihr den Aufenthalt in Zwingenberg ins hellste Licht zu stellen.

Als sie auf der Zinne des Bergfrieds standen, zeigte er ihr alle Teile der Burg und ihrer Wehre, dann breitete er die Arme aus und rief: „Alles, was du schaust, ist dein und mein."

„Der Himmel nicht", erwiderte sie.

„Der ist Gottes", sagte er und ergriff ihre Hand. „Darum ist auch der Himmel dein und mein."

Er wartete auf ihre Antwort. Als sie schwieg, sagte er: „Weißt du, was ich möchte?"

„So sprich es doch aus."

„Wir wollen hier wohnen."

Ursula schüttelte leise den Kopf und antwortete: „Hirschhorn ist mir lieber."

„Was mangelt meiner Liebsten hier?" fragte er innig.

„Die Mutter", sagte Ursula leise.

Friedrich gedachte, wie sie in der vergangenen Nacht das Wort Mutter aus dem Graben herauszulocken suchte.

„Auch der Hirschhorner Zwinger antwortet nicht immer."

„Aber seine Antwort schläft nur. Es kommt auch einmal wieder eine Nacht, wo es Mutter ruft aus dem Graben herauf."

„Und hier antwortet dir der Felsen, so oft du willst. Ich habe das Echo noch nicht erprobt, aber was gilt's, es ist da?"

„Der Fels ist zu nahe, und der Berg ist zu düster."

„So versuche es doch! Rufe!"

„Hier nicht."

„So will ich es tun: ‚M u t t e r !'"

Das Wort verklang hart und kurz. Kein Widerhall kam vom Felsen.

Da schlang Ursula ihre Arme um den Gatten und sagte:

„Wir wollen hierherziehen. Wo du fröhlich bist, da bin ich gern."

Er preßte sie an die Brust. „Und nun sag mir noch die gute Kunde, die du mir verheißen hast."

„Hier nicht“, erwiderte sie ängstlich. „Die Sonne geht hier so rasch hinter den Berg, das ist schlimm. Wir sind ganz im Schatten, und der Schatten ist hier so dunkel wie nirgends. Sieh, das Tal liegt noch breit in der Sonne; es ist noch zwei Stunden lang Tag, und hier ist es schon Abend.“

„Zu Tisch! zu Tisch!“ rief die Stimme des Burgvogts aus der Tiefe.

„Zu Tisch!“ wiederholte Ursula. „Heute bin ich noch Gast, das nächstemal bin ich Hausfrau.“

Die Tafel war fröhlich. Der Burgvogt, der Lehrer, der Schultheiß von Zwingenberg und der Geracher Pfarrherr nahmen daran teil. Es gab Fische und Wildbret und Hühner. Der Wein aus dem Burgkeller, roter Himmelreicher von Gundelsheim, war köstlich.

„Es ist ein katholischer Wein“, sagte Friedrich und stand vom Stuhle auf. „Die deutschen Herren von Horneck haben ihn gebaut. So trinken wir mit diesem Wein die Gesundheit Seiner Kurfürstlichen Gnaden des Erzbischofs von Mainz, der mir allezeit ein gnädiger Herr gewesen ist, wie ich ihm allezeit ein treuer Lehensritter bleibe bis an meinen Tod.“

Darauf ließ er sich und den andern die Becher von neuem füllen und rief: „Meiner herzlieben Hausfrau, der Herrin von Zwingenberg!“

Die Tafel war aufgehoben. Der Ritter ging mit den Männern in die Ställe. Die Rosse wurden aufgeschirrt und stampften ungeduldig im Burghof, denn auch sie hatten eine gute Mahlzeit getan. Ursula sann über ihr süßes Geheimnis, und sie überlegte, wie sie es ihrem Gatten mitteilen solle. Da gedachte sie an das Wickelkind, von dem ihr der kleine Lips erzählt hatte.

„Ich gehe in eines der nächsten Dorfhäuser“, sagte sie zum Torwärtel, „und ich lasse den Herrn bitten, daß er mir nachfolge, aber allein.“

Sie ging über die Brücke und fragte einige Kinder, die sie mit großen Augen anschauten: „Wo wohnt euer Spielgeselle, der Lips?“

„Der wohnt hier“, sagten sie und wiesen auf die nächste Hütte.

Ursula klinkte an der Türe; sie war verschlossen. Sie sah durch das Fenster; niemand war in der Stube. Nun ging sie um die Hütte herum in das kleine Gärtchen, das zwischen Haus und Felsen lag. Da fand sie ein junges Weib, das auf der Hausstaffel saß und ihr Kind stillte. Die Mutter hatte ihr Haupt vorgebeugt und sah auf ihren Säugling nieder. Ursula sah den schneeweißen Nacken mit Verwunderung an, denn sie hatte noch nie auf dem Dorf eine solche Haut gesehen. Sie trat näher und sah die blendende Brust und das gierig saugende Kind und ein rosiges Gesicht, das von Mutterfreude verklärt war.

Da sah das Weib auf, und Ursula wunderte sich, ein so blutjunges Ding zu sehen.

Die Wöchnerin blinzelte die Edelfrau scheu an, dann schaute sie lächelnd auf ihr Kind hernieder.

„Du bist doch nicht die Mutter des kleinen Lips?“

Sie schüttelte den Kopf.

„Seine Schwester bin ich.“

„Wo ist dein Mann?“

„Ich habe keinen Mann.“

„Ach!“ rief Ursula und trat zurück. Sie versuchte eine strenge Miene zu machen. „Aber du wirst doch hoffentlich bald einen Mann bekommen? Dein Bräutigam wird dich doch heiraten?“

Das Mädchen schüttelte den Kopf.

„Warum denn nicht?“

„Weil er tot ist.“

„Oh du Ärmste!“ rief Ursula, und sie setzte sich neben das junge Weib, um das holde Bild des trinkenden Kindes besser zu schauen.

„Seit wann ist er tot?“

„Seit dazumals.“

„Was meinst du damit?“

„Ha!“ sie lachte und beugte sich tiefer auf ihr Kind herab.

„Wer war er denn?“

„Ich weiß nicht.“

„War er von hier?“

„Nein.“

„Woher war er?“

„Ich weiß nicht.“

„Wie hieß er?“

„Ich weiß nicht.“

„Wie, du weißt das alles nicht?“

„Nein; er ist mir zu schnell verbrannt.“

„Verbrannt!“ rief Ursula entsetzt.

„Ja, als unser Haus verbrannt ist.“

„Da war er bei dir?“

„Freilich.“

„Zum erstenmal?“

Das Mädchen nickte mit dem Kopf.

„Seit wann hast du ihn gekannt?“

„Seit einer halben Stunde.“

„Du bist ein böser Balg!“ sagte Ursula entrüstet.

„Hast du genug, liebe Magd?“ plauderte das Mädchen in seinen Schoß hinein. „Willst ein bißchen ausruhen? Komm, komm, es ist noch Futter da!“

Der Edelfrau traten die Tränen in die Augen. Sie hatte Mitleid mit dem verwahrlosten Geschöpf.

„Wie konntest du nur so gottlos handeln?“ fragte sie mit ernstem, mildem Ton.

Das Mädchen schaute verwundert auf, wie wenn es nicht begriffe.

„Ich bin von der Wiese heimgegangen“, erzählte sie, „da kam er hinter mir her, und wir hatten unsern Spaß miteinander, und er gefiel mir so gut. Da nahm ich ihn mit. Als er bei mir war, schrie es ‚Feuer!‘ vor meiner Kammer. Alles stand in Flammen. Ich sprang hinaus und rettete mich. Er machte zu lang und fand die Türe nicht im Qualm und ist verbrannt.“

„Entsetzlich!“ sagte Ursula. Sie schüttelte den Kopf. Dies Mädchen war ihr ein Rätsel. „Und du kannst leben und lachen?“ fragte sie vorwurfsvoll.

„Ich habe mein Kind!“ sagte das Mädchen und lachte hellauf.

„Und vorher warst du brav?“

„Immer. Gott weiß es.“

„Und nachher?“

„An mich kommt keiner mehr heran“, sagte sie und warf trotzig den Kopf in die Höhe. „Wozu denn auch? Ich hab' ja mein Kind, mein Kind!“

Sie flüsterte es, aber jubelte dabei.

Ursula traten die Tränen in die Augen.

„Zeig mir dein Kind.“

Die Kleine war eingeschlafen. Sie kugelte auf den Rücken und lag in der Mutter Schoß. Es war ein herziges Dirnchen. Aber wie erschrak Ursula, als sie ins Gesichtchen schaute. Über dem rechten Auge hatte das Kind ein Muttermal. Es war eine rote, gezackte Flamme, die von unten nach oben emporschlug, über die ganze Stirne hinauf.

„Der Feuerruf hat mein Kind gezeichnet“, sagte das Mädchen.

„Nein“, erwiderte Ursula heftig, „der Flammenschein.“

„Das muß ich am besten wissen“, sagte die Dirne und wurde blutrot. „Der Feuerruf vor meiner Kammertür ist es gewesen.“

Ursula lehnte sich zurück und schloß die Augen. Sie nahm ihren Kopf zwischen beide Hände und verzog schmerzlich den Mund. Derweilen tändelte das Mädchen mit dem Kinde. Nach einer Weile fing Ursula an:

„Stell dir einmal vor — wie heißest du doch?"
„Ursa."
„Ursa?"
„Eigentlich Ursula."
Die Edelfrau zog die Brauen zusammen.
„Aber er hat gesagt, ich müßte eigentlich Ursa heißen."
„Weißt du, was Ursa heißt?"
„Ja. Von ihm. Die Bärin."
Das Mädchen lachte hellauf.
„Also, Ursa, stelle dir einmal vor, dein Bruder, der Lips, den du liebhast" — die Dirne nickte mit dem Kopfe —, „der Lips wäre in jenem Augenblick ertrunken und du hättest statt des Feuerrufs deines Bruders Todesschrei gehört, was wäre dann mit deinem Kinde geschehen?"
„Dann hätte meines Bruders Todesruf mein Kind gezeichnet."
„Wie ist ein Kind, das also gezeichnet ist?" fragte Ursula leise.
„Was weiß ich?" rief das Mädchen.
„Ach, da bist du ja", rief der Junker in diesem Augenblick. „Welch holdes Bild! Hier willst du mir künden, was du mir Köstliches vorbehalten hast? Es gibt keine heiligere Stätte."
„Nein, hier nicht", sagte Ursula hastig. „Draußen, wenn wir alleine sind. Wir wollen fort. Zu Pferd!"
Friedrich folgte kopfschüttelnd seiner vorauseilenden Gattin nach.
Die Sonne schickte sich zum Untergang, als die beiden Gatten nebeneinander durch Lindach trabten. Die Straße leuchtete vor ihnen wie Gold, und der Neckar dichtete im Dahinfluten ein wunderbares Gedicht von Erdenherrlichkeit und Himmelsglanz.
An dem letzten Hause von Lindach hielt eine große Kinderschar.
„Wir danken schön! Wir danken schön!" riefen sie den Reitern entgegen.
Sie hielten ihre Rosse an.
„Die Kinder in Zwingenberg", sagte der Junker zu den aufhorchenden Kindern, „die haben uns ein gar schönes Lied gesungen: ‚Mit Jesu fang ich an, mit Jesu will ich enden.' Könnt ihr uns auch ein Lied singen?"
Die Kinder schwiegen. Endlich rief eines: „Wir können nur ein einziges gut; das singen wir, wenn man die Leut' vergrabt."
„Danke schön!" lachte der Ritter.
Nun trat das Mägdlein vor, dem Ursula das Beutelchen gegeben hatte. Das Kind hatte aus beiden Händchen ein Schüsselchen gemacht, das war angefüllt mit Silberlingen.

„Zweiundvierzig Weißpfennige sind übriggeblieben“, sagte es. „Da!“

„Was machen wir nun damit?“ sagte Ursula. „Ich habe kein Beutelchen mehr. Weißt du was? Du bringst die Weißpfennige dem Schultheißen von Lindach und sagst ihm einen Gruß von mir und er solle den Lindacher Kindern Brezeln backen lassen, drauf und drein, bis das Geld alle ist.

„Das ist recht“, rief ein Knabe.

„Wenn du nur hohe Stelzen hättest, daß ich dir einen Kuß geben kann“, sagte die Frau.

„Die Stelzen sind da“, rief ihr Mann und sprang vom Pferd. Er wollte das Dirnchen in die Höhe heben, aber es schaute verlegen in seine Händchen hinein und wußte nicht wohin mit seinem Reichtum.

„Komm!“ rief ein Bube und hielt eine Mütze unter.

Das Mädchen schüttelte sein Schüsselchen aus. Dann wurde es zu der Frau hinaufgehoben, schlang seine Ärmchen um ihren Nacken und gab ihr einen langen, langen Kuß.

Der Ritter dachte, es sei nun genug, und setzte die Kleine ab.

Da rief Ursula: „Nun schaut, Kinder, was ich jetzt mache!“

Sie beugte sich nieder, schlang ihre Arme um den Hals ihres Gatten, sagte zu ihm: „Du lieber, lieber Junker!“ und gab ihm einen langen, langen Kuß. Der wollte schier kein Ende nehmen.

„Das ist schön!“ rief eines der Kinder. Ein andres rief: „Hui! Hui!“

Endlich löste Ursula ihre Lippen von dem Mund ihres Mannes, hielt sie ihm an das Ohr und flüsterte:

„Du bist nicht mehr der einzige lebendige Hirschhorn.“

Da schwang er sein Barett und jauchzte: „Ursula!“

„Ursula! Ursula!“ jubelten die Kinder hinter den Enteilenden her.

Schweigend ritten die Gatten durch den verglimmenden Abend gen Hirschhorn zu.

Als sie dem Dörflein Pleutersbach gegenüber waren, klang eine singende Männerstimme über den dunkel gewordenen Fluß. Sie hielten die Pferde und lauschten. Jedes Wort war zu verstehen:

„Mein liebes Herz,
Was ist mit dir?
Auch du hast keine Ruh'
Es quillt in dir,
Es schwillt in dir,
Es welkt und blüht,
Es friert und glüht,

Du bist bald traurig,
Bist bald froh.
Was ängstigt dich?
Was quält dich so?
Ach, was mir fehlt und was ich will,
Und was mein Sinn und Wunsch und Ziel,
Ich selber kann's nicht sagen.
Es preßt und engt,
Treibt mich und drängt
Ohn' Rast und Ruh';
Weiß nicht wozu.
Es müht mich und zieht mich;
Weiß nicht wohin."

6

Noch ehe die rauhen Tage kamen, hatte die Übersiedlung von Hirschhorn nach Zwingenberg stattgefunden. Die Felsenburg war enger und unbequemer als das Herrenschloß. Schon lange hatten keine Frauen mehr in den Gemächern gehaust. Hundegekläff war in den Höfen daheim und im Treppenturm der plumpe Tritt der Knechte. Das alte Gemäuer wollte sich nicht recht schicken in die neue Art, die mit der Herrin einzog, es sah verdrossen aus in dem tiefen Herbstschatten, aus dem nur die Spitze des Bergfrieds in den Sonnenschein ragte, als ob es die rauhe Gesellschaft der früheren wilden Tage zurücksehne. Auch Ursula hatte Heimweh; sie sehnte sich zurück auf die sonnige Höhe, in deren Glanz sie den Brautschleier getragen hatte, und nach dem munteren Städtlein mit seinem Marktgewühl und seinem Glockengeläute. Sie war oft allein. Der Junker ritt alle vierzehn Tage nach Hirschhorn zum Gericht, auch sonst nicht selten zu Zusammenkünften mit den Vögten, Schultheißen und Amtleuten seiner Dörfer. Da war er immer den ganzen Tag weg von ihr, und manches Mal war Mitternacht vorüber, bis sie den Hufschlag seines Rosses unter der Burg vernahm. War er von Geschäften frei, so ging er aufs Weidwerk. In der ersten Zeit begleitete sie ihn mitunter, bald aber wurden ihr die Gebirgspfade zu steil und zu beschwerlich. Da wartete sie dann sehnsüchtig auf den Klang seines Hifthorns.

Der Winter war unerfreulich. Ein rascher, hoher Schnee verschwand im Nu, wie er gekommen war, und dann strömte Woche um Woche unendlicher Regen herab. Aus den Höfen der Burg entwich die Nacht kaum am Mittag, die Wolken hingen schwer und dick über den Zinnen, und in den Gängen heulte der Wind. An diese finsteren Tage dachte sie aber mit ganz besonderer Freude zurück, denn da blieb ihr Gatte zu Haus. Des Tags über arbeitete er mit seinem Sekretarius in der Burgkanzlei und ritt ein wenig, wohlverwahrt in seinen Wolfspelz, nach Gerach hinauf. Aber am frühen Abend kehrte er zu seiner Gattin zurück. Da saßen sie beieinander vor dem warmen Kachelofen beim traulichen Ampellicht, und sie lasen miteinander in schöner Abwechslung Lutheri Kirchenpostille, die Chronik des Sleidanus und die lustigen Büchlein des Johann Fischart. Mit Freuden erkannte Ursula den überlegenen Geist ihres Gatten, seine reichen Kenntnisse und seine ehrenhafte Gesinnung.

Aber heimisch wurde sie nicht auf Zwingenberg. Vor allem verlangte sie zurück nach ihrem Hirschhorner Schlafgemach. Wenn sie in ihrem Bette lag und auf das Rauschen des Wassers lauschte, das durch die Schlucht herniedertoste und das heisere Heulen der Bestien hörte, die sich bis unter die Fenster der Burg wagten, dann dachte sie an Leonhard und sehnte sich danach, wieder seine Klage zu hören und miteinzustimmen in den Ruf: „Mutter!“

Als sie einmal ihrem Gatten hiervon redete, fragte er sie: „Ist dir die Erinnerung an deine erste Nacht auf Schloß Hirschhorn nicht ein unheimliches Ding?“

„Im Gegenteil“, sagte sie, „die Erinnerung ist mir wert, und deine Burg ist mir dadurch ein heiliger Ort geworden.“

Die Weissagung der Jäger, daß der heurige Winter kein Ende nehmen werde, erfüllte sich nicht. Der Frühling kam mit den ersten Tagen des März. In der Wolfsschlucht wurde es grün, und zwischen den aufsprießenden Veilchen blühten Anemonen. Ursula saß des Tages über viel in ihrer Kemenate mit erfahrenen Weibern aus dem Dorf und nähte Kindszeug. Die Gatten hatten beschlossen, in der Mitte des Monats nach Hirschhorn zurückzukehren, damit Ursula in den Tagen ihrer Niederkunft und ihrer Wochen Hilfe und Bequemlichkeit habe. Friedrich hatte sich vorgesetzt, den Einsiedler Leonhard vor der Übersiedlung seiner Gattin aus der Gegend zu entfernen, damit die Vergangenheit, der er entwichen war, mit dem Verschwinden des Einsiedlers endgültig abgetan sei.

Es war ein lustiger Frühlingsmorgen, als er zu Ursula sagte: „Ich mache heute einen Pirschgang über das Gebirg nach Hirschhorn, und weißt du, was ich dir heute abend mitbringe? Deine Kutsche.“

„Sie soll mir hochwillkommen sein!“ rief Ursula fröhlich.

Von einem Wolfshunde begleitet, die geliebte Armbrust über der Schulter, sprang Friedrich die Schlucht hinunter. Ursula hörte das Rauschen im dürren Laub, und bald darauf empfing sie vom gegenüberliegenden Hang noch einmal das Bild des Geliebten und den Scheidegruß aus seinem Mund und von seiner Hand. Friedrich stieg auf die Höhe des Gebirges und hinunter in das Ittersbachtal, dann wieder hinauf auf den Kreuzberg und auf die hohe Warte und hinunter in das Tal des Gammelbachs und wieder auf die Höhe, immer durch Wald und Heide oder an frisch gerodetem Neubruch vorüber. Die Wanderung war herzerquickend. In der Nähe der Trümmer der Emichsburg schoß er einen Hasen. Er hing ihn über die Schulter und freute sich, denn nun hatte er etwas mitzubringen. In seinem Dörfchen Rothenberg machte er Mittag. Zuerst besuchte er seinen Hundemeister. Schon von weitem grüßte ihn das vielstimmige Gekläff. Sein Weidmannsherz lachte ihm im Leib. Der Wolfshund lief schweifwedelnd voraus und liebkoste stürmisch seinen früheren Wärter. Friedrich freute sich an seiner Meute. Dann besprach er mit dem Schultheißen dies und jenes und lud sich durch ein Büblein bei dem Pfarrherrn zu Gast. Es gab Pfannkuchen, junge Hühner und Ackersalat und köstliches Brunnenwasser. Von dem wackeren Mann ein Stück Weges geleitet, wanderte er nach Hainbrunn hinunter, dann hinauf auf den Dammberg und den steilen Hang hinab durch den jungen Eichwald in das liebliche Laxbachtal. Er stieg hinunter an das Bächlein, zog seine Stiefel aus und badete die ermüdeten Füße. Mit seinem Schuhwerk in der Hand ging er durchs Wasser hinüber auf das andre Ufer, zog die Stiefel an und stieg nun gemächlich durch den sprießenden Buchenwald, dessen Spitzen wie Morgenrot leuchteten. Er war nahe an seinem Ziel. Plötzlich rauschte es vor ihm, und aus dem Busch tauchte der, den er suchte. Mann stand an Mann.

„Leonhard, Euch meine ich ja!" rief der Junker verwundert und erfreut.

Der Einsiedler kehrte sich kurz um, ohne Gruß, und sagte: „Komm mit!"

„Ihr wolltet über Feld?"

„Nach Brombach, Geld einziehen für gelieferte Särge. Aber das hat morgen Zeit."

„Ich danke Euch."

Leonhard sah den Junker von der Seite an, verwundert oder doch wenigstens betroffen über die ritterliche Anrede, und sagte: „Du bist mir keinen Dank schuldig."

Schweigend stiegen sie nebeneinander durch das Niederholz den Berg hinan. Als sie unter dem Gipfel waren, vor den Hochtannen, die den

Scheitel bedeckten, sagte Leonhard: „Hierher!“ und ging einen schmalen Pfad voran, der neben den Tannen hinführte.

Bald standen sie vor der Hütte des Waldbruders. Sie war in einer sonnigen, trockenen Bucht aufgerichtet, die gegen die Wind- und Wetterseite zu von dem Walde geschützt war. Jenseits eines klaren Bächleins, das in einer Bergrinne hinunterlief, traten nackte Felsen vor. Ein gehauener Pfad führte auf die Höhe, und oben in einer welligen Waldlichtung stand die Werkstatt des Einsiedlers.

Friedrich sah sich neugierig um. Sein Führer schloß die Tür auf und forderte mit einer stummen Gebärde den Junker auf, in die Hütte zu treten.

Friedrich zögerte.

„Als was für einer soll ich unter Euer Dach gehen?“ fragte Friedrich und zögerte, in die Tür zu treten.

„Zuvor eine Bitte“, sagte Leonhard. „Alle Leute sagen du zu mir, und ich tue ihnen dergleichen. Du verwirrst mich, wenn du nicht ‚du‘ zu mir sagst.“

„Ich weiß jetzt, daß Ihr ritterlichen Geblütes seid“, antwortete Friedrich, darum sage ich Ihr, es sei denn“ — dem Junker traten die Tränen in die Augen, und er streckte ihm beide Hände entgegen — „es sei denn, daß wir zueinander du sagen wie ein Schwager dem Schwager.“

„Ihr seid ein Hirschhorn“, sagte Leonhard kalt. „Tretet ein.“

Friedrich seufzte und trat ein.

Es sah ärmlich, aber sauber in der Hütte aus. Von dem großen irdenen Kachelofen ging ein Hauch von Behaglichkeit durch das Stübchen.

Leonhard blies das Feuer aus der Asche, legte Kienholz darauf, und bald prasselte es vergnüglich im Ofen.

Die beiden Männer saßen sich gegenüber am roh gezimmerten Tisch, Friedrich auf der Bank zwischen den beiden kleinen Fenstern, Leonhard vor dem Ofen auf dem niedrigen Schemel. Der Wolfshund lag blinzelnd an der Tür.

Der Junker griff unter sich, hob den Hasen vom Boden, beugte sich über den Tisch und legte das Wildbret vor Leonhard auf den Boden.

„Da hab' ich Euch etwas mitgebracht.“

Leonhard schob mit der Spitze seines groben Schuhs den Hasen zurück und sagte: „Behaltet Euer Wild und“ — er sah Friedrich scharf an — „Euern Wein und Euern Speck und was mir sonst heimlich vor die Tür gelegt worden. Was ich jetzt weiß, das ahnte ich und habe es unberührt gelassen. Es liegt droben in der Werkstatt. Der Speck ist verdorben, da hab' ich ihn den Füchsen hingeworfen.“

Friedrich sah traurig vor sich hin. Dann hob er das Haupt und sah den Einsiedler innig an.

Leonhard ahnte, was er sagen wollte, und fragte rasch: „Weiß sie davon?"

Friedrich schüttelte den Kopf. „Aber immerhin denket an sie", sagte er, „und nehmet es hin von dem Gatten Eurer Schwester."

„Meine Schwester ist das Weib eines Hirschhorn!" sagte der Einsiedler hart.

„Nun denn", sprach der Ritter, und der Kopf war ihm rot geworden, „so mögen die Füchse, die den Speck gefressen haben, auch den Hasen holen!"

Er öffnete das Fenster und warf den Hasen über die Rasenfläche den Abhang hinunter.

Der Hund fuhr auf wie wütend und wollte zur Tür hinaus. Sein Herr beruhigte ihn und wurde darüber selber ruhig.

Er setzte sich auf die Bank und sah Leonhard forschend an.

„Ich gehe nicht von dannen, bis es zwischen Euch und mir hell geworden ist. Wißt Ihr, daß Ihr ein Sternenfels seid?"

„Ich habe es vergessen."

„Meine Frau ist eine Sternenfels."

„Ich weiß es."

Leonhard hatte beide Ellbogen auf die Knie gestemmt, seine Stirn in seine Hände gelegt und schaute auf den Boden.

„Haltet Ihr meine Frau — sie heißt Ursula — für Eure Schwester oder nicht?"

„Sie ist eine Hirschhorn geworden."

Friedrich stand erregt auf. Sein Kopf stieß fast an die Decke. Der Hund erhob sich mit einem freudigen Schluchzen und schnupperte an der Tür.

Der Einsiedler richtete sich auf und machte mit dem rechten Arm eine halbe Gebärde, die zum Bleiben einlud. Friedrichs Blick fiel auf Leonhards linke Hand, deren Finger mit einer Falte seiner Kutte spielten. Die Finger zitterten. Friedrich sah ihm eine Weile zu; da kam ihm der Gedanke, daß seines Gegners Ruhe geheuchelt sei.

Er setzte sich wieder auf die Bank und legte beide Arme auf den Tisch. Mit einem tiefen Seufzer ließ sich der Hund zu seines Herrn Füßen nieder.

„Weiß sie", fing Leonhard an, „weiß sie, daß —"

Er vollendete nicht.

„Es graut ihr vor dem Fragen, und sie möchte mir zum Vergessen helfen. Darum schaut sie nicht rückwärts. Sie weiß, daß von hinten etwas

Unheimliches kommt, darum faßt sie mich an der Hand wie die ältere Schwester ihr Brüderlein und sagt zu mir: ‚Schau nicht zurück, komm, wir laufen frisch voran; bald hört der Wald auf, dann wird es hell und frei.‘ Aber im verborgenen Herzen sehnt sie sich nach dem, was hinter ihr geht, wie ein Kind Heimweh hat nach der Mutter. Sie möchte die Stimme wieder hören, die ‚Mutter‘ rief und ihr die Tränen gelöst hat, so daß sie um die Mutter weinte. — Schwager, komm mit! Ich führe dich zu ihr. Ursula, ich habe deinen Bruder gefunden!“

Bewegt und mit feuchten Augen hatte Friedrich die letzten Worte gesprochen, wie einer, der, von seinem Gefühl überwältigt, den ausgedachten Weg verläßt und sich von seinem Herzen leiten läßt querfeldein auf das Ziel zu.

Leonhards Brust arbeitete schwer. Auch er war aufgestanden, aber nicht, um die Hände zu ergreifen, sondern um sich vor ihnen zu flüchten in den hintersten Winkel der Kammer. Der Hund fuhr auf und knurrte.

Leonhard lehnte sich an die Wand und kreuzte die Arme über der Brust.

Er nahm das letzte Wort seines Gegners auf und rief:

„Gefunden! Sie hat ihren Bruder gefunden, wenn ich meine Mutter gefunden habe. Führe mich zu ihren Gebeinen, und ich gehöre euch! Dann suchen wir miteinander des Vaters Grab. Wir finden es. Die Mutter hilft uns. Dann ist die Vergangenheit tot, ich ziehe dieses Kleid aus und bin Leonhard von Sternenfels, der Letzte meines Geschlechts.“

„Du vergissest, daß ich ein Hirschhorn bin“, sagte Friedrich. „An dem Tage, wo deine Mutter aus der Welt schied, war die männliche Sippe meines Geschlechts beieinander, und wir schwuren auf das Evangelium, daß, solange der Name Hirschhorn lebt, kein Wort an das Geheimnis rühren werde und keine Hand an —“

Er brach ab.

„Ich kann nicht!“ fing er wieder an. „Und trotzdem —“

Er ging auf Leonhard zu: „Dich bindet kein Eid! Deine Schwester ist der einzige Mensch, der von Gottes und Rechts wegen zu dir gehört und du zu ihm. Mit deinem Verlangen nach der Mutter Grab nimmst du ihr den Frieden und tötest all ihr Glück. Gib dies mörderische Suchen auf. Zieh dies Narrenkleid aus und stelle deine unritterliche Arbeit ein. Sei, wer du bist! Hör auf mit diesem Komödiantenspiel, mit dem du die Kinder erschreckst, die Abenteurer an dich lockst, aber vernünftige Männer ärgerst, und schließlich, ohne es zu wissen und zu wollen, wie ein rechter Narr das größte Unheil anrichtest. Mir selber erschienest du mitunter wie die Stimme eines Predigers in der Wüste, und wenn du die Leute lehrtest, zu meinem Schimpf Lieder zu singen, sagte ich zu mir: ‚Der Herr hat es ihn geheißen.' Aber deine Schwester hat recht, wenn sie über dieses Wort wild wird. Da ich dich jetzt sehe und höre, nicht im Graben vor der Burgmauer, nicht am Friedhof und bei deinen Särgen, da erscheint mir all dein Treiben kindisch. Wärest du katholisch —". „Ich bin's."

Friedrich sah seinen Schwager mit großen Augen an, aber ohne Feindseligkeit.

„So gehe in ein Kloster. Dein Wesen und Tun entspricht keiner Regel deines Glaubens, sondern nur allein dem Trotz deines Herzens. Komm mit, wir gehen zusammen in mein Haus. Was wird der Hannes für Augen machen, wenn ich ihm sage: ‚Das ist der Junker Leonhard von Sternenfels, der Bruder deiner gnädigen Frau.' "

Friedrich lächelte. „Morgen kommt deine Schwester nach Hirschhorn", fuhr er fort, „sie will dort ihre Niederkunft halten. Was werden ihre schönen Augen leuchten, wenn sie in ihrer Genter Kutsche durchs Tor fährt und ich reite hinter ihr drein am Wagenschlag vorbei und rufe in den Hof hinein: ‚Grüß dich Gott, Schwager! Hast du gut hausgehalten?' Du aber trittst heran in ritterlicher Kleidung und hebst sie aus der Kutsche und nimmst sie in deine Arme und küssest die sich Sträubende; ich stehe hinter dir und rufe: ‚Küsse ihn herzhaft, Ursula, es ist dein Bruder Leonhard!' Oh, eine solche Freude im Herzen des Kindes wird alles Unrecht sühnen, das im alten Haus geschehen ist, und deine Schwester wird mir einen stolzen Sohn gebären. Von eurer Kindheit redet dann miteinander, von Vater und Mutter, malet alles, dessen ihr euch erinnert, miteinander liebevoll eins ans andre gelehnt, auf goldenen Grund. Und wenn ihr weinen wollt über ihr trauriges Los, dann tut es nicht heimlich, nein, ich weine mit euch. Aber fragen, fragen dürft ihr nicht."

Der Junker breitete seine Arme aus und ließ sie traurig sinken. Leonhard hatte seine Arme in die Kutte gewickelt und den Kopf auf die Brust gesenkt. Jetzt hob er das Gesicht. Ein verbissener Zug lag darinnen. Er sah den Ritter durchdringend an und sagte langsam und schwer:

„Die Beußerin von Ingelheim —"

Friedrich zuckte zusammen wie von einem Streich getroffen und rief schmerzlich:

„Welchen Namen nennst du?"

„Die Beußerin von Ingelheim
hob ihre schneeweißen Hände —"

Leonhard hob die flachen Hände in die Höhe. Friedrich schlug die Augen nieder und griff hinter sich. Er wich zurück, bis er an den Schemel stieß, dann setzte er sich nieder. Die Hütte zitterte von der Wucht. Der Hund fuhr wütend auf den Einsiedler los. Friedrich, vornübergebückt, griff nach dem Tier und zog es zurück. Der Hund legte sich knurrend hinter seinen Herrn. Der Junker murmelte etwas vor sich hin, faltete die Hände über seinem Knie und saß da wie ein ergebener Knecht.

Leonhard maß ihn mit einem triumphierenden Blick.

„Du bist ein verfluchter Mensch", sagte Leonhard bitter.

Friedrich schüttelte den Kopf und lächelte. „Gott hat mich gesegnet", sagte er leise.

„Du wirst ohne Leibeserben dahinfahren", fuhr Leonhard fort.

„Aus dir spricht ein rachsüchtiger Teufel."

„Du warst dabei und hast es nicht gehindert."

„Ich war ein Knabe, und sie haben mich trunken gemacht."

„Was ist mit ihr geschehen?" schrie Leonhard außer sich. Er hatte sich auf den Dasitzenden gestürzt und schüttelte ihn an beiden Schultern.

Mit einem schrecklichen Geheul fuhr der Hund auf und schnappte dem Angreifer nach der Kehle. Leonhard beugte sich zurück. Der Hund war in der Höhe geblieben und zuckte zum zweitenmal vorwärts, noch ehe Friedrich ihn hatte packen können. Da griff Leonhard unter seine Kutte, sein Messer blitzte in der Luft, und der Hund stürzte lautlos zu Boden.

Friedrich stand vor dem verendenden Tier und sah seinen letzten Zuckungen zu.

„Es war ein treuer Hund", sagte er und hob ihn am Halsband in die Höhe. Er trug die Leiche zur Hütte hinaus und warf sie den Abhang hinunter zu dem toten Hasen.

„Da habt ihr noch etwas, ihr Füchse!" rief er in den Wald hinein.

Als er wieder in die Hütte trat, schaute ihm Leonhard entgegen.

„Ich bin meiner Mutter ihr Wolfshund", sagte er, und die weißen Zähne sahen hinter den Lippen hervor.

Friedrich schaute ihn mit einem langen Blicke an, der langsam an seiner Gestalt niederglitt.

„Alles vergeblich", sagte er traurig. „In dir atmet ein rachsüchtiger Teufel. Wenn du einmal zu deiner Mutter kommst drüben in der Ewigkeit, dann verleugnet sie dein irdisches Tun."

„Ich weiß es besser", erwiderte Leonhard. Er kniff die Lippen aufeinander, während ihn Friedrich erwartungsvoll ansah.

„Ich glaube meinem Meister."

„Wer ist dein Meister?" fragte Friedrich verwundert.

„Ich habe drei Meister gehabt", erwiderte Leonhard und verzog höhnisch die schmalen Lippen. „Mein erster Meister war der Wasenmeister von Hirschhorn. Bei ihm fand ich einen Unterschlupf, wenn mich die Herren von Hirschhorn aus dem Graben jagten, die Hunde auf mich hetzten und mit der Wallbüchse nach mir schossen."

„Das war der tolle Hans, mein Ohm", rief Friedrich schmerzlich, „und meine wilden Vettern!"

„Aber diesen Meister meine ich nicht. Er lehrte mich nichts weiter, als wie man Aas verlocht, und er schlug mich grausam. Als ich wußte, daß meine Mutter tot ist, entlief ich ihm. Mein zweiter Meister war ein Zigeunerhauptmann. Ich kam ihm in die Hände in dem großen Wald jenseits des Neckars und lebte bei ihm sieben Jahre. Er lehrte mich, mit Messer und Schlinge umzugehen, zu stehlen wie ein Fuchs, zu rauben wie ein Marder, zu fliehen wie ein Reh und mich wütend einzubeißen wie ein Wolf. Als man seinen goldenen Becher in meiner Tasche fand, entschlüpfte ich und kam zu meinem dritten Meister. Das war ein Einsiedler im Schwarzwald, nicht weit von Lahr, bei Schloß Hohengeroldseck. Er fand mich im Wald, nahm mich in seine Hütte und machte aus mir einen Menschen. Das Ave und den Rosenkranz hat er mich gelehrt und hat mir vom heiligen Leonhard erzählt. Er war ein Schreiner und wies mich, wie man den Hobel führt und Särge macht. Als es mit ihm zum Sterben ging, fragte er mich: ‚Was wirst du tun, wenn ich tot bin?' — ‚Ich warte an der Landstraße, bis jemand kommt, der mit mitnimmt.' Er schüttelte den Kopf und sah mich lange an. ‚Besinne dich', sagte er; ‚hat dir Gott keine Aufgabe gegeben?' — ‚Ich wüßte etwas', sagte ich und lüpfte dieses Messer in der Scheide. Mein Meister legte mir seine zitternde Hand auf den Arm. ‚Das ist Gottes Wille nicht, sondern des Teufels Wille', sagte er. ‚Denke an den heiligen Leonhard. Aber ich weiß etwas, das Gott von dir will: suche deiner Eltern Grab und bete bei ihren Gebeinen. Willst du das tun?' Ich versprach es ihm in die Hand. Da war er zufrieden. ‚Es ist gut', sagte er, ‚wenn ein Mensch weiß, was er tun soll, dann geht er einen geraden Weg.' Als er tot war, hab' ich's ihm noch einmal ins Ohr hinein versprochen, nicht zu rasten und zu ruhen, bis ich der Eltern Grab gefunden habe."

„Sieh meine Burg als deiner Mutter Grab an", sagte Friedrich, „und suche nach den Gebeinen deines Vaters."

„Deine Burg ist groß; ich will mit meinen Händen die Stätte decken, wo die Mutter liegt."

Friedrich kehrte sich zur Tür.

Ehe er schied, wandte er sich noch einmal um und sagte: „Schone deine Schwester!“

„Ich suche sie nicht“, sagte Leonhard.

„Kann ich dir etwas geben? Für deine Hütte, deinen Haushalt?“

„Ich bedarf nichts.“

„Für dein Handwerk? Brauchst du Bretter?“

„Ich habe, was ich brauche.“

„Die draußen liegen, sind so kurz. Ich will dir von der Säge zu Langental lange heraufführen lassen.“

„Ich mache auch Kindersärge“, sagte Leonhard mit einem stechenden Blick.

7

„Gar nichts tun, das tät' ich gern“, sagte der Torwärtel Peter, schlappte in den Winkel und stellte eine Schaufel in die Ecke. Dann setzte er sich auf das Bänklein und tastete mit der Hand hinter sich nach etwas Eßbarem.

„Ich“, sagte Hannes, der breitbeinig mitten im Torweg stand, „wenn ich die Herrschaft wär', ich tät' all mein Geld in Niederland verzehren.“

„Hä“, erwiderte Peter und biß in ein Käsebrot.

„Keinen Kreuzer gäb' ich den Odenwälder Bauern zu verdienen. Das sind Halunken! Ich tät' mich in meine Kutsche setzen und tät' durchs Niederland fahren, immer auf und ab. Da ist schöner, ebener Weg. Und ich hätt' einen Papagei bei mir, der müßt' immer sagen: ‚Neckarschleim — pfui Teufel‘.“

In diesem Augenblick klopfte es an das Tor. Hannes warf einen halben Blick hinter sich nach der Pforte und sagte vor sich hin: „Wollte Gott, unsre Herrschaft säße in der Kutsche zwischen Gent und —“

Er besann sich.

„Zwischen Gent und selbiger andern großen Stadt in Niederland, dann hätten wir doch unsre Ruh'.“

Es hatte derweilen, während Hannes sich besann und seinen Satz vollendete, zum zweiten und dritten Male gepocht.

„Wird's bald?“ rief eine bekannte Stimme.

Hui, wie schnell war der Riegel zurückgeschoben.

Peter geriet in Verlegenheit und stopfte sich den Mund voller Brot.

„Der Malefizriegel geht so schwer“, sagte Hannes und machte sich an ihm zu schaffen.

„Besonders wenn man ihn nicht anrührt“, rief der Junker unmutig. Er trat ein und stellte sich vor den Torwärter in der Absicht, ihn zu schelten. Peter sah ihn mit einem rührenden Blicke an und schob ein weiteres großes Stück Brot in den Mund. Friedrich mußte bei diesem Anblick lachen; sein Unmut war dahin. Er wandte sich zu Hannes, der unters Tor getreten war, dem Hunde zu pfeifen.

„Wo bleibt denn das Vieh!“ rief er und schaute dienstbeflissen rechts und links hinunter.

„Ich habe keinen Hund bei mir“, sagte Friedrich.

Hannes pfiff trotzdem noch eine Weile fort, dann kam er herein, drückte beide Daumenballen auf seinen Mund und murmelte durch den Spalt hindurch: „Die Backen tun mir weh, so hab' ich mich angestrengt.“

Friedrich schaute belustigt von einem seiner Torwärtel zum andern.

„Ihr lungert etwas zusammen, ihr Tagdiebe! Das gäbe genug für eine ganze Armee im Winterquartier. — Ist die Kutsche gekommen?“

„Gestern abend“, sagte Hannes. „Der Meister aus Gent hat sie selber gebracht. Er hat zwei Apfelschimmel — wenn ich der Junker wär', tät' ich —“

„Wo ist die Kutsche?“

„Sie steht droben in der Wagenscheuer. Der Kutschenbauer aus Gent wohnt drunten im ‚Löwen‘. Vorhin ist er heraufgekommen, nachzusehen, ob die Kutsche recht geschmiert worden ist. Ich mein', zu einer so vornehmen Kutsche sollte man keine Odenwälder Wagenschmier nehmen, sondern lauter Schweineschmalz. Wir haben's ja!“

„Meinst du? Geh mal hinunter in die Stadt und sag dem Bürgermeister, daß ich gekommen bin. Ich bleibe hier bis morgen mittag.“

Der Junker ging langsam über den zweiten Graben und durch das innere Tor in den Burghof. Von allen Seiten sprangen ihm die Hunde entgegen, und die Knechte und Mägde kamen heran und begrüßten ihren Herrn.

Im inneren Burghof beim rauschenden Brunnen stand der Prachtwagen. Er war so groß, daß der ganze Hof angefüllt schien. Friedrich begrüßte den Meister aus Gent, der ihm den Wagen gebaut und hergeführt hatte, und ließ sich die Kutsche in all ihren Teilen und ihren Zusammenhängen erklären. Er erkundigte sich, ob sie auch glatt und ohne anzustreifen durch alle Tore und Wege der Burg fahren könne, worauf ihm der Meister erwiderte, daß die ihm angegebenen Maße genau berücksichtigt seien. Nachdem sich der Junker noch hatte zeigen lassen, wie die gewöhnlichen Schmiede und Wagner bei einem etwaigen Achsenbruch Abhilfe schaffen können, erklärte er sich für befriedigt und bereit, den bedungenen Lohn zu zahlen. Er führte den Meister in die Schreibstube, ließ eine Kanne Muskateller und einen Imbiß bringen, und während sich der Niederländer gütlich tat, zählte er die Goldstücke auf den Tisch.

„Den silbernen Becher, aus dem Ihr trinkt, nehmet mit zum Gedenken an Burg Hirschhorn", sagte er und hielt dem Meister die Quittung hin. Dieser unterzeichnete. Dann strich er das Geld in seinen Lederbeutel, besah wohlgefällig den geschenkten Becher und leerte ihn auf das Wohl all derer, die in der Kutsche zum Schloß Hirschhorn aus- und einfahren würden.

„Eine solche Kutsche, wie Ihr sie habt, ist nur noch ein zweites Mal vorhanden", sagte er.

Der Junker, der gerade ein Wandschränkchen öffnete, um die Quittung hineinzulegen, fragte gleichgültig: „Wem gehört die andre?"

„Der Beußerin von Ingelheim", sagte der Meister, zog ein Stück Hirschleder aus der Tasche und wickelte den silbernen Becher darein.

Der Junker war bei dem Namen zusammengezuckt.

„Ihr kennt die Dame?" fragte der Genter und schob den Becher in das Wams.

Der Junker hatte sich gefaßt.

„Früher habe ich sie einmal gesehen."

„Das ist eine grausam reiche Frau und immer noch schön trotz ihrer fünfundsechzig Jahre. Ich habe ihr den Wagen nach Mainz geführt, zugleich mit dem Eurigen."

„Ist sie in Mainz?" rief Friedrich erschrocken.

„Nicht mehr. Aber sie war dort bis vor wenig Tagen."

„Wohnt sie denn nicht mehr zu Erfurt?"

„Sie ist wieder Witwe."

„So ist der Kanzler von Eberbach gestorben?"

„Freilich. Sie wohnte eine Weile in Mainz. Aber das war ihr zu langweilig, sagte sie mir. Sie wolle in ihrem Schlosse Handschuhsheim wohnen. Kennt Ihr dieses Schloß?"

„Ich kenne es", sagte Friedrich. Er war bleich geworden.

„Aber vorher will sie die Welt besehen. Sie ist nach Italien gefahren."

„Gott sei Dank!"

„Wie meint Ihr?"

„Glückliche Reise."

„Grausam reich muß sie sein.“

„Ich glaube es.“

„Ich habe beide Kutschen zusammen nach Mainz geführt. Dort erst habe ich die Wappen gemalt. Auch sie trägt Lehen von Mainz. Auf der kurfürstlichen Kanzlei hat man mir die Bilder gegeben und die Farben gewiesen.“

Friedrich nickte mit dem Kopf.

Der Wagenbauer stand auf und rückte seinen Stuhl an den Tisch. Friedrich trat auf ihn zu, seines Abschieds gewärtig. Aber der Genter wollte seine Geschichte zu Ende erzählen.

„Sie hat mich in meiner Herberge aufgesucht, als ich im Hofe die Wappen malte. ‚Ei, da ist ja noch eine zweite Kutsche‘, sagte sie ärgerlich; ‚wer bekommt denn die?‘ Sie ging um den Wagen herum und sah das Wappen.

‚Hirschhorn!‘ rief sie aus. ‚Das ist doch wunderlich.‘

‚Hirschhorn am Neckar‘, sagte ich.

‚Hirschhorn, Hirschhorn‘, sagte sie ein Mal übers andre Mal. Sie öffnete den Kutschenschlag und sah hinein.

‚Ich möchte spüren, wie man drinnen sitzt‘, sagte sie und wollte hineinsteigen.

‚Das hier ist Eure Kutsche‘, sagte ich, ‚diese ist dem Hirschhorner seine.‘

‚Eben deswegen‘, meinte sie und stieg in den Wagen und setzte sich zuerst auf den Rücksitz und dann auf den Vordersitz.

‚Ich habe sie eingeweiht‘, sagte sie, als sie herausgestiegen war. ‚Erzählt ihm dies, erzählt ihm dies.‘

‚Es wird ihn freuen‘, erwiderte ich.“

Friedrich ging an das Fenster und öffnete einen Flügel.

„Was hat sie —“, fing er an; aber er brach ab. Er hatte fragen wollen, was für ein Gesicht sie zu ihren Worten gemacht habe. Aber er ließ es sein. Er konnte sich ihre Miene denken.

Er reichte dem Meister zum Abschied die Hand, und als er allein war, warf er sich verdrießlich auf seinen Stuhl. Er hatte keine Freude an seiner Kutsche mehr.

Nachdem er mit dem Bürgermeister und dem Pfarrer die Räume des ehemaligen Karmeliterklosters begangen hatte, das von einem seiner frommen Ahnherren um der Gebete der Mönche willen gestiftet und von einem andern ebenso frommen Vorfahr um der Werkgerechtigkeit der Mönche willen aufgehoben worden war, und nachdem er mit den beiden Männern beraten hatte, was zu geschehen habe, damit der Verwahrlosung und Baufälligkeit gewehrt, und, was noch nicht in Gebrauch genommen war, zu Nutz und Frommen gemeinen Wesens verwendet würde, verabschiedete er die beiden Männer angesichts der Kutsche, die zu besichtigen sie ihn bis in den oberen Hof geleitet hatten, und zog sich noch früh am Abend in das Schlafgemach zurück.

Es war das erstemal, seit er aufgehört hatte, Junggeselle zu sein, daß er sich allein zur Ruhe begab. Wie ihm sein Weib fehlte! Wie er sich sehnte nach den kleinen Geräuschen, die ihm sonst Ursulas Anwesenheit in irgendeinem Winkel des großen Gemachs bekundeten. Er lauschte, als müsse ihr Gewand hinter ihm knistern und dann von ihrem Lager her das eigentümlich sanfte Fallen und Streichen ertönen, das ihr Kleid verursachte, wenn es über die Lehne des Stuhles gelegt wurde, und ihre Hand, wenn sie die Falten glattstrich. Oh, wie sie ihm fehlte! Wie ihm zum wenigsten dieses Gemach, vielleicht aber auch die ganze Welt so leer war ohne das geliebte Weib.

Er las noch ein Kapitel in der Bibel, kniete an ihrem Bette nieder und betete für sie und für die Frucht ihres Leibes. Dann legte er sich nieder.

Lange lag er in Gedanken an seine Frau. Dann fiel ihm ein, daß er nicht schlafen könne, und er fing an zu lauschen auf irgendein Geräusch. Es war totenstill in der Burg, im Wald, im Tal. Die Stille quälte ihn. „Sie läßt mich nicht einschlafen", sagte er zu sich, „ich bin an das Rauschen in der Wolfsschlucht gewöhnt. Nun gut, so will ich mich freuen auf morgen nacht. Da höre ich neben mir ihren stillen Atemzug, der weht mir süßen Schlaf herüber." — „Schläfst du, Ursula?" fragte er laut und gab sich selbst die Antwort: „Ich schlafe, aber mein Herz wacht." Er hob den Kopf und sah hinüber. Das Bett war leer und schimmerte wundersam wie ein träumendes Geheimnis. Da waren all die zarten Fäden des heranschleichenden Schlummers zerrissen. Friedrich war völlig wach, und er gedachte an die Ärgernisse des vergangenen Tages.

Wie war ihm doch so völlig mißlungen, was er zu vollbringen gehofft hatte! Er wollte den Einsiedler entfernen, damit er nicht an die Wiege des neuen Geschlechtes die Gespenster der Vergangenheit rufe. Statt dessen lud er den gefürchteten Mann auf seine Burg ein und mühte sich im warmen Drange seines Herzens, ihn alsobald mitzunehmen. Auch dies war ihm mißraten. Alles war beim alten geblieben, nur war es härter, schlimmer, feindseliger denn zuvor. — Und dann die Kutsche! Wie hatte er sich darauf gefreut, in diesem seltenen, stolzen Gefährt die Mutter seiner Kinder in das alte Geschlechterhaus zurückzuführen, und nun hatte jenes entsetzliche Weib ihre stillen Flüche um die Räder gewickelt und hinter die Kissen versteckt.

Friedrich schlug Licht, entzündete die Kerze und las noch ein Kapitel in der Bibel. Es waren die tapferen Worte des Apostels Paulus, in deren Verlauf es heißt: „Ist Gott für uns, wer mag wider uns sein?" Er löschte das Licht und lag eine Weile mit gefalteten Händen.

„Ich soll diese Nacht durchwachen, wie es scheint. Es wäre die dritte Nacht meines Lebens, wo mich der Schlaf völlig flieht."

Friedrich gedachte an die erste Nacht, da ihm solches widerfuhr. Es war die Nacht vom 25. auf den 26. März 1589. Er ritt mit Nikolaus am Abend nach Zwingenberg. Er trug ein Schwert an der Seite und war trunken. Unterwegs, zwischen Eberbach und Lindach, wurde er nüchtern, ritt dicht heran an den Knecht und fragte ihn: „Wer war die Frau? Warum haben wir ihr so getan?" — „Schweig", sagte der Knecht; „denk an deinen Eid." In der Nacht konnte er kein Auge schließen. Er sah immer, immer in die namenlose Angst der Augen und auf die hochgeschwungene Braue, unter deren stolzen Bogen so viel unsagbares Weh verzitterte. Bis lange nach Mitternacht wälzte er sich auf seinem Lager. Dann stand er auf, zog eilends seine Kleider an und schlich sich zu Nikolaus in dessen Kammer hinüber. Als er leise die Türe, die des Schlosses ermangelte, aufzog, stieß der Knecht einen Schrei des Entsetzens aus. Er saß entkleidet in seinem Bett. „Nikolaus, ich kann nicht schlafen." — „Ich auch nicht, Junker." Und nun zog auch er sich an, und sie gingen miteinander in die Burgkapelle. Als sie die schwere Tür öffneten, schlug ihnen eine Welle kalter, dumpfer Luft entgegen wie aus einer Kerkergruft. Da warfen sie die Türe wieder zu und gingen in die Wohnstube. Nikolaus zündete ein Licht an, und sie saßen nebeneinander auf der Bank am eichenen Tisch. „Du mußt nicht daran denken", sagte Nikolaus. „Du denkst ja selber daran", erwiderte Friedrich. Nikolaus schlang seinen Arm um den Knaben und zog ihn an die Brust. „Ich bin ein leibeigener Knecht", sagte er, „aber du bist der Erbe, du armer, armer Junker." — „So mußt du nicht reden." — „Weißt du was?" fing Nikolaus wieder an, „wenn wir daran denken, und das wird, schätze ich, immer sein, wenn wir allein sind, und wir sind bis dahin gekommen, wo . . ., dann stellen wir uns, als ob wir nimmer wüßten, was eine Mauer ist und ein Loch, und wir sagen zu uns selber: ‚Jetzt weiß ich nimmer weiter, kein Wörtlein mehr, es ist gar nichts mehr da'." — „Das ist klug", flüsterte der Knabe. — „Gar nichts mehr als eine kahle Wand", raunte der Knecht.

— „Hör auf!“ schrie Friedrich und hielt sich die Augen zu. — So saßen sie beieinander, bis der Morgen graute. Das war die erste Nacht, die er durchwachte.

Und die zweite? Das war die letzte Nacht des vorigen Jahrhunderts. Er hatte eine Weile an der Türe des alten Kirchleins von Handschuhsheim gelauscht und sich dann ein Herz gefaßt und war eingetreten. Vor dem Altare lag sein Freund und Ohm Johann von Handschuhsheim auf der Bahre. Dahinter stand dessen Mutter, die Beußerin von Ingelheim, zwischen dem Kurfürsten und einem Geistlichen. Sie redeten auf die Frau ein, die rasend war vor Schmerz und Zorn. Die Kirche war angefüllt von Edelleuten und von Handschuhsheimer Bürgern und Frauen; die weinten und klagten zusammen um den letzten Sproß des edlen Hauses. Friedrich ging an der Bahre vorüber und warf einen schmerzvollen Blick auf seinen toten Freund. Dann beugte er rasch vor dem Kurfürsten das Knie und warf sich vor der Mutter nieder auf die Stufen des Altars. „Bei Gott“, sagte er, „es tut mir leid. Gern gäbe ich mein Leben zur Sühne.“ Da ballte die Frau beide Fäuste gegen ihn. „Zwingenberger, Zwingenberger, du hast wie ein Schelm an meinem Sohn getan.“ Er sprang auf und trat der Wütenden dicht unter die Augen. „So wahr ich ein Hirschhorn bin, das hab' ich nicht getan. Er selber würde dich Lügen strafen, Muhme.“ Sie aber hob die Hände zum Gewölbe empor und fing an, den Totschläger ihres Sohnes zu verfluchen, so greulich, daß der Kurfürst zornig einmal und noch einmal abwehrte und endlich der Pfarrer die Erschöpfte hinwegführte. Friedrich hatte sich vor der Flut der Verwünschungen zu dem Erschlagenen geflüchtet und dessen Hand ergriffen, gleich als ob ihm der tote Sohn Eidhelfer und Beistand wäre gegen seine eigne Mutter. Dann ging er still zur Kirche hinaus, gefolgt von den Blicken der lautlosen Menge. Der Abend dämmerte. Er ging zum Dorf hinaus in den schweigenden Wald und wanderte über das Gebirge der väterlichen Burg zu. Eine Stunde vor Mitternacht kam er an eine einsame Mühle. Er ging hinein. Der Mahlbursch wachte. Er setzte sich zu ihm und half ihm beim Einschütten, wenn ein Mahlgang Hunger hatte. Vor Morgengrauen ging er weiter. Er war der erste, der dieses Tages an das Tor klopfte. Grußlos ging er in das Zimmer, warf sein Schwert auf den Boden und setzte sich schweigend an den Tisch. Das war die zweite Nacht, die er durchwachte.

Und jetzt sollte dies die dritte sein? Noch war kein Hahnenschrei erschollen. Noch war ein Rest der Nacht über für den Schlummer, wenn er nur noch kommen wollte. Warum sollte er nicht schlafen? War er nicht um so vieles glücklicher als damals und damals? Morgen um diese Zeit liegt neben ihm sein schlummerndes Weib. „Ursula!" flüsterte er leise und streichelte das Lager nebenan. „Ursula!" — Da war der Schlaf gekommen und hatte ihn gefangen. Ihm träumte, er sei in die neue Kutsche hineingestiegen. „Du hast gerade noch gefehlt, jetzt los!" sagte Ursula. Die ganze Kutsche war voll, aber er konnte nicht recht sehen, wer es war; es war Kopf an Kopf, aber die Gesichter verschwanden im Helldunkel und kamen wieder, er wußte nicht, waren es dieselben oder andre. Nur seines Weibes war er gewiß, denn er spürte ihr süße Gestalt. „Wir sitzen etwas eng", sagte sie, „aber wir haben alle Platz. — Wo fahren wir denn hin?" „Du Närrchen — in den Himmel." Und sie kamen an und stiegen aus. Jetzt wollte er die Leute sich genau ansehen und zählen, wie viele es seien. Aber da fiel ihm auf einmal ein, daß er seinen alten Wolfspelz anhatte. „So kann ich nicht in den Himmel hinein", sagte er. — „Wir gehen einstweilen voraus", rief ihm Ursula zu, „wir heben dir einen Platz auf." Und sie ging mit ihrer stolzen Schar zum Himmelstor hinein. Friedrich streckte den Kopf, um sie zu zählen, aber er sah nichts, als daß es lauter Blondköpfe waren; wie viele, das verbargen ihm die hervorquellenden Rosawölkchen. Traurig besah er seinen alten Pelz. Darunter trug er seinen Werktagsflaus, der war abgeschabt und abgeschossen und sah einem Stallkittel ähnlicher als einem himmlischen Hofkleid. „Ei, sieh, Fritz! Da bist du ja!" rief eine helle, wohlbekannte Stimme. Johann von Handschuhsheim stand im Torweg. „Grüß dich Gott, Vetter! Was soll ich nur tun? So kann ich doch nicht zu euch hinein." — „Warte, Fritz, ich geb' dir meinen Mantel, weißt du, den Schwanenrittermantel. Du kennst ihn ja. Ich hatte ihn an, als ich in der Kirche zu Handschuhsheim lag, wo meine Mutter so dummes Zeug redete." — „Aber wo soll ich meinen Wolfspelz hintun? Anbehalten kann ich ihn nicht, sonst schwitze ich so arg." — „Gib nur her", sagte Johann. Er trat heraus, nahm ihm den Pelz ab und warf ihn über die Brücke. Er sah ihm flüchtig nach und sagte: „Er ist in euern Karpfenteich zu Mülben hineingefallen." Dann knüpfte er sich den Mantel los. „Laß", sagte Friedrich, „er muß ja deine Wunde zudecken!" — „Oh, die ist schon lang wieder heil", lachte Johann und legte seinem Vetter den Mantel um. Und nun gingen sie miteinander zum Tor hinein. „Hä!" sagte jemand nebenan. — „Ei, Peter, du bist auch da?" Peter grinste über das ganze Gesicht, dann griff er hinter sich und holte ein ungeheures Käsebrot hervor. Sie waren noch nicht weit in den Himmel hineingegangen. Da stand eine wunderschöne Frau auf einer grünen Wiese. Zuerst glaubte Friedrich, es wäre Ursula: dieselbe hohe Gestalt, dasselbe strahlende stolze Auge. Aber sie schien ein wenig älter zu sein. „Komm, Lieber“, sagte sie und griff ihn an der Hand. „Du sollst zwischen mir und Ursula sitzen und die andern alle um uns her.“ — „Wie viele?“ — „Das wirst du schon sehen.“ — „Es sind aber auch noch auf der Erde drunten?“ Da hob sie ihren Finger und gebot Schweigen. So gingen sie über diese Wiese hin. Nach einer Weile blieb sie stehen und fragte: „Kennst du mich?“ — „Ich glaube, ja, ich habe einmal, ein einziges Mal dir in die Augen gesehen.“ Sie nickte und nahm seinen Kopf zwischen ihre Hände und sprach: „Eine ganze Nacht hindurch hast du meinetwegen gewacht, dafür will ich dir die Augen küssen.“ — „Nikolaus auch“, sagte er. — „Oh, der ist schon da.“ Nun gingen sie weiter. Auf einmal ging vor ihnen ein schöner Engel. Er hatte himmelblaue Flügel; die gingen leise auf und zu, und eine köstliche Luft, weich und würzig, wehte von ihm her. „Das ist Gabriel“, sagte seine Begleiterin. Der Engel blieb stehen, wartete auf sie und sagte vor sich hin: „Ich, wenn ich unser Herrgott wär', ich tät' die ganze Welt in den Neckar schmeißen und der Hölle tät' ich einen Fußtritt geben, daß sie in den Odenwald hineinfährt, und dann tät' ich einen Himmel machen, siebenmal so groß und so schön, als der da ist.“ — „Halt deinen Mund!“ wollte Friedrich zu dem Engel sagen, aber er wußte nicht, ob er ihn Gabriel oder Hannes anreden sollte; darum schwieg er. Seine Begleiterin aber mußte lachen, das klang silberhell, so daß Friedrich halber aufwachte. Nun stimmte auch Johann von Handschuhsheim in das Lachen ein. Er lachte geradeso frisch und lustig, wie er getan hatte, als sie an jenem Tage miteinander auf die Späße des Heidelberger Hofnarren lauschten. Dieses zweistimmige Lachen war für den festesten Schlaf zu arg. Friedrich schlug die Augen auf. Die helle Sonne schien ins Zimmer.

Der Junker sprang fröhlich aus dem Bett, kleidete sich an, trat auf den Balkon hinaus und rief einem Knechte in den Hof hinunter, was wegen der Abfahrt der Kutsche anzuordnen war. Er bestimmte den Knecht, der das Prachtgebäude führen, die Pferde, die es ziehen sollten. Er selbst wollte zu Pferd den Prunkkasten begleiten. Er ließ sich noch den Fuchs vorführen, der ihn zu seiner Liebsten tragen sollte. Dann ging er auf die Kanzlei hinüber, wo eine Menge Leute auf seine Urteilssprüche und Verfügungen wartete.

Am Abend desselben Tages sprengte ein Reiter von der Landstraße her in die Wolfsschlucht hinein, ließ sein Pferd den steilen Pfad hinaufklettern, bis sich die Fenster der Kemenate in seinen Augen spiegelten, und rief zur Burg Zwingenberg hinauf: „Ursula! Ursula!“ Das Pferd strauchelte. Der Reiter sprang ab und führte es den Abhang hinunter.

Ursula öffnete oben das Fenster, winkte mit ihrem Tuch und rief: „Grüß dich Gott, Liebster!“

„Die Kutsche kommt!“ rief Friedrich rasch hinauf und schaute wieder auf den Boden. Er faßte den Fuchs knapper am Zügel und redete ihm begütigend zu. Dann hob er noch einmal den Kopf, sah über die Schulter zum Schloß hinauf und rief: „Geh ihr entgegen zum oberen Tor hinaus!“

Ursula sah schweigend zu, bis das Pferd wieder auf ebenem Grunde war, dann rief sie ein fröhliches „Hei!“ und war vom Fenster verschwunden.

Derweilen rollte die Kutsche langsam und majestätisch unter dem Schlosse hin, von einer großen Kinderschar begleitet. Die Lindacher Schule war gerade aus gewesen, als das Wunderwerk am Schulhaus vorbeistolzierte. Einen Augenblick standen die Buben und Mädchen in stummem Staunen, dann machten sie sich auf und sprangen hinter dem vierrädrigen Riesenvogel her, der, halb Kauter, halb Pfau, in würdevoller Unbeholfenheit dahinschwankte. In Zwingenberg verdoppelte sich das Ehrengeleite. Auch die Alten ließen ihr Nachtessen stehen und gingen langsam der entschwebenden Wundererscheinung nach.

Ursula stand schon lange auf der äußeren Brücke. Friedrich hatte im Hof sein Pferd abgegeben und war zu seiner Gattin getreten, da zeigte sich endlich das Verdeck, die Stirn, der Bauch und endlich das Wundergeschöpf in seiner ganzen Größe. Es kam den Schloßberg herauf, wie ein Maikäfer an einem Globus hinaufklettert. Jetzt war es oben, setzte sich in gelinden Trab und fuhr auf seine Herrin zu. Aber anstatt sich ihr huldigend zu Füßen zu legen oder stolz an ihr vorüber zu paradieren, blieb es zwischen den beiden Prellsteinen am Eingang der Brücke stecken. Der Genter Meister hatte beim Aufbau dieses fliegenden Palastes zwar gewissenhaft alle Hirschhorner Maße berücksichtigt, aber von den Zwingenberger Engen und Weiten wußte er nichts. Es war kein Zweifel, die Kutsche konnte nicht in die Burg hinein.

Nachdem die Pferde ausgespannt und der schöne Fremdling aus seinem Gefängnis befreit war, wurde er mühsam umgedreht, so daß die Deichsel bergabwärts ragte. Zwei Zwingenberger Bürger mußten die Nacht hindurch bei der Kutsche wachen. Sie bekamen dafür einen Batzen, den Abendimbiß, die Morgensuppe und um Mitternacht je zwei Apfelkrapfen.

Nicht allein der Junker, auch noch andre besorgte Gemüter wachten in der Nacht mehrmals auf und lauschten, ob es nicht regne. Das Wetter hielt. Am frühen Morgen wurden die Pferde angeschirrt. Ursula verließ lachenden Herzens die Burg und stieg in ihr Wandelhaus. Ein Planwagen stand reisefertig im Hof. Darinnen waren Kisten und Kasten mit allerhand Inhalt. Auf einem Bänklein hinter dem Kutscher saßen zwei Mägde. Die eine davon hatte ein Kind auf dem Arm. Es war Ursa, das Mädchen, das vor dem Schlosse im ersten Häuschen gewohnt hatte, bis die Herrin die Verwahrloste unter ihre Dienerinnen nahm, um sie zu erziehen. Der Säugling war wohl gediehen; es war ein herziges Kindchen.

Als alles in Ordnung war, rief Friedrich: „Los!" Die Kutsche setzte sich in Bewegung und gondelte prachtvoll die Schloßstraße hinab. Der Planwagen rasselte hinterher. Friedrich gab noch einige Aufträge, dann sprengte er den beiden Fuhrwerken nach und ritt neben seiner Frau auf der Landstraße, den fröhlichen Neckar zur Linken, das schwebende Gehäuse und den grünen Bergwald zur Rechten, gen Hirschhorn.

Als sie Eberbach hinter sich gelassen hatten, trieb ihnen der frische Märzwind, der in der Nacht von Osten nach Nordosten umgeschlagen hatte, eine graue Wolke über den Kopf, und aus ihr sprühten Graupenkörner und Regentropfen. Hinter der vordersten Wolke zogen andere herauf, denen man schon von fern den gleichen Schabernack ansah. Friedrich zog den Wolfspelz enger zusammen und freute sich, daß sein Weib so warm und wohlig thronte. Aber er dachte auch an das kleine Kindchen in dem Planwagen. Das war denn freilich übel versorgt. Der Regen schlug von vorn und von der rechten Seite herein, und vom Dache her troff das Wasser aus verschiedenen Spalten und Löchern. Der Junker ließ den Wagen halten und griff nach dem Kindchen. Die Tücher und Kleider waren von außen her ganz durchnäßt. Da dauerte ihn der arme Wurm. Er ließ die Kutsche halten und klopfte seiner Frau an das Fenster. Nach einiger Mühsal brachte sie das kleine Verkehrstürchen auf. Es war gerade groß genug, daß der Ritter zur Not seiner Frau einen Kuß geben konnte. Der Junker beugte sich herunter, volbrachte dieses Werk und sagte sein Anliegen.

„Da muß ich aber die Mutter auch gleich hereinnehmen", erwiderte Ursula, „denn wir haben noch ein Stunde Fahrzeit; da kann mancherlei vor sich gehen."

Ursa gab das Kind an ihre Genossin und kletterte vom Wagen. Das Kind wurde ihr heruntergereicht. Der Fuhrmann, der den Planwagen führte, stieg ab und öffnete den Kutschenschlag. Ursa stieg ein und wollte sich neben die Herrin setzten. Friedrich faßte sie am Ellbogen und bedeutete ihr, wohin sie sich zu setzen habe. Der Kutschenschlag wurde geschlossen, und die Fahrt ging weiter.

Ursula war nicht gerade erbaut durch die Anwesenheit ihrer Namensschwester. Mit einem Gemisch von Neugier und Widerwille sah sie die Dirne an, die nicht wußte, wie der Vater ihres Kindes hieß, weil er ihr zu schnell verbrannt war. Die Gesichtszüge stießen sie ab; auch die Art, wie das Mädchen ihr Kind liebkoste, hatte etwas Tierisches. Ursula ließ sich das Töchterchen herüberreichen. Sie wiegte es auf den Armen, und das Herz schwoll ihr bei dem Gedanken, daß sie nun selber bald ein solches Geschöpf ihr eigen nennen dürfe. Sie hob das Kind in das Licht und betrachtete sein Antlitz. Das Muttermal über der linken Braue schien gewachsen zu sein. Wie eine aufzüngelnde Flamme schlug es hinter den Augen empor. Das süße Gesichtchen bekam dadurch etwas Gewaltsames und Zerrissenes. ‚Wenn das Dirnlein zu Jahren kommt, werden sich die einen vor ihm fürchten', dachte Ursula, ‚den andern wird es das Herz verbrennen.'

Und nun sann sie wieder nach über die Ursache des Males. War es der Feuerruf oder war es der Flammenschein? Eine große Angst kam über ihr Herz, denn sie wußte, daß jener Todesschrei, der sie aus den Armen ihres Gatten schleuderte, den innersten Kern ihres Lebens geschlagen hatte. Sie legte die Hand unter ihr Herz und schloß die Augen.

In fürchterlicher Weise wurde sie aus ihrem Sinnen und Träumen geweckt. Ein Schrei wurde ausgestoßen, worinnen sich Grauen und Jubel mischten. Dicht neben ihr. Es war die Dirne. Sie hatte ihr Kind in Ursulas Schoß geworfen und klopfte an die Wagentüre und rüttelte an ihr. Ursula war bis ins Mark erschrocken. ‚Das ist der Tod, der geschrien hat, er verlangt nach meinem Kind'. So fuhr es ihr durch den Sinn. Mit zitternden Händen umfaßte sie das fremde Kind und sah entsetzt das Gebaren des Mädchens, das außer sich schien vor Lust und Angst.

„Ich will hinaus, ich will hinaus", schrie sie.

Die Kutsche hielt. Der Kutscher kletterte herunter und öffnete. Friedrich hielt die scheu werdenden Pferde. Kaum hatte sich die Türe ein wenig geöffnet, so stürmte Ursa hinaus mit solcher Gewalt, daß der Knecht in den Graben fiel, und sie lief wie ein Flüchtling, der um sein Leben rennt, den Weg zurück, einem Reiter nach, der an ihnen vorübergeritten war und in scharfem Gang die Straße dahintrabte. Einen Augenblick waren alle dergestalt bestürzt, daß sie sich verwundert anschauten oder der Dahinlaufenden tatenlos nachblickten. Friedrich hatte sich zuerst gefaßt. Er sprengte der Enteilenden nach, holte sie ein, faßte sie am Arm und führte das heulende, sich windende Mädchen zur Kutsche zurück. Der Reiter ritt davon, ohne sich um den Vorgang zu kümmern.

Alle schrien zu gleicher Zeit auf Ursa ein und begehrten Aufschluß.

„Er ist es, er ist es!“ schrie sie.

„Wer ist es?“

„Der Vater von meinem Kind, der in unserm Hause verbrannt ist.“

„Wen meinst du, den Reiter, der an uns vorüber ist?“

„Ja“, heulte sie. „Er ist es, er ist es.“

„Das ist nicht möglich“, sagte der Knecht, der die Kutsche führte. „Ich war selber dabei, wie man die verkohlte Leiche des Fremden gefunden hat.“

„Er sieht ihm ähnlich“, beruhigte sie Friedrich. „Aber du täuschst dich, Ursa.“

„Er hat mir den Namen gegeben. Ich will zu ihm. Laßt mich gehen.“

„Denk an dein Kind“, sagte Friedrich ernst.

„Was liegt mir an meinem Kind? Ich will zu meinem Kerl, ich will zu meinem Kerl.“

Es blieb nichts andres übrig, als die Ungebärdige in die Kutsche einzusperren. Sie setzte sich in einen Winkel und heulte vor sich hin. Ihr Kind rührte sie nicht mehr an. Ursula hielt das arme Wesen in ihrem Schoß. Sie beugte sich, angstvoll lauschend, darüber. Träne um Träne fiel auf das Flammenzeichen nieder. Kein Wort wurde in der Kutsche gesprochen.

Friedrich erkundigte sich derweilen nach dem Reiter.

„Er gehört zu dem Regiment Ortenburg“, sagte einer der Knechte. „Das Regiment sammelt sich in Mosbach. Nächster Tage soll es nach Holland reiten.“

Friedrich seufzte. „Als ob wir Überfluß an Menschen hätten. Wir gehen selber den schwersten Zeiten entgegen. Und da läßt der Kurfürst in pfälzischen Landen die Werbung zu für einen fremden Krieg. Was gehen uns die Spanier und die Niederländer an?“

Unmutig gab er seinem Roß die Sporen und ritt voraus, damit die Wohngemächer instand gesetzt seien, bis die Herrin käme.

Eine halbe Stunde nachdem er in den Burghof gesprengt war, rollte die Kutsche herein. Friedrich hob seine Gemahlin aus dem Wagen. Sie sah bleich aus und hatte einen ängstlichen Schein in den Augen. Sie flüsterte ihrem Gatten etwas ins Ohr. Sein Gesicht wurde ernst. Er schickte eine Magd hinunter in die Stadt zu der kleinen, behenden Frau in der hinteren

Gasse. Die ganze Nacht hindurch brannten die Lichter in den Gängen und auf den Stiegen, in der Küche und in den Kammern, und das Feuer im Herd ging nicht aus. Es war ein merkwürdiges Türausundein, Treppaufundab, Gefrag und Geraune, Gewerb und Gemächte in der Burg.

Am frühen Morgen kam die alte Barbara, der die Zwingenberger Dirne mit ihrem Kind zur Obhut übergeben worden war, voller Bestürzung die Treppe herauf. Vor der Türe stieß sie mit einer Magd zusammen.

„Die Ursa ist in der Nacht entwichen", sagte sie in hastiger Entrüstung „Das Kind hat sie dagelassen."

„Was liegt uns daran", erwiderte das Mädchen, und es fing zu weinen an. „Das eine Kind ist tot, das andre liegt im Sterben. Es sind zwei Knaben."

8

Ein wunderschöner Junitag war angebrochen. Der blaue Himmel strahlte in die Burg hinein. Der Hof war voll Kindergewimmel. Aus der Stadt und aus allen benachbarten Dörfern strömten sie zusammen, von der Herrschaft Holz zu erbetteln für die Johannisfeuer. Mit Behagen sah Friedrich in das fröhliche Leben hinein. Wie geordnete Fähnlein an einem Sammelplatz antreten, so zogen die Dorfschaften durchs Tor herein, stellten sich vor der Herrschaft auf und sangen ihre uralten Lieder. Bald waren es stachlige Streitverse, die der Sommer und der Winter einander zuwarfen, bis der Winter den Kopf unter seine Arme versteckte und davonsprang wie ein Kalb, das dem Metzger entrinnt. Bald waren es uralte Sonnengesänge, deren heidnische Vorstellungen in unverstandenen Wortklängen ein wunderliches Gespensterleben führten. Bald waren es schelmische Holzbettelliedchen, die im Neckarschleimer Gesprächston dem kargen Geber den frommen Wunsch einhändigten: der Teufel soll dich holen. War die Litanei zu Ende, so erhielt jedes Mädchen zwei Scheite Holz, jeder Knabe ein Bündelchen Reisig und etwas Stroh. In ungeheuren Körben waren Wecken aufgehäuft, die von den Hirschhorner Bäckermeistern aus herrschaftlichem Mehl gebacken wurden, und Hannes, der zum Zeichen seiner obrigkeitlichen Gewalt einen langen Stab in der Hand hielt, achtete mit Strenge und weisen Sprüchen, daß kein Kind mehr als einen Weck aus dem Korbe nahm.

Im Verlaufe dieses Vorgangs war Ursula heruntergekommen. Sie sah noch etwas blaß und vergrämt aus, aber der leuchtende Tag und die

Fröhlichkeit der Kinder färbten ihre Wangen und gaben ihren Augen wieder etwas von dem alten Glanz der Freude.

Als die letzten Kinder abgezogen waren, trat Friedrich auf seine Gattin zu, ergriff ihre Hände und drückte sie zwischen den seinen.

„Heute ist unser Hochzeitstag", sagte er.

„Und es sind dreizehn Wochen, daß wir unsere Kinder begraben haben."

„Sage ein Wort, und ich bleibe vielleicht bei dir", fing Friedrich wieder an.

Er war auf das hinterlassene Töchterchen der entlaufenen Dirne aufmerksam geworden. Es saß auf einem Sandhaufen und spielte mit hölzernen Geschirrchen.

„Nein, sage lieber nichts", fuhr er fort, während er auf das Kindchen zuging. „Ich dürfte ja doch nicht bei dir bleiben. Ich habe Helmstatt und Gemmingen versprochen, an der Beratung auf dem Dilsberg teilzunehmen, und widerwillig muß ich Wort halten. Die Eier, die dort gelegt werden, haben doch nichts in sich als faulen Wind."

„Um was handelt es sich denn?"

„Um ein Bündnis der Evangelischen im Reich, und wie sich die Ritterschaft dazu stellen soll. Wenn ich hingehe, ärgere ich mich doch nur, und die anderen ärgern sich über mich. Ich höre schon den Landschad, wie er ruft: ‚Natürlich, der Fritz Hirschhorn ist andrer Meinung!'"

„Warum sollen die Evangelischen nicht zusammenhalten?"

„Weil Deutschland auseinandergerissen wird, wenn sich die Evangelischen und Katholischen wider einander sammeln. Ich fürchte einen Religionskrieg. Und meinst du denn, den Pfälzern sei es um den Glauben zu tun?"

„Was hältst denn du für das Rechte?"

„Wir stehen auf dem Unsrigen und warten ab, ob man es wirklich wagen wird, uns evangelische Glieder des Reiches anzutasten. Man wird es nicht tun. Wir vertrauen dem Kaiser und stehen zum Reich und zu unserm Lehnsherrn nach Eid und Pflicht."

Friedrich hatte das Kindchen auf seinen Arm genommen und brachte es seiner Frau.

„Sieh doch", sagte er fröhlich, „was die Kleine gewachsen ist. Sie fürchtet sich vor dir; du schaust sie aber auch gar zu unfreundlich an."

„Ich mag das Kind nicht", sagte Ursula und sah weg. „Sein Muttermal erschreckt mich immer wieder von neuem und erinnert mich an seine böse Mutter. Ich wollte, sie hätte es mitgenommen."

„Daß es verdirbt in ihrem Luderleben? Nein, Gott sei Dank, daß wir die Maus haben. Es soll ein weidlich Maidlein werden. Dafür sorgen unsere Barbara und ihr Michel.“

„Sie ist eine böse Krott“, rief die Barbara von ihrem Waschzuber her. „Wenn nicht mein Mann so närrisch auf das Kind wäre, tät ich's nicht behalten. Alles, was ihr gefällt, will sie haben, und was ihr nicht gefällt, schlägt sie mit Fäusten, und ihr Feuerzeichen im Gesicht wird dabei voller Glut.“

Die kleine Ursa jauchzte und schlang ihre Ärmchen um Friedrichs Nacken.

„Alle Mannsleut hat sie gern“, rief Barbara und ließ das Wäschestück in den Zuber fallen. „Das hat sie von ihrer Mutter geerbt. Was ein Weibsbild ist, das mag sie nicht leiden. Gelt, Ursa?“

In diesem Augenblick kam Hannes und meldete den Ritter Philipp von Helmstatt und seine junge Tochter.

Die Gäste kamen dem Boten auf dem Fuße nach. Friedrich ging ihnen entgegen, das Kind auf dem Arme.

Philipp von Helmstatt, ein hochgewachsener Herr mit klugem und offenem Gesicht, war betreten, als er den Ritter mit dem Kinde sah.

„Ich weiß nicht, Hirschhorn“, sagte er, und schüttelte die dargereichte Rechte, „es ist uns hinterbracht worden, Deine Vaterfreude sei rasch in Trauer verwandelt worden, und nun sehe ich Dich doch — hat mir das Gerücht eine falsche Kunde nach Laufen gebracht und darf ich Dir Glück wünschen? Oh verzeiht!“

Jetzt erst bemerkte er die Schloßherrin, sah ihr schwarzes Gewand und ihr vergrämtes Angesicht.

„Euer Leid ist unser Leid, liebe Frau, Eure Hoffnung unsre Hoffnung, teurer Freund.“

„Dies Kind ist einer Dirne, die der Kriegspauke nachgezogen ist in Niederland. Sie war Magd auf der Burg und hat ihr Kind zurückgelassen. Meine Frau kann es nicht leiden, aber wir zwei haben uns gern, gelt, Ursa?“

Das Kindchen zauste den Ritter an seinem blonden Bart.

„Es hat ein böses Zeichen auf der Stirn“, sagte Helmstatt, „und weissagt wilde Zeiten, Feuer und Blut.“

„Gott hat uns gebeugt, aber er hat uns auch getröstet“, sagte Ursula und legte ihren Arm um das schlanke Töchterchen des Gastes, das sich mit strahlenden Augen an sie schmiegte.

Friedrich hatte das Kind niedergesetzt.

„Feuer und Blut zu weissagen ist nicht schwer, bei Gott“, sagte er. „Wenn noch viele solche Zusammenkünfte stattfinden wie heut auf dem Dilsberg, dann werden wir bald das erste und das zweite Wehe im Nekkartal haben, und die fünf andern kommen nach über unsre Kinder und unsre Enkel.“

„Sie kommen morgen, und alle sieben miteinander, wenn wir uns nicht rüsten und wehren. Bauen wir vor, dann fangen sie übermorgen an zu kommen und treffen in Abständen ein, so daß wir es werden tragen können. Die Kraichgauer Reichsritter sind alle dort.“

„Ich bin kurmainzisch, aber hänge wahrhaftig am Reich. Reden denn die Pfälzer auch so vorsichtig wie Du? Die denken an Savoyen und Polen und Schweden und Frankreich und bilden sich ein, der Pfälzer Löwe, der mit seinen zwei Hinterfüßen auf zwei grünen Neckarbergen steht, sei ein Adler geworden, der über dem Erdenrund schwebt.“

„Ich komme mit Botschaft von meinem gnädigen Herrn, dem Herzog von Württemberg.“

„Geziemt es mir, sie zu hören? Mein gnädiger Herr, der Kurfürst zu Mainz, steht im andern Lager.“

„Mein Herr mutet Dir nichts zu, was wider Ehre und Gewissen ist. Ich habe schwäbische Art kennengelernt. Die Schwaben sind furchtlos und treu.“

„Und haben es faustdick hinter den Ohren. Verzeiht! Du bist daran schuld“, sagte Friedrich nach einer peinlichen Pause in heiterem Ton, „nein, nicht Du, aber Deine hohe Politik, daß ich das Fräulein noch nicht begrüßt habe. Seid willkommen, Margarete Helmstatt, auf Schloß Hirschhorn.“

Friedrich begrüßte das halbwüchsige Mädchen mit beiden Händen und drückte ihr einen Kuß auf die helle Stirne.

„Sie hat mich gebeten, mitreiten zu dürfen. Sie hat einen Narren gefressen an Deiner Frau. Vergebt die gröbliche Rede, Frau Ursula. Aber ist es nicht närrisch? Wenn ihre Freundinnen von den Knaben reden und wenn die eine sagt, mir gefällt der Göler am besten, und die zweite, mir der Menzinger, und die dritte, mir der Landschad, dann sagt mein Margaretchen, mir gefällt die Frau von Hirschhorn am allerbesten, und ich möchte immer bei ihr sein und ihr immerfort in die Augen schauen.“

Das holde Kind erglühte, so daß ihr die Augen brannten. Ursula schloß sie zärtlich in die Arme und küßte sie auf den Mund.

„Du bleibst heute bei mir“, sagte sie, „dann hab’ ich einen Trost, wenn mein lieber Herr fort ist. Heute ist unser Hochzeitstag.“

„Oh wie schade", rief Helmstatt. „Zürnet mir nicht, daß ich Euch den Gatten entführe."

„Er wäre doch nach Dilsberg geritten. Hat er's doch Euch versprochen, Euch und Gemmingen."

„Wie wäre es, wenn wir alle viere zusammen gingen?" fragte Helmstatt. „Wir haben Wunder erzählen hören von Eurer Kutsche, liebe Frau. Die Kurfürstin soll neidisch sein. Wir setzen uns zu viert hinein. Margarete und ich sind etwas müde vom Ritt."

„Ihr kommt von Bischofsheim?" fragte Hirschhorn.

„Und kehren auch dorthin zurück."

„Meine Kutsche sollt Ihr haben", sagte Ursula. „Aber ich fahre nicht mit. Ich setze mich niemals mehr hinein."

Ihre Stimme zitterte vor Bewegung.

Philipp sah verwundert auf. Friedrich bedeutete ihm, er möge schweigen.

„Vor allem tretet ein und tut einen Imbiß."

„Heute nicht, liebe Frau", sagte Helmstatt. „In zwei Stunden müssen wir dort sein. Wenn Ihr uns Eure Kutsche leiht, sind wir dankbar."

„Ihr sollt sie haben, und sie soll Euch nach Bischofsheim führen", sagte Ursula. „Ich schicke einen Knecht mit, der Eure Pferde dorthin bringt."

„Einen Reitknecht haben wir bei uns. Eure Kutsche nehmen wir dankbar an."

„Aber ich nicht", rief Margarete. „Die Leute werden sagen: die Frau von Hirschhorn kommt, und wenn sie dann mein garstiges Gesicht sehen, lachen sie mich aus."

„Allerdings", sagte Friedrich lächelnd, „dein Gesichtchen ist auch gar zu garstig."

„Ich mache Euch einen Vorschlag", rief Ursula. „Margarete bleibt bei mir und wir feiern miteinander still und froh meinen Hochzeitstag. Die beiden Herren setzen sich in die Kutsche und fahren auf den Dilsberg."

„Falls die Fähre sie über den Neckar bringen kann", warf Helmstatt ein.

„Das kann sie", erwiderte Hirschhorn. „Ihr Maß ist danach genommen."

„Margarete und ich erwarten Euch am Ersheimer Kirchlein."

„Dort willst du hin?" sagte Friedrich und wurde traurig.

„Wo anders hin als zu unsern beiden lieben Söhnen?"

„Der Reitknecht bringt Eure Pferde nach Bischofsheim zurück, und

Ihr fahret von Dilsberg über Ersheim ebendorthin. Wenn die Sonne untergeht, erwarten wir Euch dort. Ist es so recht?"

Niemand hatte dagegen etwas zu sagen.

„Und nun wirklich, Ihr wollt nicht eintreten?"

„Bis die Kutsche angespannt ist und bis ein Becher geleert ist auf das Wohl des Hauses Hirschhorn", sagte Philipp.

„So mein' ich auch. Geh voran, liebes Fräulein!" rief Friedrich.

Eine halbe Stunde später schwankte die Kutsche zum Burghof hinaus. Die Frau und das Mägdlein standen auf dem Balkon und sahen zu, wie sie über den Neckar fuhr und dann auf der jenseitigen Straße Dilsberg zurollte.

Ursula hatte ihrem jungen Gaste die Burg gezeigt. Zuletzt waren sie noch auf den Bergfried geklettert und hatten in weiter Ferne die Kutsche gesehen und waren ihr mit den Augen gefolgt, wie sie einem Riesenkäfer gleich zwischen dem Neckar und dem Waldhang dahinlief, bis sie hinter einem Bergvorsprung verschwand. Dann stiegen sie in den Zwinger hinab, saßen eine Weile in dem Wurzgärtlein, wo die Rosen glühten und die Nelken dufteten, und gelangten zuletzt unten am Neckar an. Ursula erklärte und erzählte. Das Kind hing am Arm der schönen Frau und sah mit schwärmerischen Augen zu ihr auf. Hannes ruderte die beiden über den Neckar. Der Nachen hielt gerade auf das Ersheimer Kirchlein zu.

„Bei Euch ist der Neckar viel breiter als in Laufen; aber bei uns ist er wilder. Oh, wie er zwischen den Felsen tost! Gerade unter unserm Haus."

„Hier kann er auch wild werden. Dann steigt er über Nacht, daß den Leuten das Wasser in die Häuser und in die Ställe läuft. Und tückisch kann er sein! Sieh, dort unten, wo der Stein im Flusse glänzt, da sind heute nacht vor einem Jahr sechs Musikanten ertrunken. Die Leute sagen deshalb zu jener Stelle die Spielmannsfurt."

„Wie schrecklich. Wo kamen sie her?"

„Von unsrer Burg."

„Das war ja Euer Hochzeitstag. Haben sie Euch aufgespielt?"

„Ja."

„Und wann sind sie ertrunken?"

„In der tiefen Nacht."

„Das war ja deine Brautnacht. Darf ich du zu dir sagen?"

Ursula wurde rot und sah nach dem Fährmann. Der redete vor sich hin und hatte kein acht auf das, was die Frauen sprachen.

„Ja", sagte Ursula; „und du sollst meine kleine Freundin sein. Sieh, nun sind wir da!"

Sie sprangen ans Land und schickten den Nachen zurück. Sie wanderten über die Wiese dem Kirchlein zu.

„Hat man die armen Leute gefunden?"

„Ja, und sind alle hier begraben, fünf mit dem Fährmann auf dem Friedhof und einer drinnen in der Gruft. Neben diesem einen liegen meine zwei Söhnlein."

„Warum hat der einen so vornehmen Platz bekommen?"

„Das ist ein wunderliches Ding. Es war ein blutjunger Trompeter mit blonden Locken und einem Gesicht, so weiß wie das Wölklein dort. Sie haben ihn Findebusch geheißen. Mein Gatte sagt, er habe dieselben Augen gehabt wie ich —"

„Das ist nicht möglich —"

„Und dieselben Brauen wie ich —"

„Oh, wenn ich dürfte, wie ich möchte!"

„Was möchtest du denn?"

„Jetzt deine Augen küssen."

„Das darfst du, wenn wir scheiden."

„Erzähle weiter! Noch mehr von Findebusch."

„Mein Mann sagt auch —"

„Sagst du: mein Mann? Sagst du nicht Friedrich?"

„Oh du Närrchen! Mein Liebster —"

„Das klingt schön."

„Mein Liebster sagt auch, er habe geradeso geweint, wie ich weine."

„Ja, hat er ihn denn weinen gesehen? Und hast du damals schon geweint?"

„Wir haben beide damals geweint, und über einem und demselben Lied."

„Dann ist er dein Bruder gewesen", rief Margarete rasch und faßte Ursula am Knöchel. „Deine Augen, deine Brauen, deine Tränen: dein Bruder war's."

„Ich habe nur einen Bruder gehabt, und der war älter."

„Lebt er noch?"

„Er ist nicht mehr vorhanden."

„So ist er tot."

Ursula schwieg.

Sie waren nun vor dem Kirchhof angelangt. Aber ehe sie eintraten, rief Margarete: „Was steht dort für eine merkwürdige Säule?"

„Die Leute nennen sie den Elendstein. Früher brannte in dem kleinen Häuschen, das die Säule trägt, ein ewiges Licht, zum Trost für die armen Seelen, die im Elend sind, das heißt im Fegefeuer."

„Du, in Bischofsheim sagen sie, daß die Seelen auf dem Kirchhof umgingen. Ich glaub' es nicht; du?"

„Ich auch nicht."

„Weißt du, was ich glaube? Die Toten wollen beieinander liegen, damit sie sich trösten können, wenn sie Angst haben."

Sie hatten dem Kirchlein den Rücken gedreht und schauten ins Tal hinaus.

„Meine Mutter ist auf der Reise gestorben, ganz plötzlich, bei Maulbronn. Da hat sie mein Vater nach Bischofsheim gebracht, und nun ruht sie dort in der Kirche bei lauter Männern, Frauen und Kindern von unserm Geschlecht. Das muß schön sein, wenn sie zusammenrücken und einander erzählen. Mir ist so wohl, wenn ich mich niederknie auf meiner Mutter Grabplatte. Dann schau ich umher und grüße die steinernen Ritter und Frauen und die Namen rings um mich auf dem steinernen Boden und die Wappenschilder und die Helme und die Halskrausen und die Hündlein und denke bei mir: meine Mutter ist vergnügt unter so vielen Gefreunden; bald setzt sie sich dort zu der Landschadin, bald spaziert sie ein wenig mit dem Ritter Weiprecht, bald nimmt sie den kleinen Junker Dietrich auf den Schoß. Oh, es muß schrecklich sein, alleine zu liegen. Ich habe das einmal meinem Vater gesagt. Drauf hat er mich ein frommes Sprüchlein gelehrt; soll ich dir's sagen?"

„Sag an!"

Margarete faltete die Hände und betete:

„Laß mich an meinem End',
Auf Christi Tod abscheiden,
Die Seele nimm zu dir
Hinauf zu deinen Freuden;
Dem Leib ein Räumlein gönn'
Bei frommer Christen Grab,
Auf daß er seine Ruh'
An ihrer Seite hab'!"

„Gehst du auch oft auf deiner Mutter Grab?"

Ursula atmete schwer.

„Ich weiß nicht, wo meine Mutter begraben liegt."

„Oh! — und dein Vater?"

„Auch sein Grab ist mir unbekannt."

„Schrecklich! Sind sie beide ertrunken im wilden Meer?"
„Sie sind beide ertrunken im grünen Wald."
Margarete schaute bestürzt zu ihrer Freundin empor.
„Nun hab' ich gesehen, wie du weinst. So weint kein andrer Mensch! Oh du! Vergib mir!"
Sie fiel auf die Knie und bedeckte Ursulas Hand mit ihren Küssen.
„Ich habe dir weh getan, ich habe dich traurig gemacht. Komm, wir gehen hinaus auf die Wiese, damit du mir wieder froh wirst."
Ursula hob das leidenschaftliche Kind auf und zog es in ihre Arme.
„Tu mir nur die eine Liebe: rede niemand davon und frage mich nicht."
Margarete nickte ernsthaft mit ihrem braunlockigen Köpfchen.
„Wollen wir nicht auf die Wiese? Sieh doch die vielen Vergißmeinnicht!"
„Wir wollen den zwei kleinen Junkern jedem ein Kränzchen mitbringen. Die armen Schelme sind über keine irdische Wiese gesprungen und haben noch keine Erdenblume in ihren Fäustchen gehalten."
„Dafür spielen sie jetzt auf des Christkindes Wiese", sagte Margarete, und ihre Augen glänzten; „wenn du einmal dorthin kommst, gehen sie dir entgegen und tragen Himmelsblumen in den Händen."
„Du Gute! Du Liebe!"
„Wie heißen sie denn?"
„Ach, sie sind ja so früh gestorben, der älteste ohne Taufe, der zweite mitten in der Nottaufe, die ihm sein lieber Vater gab. Ich weiß nicht, wie ich sie rufen soll, wenn ich auf die große Wiese komme."
„Wir wollen uns auf zwei Namen besinnen. Der älteste ist der Junker Namenlos und der zweite ist der Junker Ohnename."
Ursula lächelte. „Nun haben wir aber genug Blumen. Wir setzen uns an den Rain und winden Kränze."
Sie taten also.
„Der meine ist für Ohnename", sagte Margarete und hielt ihr Werk in die Sonne.
„Und meiner für Namenlos. Nun sind noch Blumen übrig, die reichen für einen dritten Kranz."
„Her mit!" rief Margarete. „Ich weiß für wen, Füüür?"
„Findebusch!" sagten beide eines Mundes.
Nun standen sie auf und gingen zur Kirche.
„Laß mich voraus und die Junker und Findebusch suchen", rief Margarete.

Sie öffnete die Tür und ließ sie hinter sich angelehnt. Man hörte ihren raschen Schritt auf dem steinernen Boden.

Ursula stand an der Tür und lauschte.

Aber anstatt des erwarteten Rufes ihrer jungen Gefährtin kam diese selbst zur Kirche heraus. Sie zog die Tür hinter sich zu, sah ihre Freundin mit entsetzten Augen an und flüsterte: „Du, dein Bruder ist drinnen."

„Wer?"

„Dein Bruder! — Oh bleib zurück."

Ursula hatte die Tür aufgerissen. Mit raschen Schritten ging sie zur Kirche, Margarete sah ihr nach.

Einen Augenblick standen sich die Schloßfrau und der Einsiedler lautlos gegenüber. Ursulas Augen wurden immer größer und größer. Zögernd ging sie auf den Mann zu, der hochaufgerichtet an der Mauer lehnte. Sie blieb dicht vor ihm stehen und spähte in seinem Gesicht. Da kam auf einmal über ihr Herz die Gewißheit wie ein feuriger Strom.

„Leonhard" sagte sie leise, legte sich langsam an seine Brust und schloß ihre Wange an des Bruders Wange. Da schlang er seine Arme um ihren Hals und flüsterte: „Liebe Schwester Ursula." Aber wie wenn er noch etwas künden müßte, ehe er sich dem Schmerz und der Wonne des Wiedersehens hingebe, riß er sich aus der Umarmung, deutete auf eine Grabplatte, über der ein großer Strauß von Donnerblumen an der Wand hing, und sagte: „Ursula, das ist der dritte. Wir sind die letzten Kinder aus dem Hause Sternenfels. Komm!"

Er führte sie hin. Sie knieten auf der Platte nieder und hielten sich umschlungen.

Margarete war vor der Schwelle stehen geblieben. Sie schaute und horchte atemlos. Ursula weinte leise, es klang wie eines Kindes Wimmern. Da wurden Margaretens Augen naß. Als nun aber der Mann zu stöhnen anhub und alles Weh um Vater und Mutter und um das eigne zertretene Leben schluchzend aus dem Herzen brach, verließ Margarete erschüttert die Kirche und zog die Tür hinter sich zu.

Das Kind verließ den Friedhof und setzte sich neben die liegengebliebenen Kränze auf den Rasen. Margarete stützte die Ellbogen auf die Knie, legte ihr Gesichtchen in die flachen Hände und schaute über die kreuzweise gelegten Finger auf den Boden.

‚Geschwisterliebe ist stärker als Mutterliebe und Gattenliebe', dachte sie, und ihre kleine Denkerstirne legte sich in Falten. ‚Ich verstehe auch warum: der Gatte ist ein fremder Mann, im Kinde ist auch ein gut Teil von draußen her, alles, was von seinem Vater rührt; aber Geschwister sind einerlei Leben, die hängen zusammen wie einerlei Gestein, wie —'

Margarete schaute auf. Aber der rote Sandstein des Neckartales schien ihr für einen Vergleich nicht geeignet. Da gedachte sie an ihr liebes altes Bischofsheim mit seinen Kalksteinbuckeln und vollendete ihr Gleichnis.

— ,wie der Autenberg und der Galgenberg.'

Sie grübelte weiter.

,Ich glaube, ich werde auch einmal meinen Bruder Albert lieber haben als meinen Ehegemahl und meine Kinder. Es tut mir dies leid wegen meines Gatten.'

Tränen traten in ihre Augen.

Da mußte sie an Ursulas Gemahl denken. Wenn er wüßte, daß sie ihren Kranz auf Findebuschs Grab gelegt hat und die Kränze ihrer Kinder hat sie vergessen! ,Wie dauert mich der arme Mann!'

Ihre Tränen flossen reichlicher.

,Nichts Dümmeres, als wenn man heult und weiß nicht warum', dachte sie zornig und sprang auf.

Sie schaute nach der Kirche zurück.

,Da stecken sie drinnen. Schon so lange! Was sie wohl miteinander zu erzählen haben? Das müssen furchtbare Geschichten sein.'

Das Kirchlein lag in sonnigem Frieden. Einige Hühner waren durch das offene Pförtchen in den Kirchgarten gewandelt und spazierten geruhsam zwischen den Gräbern umher.

Margarete folgte ihnen langsam nach, die Hühner bekamen Angst und fingen zu laufen an. Da kehrte sie zurück, stellte sich vor die Kirchtüre und betrachtete sie erwartungsvoll. Sie bemerkte einen großen Rostflecken auf dem Türdrücker. Sie sah diesen an, und es war ihr, als müsse er sich jetzt im Augenblick senken; aber er blieb unbewegt, und kein Geräusch näherte sich der Türe. Ein großer Falter flatterte über Margaretens Kopf, schwebte am Pfosten nieder und setzte sich auf die sonnenbeglänzte Stelle. Im leisen, kühlen Hauch, der zwischen Türbrett und Steinboden aus der Kirche strich, schlug der Schmetterling die Flügel auseinander und ließ Sonnenstrahlen und Luftzug auf dem schimmernden Grunde spielen. Margarete sah ihn an und lauschte und wartete. Jetzt hob sich der Falter in die Luft, das Kind fuhr zusammen. Aber die Tür blieb unbewegt, und der Schmetterling flog langsam und sorglos um die Klinke herum und zum Elendstein hinüber.

Margarete sah ihm nach und dachte: ,Es hat sich niemand da drinnen genähert, sonst wäre er anders davongeflogen.' Sie legte ihr Ohr an die

Ritze und horchte, dann schloß sie ihre Hand um die Klinke und ließ sie da ruhen. Endlich faßte sie sich ein Herz und drückte hinunter. Das Eisen knarrte. Da fuhr ihre Hand zurück wie geschleudert. Margarete sprang von der Kirchenwand hinweg, zum Friedhof hinaus und stand bald wieder neben den beiden Kränzen auf dem Rasen.

Außerhalb des Bezirkes, über den Kirche und Elendstein die Herrschaft übten, in der fröhlichen Weltlichkeit, die grün und sonnig um sie gebreitet war, verflog ihre Angst, und ihr kleines Herz wurde mutig.

„Heda!“ rief sie, „heda! Ihr zwei da drinnen! Ich bin auch noch da.“

Alles blieb still.

Nun wurde sie keck und rief:

„Frau von Hirschhorn, Euer Gast hat Hunger! Hunger!“

Nichts rührte sich.

Sie legte die hohlen Hände an den Mund und rief:

„Ade! Ich laufe der Kutsche entgegen."

Sie wartete eine Weile und war entschlossen zu tun, was sie gesagt, wenn nicht jetzt alsobald jemand herauskäme.

‚Ich bin ein Narr', sagte sie zu sich selber; ‚warum gehe ich denn nicht geradezu hinein?'

Da öffnete sich die Tür, die Geschwister traten heraus, standen mit suchenden Augen auf der Schwelle, und beider Blicke umfaßten zu gleicher Zeit das wartende Kind. Leonhard sah stechend herüber, Ursula rief ihr zu: „Ich komme sogleich!" Dann reichten sich Bruder und Schwester die Hand und sahen sich lange in die Augen.

„Sternenfels!" sagte sie. Es klang wie ein Bundeswort.

„Dir die Mutter", erwiderte er, „mir der Vater. Und nun lebe wohl!"

„Wo suchst du?"

„Die schwache Spur, die ich habe, führt an die Bergstraße."

„Wie soll ich dir Nachricht geben, wenn ich die Mutter gefunden habe?"

„Ich kehre zurück von Zeit zu Zeit. Findest du zu Häupten von der Grabplatte unsers Bruders ein Tannenzweigchen in der Ritze stecken, so bin ich da. Nochmals lebe wohl!"

Sie küßten einander auf die Wangen; und der Einsiedler entglitt wie ein Schatten. Ursula trat an das Kircheneck und sah dem Verschwundenen nach, dann wandte sie sich zu Margarete.

Die Geschwister hatten die letzten Worte so laut gesprochen, daß keine Silbe der Lauschenden entgangen war. Sie stand da, und ihr Gesichtchen war lauter Frage.

Ursula trat hart auf sie zu, umfaßte ihre Hand am Knöchel und sagte herb, fast heftig: „Was du gesehen und gehört hast, wird dir ewig ein Geheimnis bleiben. Denke nicht darüber nach, bilde dir ein, du habest geträumt und schweige gegen jedermann."

Die letzten Worte klangen drohend.

Margarete schaute erstaunt in das Antlitz der Frau. Es war fremd geworden. Bitterkeit und Härte lagen in den veränderten Zügen.

„Das Nachdenken kann ich mir nicht verbieten. Schweigen werde ich, wenn du mich darum bittest."

„Ich bitte dich", sagte Ursula. Die Stimme war etwas freundlicher.

Sie hob den Kopf und horchte hinaus. „Ich höre die Kutsche. Bald werden dein Vater und Friedrich von Hirschhorn da sein."

„Wer?" fragte Margarete und prüfte mit einem scharfen Blick die Miene ihrer Freundin.

Ursula sah in die Weite hinaus und gab keine Antwort.

„So wollen wir ihnen rasch entgegengehen", rief Margarete. „Komm!" Sie eilte voraus. Ursula ging zögernd nach.

Da kehrte das Kind um und rief vorwurfsvoll: „Und du kannst wirklich die beiden Kränze vergessen? Den deinigen hast du wo anders hingelegt, auf Findebuschs Grab. Und deine beiden Söhne, Junker Namenlos und Junker Ohnename, sollen keine Blumen bekommen?"

„Ach, leider haben sie einen Namen", sagte Ursula, und legte die Hand über die Augen. „Sie heißen Hirschhorn."

„So heißest du auch."

„Auf der Haut ja, aber im Geblüte des Herzens nicht. Trage du die Kränze auf das Grab der kleinen Junker Hirschhorn!"

„Ich nicht", erwiderte Margarete. „Sie weinen, weil die Mutter nicht kommen mag. Kann ich sie da trösten? Aber liegenbleiben sollen die Kränze deswegen nicht."

Margarete hob sie vom Boden auf und ging rasch auf die Kutsche zu, die gerade vor der Kirche anrollte. Ursula blieb am Rande der Straße stehen.

Der Knecht kletterte vom Bock und öffnete den Schlag. Die beiden Ritter stiegen heraus.

Sie sahen beide verstimmt aus, wie zwei Freunde, die eine verdrießliche Zwiesprache gehalten haben.

„Und nun nichts für ungut", sagte Friedrich und reichte dem andern die Hand. „Wir haben beide von der Leber weg geredet und wissen jetzt voneinander, wie wir denken."

Helmstatt schlug in die dargebotene Rechte ein und erwiderte herzlich: „Und sollten wir noch weiter voneinander zu stehen kommen, inwendig bleiben wir doch die alten guten Freunde."

Ahnungslos wandte er sich dann den beiden Frauen zu. Über Friedrichs Angesicht war ein Freudenlicht aufgeleuchtet, da er sein Weib am Wege sah. Aber als er nun ihr verändertes Gesicht anschaute, und als ihr starrer Blick an ihm vorüber in die Ferne glitt, da schwand der helle Schein aus seinem Angesicht, und sein Auge wurde düster.

Die Gatten wechselten kein Wort. Am liebsten hätten sie sich alsbald von den Gästen verabschiedet, aber Margarete verursachte einen unerwünschten Aufenthalt.

„Da sind zwei Kränze für die beiden Ritter, hier, für Euch!" Sie streckte sich und zog dem Junker von Hirschhorn ein Kränzlein über die Fuchsmütze. „Der andre ist für dich!" Sie streckte sich auf den Zehen und hing ihrem Vater das Kränzlein über das Barett. „Oh, wie ich mich nach dir gesehnt habe!“ flüsterte sie ihm dabei ins Ohr.

„Du — nach mir?“ fragte er verwundert und wandte sich betreten zu Ursula.

„Das Kind hat Euch Unmuß gemacht, liebe Frau?“

„Gewiß nicht!“ rief Ursula lebhaft und ergriff beide Hände des Kindes. Sie beugte sich mit einer Gebärde der alten Freundlichkeit zu Margarete nieder.

„Nun darfst du zum Abschied das tun, worum du mich gebeten hast: mir die Augen küssen.“

„Ich mag nicht“, flüsterte das Mädchen, wandte sich blitzschnell um, sprang an Friedrich in die Höhe, umhalste ihn, drückte ihm einen Kuß auf den Mund und sagte: „Gute Nacht, lieber Herr!“

Nun stiegen die beiden in die Kutsche, die Pferde zogen an, der Wagen rollte davon in die Schlucht hinein, durch die sich der Weg aufs Gebirge zieht.

Die Gatten gingen nebeneinander an den Neckar hinunter. Es dauerte eine Weile, bis ein Nachen zur Stelle war. Keines redete ein Wort. Während der Überfahrt sah Ursula schweigend über das Wasser hin, Friedrich beobachtete angstvoll ihre Züge. Nun stiegen sie den Berghügel hinan, Ursula ging voraus. Es war finster geworden. Plötzlich blieb sie stehen, wartete auf ihren Gatten und raunte ihm zu:

„Hirschhorn, was ist mit meiner Mutter geschehen?“

Friedrich zuckte zusammen, senkte das Haupt und ging schweigend an ihr vorüber.

In jener Nacht zog die Not ein in das alte Schloß zu Hirschhorn.

9

Was sich in jener Nacht in dem Schlafgemache zugetragen hat, wo von altersher die Ritter von Hirschhorn bei ihren Frauen lagen, gehört zu jenen furchtbaren Ereignissen, die zwar nur in Worten bestehen, aber das Böseste, was in der Finsternis der Seele ein phantastischer Grimm zusammenzuballen vermag, herausschleudern und in wahnwitziger Zerstörungslust Gift, Feuer und Schlamm über alles, was im gemeinsamen Gärtlein lieb und freundlich gewachsen ist, ausschütten. Nach einem solchen Sturm sind die Glieder zerschlagen und abgemattet, die Seelen betrübt und müde, und an den Herzen fressen Groll und Gram und Scham. Der Sturm ist verbraust. Öde und Stille sind zurückgeblieben. Kein neues Gewitter steigt aus dem erschöpften Boden. Kalte Blicke, kurze eisige Reden, teilnahmslose Gebärden sind da. Aber heimlich verzehren sich die Seelen nach einer neuen wilden Stunde. Irgendwann kommt sie. Dann lodert die Flamme des Zornes wieder himmelhoch und wird mit den tollsten Vorwürfen um die Wette geschürt, weil beide Herzen den Vorsatz hegen, nicht abzulassen, bis die Erbitterung verschlungen, erstickt, verbrannt, erloschen ist in der tausendfach stärkeren Glut jäh hervorbrechender leidenschaftlicher Liebe. Auch dieser Sturm tobt aus und läßt Todesmattigkeit zurück, aber es ist eine glückselige Müdigkeit. Ein neuer Frühling überspinnt Leib und Seele mit einem unbeschreiblich zarten und süßen Glück.

Als der morgenschöne Tag über den Feuerberg kam, die Bewohner der Burg zu wecken, da schauten ihm aus den Fenstern jenes Schlafgemaches überwachte und verweinte Augen entgegen. Ursulas letztes Wort war ihr bösestes gewesen. Sie hatte, ihrer selbst nicht mehr mächtig, ausgerufen: „Wenn du dir nicht nach der Weise deines Hauses Raum schaffst für ein andres Eheweib, dann stirbst du als der Letzte deines verruchten Geschlechtes". Friedrich war bis in den Tod erschrocken und erwiderte keine Silbe mehr. Ursula genoß eine wütende Genugtuung und erschrak doch zugleich über die Kühnheit und den Frevelsinn ihres Ausspruches. Beide dachten beständig daran, und dies richtete eine eisige Mauer auf zwischen ihren Seelen.

In dem Verhalten gegen andre war der Junker der gleiche geblieben; er bewies in all seinem Tun dieselbe Güte, Leutseligkeit, Gerechtigkeit und Besonnenheit, ja seine Diener und Untertanen rühmten, daß er noch milder geworden sei und noch geneigter, zu entschuldigen und zu vergeben. Aber sie bemerkten mit Sorge, daß sein Angesicht vergrämt war, sein Gang müde, sein Rücken gekrümmt, und daß sein Haar zu ergrauen begann. „Und ist doch noch so jung", sagten die Leute, wenn sie ihm nachschauten.

Ursula dagegen hatte sich nicht nur äußerlich, sondern auch in ihrem Wesen völlig verändert. Ihre Züge wurden spitz und hart. Die Mägde klagten über ihre Heftigkeit und ihre Laune. Oft hörte man die kleine Ursa weinen, weil ihr die Schloßherrin ein Spielzeug weggenommen oder sie geschlagen hatte. Die Knechte und Mägde wußten es schon, daß, wenn ihr Herr im Hof oder im Garten mit Ursa gescherzt hatte, man kurz darauf das klägliche Geheul des Kindes hören werde. Geschah dies wieder einmal, dann schauten sich die Leute bedeutungsvoll an und zuckten die Achseln.

Alles, was Ursula als Herrin und Wirtin zu tun hatte, tat sie wie mit geschlossenen Augen; nichts Fröhliches konnte ihr ein Lächeln, nichts Trauriges einen Seufzer entlocken, keine Überraschung konnte ihre erstarrten Züge beleben. Aber wenn sie allein war und sich selber gehörte, dann schlüpfte sie aus dem Gewande dieses herzlosen Gebarens, wie ein Schwanenmädchen aus ihrem Federkleide, und jede Fiber von Leib und Seele spannte sich, der Mutter Schicksal zu erforschen und der Mutter Gebein zu finden.

Ursula wußte, daß jeder Versuch, das eidgebundene Schweigen ihres Gatten zu zerbrechen, an der eisernen Festigkeit seiner Schwurtreue zuschanden würde. Darum unterließ sie jeden neuen Ansturm auf seine Seele.

Zuerst war es Nikolaus, der Totengräber, aus dessen erstorbenem Munde ihre Wissensgier ein auffallendes Wort herauszuschütteln versuchte. Sie hatte von ihrem Bruder gehört, daß Nikolaus außer ihrem Gatten der einzige Wissende sei unter den Menschen der Gegend, die andern alle waren gestorben oder verschollen. Aber all ihr Bitten, Drohen und Schmeicheln wirkten auf den eisbärtigen Alten nicht tiefer ein, als wenn Kinderärmchen an einer Felsklippe rütteln. Er schaute seine Herrin an mit seinen tiefliegenden, von grauem Gestrüpp überbuschten Augen und fragte: „Wo ist das Zeichen des Junkers?"

„Was für ein Zeichen?" entgegnete sie rasch.

„Das er mir schicken wird, wenn das Haus Hirschhorn mich des Eides entbindet."

„Worin besteht das Zeichen?" fragte sie lauernd. Da schaute sie der Knecht durchbohrend an, so daß sie verwirrt die Augen niederschlug; er wandte sich schwerfällig um, kehrte sich dem Grabe zu, an dem er geschaufelt hatte, und würdigte fortab seine Herrin keines Blickes und keiner Antwort. Nun fing Ursula an, in der Burg zu suchen. Sie stieg in die Gefängnisse und durchsuchte die steinernen Böden und die Wände nach einer Schrift. Sie ließ sich in das Verlies hinabhaspeln und suchte stundenlang an den modrigen Mauern nach irgendeinem Zeichen. Sie ließ die Burggärtchen umgraben und war selbst dabei. Alle Scherben, Knochen, Metallstücke, die dabei zu Licht kamen, ließ sie sammeln und prüfte sie Stück für Stück.

Die Leute schüttelten die Köpfe und sagten zueinander: „Die Herrin ist verrückt geworden". — „Der armen Frau ist nach dem Tode der Junker die Milch in das Hirn gestiegen", meinten die Weiber. Friedrich ließ sie gewähren. Er fragte sie nicht und legte ihr nichts in den Weg. Wenn er ihr bei ihrem ruhelosen Treiben begegnete, sah er sie traurig an und ging stumm an ihr vorüber. Einmal fand er sie im Burghof bei dem Brunnenmeister von Eberbach stehen. Sie klagte dem Manne, daß die Brunnen unreines Wasser gäben, und beauftragte ihn, er solle mit seinen Gesellen alle Brunnen der Burg bis in ihren Grund durchforschen. Friedrich hörte den Auftrag. Da kam Mitleiden mit seinem armen Weibe über sein Herz. Er sah sie wehmütig an und schüttelte leise den Kopf. Ursula kniff die Lippen zusammen und wiederholte und verschärfte ihren Befehl.

Allmählich veränderte sie sich in ihrem ganzen Wesen so völlig, daß sie liebte, was sie immer gehaßt hatte, und daß sie haßte, was ihr bislang teuer gewesen war. Die kleine Ursa, gegen die sie einen Widerwillen gehabt hatte, war ihr unentbehrlich geworden. Dagegen hatte sie alle Freude an ihrem Blumengärtlein verloren, das ihr das liebste Besitztum im Weichbild des Schlosses gewesen war. Manches Mal faßte sie sich mit beiden Händen an den Kopf und fragte sich: „Bin ich es noch?“ Es war ihr oft, wie wenn in dem Hause ihres Lebens ein böser Geist Herr geworden sei, der boshaft das Gesinde peinige und die schönen Schätze verderbe. „Oh, wenn ich wieder sein werde, was ich gewesen bin“, klagte sie dann, „wie werde ich trauern und mich schämen über das, was ich jetzt anstelle!“ Und es kam über sie eine unsägliche Angst, sie möchte so bleiben, wie sie jetzt war, und die heiße Sehnsucht, daß ihre Mutter sie loslasse und sie wieder ihrem Manne gehöre.

Vor ihrem Gatten graute es ihr, und sie mußte doch immer und immer an ihn denken. Auch wenn sie nach der Mutter suchte, lauschte sie auf seinen Tritt, und wenn sie beim Vorübergehen das Antlitz von ihm abwandte, suchte sie seinen Schatten zu sehen. Sie hatte sich vorgenommen, ihrer Mutter und ihren Brüdern zur Sühne niemals wieder Mutter eines Sprossen aus dem Hause Hirschhorn zu werden; aber wenn sie die Augen schloß und sich selber vergaß, dann träumte sie, daß er sie fasse, daß er sie zwänge, daß er sie schlüge und daß sie sich ihm ergebe in jauchzender Liebe. Aber wenn sie dann wieder zu sich selber kam, rüstete sie sich zur Wehr und scheuchte jede freundliche Annäherung durch ein bitteres Schmähwort auf das frauenmörderische Geschlecht Hirschhorn.

Als einmal ihr Gatte auf einer einsamen Pirschjagd im unendlichen Waldgebiet die Richtung verfehlte und erst gegen Mitternacht in die Kemenate trat, stieß sie einen Freudenruf aus und lief ihm unwillkürlich entgegen. Und nun war es, als ob der helle Herzenston den bösen Geist vertrieben hätte und als ob die alte gütige Herrschaft in ihrem Lebenshause wieder aufgerichtet sei. Aber an dem Morgen, der auf jene Nacht folgte, ging sie einher wie eine Büßerin, und als sie sich bald darauf Mutter fühlte, weinte sie Tag für Tag so leidenschaftlich und jammervoll, daß es ihren Gatten erbarmte und er in tiefer Besorgnis ihr mit den Augen folgte. An dem Tage, wo ihr jene Gewißheit kam, suchte sie das Ersheimer Kirchlein auf, und sie tat ihrem Bruder Findebusch Abbitte mit vielen Tränen. Auf das Grab ihrer beiden Söhnlein warf sie keinen Blick. Als sie von Findebuschs Grab scheiden wollte und noch einmal ihn bat, ihr zu vergeben, da bemerkte sie ein Tannenzweiglein, das in der Ritze steckte. Oh, wie sie erschrak! Wie sie flüchtete! Und als sie in dieser Nacht den Ruf „Ursula, Ursula!" aus dem Burggraben hörte, zog sie die Decke über die Ohren und weinte schamvoll und reuig und wünschte ihrem Kinde den Tod.

Daß ihr Kind sterbe, war nun ihr einziger Gedanke bei Tag und bei Nacht, ein Gedanke, den sie mit Grauen und heimlichem Jammer und doch mit Inbrunst und wildem Verlangen dachte. Und als nun die Stunde der Geburt kam und ihr Gatte wehvoll die Hand vor die Augen hielt, da richtete sie sich in unendlicher Spannung auf, ihr Kind zu sehen, ehe man es ihr zeigte. Sie fiel zurück, da schaute sie auf ihres Gatten Antlitz und sah darin Entsetzen und Schmerz. Ein wilder Triumph kam über ihr Herz. Man zeigte ihr das Kind. Es war mager wie ein Skelett und sein Gesicht sah aus wie ein Totenkopf. Ursula stieß einen Schrei aus, ballte die Hände und schlug sich ins Angesicht. „Es ist ein Mädchen, aber es stirbt", sagte die Wehmutter. Das war das letzte Wort, das Ursula hörte. Sie verlor die Besinnung, und viele Wochen hindurch schwebte sie zwischen Leben und Tod.

Mit wachsender Sorge hatte Friedrich den seelischen Zustand seines Weibes beobachtet. Auch er erwartete von der Stunde der Geburt keine Freude. Als man ihm das von seiner Mutter zu Tod getragene Kindlein zeigte, seufzte er tief auf wie einer, der seine Furcht bestätigt schaut: ungefähr so etwas hatte er erwartet. Aber nun hoffte er, daß sein Weib, wenn es ihrem Leibe nach genese, auch ihre seelische Krankheit überwunden habe werde. Mit unendlicher Langmut und Güte trug er ihre Schwachheit. Er fühlte zu gesund, um sich selber zu beschuldigen; aber er nahm sich vor, niemals mehr den Vorteil einer weichen Stimmung zu benutzen, sondern nur dann um die Zärtlichkeit seiner Gattin zu werben, wenn ihr innerster Wille wach sei und sich selber gehöre.

In der Not dieser Tage suchte er Weisung und Zuspruch in seiner Bücherei. Zuerst schlug er seinen geliebten Martinus Luther auf. Aber bald legte er dessen Sermon über die Ehe kopfschüttelnd zur Seite. Als der teure Mann dies geschrieben hat, sagte er zu sich, da hat er die Sachen noch nicht so gewußt, denn er lebte noch ledigerweise und steckte der Mönch noch in ihm, er wußte selber nicht, wie sehr. Dann suchte er in der Bibel nach einem Ratschlag für seine Bedenken und Nöte. Aber da er zwischen dem Alten und Neuen Testament keinen andern Unterschied zu machen wußte, als daß dort Gott der Herr in seiner richterlichen Amtstracht, hier in seinem Hausvatergewand erscheine, so fand er keinen Ausweg aus den verschiedenartigen Anschauungen über die ehelichen Dinge. Aus den Worten des Heilandes selbst konnte er nichts andres entnehmen, als daß die Ehe Gottes heilige Stiftung sei und daß der Mensch nicht scheiden dürfe, was Gott zusammengefügt habe. Das eine wie das andre war ihm selbstverständlich, und nie kam es ihm in den Sinn oder ins Geblüt, gegen diese Grundregeln zu freveln. Aber der getreue Mann wollte wissen, wie er sich gegen sein armes, geliebtes, krankes Weib zu halten habe. Auf diese Frage gaben ihm die Schriften seines Glaubens keine bestimmte Antwort.

Nun suchte er seine Pfarrer auf, deren er viele in den Dörfern weit und breit in der Runde sitzen hatte. Aber die konnten auch nichts sagen, was er nicht von selber wußte. Sie verwiesen ihn auf die Schrift, und so stand er am alten Fleck. Nur einer, der Pfarrer von Eschelbach, gab ihm einen andern Rat, und der schien ihm schließlich der beste zu sein. Der alte Pfarrherr sagte ihm, er solle das Grübeln über diese Dinge und das Forschen nach den Eheworten der Bibel bleiben lassen, sich an die Trostsprüchlein des Evangeliums halten, sich von dem Herrn unsrer Seligkeit und seinen heiligen Aposteln zur vergebenden Liebe, zur Geduld, zur Mildigkeit und zum herzlichen Erbarmen leiten lassen; er solle still sein Kreuz tragen und auf den himmlischen Vater vertrauen. „Das will ich tun", sagte er und schoß auf dem Heimritt zwei Fasanen für den lieben alten Beichtvater.

Friedrich befolgte den Rat und wurde noch gütiger und langmütiger gegen Ursula.

Nun holte er aus seiner Bücherei seine Lieblinge hervor; das waren alte Schriften, die noch aus den Zeiten rührten, wo die Bücher nicht gedruckt, sondern geschrieben wurden. Das Deutsch, worin diese Schriften verfaßt waren, klang seltsam, aber überaus lieblich, und sie erzählten von Rittern und Frauen und ihrer zarten Liebe. Sie führten in die großen Tage hinein, als das Reich noch herrlich war und des Kaisers Krone funkelte und Lehenstreue und Ritterpflicht für heilige Gesetze galten, als die Turniere glorreich den Adel vereinigten und die ab und zu reitenden Herren zwar arm an Geld und Gut waren, aber reich an Waffenruhm, an hoher Kunst und feiner Sitte.

Mit neuer Freude vertiefte sich unser Freund in diese Schriften, und nun fand er doch auch, ohne danach zu suchen, eine Weisung für sein besonderes Anliegen. Die alten Singer und Erzähler lehrten ihn, daß zur Minne die Zucht gehöre, daß Minne ohne Zucht roh und abscheulich sei. Was er unter Zucht zu verstehen habe, das lehrten ihn seine geliebten Bücher und sein eignes braves Herz. Und so kam es, daß die Junker aus der Nachbarschaft, wenn sie ihn und sein Weib zu besuchen kamen, sich wunderten, was doch der wilde Fritz Hirschhorn ein ritterlicher Herr und ein liebevoller Gatte geworden sei.

Aber, leider, Ursula selbst erquickte sich nicht daran. Sie genas mit ihrem Körper, aber ihr inneres Leben wurde noch mehr verwirrt, als es zuvor gewesen war. Mit dem Gedanken an ihre gemordete Mutter mischte sich der Gedanke an ihr getötetes Kind. Unaufhörlich sagte sie sich, daß sie selber es getötet habe durch ihre Wünsche und ihre Vorsätze. Mit dem elenden Hochgefühl, das über den Menschen kommt, wenn er einen törichten und frevelhaften Willen durchgesetzt hat, einem Hochgefühl, das freilich nichts andres als ein prunkendes Fest ist; hiermit mischte sich Grauen vor der eignen Seele und eine auf und ab schwellende Gewissensangst. Dazu kam immer mächtiger das Pochen und Drängen der zurückgedrängten Liebe zu ihrem Gemahl. Der Strom wollte heraus, aber ihr Wille stemmte sich dagegen. Wie gerne wäre sie ihrem Gatten um den Hals gefallen, wenn er mit freundlichem Blick an ihr vorüberging. Aber da sah ihr Auge hinter ihm die hagere Gestalt ihres unversöhnlichen Bruders, und es verzog sich ihr Antlitz in schmerzlicher Bitterkeit. Wie oft ertappte sie sich dabei, daß sie ihres Gatten Wams, wenn sie es, damit es zum Gebrauch bereit sei, an den Nagel hängte, zweimal und dreimal an ihre Lippen drückte; wie oft legte sie wie zufällig ihre Hand auf das Buch, das er aus der seinen gelegt hatte. Aber wenn sie solcher Treulosigkeit gegen ihr Geschwistergelübde innewurde, dann eilte sie wohl hinüber in das Ersheimer Kirchlein und malte sich all den Jammer aus, den der Name Hirschhorn über den Namen Sternenfels gebracht habe.

Der allertiefste, freilich auch der verborgenste Grund ihrer Hartnäckigkeit war der, daß sie nicht von einer kleinen Stunde des Alltags die Umwandlung ihres Lebens erwartete; sie wollte sie empfangen aus dem Wetter einer gewaltigen Stunde, wo der Himmel zerreißt und das Feuer herniederfährt und der Sturm rast. Sie wollte ihren Gatten wieder einmal in all seiner Wildheit schaudernd erleben und wollte mit ihrer eigenen

Wildheit wider ihn ringen; sie wollte ihm das Fürchterlichste tun und sagen, um dann zusammenbrechend flüstern zu können: „Töte mich durch deine Liebe“.

Aber Woche um Woche, Monat um Monat verging im öden Einerlei. In Todesangst spürten beide, daß der unnatürliche Zustand sich verfestige und in die Gewohnheit des Lebens hineinwachse. Ihre Angst wurde um so größer, je näher der Tag herankam, an dem Friedrich für eine geraume Weile Hirschhorn verlassen mußte.

In Heidelberg wurde fürstlicher Besuch erwartet. Es waren die Verbündeten des Kurfürsten und seine auswärtigen Freunde und Gönner. Ein Hoftag war anberaumt und allenthalben rüsteten sich die Edelleute zum Ritt in die pfälzische Hofburg. Die Zahl der erwarteten Gäste war so groß, daß den Rittern bedeutet wurde, sie möchten ihre Gattinnen zu Hause lassen, und die Geschlechter, die eigne Häuser in der Stadt hatten, wurden gebeten, Kavaliere in ihre Wohnung aufzunehmen.

Wenige Tage vor der festgesetzten Frist ritt Landschad von Steinach nach Hirschhorn herüber, um seinen Nachbar auszuhorchen.

„Natürlich gehe ich“, sagte er, „trage ich doch Lehen von Kurpfalz.“

„Aber“, sagte Landschad und kniff die Augen zusammen, „alle andern Gäste des Kurfürsten stehen zur evangelischen Sache.“

„Ich auch!“ brauste Friedrich auf.

„Will sagen, alle andern stimmen für die Union der evangelischen Stände.“

„Ich nicht“, sagte Hirschhorn und sah seinem Gast forschend in das schlaue Gesicht.

„Man wird Euch nicht gerne sehen.“

„Auch ich werde manche sehen müssen, deren Fratze ich nicht mag.“

„Der Kurfürst selbst ist über Euch ergrimmt.“

„Ich über ihn auch“, rief Friedrich und ging erregt im Gemach auf und nieder.

Landschad sah ihm nach und begleitete ihn mit dem Blick.

„Und da wollt Ihr wirklich hingehen?“

Jetzt wurde Friedrich ganz ruhig. Er ging behaglich auf den Tisch zu, setzte sich seinem Gast gegenüber und sah ihm voll ins Gesicht.

„Allerdings“, sagte er, „ich gehe nach Heidelberg. Wer soll dem Kurfürsten das Schwert vortragen, wenn ich es nicht tue? Vielleicht Ihr?“

Landschad biß sich auf die Lippen.

„Niemand rührt das Reichsschwert an, das dem Pfalzgrafen bei Rhein anvertraut ist, als nur ein Hirschhorn, solange es noch einen Hirschhorn gibt. Wie der Kurfürst der Pfalz unter den Fürsten des Reiches der vornehmste ist, so ist der Herr von Hirschhorn unter den Vasallen der Pfalz der vornehmste."

„Auch der Mohrenkopf und die Harfe dürfen sich sehen lassen unter den Wappen des deutschen Adels", sagte Landschad erregt.

„Euer Haus in Ehren, aber das meine ist älter. Unter dem Kaiser Karl ist ein Hirschhorn Graf in Massilia gewesen."

„Weiß ich", sagte Landschad.

Zum Glück bemerkte Friedrich das leise Lächeln seines Gastes nicht.

„Das Truchsessenamt am Heidelberger Hof ist den Hirschhorn erb- und eigentümlich, und ehe ich davon lasse, soll mir die Hand abfaulen. Doch nun kommt, meine Hausfrau will Euch grüßen."

Als Ursula aus Landschads Mund vernahm, daß ihr Gatte nach Heidelberg reiten werde, erbleichte sie und griff nach dem Herzen. Sie hatte bisher noch immer gehofft, sein Widerwille gegen die aufgeregte Pracht des pfälzischen Hofes werde das Übergewicht gewinnen, und sie hatte sich über Landschads Besuch gefreut, weil sie wußte, daß dieser listige und ehrgeizige Mann Friedrichs Fernbleiben wünsche. Um so größer war jetzt ihr Schrecken.

Die wenigen Tage verliefen wie die früheren, nur war die Düsterkeit noch dunkler geworden. Die Verwirrung in Ursulas Seele steigerte sich dermaßen, daß sie in Schwermut verfiel, deren starrer Trübsinn mitunter einer unheimlichen Rastlosigkeit wich, um dann um so gewichtiger und finsterer wiederzukehren. Friedrich beobachtete sie mit Sorge, aber ließ sich von seinem Kummer nichts merken. In heiterem Tone gab er die letzten Aufträge des Hauswirts. Und als nun das Pferd gesattelt war, trat er ihr freimütig entgegen mit ausgestreckter Rechte. Sie sah ihn an aus tiefen Augen und reichte ihm die Hand. Er behielt ihre Hand eine Weile und spähte in ihren Mienen nach einem Zeichen, daß er sie küssen dürfe. Oh, wie brannte sie nach seinem Kuß! Aber ihre aufgeregten Sinne schufen eine Schreckgestalt, die stand hinter dem Gatten und sah sie drohend an und flüsterte: ‚Sternenfels'.

Sie riß ihre Rechte los und hob beide Hände beschwörend gegen die Erscheinung. Da erblaßte ihr Gatte, sah sie erschrocken, fragend, erbittert an, wandte sich von ihr ab und verließ wortlos das Gemach.

Ursula stand wie versteinert und lauschte auf die Tritte des geliebten Mannes. Als sie verhallt waren, stieß sie einen Schrei aus, stürmte durch die Gemächer und Gänge nach ihrer Schlafkammer, warf sich auf ihr Bett, und ihr Weinen war bitter und endlos.

10

Zu den letzten Weisungen, die Friedrich seiner Frau gab, gehörte der Rat, daß sie, wenn sie einen Menschen brauche, der in Gefahr oder Wirrung treu, umsichtig, tatkräftig und verschwiegen sei, sich an den Totengräber Nikolaus halten solle. Sie möge sich durch sein hohes Alter nicht zurückscheuchen lassen, wenn sie für einen schwierigen Auftrag einen tüchtigen Mann brauche, denn wenn es darauf ankäme, habe er die Tatkraft und Behendigkeit eines Jünglings. „Ich wäre am ruhigsten", fügte der Junker hinzu, „wenn ich ihn bei dir auf der Burg wüßte; aber ich fürchte, er ist dir zuwider."

Ursula, die am Tische saß, stützte ihr Kinn in die Hand und schaute hochmütig in die Wolken hinein.

„Warum sollte er mir nicht ebenso gleichgültig sein wie alle andern?"

„Weil er schweigt", erwiderte Friedrich und sah seine Gattin bedeutungsvoll an.

Diese Unterredung hatte vor der letzten Mahlzeit, welche die Gatten zusammen einnahmen, stattgefunden und hatte dazu mitgewirkt, daß die übliche Stummheit der beiden Tischgenossen gedankenvoll war.

Als sich Ursula endlich ausgeweint hatte, war ihre erste Handlung, daß sie zu Nikolaus hinüberschickte und ihm sagen ließ, er solle alsogleich auf das Schloß kommen und dort seine Wohnstätte haben, bis der Herr zurückkomme. Sie sagte zu sich selber: „Ob nicht Frauenlist in dies eherne Schweigen ein Ritzlein zu schneiden vermag?" Im heimlichsten Hintergrunde ihres Seelenhauses aber saß ein kleines Engelchen und blinzte aus verschlafenen Augen, wie jemand, der warten kann Als Ursula jenen Befehl gab, horchte es halb und halb und lächelte ein klein wenig.

Noch am selben Tag zog der Totengräber mit dem Felleisen, das seine Habseligkeiten enthielt, auf das Schloß. Es wurde ihm eine Kammer im Gesindehaus angewiesen. Sein erster Gang war in den Pferdestall, und er wirtschaftete alsbald darinnen so sicher und vertraut, daß die Stallburschen große Augen machten, der Oberknecht aber die Faust ballte. Da aber alles, was er tat, vernünftig und recht war und er den andern viele Arbeit abnahm, er zudem auch nicht so aussah, als ob mit ihm gut Kirschen essen sei, ließen sie ihn gewähren. Es war wunderlich zu sehen, wie der unbeholfene Mann lebendig wurde bei den Pferden, wie die Tiere seinem leisen Zischen und Pfeifen lauschten, und als sich einmal ein Hengst ungebärdig stellte, führte er ihn auf den Hof, sattelte ihn und stellte den Fuß in den Steigbügel. Die Knechte wehrten, denn sie fürchteten ein Unglück. Er aber hatte sich schon in den Sattel geschwungen. Unter seinen buschigen Brauen schoß Feuer hervor. Das Tier zitterte unter dem Druck seiner Schenkel. Er ritt zur Burg hinaus, und eine halbe Stunde später kehrte er mit dem gebändigten Pferd zurück.

Die Schloßherrin, die ihm einen Trunk in den Hof geschickt hatte, kam selber herunter und sagte zu ihm: „Nikolaus, du solltest immer bei den Pferden sein. Warum bist du denn Totengräber?"

Der Alte setzte den Becher ab und sagte: „Weil die Toten schweigen."

„Die Pferde schweigen auch."

Nikolaus schüttelte den Kopf. Er vollendete seinen Trunk, stellte den Becher auf eine Treppenstufe und antwortete: „Bei den Pferden verlernt man das Schweigen. Man fängt mit Schnalzen und Pfeifen an, dann wird ein Singen daraus, zuletzt plaudert man in einem fort. Bei den Toten vergeht einem zuerst das Plaudern, denn es wärmt einen nichts an, dann das Singen, denn aus dem Rasen klingt kein Ton, zuletzt auch noch das Pfeifen, denn niemand spitzt die Ohren. So wird man ein stummer, besinnlicher Mensch."

„Du bist ja ganz aufgetaut", sagte Ursula lächelnd. „So viel wie heute auf einmal hast du in drei Jahren nicht geredet."

‚Wer weiß, wer weiß?' dachte sie und sah ihm nach. Nikolaus ging in den Stall. Die Türe ließ er hinter sich offen.

Da kam Hannes in großer Eilfertigkeit und Wichtigkeit zum Tor herein. Man sah es seiner entrüsteten Miene an, daß er etwas Empörendes erlebt hatte.

„Herrin", sagte er, „ich, wenn ich der Junker wär', ich ließe alles, was nicht hiesig ist, kurzweg aufhenken."

Ursula mußte lachen. „Was haben dir denn die Nichthiesigen zuleide getan?"

„Da kommt ein fremder Landstreicher den Schloßberg herauf. Ich denke, er will was haben, und hole ein großes Stück Brot. Er aber kommt nicht bis zur Brücke. Er stellt sich unter die Schloßlinde und ruft recht ausländisch, so ganz grob odenwälderisch: ‚Torwärtel! Torwärtel! Heda!' Ich gehe hinaus und rufe: ‚So komm doch her, du Simpel, und hol dein Brot!' — ‚Friß dein Brot selber!' ruft er her. ‚Geh hinauf und sag dem Junker, er solle zu mir herunterkommen!' — Ich mein', mich rührt der Schlag. Aber ich sag' zu mir: du bleibst höflich, bis du ihn am Kragen hast. ‚Du Schindaas!' ruf' ich zurück. ‚Meinst du, der Junker käme zu einem solchen Dreckspatz wie du bist? Wenn du was von dem Junker haben willst, so komm herein. Vielleicht ist er so freundlich und wäscht dich mit Stallbesen und laust dich mit Kolben und klopft dir die Kleider aus mit Dreschflegeln, du grindiger Schafskopf, du!"

„Aber Hannes", sagte Ursula unwillig. „Wenn du so grob gegen die Fremden bist, kann man dich nicht zum Pförtner gebrauchen."

„Ich war doch nicht grob?" sagte Hannes und sah seine Herrin mit unschuldigen Augen an. „Mit solcherhand Leuten muß man so reden; die sind's nicht anders gewöhnt."

„Wie sah er denn aus?"

„Halb wie ein Spitalbruder, halb wie ein Bärentreiber. Wollt Ihr wissen, wie er aussieht? Wie einer, der jeden Tag seinen Herrn und Heiland verkauft; heute für einen Kreuzerweck, morgen zum Spaß."

„Du hast einen Zorn über ihn, Hannes, darum urteilst du ungerecht. Wo ist denn jetzt der Mensch?"

„Unterwegs nach Heidelberg. Er will den Junker aufsuchen."

Ursula erschrak.

„Hat er nichts weiter gesagt, wer er sei und was er wolle?"

„Doch, er hat dummes Zeug geschwätzt, das Hornvieh! Er hat eine Jahreszahl genannt. Als ob er ein Kalender wäre! Ich habe von einem Kalender nichts an ihm gesehen als den Vollmond auf seinem Schädel!"

„Hör doch mit dem Geschimpfe auf! Erzähle in der Ordnung! Was hat der Fremde erwidert, nachdem du ihn so höflich eingeladen hast, er solle in die Burg kommen?"

„Das ich ein Narr wäre, hat er gerufen. ‚Der Junker soll zu mir heraus.' — Und dann hat er eine Jahreszahl genannt, als ob er eine Sense hätte und Flügel, der einfältige Esel. ‚Sag das deinem Herrn', hat er gerufen, ‚dann läßt er den besten Fischsalat stehen und kommt zu mir heraus'."

„Das versteh' ich nicht", sagte Ursula. Die Sache fing an, ihr langweilig zu werden.

„Ich auch nicht. Aber jetzt hab' ich's ihm gesagt — so recht deutsch! ‚Daß dich der Teufel lotweis hole! Was weißt denn du von Fischsalat? Sei du froh, wenn du stinkigen Käse hast, du eingeweichter Schmierjockel!'"

„Hör jetzt doch mit deinem Geschimpfe auf. Was ist das mit der Jahreszahl?"

„Dummes Zeug! Das hätte meine Großmutter selber nicht verstanden, und die war doch die gescheiteste Frau in Ursenbach."

„Was hat er denn gesagt?"

„Er hat gesagt, er heiße Fünfzehnhundertneunundachtzig."

„Wie?" rief Ursula und griff nach dem klopfenden Herzen. Die Stalltüre tat sich auf, und Nikolaus trat aus der Türe. Die Schloßfrau und der Knecht sahen sich bedeutsam an.

„Erzähle ganz genau, was er gesagt hat", gebot ihm Ursula mit bebender Stimme.

„Er hat gerufen: ‚Melde dem Junker, Anno Fünfzehnhundertneunundachtzig sei da'; und dann hat er das von dem Fischsalat geschwefelt, der freche Satan."

„Wann ist dies geschehen?"

„Jetzt vor einer halben Stunde."

„Wie ist es zugegangen, daß er den Weg nach Heidelberg eingeschlagen hat?"

„Ha, ich hab' ihm zugerufen: ‚Häng dich fünfzehnhundertneunundachtzigmal auf, damit du deinen Namen redlich verdienst! Bis du damit fertig geworden bist, ist vielleicht der Herr wieder heimgekommen. Jetzt sitzt er zu Heidelberg in seinem schönen Hause in der Kettengasse, und hohe Herren gehen bei ihm aus und ein.'"

„Und dann?"

„Dann hat er nichts mehr gesagt. Er hat mit den Leuten geredet, die um ihn herumgestanden sind, und hat sie gefragt, ob es so sei. Dann hat er sich umgewendet und ist die Straße hinunter gen Heidelberg. Ich aber habe so gemacht" — Hannes legte beide hohlen Hände an den Mund — „und hab' ihm nachgeschrieen: ‚Die Ratten sollen dich fressen im kalten Loch beim Bettelvogt zu Heidelberg, du elender Scheuernpurzler.'"

Ursula trat dicht an Nikolaus heran und sagte: „Schaff mir den Mann!"

„Ihr habt ihn noch heute", erwiderte der Knecht.

Ursula ging die Treppe hinauf in ihr Gemach. Nikolaus aber rief den Hannes zu sich in den Stall und sagte zu ihm: „Komm du, wir reiten ihm nach und wamsen ihn tüchtig durch. Geh voraus und warte vor dem Tor. Ich komme sogleich mit den Pferden nach. Nimm einen guten hänfenen Strick mit."

„Weiß sie's?" fragte Hannes und wies mit dem Ellbogen nach dem Herrenhaus.

„Sie will es haben."

„Gott sei Dank", rief Hannes, „unsere Herrschaft wird vernünftig."

Die Nacht kam rasch und finster. Unten im Städtlein dehnte sich das bürgerliche Leben in behaglicher Ruhe. Die Mädchen waren zu Licht gegangen, und die Junggesellen hatten es nicht verschmäht, auch dabei zu sein. Nachbarsleute hatten sich zusammengetan zur Vorsitz, und in den Gaststuben der Wirtshäuser saßen die Vorfahren unsrer heutigen Stammtischbären. Allüberall war die Rede von dem wunderlichen Kumpan, der sich unter der Schloßlinde so närrisch aufgeführt hatte. Man riet hin und her, woher er komme. Die einen hielten ihn für einen Moskowiter, die andern für einen Slowaken oder Kroaten. Einer meinte, er sehe aus, als ob er schon alle Spitallöffel des Heiligen Römischen Reichs im Munde gehabt habe. Ein anderer wurde durch seinen kahlen Schädel an die arnautischen Janitscharen erinnert, deren drittes Wort laute: Christenhund.

Während man so hin und her redete, trug sich auf dem Schloßberg etwas zu, was seit geraumer Frist nimmer vorgekommen war. Ja, zwei- oder dreihundert Jahre früher, da hatte es mitunter Zeiten gegeben, wo innerhalb von vier Wochen ein- oder zweimal, in besonders gesegneten Monaten drei- und viermal geschah, was sich jetzt wieder vereinzelt ereignete. Darum freute sich das alte Gemäuer, der Burggraben lachte, die Zugbrücke zitterte vor Lust, der Bergfried grinste über sein breites Gesicht und die Pflastersteine im Hof hüpften unter den Hufschlägen. Am vergnügtesten aber war einer, der die schöne alte Zeit gar nicht erlebt hatte und den Augenblick genoß als die frische Offenbarung eines gebildeten Zeitalters: das war unser Freund Hannes. Er ließ das Ende des Strickes auf den armen Gefangenen niedersausen, der in kurzen, kurzen Schritten zwischen den beiden Riesengäulen einhertrabte, und sagte mit einem Gesichte, als ob er in das Morgenrot einer herrlichen Zukunft schaue: „Jetzt wird es schön!“

Vor dem Ritterhaus hielten die Reiter. Nikolaus stieg ab. Derweilen hielt Hannes den Gefangenen am Stricke, und zwar so kurz hinter dem Nacken, als ob der elende Schlucker, der sich kaum auf den Beinen halten konnte, eine unbändige Dogge wäre. Er selber stieg erst dann vom Pferde, als Nikolaus den Strick gefaßt hatte. Ein herbeieilender Knecht blieb vor Verwunderung stehen und fragte Hannes leise, was dies zu bedeuten habe. „Geht dich nichts an!“ schrie ihn Hannes an.

Als der Knecht mit den Pferden fort war, fragte Hannes: „Wamsen wir ihn jetzt durch?“

„Noch nicht“, erwiderte Nikolaus. „Ich muß ihn erst zur Herrin führen.“

„Soll ich mit?“

„Ist nicht nötig." — „Ich will hier warten."

„Geh nur an deinen Platz, am Tor."

„Aber du holst mich, wenn's losgeht."

„Gewiß."

Zögernd ging Hannes seinen Weg. Er wartete eine Weile unter dem inneren Tor und sah zu dem erleuchteten Fenster der Kemenate empor. Das Licht blieb unbewegt. Kein Geräusch, keine Stimmen, kein Zeichen. Endlich ging Hannes in seine Behausung und legte sich auf die Pritsche. Aber er schloß in dieser Nacht kein Auge. Als der Morgen graute, schlich er nach dem Gesindehaus und öffnete einen Laden. Die Kammer war leer, das Bett seines schweigsamen Reitkameraden von gestern nacht war unberührt. Hannes schüttelte den Kopf und sah zum Fenster der Kemenate hinauf. Das Licht der Schloßherrin brannte noch immer. ‚Freilich', dachte Hannes, ‚wer so viel Öl bekommt wie die Herrschaft, braucht nicht am Nachtlicht zu sparen. Ich, wenn ich die Herrschaft wär', ich tät alle Nacht noch vor dem Betglockläuten hundert Lampen anzünden, in allen Stuben und Kammern und Gängen müßt' es glockenhell sein, einerlei ob ein Mensch dort ist oder nicht; und die Lichter müßten brennen, bis die Kinder in die Schule gehen. Und warum? Damit die verfluchten Heilbronner Schiffsleut, wenn sie vorbeifahren, heraufsehen und sich ärgern, wenn sie zueinander sagen: Der da droben hat's.'

Hannes schaute noch eine Weile hinauf zu dem bleichen Lichtschein, der sich kraftlos in der bleichen Morgenhelle verlor, so wie am Abend zuweilen Grau in Grau verschwindet. Dann hob er den Blick und sah zwei Raben zu, die um den Bergfried kreisten und sich auf dem Dache des Herrenhauses niederließen und zu krächzen anhuben.

„Die haben sich etwas zu erzählen", sagte Hannes vor sich hin. „Wer die Vogelsprache verstünde!"

Nun wandte er sich, seine Behausung aufzusuchen. Aber als er unter dem finsteren Torbogen stand und den hölzernen Riegel des Pförtleins zurückschob, hörte er im oberen Schloßhof einen Menschen gehen. Er kehrte aufs leiseste um, und dicht an die schattende Mauer gedrückt, spähte er hinaus. Da sah er, wie Nikolaus hinter dem Bergfried vorkam, von dem Türlein her, zu dem nach des Junkers Wegritt die Herrin die Schlüssel trug. Es war das Notpförtlein für die Herrschaft und führte durch einen gemauerten Gang unter dem Zwinger hindurch in den Wald hinauf.

Nikolaus trug seinen langen Totengräbermantel, unter dem das Eisen eines Spatens hervorschaute. Er ging schwerfällig, wie drunten auf dem

Ersheimer Friedhof zwischen seinen Gräbern. Vor dem Herrenhause blieb er stehen und sah an dem matten Lichtschimmer vorbei zu den krächzenden Vögeln hinauf.

‚Der könnte mitkrächzen, wenn er wollte', dachte Hannes, und über sein Gesicht flog der helle Schein eines inneren Aufblitzens.

Nikolaus hatte sich umgewendet und ging auf einen Schuppen zu, worin die Gartengeräte aufbewahrt wurden. Er kam alsbald wieder heraus, ging an den Brunnen und zog einen Eimer voll Wasser herauf. Dann schüttete er in einen Stallkübel, der an der Brunnenmauer lehnte, einen Teil des Wassers und trug den Kübel in seine Kammer.

‚Was er wohl waschen mag?' dachte Hannes und schlich leise, leise zum Tor heraus, an den Wänden hin, dem Kammerfenster zu. Der Laden war angelehnt. Hannes schaute durch den Spalt und seine Augen funkelten: Nikolaus hatte seinen Mantel abgelegt. Er kniete in Lederhosen und Wams vor dem Kübel und wusch ein Eisen, das war lang und breit wie die zweischneidige Spitze einer Partisane.

Hannes fuhr vom Fenster zurück und glitt lautlos an der Mauer hin und verschwand in seinem Versteck. Gleich darauf knarrte eine Türe, Nikolaus kam auf den Hof und schüttete das Wasser aus dem Kübel in die Ablaufrinne. Dann goß er den Rest des im Eimer stehenden Wassers in den Kübel, spülte diesen aus und goß seinen Inhalt dem übrigen Wasser nach in die Rinne. Dann stellte er den Kübel an seinen früheren Platz.

‚Was gilt's', dachte Hannes, ‚er schaut noch einmal zu den Raben hinauf.'

Und richtig, als Nikolaus alles vollendet hatte, schüttelte er mit heftigen Bewegungen das Wasser von seinen Händen. Dann wandte er sich dem Hause zu und schaute die Raben auf dem Dache an. Die krächzten und krächzten.

Endlich ging Nikolaus nach der Kammer, wo sein Lager stand. Jetzt schob auch Hannes den Riegel zurück, schlüpfte durch das Pförtlein und ging seiner Behausung zu.

Die Raben auf dem Dache aber schauten nach dem Kammerfenster, hinter dem der Mörder auf seinem Bette lag.

„Nicht um Gold hat er es getan", krächzte der eine. „Nicht um Gold. Er hat ihm den Beutel mit Gold auf die Gurgel geworfen. Der Beutel mit Gold liegt auf der breiten, tiefen Wunde. ‚Nimm den Lohn für dein Schweigen', hat er gesagt. Und dann hat er Erde darauf geschaufelt, viel, viel Erde."

„Das Grab ist zu tief“, krächzte der andre und schlug die Flügel. „Wir können nicht an die Augen! Wir können nicht an das Gold.“

Die Raben erhoben sich. „Wir wollen hin! Wir wollen hin! Vielleicht steigt ein Dunst herauf am heißen Mittag, vielleicht bricht ein Schein aus dem Boden in dunkler Nacht!“

Und krächzend flogen sie über den Wald, dorthin, woher sie gekommen waren.

Drei Stunden später ging Nikolaus an Hannes vorüber, der auf seiner Pritsche lag im unteren Tor.

„Wohin so früh?“ fragte Hannes und erhob sich gähnend von seinem Lager.

„Ich habe die Frager satt“, erwiderte Nikolaus, „drum geh‘ ich wieder zu denen, die schweigen.“

„Wo ist der Halunke, den wir gestern gefangen haben?“

„Über die Grenze geschafft, ins Erbachische.“

„Das ist nicht weit“, sagte Hannes; „da kann man vor Sonnenaufgang wieder zurück sein.“

Nikolaus schaute seinen Kameraden von gestern aus hohlen Augen durchdringend an.

Des Hannes Blick entglitt zur Seite. Der alte Pförtner kam heraus und brachte den Schlüssel.

„Hat denn der Bärenhäuter gekriegt, was ihm gebührt?“ fragte Hannes und machte die Gebärde des Durchbläuens.

„Er hat sein Teil.“

„Warum hast du mich nicht dazu gerufen?“

„War nicht nötig. Hab’s allein besorgt.“

Hannes öffnete das Tor, und Nikolaus trat hinaus.

Als Hannes die Pforte wieder geschlossen hatte, stach ihn der Hafer. Er öffnete das Fensterchen und rief: „Nikolaus! He!“

Der Gerufene blieb stehen und wandte sich um.

„Du hast ja den Spaten vergessen!“

Der Totengräber schaute auf das Fensterlein mit Blicken, die wie Pfeile schossen. Mit der rechten Hand griff er in den Mantel, und Hannes sah es den Wellen des Tuches an, daß unter ihm die Finger nach etwas suchten und griffen.

Hannes schlug das Fensterchen zu. Er war ganz bleich geworden.

„Ich, wenn ich der Teufel wär’ —“

Er vollendete nicht, denn er fürchtete sich.

11

Es war halbwegs zwischen Neckarhausen und dem Städtlein, daß Junker Friedrich, der mit drei Knechten von Heidelberg geritten kam, den Bürgermeister der Gemeinde Hirschhorn einholte.

„Nirgends schöner als daheim!“ rief der Ritter und reichte dem würdigen Mann, der sein graues Haupt entblößte, vom Pferde herab die Hand.

„Ihr kommt früher als wir erwarteten. Um so besser! Alles geht flinker, wenn der Herr selber da ist. Euer Notarius —“ Der Bürgermeister zuckte die Achsel, so daß die Heugabel, die er über der Schulter trug, hüpfte.

„Ich weiß wohl, daß ihr den Juristen nicht grün seid“, lachte Friedrich. „Aber wenn es nicht diese gelehrten Leute gäbe, wer wüßte heute Bescheid, was Rechtens ist, wo bald für jeden Gänshirt ein besonderes Weistum da ist?“

„Das ist es nicht, weshalb wir die Juristen nicht leiden mögen“, sagte der Bürgermeister und nahm seine Heugabel auf die andere Schulter. „Wir fürchten vielmehr, daß sie es mit unserm Rechte gerade so machen, wie die Odenwälder Gemeinden mit dem Wald. Sie reuten aus, was unser Herrgott hat wachsen lassen, und bauen ihren dürren lateinischen Hafer.“

„Haben sie schon getan! Aber dagegen kann kein Mensch etwas machen. Eine neue Zeit kommt herbei. Überall ist sie zu riechen, wie die kommende Apfelfäule durch den ganzen Keller. Inwendig fängt's an, lieber Jörg, inwendig, inwendig. Und da gibt es seltsame Menschen, die haben das Alte lieb und sehen doch ein, daß es sterben muß. Denn — aber ich will absteigen; Michel!“ — Einer der Reitknechte ritt heran. „Reitet voraus und nehmet mein Pferd mit. Melde mich meiner Frauen an und kündige ihr, daß ich brav Hunger hätte. Ich will noch zuvor reinen Tisch machen und für eine halbe Stunde aufs Rathaus, damit ich heute meinen Flaus nimmer auszuziehen brauche. — Danke, Jörg!“

Er hatte sich auf die Schulter seines Schultheißen gestützt.

„Wie sich auch die Zeiten ändern mögen“, fuhr der Junker gemütlich fort, „Gott gebe, daß immerdar der Reiter absteigt, um mit dem, der zu Fuß geht, ein freundliches Wort zu reden. Mag nun der Reiter der Edelmann sein, wie heute, oder mag der Edelmann zu Fuß gehen und der Bürger zu Roß sitzen. Das kann auch einmal kommen.“

„Gott behüte“, sagte sein Genosse.

„Warum denn nicht? Was unten ist, will oben hinauf. Gelingt es ihm, dann ist aus Abend Morgen geworden. — Ihr schüttelt den Kopf? Glaubet mir, Jörg, es ist gut so. Jetzt haben wir noch Abend, und hinter uns liegt ein langer Tag. Kommt der Tag zu hohem Alter, dann wird bösartig und widernatürlich, was in der Jugendkraft gut und schön gewesen ist. Wohl wächst derweilen das Neue, aber es legt sich die alte Zeit um die junge herum, wie ein wüster, verwilderter Wald um ein Dorf, und wütende Wölfe brechen aus dem Wald hervor und fallen die Leute an. Diese Wölfe muß man mit Heugabeln totstechen."

„Wenn man kann", sagte Jörg bedenklich und lüpfte seine Heugabel auf der Schulter.

Friedrich sah den Schulzen überrascht an und sagte: „Ihr habt recht. Es gibt auch gespenstige Wölfe, die man nicht totstechen kann, und doch sind sie leibhaftig und fressen lebendige und ungeborene Kinder."

„Gott bewahre uns!" sagte der Bürgermeister.

„Und doch", fuhr der Junker fort und seufzte so recht aus der Tiefe, „es ist vielleicht ganz gut, wenn die alten Geschlechter absterben, Handschuhsheim, Sternenfels, vielleicht auch Hirschhorn. Saget selbst, was soll ein echter, gerechter Hirschhorn in der neuen Zeit, wo der Ritterbote mit der Brieftasche bei den Rechtskonsulenten herumreitet und derweilen die Ritter in den Stadthäusern faulenzen, Sorbett trinken und Ball spielen. Wenn er ein rechter Hirschhorn ist, läuft er in solchem Wesen herum wie ein Pelzniklas zwischen blühenden Tulpenbeeten. Darum besser — ab!"

„Ihr solltet zu jung sein, um so zu reden", sagte der Schulze und schüttelte mißbilligend den Kopf.

„Ach!" rief der Junker, „wenn ich meine eignen Jahre zähle, bin ich noch jung. Aber mein Leben hat lange vorher angefangen; drei, vier Glieder hinter mir beginnt mein Rechnungsbuch, aber nicht die Wirtschaft, oh, die ist uralt. Wenn es dem Ende zugeht, laufen alle Schulden zusammen, gewußte und vergessene: was der tolle Hans gefrevelt hat und mein Oheim Ludwig und mein eigner Vater und die andern vor ihnen. Glaubt es mir, Jörg, ich bin alt und habe viel zu tragen. — Es war im letzten Winter, da bin ich droben, nicht weit vom steinernen Tisch, vor einer jungen, kräftigen Fichte gestanden, auf der lag eine Masse Schnee, ein ganzes Dach voll, daß sie sich darunter bog. ‚Armes Tännlein', sagte ich, ‚dir geht es wie mir, mußt es tragen und kannst dich nicht schütteln.' Auf einmal machte es Krach! Die Fichte war auseinander geborsten bis auf die Wurzel."

„Will's Gott, so traget Ihr bald ein Söhnlein auf dem Arm und führet es fröhlich in die neue Zeit hinein."

„Vielleicht verhelfe ich ihm in den Sattel und sehe ihn dahinsprengen in die Schlacht, aus der keiner wiederkehrt. Jörg, zuweilen, wenn ich allein durch den Wald reite und schaue so vor mich hin, und die Wolken steigen über die Wipfel, dann höre ich ein Wiehern; ganz leise, aber sehr deutlich kommt es von weiter Ferne her und verzittert in der Luft. Schlag deine Bibel auf, die Offenbarung Johannis, das sechste Kapitel, da kannst du lesen, welcher Art die Rosse sind, und was für Reiter darauf sitzen."

„Ich bin sechzig Jahre alt und hoffe ein friedliches Ende", sagte der Schultheiß.

Sie waren nahe an das Städtlein gekommen und begegneten den Leuten, die Mittag gemacht hatten und auf die Wiesen gingen. Die Männer blieben stehen und grüßten freudig und verwundert, die Weiber machten helle, große Augen.

„Man hat Euch noch nicht erwartet", sagte der Bürgermeister, „darum blickt männiglich erstaunt; aber nur der erschrickt, der ein heimlicher Bösewicht ist, alle andern freuen sich."

„Ja", lachte Friedrich behaglich, „ich habe mich früh auf die Strümpfe gemacht. Es war mir nur darum zu tun, dem Kurfürsten wieder einmal das Schwert vorzutragen als Erbtruchseß der Pfalz, damit niemand vergesse, daß das Hirschhorn allen pfälzischen Wappen voranflattert, obgleich es sein Hauptlehen von Kurmainz trägt. Kurmainz ist älter als Kurpfalz, bei Gott, und kurmainzisch Lehen ist so gut wie Königslehen. Gestern nun ist der große Umgang geschehen. Wie ingrimmig habe ich meine Hand um das Heft geschlungen! Dieser Griff ist mir teuer genug gekommen, darum ist er mir wertvoll über alles!"

„Ich weiß es", sagte Jörg.

„So hab' ich es gehalten in zitternder Faust. Ich habe dabei an meinen lieben Freund Johann gedacht, und wie der nach diesem Heft greifen wollte und ich ihn deshalb niedergestochen habe. Diese Gedanken haben mein Gesicht wohl etwas mürrisch gemacht. Es soll der Frau Kurfürstin nicht gefallen haben, mein Gesicht. Der übrige Hofbettel kann mir gestohlen werden. Drum bin ich heim."

„Das verstehe ich", sagte der Schultheiß. „Geradeso wie Ihr auf Eure Truchseßehre, halte ich auf mein Stuhlrecht. Am Gerichtstag, wenn Ihr aufgestanden seid, setze ich mich auf den Stuhl, und Ihr steht zur Seite, wie vorher ich zur Seite gestanden habe. Meine erste Frage lautet: ‚Wer hat eine Klage wider die Herrschaft?' Will man mir das Recht nehmen, so werde ich Mordbrenner und lasse mich aufs Rad flechten. Glaubt Ihr mir das?"

Da lachte der Junker und sagte: „Jörg, Ihr gehört in die alte Zeit, wie ich.“

„Glaub's wohl, ich bin ja schier noch einmal so alt wie Ihr.“

„Wirklich?“ sagte Friedrich und strich sich mit der Hand über den ergrauenden Bart.

Unter solchen Gesprächen waren sie bis in die Stadt gekommen. Hier und dort trat der Junker unter die Haustür oder an eine Straßenecke und redete mit den Leuten.

„In der Kanzlei liegt alles, was eingegangen ist“, sagte der Bürgermeister, als sich Friedrich wieder zu ihm gesellt hatte. „Es ist nicht viel. Das Wichtigste ist ein Schreiben, das ein kaiserlicher Notar gebracht hat. Der Kaiser verlangt, daß Ihr dem Orden der Karmeliter das von Euern Vorfahren aufgehobene Kloster zurückgebet mit allen Gilten und Gerechtsamen.“

„Tu ich nicht!“ rief der Junker. „Mir steht das Recht zu, über die Religion zu befinden überall, wo das Hirschhorn eingegraben ist. So wenig ich mir von Kurpfalz einen reformierten Pfarrer nach Rothenberg setzen lasse, so wenig soll mir der Kaiser die Karmeliter zurückführen. Da lob' ich mir Kurmainz! Das achtet mein Recht, obgleich ihm nicht gefällt, wie ich es ausübe.“

„In diesem Stück stehen wir Bürger alle hinter Euch. Wir mögen die Mönche nicht. Aber wollt Ihr jetzt mit mir hinaufgehen aufs Rathaus?“

„Lieber Jörg, bringt mir lieber die Papiere in mein Haus, das ich von Jost Lutzens Erben gekauft habe. Ich gehe voraus und warte Euer.“

Friedrich ging eine kurze Quergasse hinauf, begrüßte rasch seinen Hausverwalter, der hemdsärmelig in der Scheune stand und ging dann in das getäfelte Zimmer, das nach dem Schlosse zu schaute. Er hatte Sehnsucht nach einem Gruße seines Weibes, darum wollte er in dieser Stube die Geschäfte besorgen. Er trat unter das Fenster und sah zum Herrenhause hinauf.

Ursula mußte jetzt die Nachricht erhalten haben, daß er da sei. Sie stand wohl auf dem Balkon oder in einem Mauertürmlein und sah die Wege entlang, auf deren einem er kommen mußte; vielleicht heimlich, so daß man sie nicht sehen konnte. Daß sie ihn immer noch liebhabe, trotz ihres grausamen Gebarens, das sagte ihm sein Herz.

Aber wie sehr er auch spähte, er sah sein Weib weder auf dem Balkon noch an einem Fenster noch auf der Wehrmauer. Das Schloß lag da wie verlassen. Nichts Lebendiges war zu sehen, und kein Ton war zu hören

‚Und doch steckt sie irgendwo und späht heraus', dachte er, um sich zu trösten.

Da sah er, wie aus dem Fenster der Kemenate ein matter Schein schimmerte, wie wenn dort ein Licht brenne.

„Was ist das?“ murmelte der Ritter und schüttelte den Kopf.

In diesem Augenblick kam der Bürgermeister mit den Akten und Briefschaften. Zuerst überreichte er das Schreiben, das das kaiserliche Siegel trug. Friedrich durchflog es und legte es, ohne eine Miene zu verziehen, beiseite. Dann wurden die anderen Dinge durchgegangen und besprochen. In einer halben Stunde war alles vollendet.

Der Junker drückte den Hut auf den Kopf und fragte schon halb im Weggehen: „Ist sonst etwas vorgefallen?“

„Gestern war ein närrischer Landstreicher vor dem Schloß und verlangte, Ihr solltet zu ihm herauskommen unter die Linde.“

„Sonst nichts?“ fragte Friedrich lächelnd.

„Euer Pförtner, der Hannes, hat zum Tor herausgeschimpft, und der Fremde hat hineingeschimpft. Es war ein rechter Spektakel. Eine Menge Leute sammelte sich.“

„Das muß ja sehr erbaulich gewesen sein“, lachte Friedrich. „Was hat denn der Mensch mit mir vor allem Volk verhandeln wollen? Hat er das nicht verraten?“

„Er hat dem Pförtner aufgetragen, er solle Euch sagen, das Jahr Fünfzehnhundertneunundachtzig sei da.“

Der Junker fuhr herum, wie wenn er von einer Wespe gestochen wäre.

„Welches Jahr?“ fragte er hastig.

„Fünfzehnhundertneunundachtzig“, erwiderte der Bürgermeister und sah seinen Herrn erstaunt an.

Friedrich faßte sich. „Wo ist der Mann?“

„Als er vernommen hatte, daß Ihr in Heidelberg seid, machte er sich alsbald auf den Weg. Aber —“

Der Bürgermeister stockte.

„Vollendet!“

„In der Nacht ritten zwei Reiter auf die Burg. Nikolaus und Hannes. Sie wurden erkannt. Der Gefangene, den sie zwischen ihren Pferden führten, ist wohl der Landstörzer gewesen.“ Jörg schwieg eine Weile, dann zuckte er die Achseln und fügte hinzu: „Mich geht es nichts an.“

Friedrich war ans Fenster getreten und starrte in die Luft hinaus.

„Ist Nikolaus noch auf dem Schloß“, fragte er und wandte sich halb um.

„Nicht mehr. Er ist heute früh nach Ersheim hinüber ... Kann ich jetzt gehen?"

„Ja", erwiderte Friedrich rasch. „Aber tut mir noch einen Gefallen." Er war hastig vom Fenster getreten und stand dicht vor dem alten Mann.

„Fahret sogleich hinüber nach Ersheim und bringet mir den Nikolaus hierher."

„Gerne", sagte Jörg, legte die Papiere, die er zusammengepackt hatte und unter dem Arm trug, wieder auf den Tisch und verließ kopfschüttelnd das Zimmer.

Friedrich holte einen Stuhl, trug ihn ans Fenster, setzte sich und stützte die Stirn in die Hand. Zuweilen hob er den Kopf, schaute angstvoll nach dem Fenster der Kemenate hinauf und lauschte, ob die Erwarteten kämen. Dann versank er wieder in sich selbst und kauerte auf dem Stuhle. Er sah aus wie ein regungsloser Klumpen, aber die Finger unter seiner mächtigen Stirn zitterten.

Eine Stunde mochte vergangen sein, da öffnete sich die Tür. Friedrich stand aufrecht in der Mitte der Stube.

„Hier bring' ich ihn", sagte Jörg.

„Ich danke Euch", erwiderte Friedrich. „Hier sind die Papiere, lasset uns allein."

„Willkommen, Nikolaus. Wir wollen uns beide setzen."

Der Totengräber blieb an der Tür stehen, und auch Friedrich sah sich nach keinem Stuhl um.

„Du schaust so hohl aus den Augen, daß man sich fürchten könnte", fing der Ritter an. „Du mußt Grausiges erlebt haben."

Aus den Augen des alten Mannes brach eine Finsternis, so daß das ganze Antlitz düster wurde.

Friedrich sah ihn an. ‚Wenn ich alles weiß, werde ich dann auch so grauenvoll aussehen?' dachte er und fragte: „Wer ist der Fremde, den ihr gefangen habt?"

„Er heißt Christoph Herbold und ist aus Flinsbach im Kraichgau."

„Ich kenne ihn nicht. War er damals dabei?"

„Ja."

„Tätig?"

„Ja."

„Der Maurer?"

„Ja."

Friedrich hielt seine Hände vor das Gesicht und stöhnte.

Aber er faßte sich, um alles zu erfahren.
„Er wollte Geld von mir erpressen?"
„Deshalb kam er."
„Warum nicht früher?"
„Er wurde als Landsknecht von den Türken gefangen und ist erst frei geworden."
„Er hat aber doch wie du und ich und die andern alle auf das Evangelium den Eid geleistet, daß er schweigen werde bis in den Tod?"
„Der Eid bindet ihn nicht mehr, denn er hat Christum abgeschworen und bekennt sich zu Mohammed. Darum wurde er frei."
„Wo ist er jetzt? Liegt er im Turm?"
„Eure Frau —"
„Hat sie ihn gesprochen?"
„Zu zweien Malen. Zuerst war ich dabei, dann war sie allein."
„Ist er im Turm?"
„Er war darinnen. Aber Eure Frau hatte Mitleid. Er war krank und begehrte in ein Spital. Die Herrin gab mir für ihn einen Beutel voll Gold und befahl mir, ihn über das Gebirg nach Seligenstadt zu weisen. Ich führte ihn nach Seligenstadt auf einem sehr kurzen Weg."
„Nikolaus!"
Die Männer sahen sich schweigend an.
Dann reckte Friedrich seine Hände gen Himmel und sagte voll Inbrunst:
„Gott behalte ihm diese Sünde nicht! Wirf sie auf mein Geschlecht!"
Nikolaus streckte die gespreizten Finger beider Hände gen Boden. Friedrich sah es, lächelte trüb und sagte: „Es nutzt dich nichts!"
„Doch es nutzt", sagte Nikolaus. „Ich habe Euer Gebet unwirksam gemacht."
Friedrich ging im Zimmer auf und ab.
„Hat er meiner Frau erzählt?"
„Alles."
„In welcher Art hat er davon gesprochen?"
„Wie wenn jenes Weib eine Kapsel gewesen wäre, die er in einen Grundstein mauerte."
„Oh! —"
„Nikolaus!" — „Herr?"
„Warum hast du ihn nicht vorher —?"
„Ich habe daran gedacht; aber dann zuckte mir durch den Sinn: es wird gut sein, wenn sie es hört. Sie geht sonst über dem Ahnen und

Suchen zugrund. Auch für Euch ist es gut. Jetzt dürft ihr darüber reden. Nicht für alle ist das Schweigen etwas, das zu tragen ist. Euch hätte es das Herz zerdrückt. Unser Eid lautet: Schweigen vor jedem, der es nicht weiß. Nun könnt Ihr davon reden mit Euerm Weibe, und was zwischen euch war, ist weggetan. Und nun geht hinauf zu ihr. Ihr werdet sie im Gange finden, vor ihrer Mutter Grab. Tröstet sie! Sie bedarf des Trostes. Ihr zweie werdet euch wieder haben. Ich aber —"

„Was ist mit dir, Nikolaus?"

„Ich traue meiner Zunge nicht mehr. Seit ich die Toten verlassen habe, bin ich geschwätzig geworden. Wer weiß, was ich einmal reden würde, wenn das so weitergeht? Zu mir selber vielleicht oder zu einem Gaul. Drum muß ich dafür sorgen, daß ich schweige."

Der Totengräber hatte diese Worte zu sich selber gesagt. Er war in der Tat redselig geworden. Friedrich hatte sich zum Fenster gewendet und nach der Stube hinaufgesehen, in der das Nachtlicht mitten am Mittag brannte.

Plötzlich fühlte er, wie jemand sein Gewand streichelte. Er drehte sich um. Nikolaus stand vor ihm. Er hatte Tränen in den Augen. Mit einem Male legte er seinen eisgrauen Kopf an Friedrichs Brust. Der Junker schloß die Arme um seinen Knecht.

„Du liebe, treue Seele!" sagte er und wiederholte die Worte immer von neuem.

„Komm, wir gehen miteinander hinauf zu meiner Frau und reden zu dritt von dem, was schier unser Herz zersprengt hat."

„Geht, Herr", sagte Nikolaus und wischte sich die Augen. „Ich habe andres zu tun. Ein Grab habe ich zu graben."

„Ein Grab? Für wen? Wer ist gestorben?"

„Ich grabe zum Vorrat, Herr!"

Nikolaus schaute den Junker an mit einem langen, langen Blick. Dann verließ er still das Gemach.

12

Unheimlich genug war der Empfang, der dem Junker auf seiner Burg zuteil wurde. Die Gesichter der Leute hellten sich auf, als sie ihn sahen, aber schauten dann scheu und beklommen zur Seite. Es war, als ob die Menschen, die beschäftigungslos in der Burg herumgingen und -standen, sich freuten, daß der eine erschienen war, der alle Sorge und Verantwortung auf sich zu nehmen habe, und nun mit einem Gemisch von Neugier und Furcht ihn beobachteten, mit welcher Miene und Haltung er sich unter der Last gehabe. Der Knecht, den er zu seiner Frauen geschickt hatte, kam ihm verlegen entgegen, die Mütze zwischen den Händen drehend. Der Junker winkte ihn stumm hinweg. Als er auf die Tür zuschritt, schlichen sich etliche, die vor ihr beisammen gestanden waren, scheu davon. Auf das Geräusch, das die verschlossene Pforte verursachte, drehten sie den Kopf und gingen eiliger.

„Seit wann ist dies so?“ rief der Junker ihnen nach.

„Ich weiß nicht. Ich glaube, seit gestern abend“, erwiderte der hinterste und machte, daß er davonkam.

‚So ist noch kein Hirschhorn vor seinem Haus gestanden‘, dachte Friedrich, nachdem er drei- und viermal vergeblich gepocht hatte. Er schämte sich und wurde zornig. Er trat wider die Tür mit aller Wucht seines Körpers. Die Pforte dröhnte, aber Schloß und Bänder hielten. Da eilte er über den Hof, rief einen Knecht aus dem Stall und schickte ihn nach einem Schlossermeister in der Stadt. Dann ging er in das Würzgärtchen, warf sich auf eine Bank, lehnte den entblößten Kopf an die heiße Mauer, ließ sich die Sonne ins Angesicht scheinen, schloß die Augen und bemühte sich, an nichts zu denken.

Als er das Geräusch der arbeitenden Werkzeuge vom Hause her vernahm, ging er langsam in den Hof zurück und kam gerade recht: die Tür sprang auf. Er befahl dem Meister, unten zu warten, und stieg schweren Schrittes die Schnecke hinauf. Rasch kam er wieder herunter und winkte dem Schlosser. Auch die Tür in die Kemenate mußte gewaltsam geöffnet werden. Es geschah. Friedrich trat rasch hinein, löschte die qualmende Ampel und riß die Fenster auf. Dann wies er mit stummer Gebärde nach der Pforte, die in den Gang führte. Hier war die Tür aufzusprengen, denn sie war von innen verriegelt. Als auch hier der Zugang erbrochen war, warf Friedrich einen Blick durch die Spalte, befahl dem Meister mit leiser Stimme, daß er andern Tags komme, die Türen in Ordnung zu bringen, und schickte ihn fort. Dann schloß er die Außentür des Gemachs, drückte die sich sperrende Gangtür gegen die Wand zu, schlüpfte hindurch, ließ sich auf die Knie nieder, hob die auf dem Boden liegende Gestalt von den Steinfliesen auf und hielt sein erbarmungswürdiges Weib in den Armen.

Ursula ließ es willenlos geschehen. Sie ruhte still an seiner Brust. Als er sich aber aufrichtete und sie von der fürchterlichen Stätte wegzutragen versuchte, sträubte sie sich und suchte sich aus seinen Armen zu winden. Da wartete er eine Weile, aber hielt sie fest, indem er dafür sorgte, daß sie bequem ruhte. Er schaute in ihr blasses Angesicht. Sie lag wie eine Schlafende. Die geschwollenen Augen waren geschlossen. Nun erhob er sich leise; sie rührte sich nicht. Aber sobald er sie vom Platz bewegen wollte, stieß sie ihn mit der Hand vor die Brust, stemmte sich von ihm hinweg und sagte: „Geh fort, du Hirschhorn! Ich will bei der Mutter bleiben."

„Du darfst bei deiner Mutter bleiben", erwiderte er; er redete sanft, wie man zu einem kranken Kinde spricht. Er legte sie wieder sachte auf den Boden, so, wie er sie gefunden hatte, mit dem Kopfe an die Mauer. Seine Blicke gingen dabei an der Wand hinunter. Die Tünche war abgekratzt, und breite blutige Streifen gingen von oben gegen den Boden zu. Friedrich sah nach den Fingern seiner Frau. Die Nägel waren blutunterlaufen. Da kam eine heiße Hand über sein Herz, das war das Mitleiden; und seine Seele schrie nach Rat und Hilfe in dieser Not. Er wußte nichts zu tun, als daß er sich zu ihr niederbeugte, ihre Haare, ihre Schläfe, ihre Wange, ihren Mund mit den Lippen berührte und unhörbare Schmeichelworte dazu flüsterte. Sie ließ alles geschehen. Ihre Augen waren geschlossen, ihr Gesicht wie versteinert. Keine Miene verriet, ob sie die Liebkosungen ihres Gatten spüre.

Nun überfiel ihn die Angst um ihr Leben. Er rechnete nach, seit wann sie wohl schon in diesem Zustande liege, und wie durch einen Blitzstrahl geschaffen, stand vor seiner Seele das wilde Geschehen, das dieser Erschöpfung vorangegangen sein mußte. Im nächsten Augenblick hatte die Angst wiederum all sein Sinnen zu Boden geschlagen, und sie füllte dumpf und schwer seine ganze Seele aus. Endlich schlug er sich vor die Stirne. ‚Sie muß Nahrung zu sich nehmen, sonst stirbt sie mir', sagte er zu sich. Und er fing an, sie zu bitten und in sie zu dringen. Es waren seine ersten lauten Worte. Vergeblich. Auch die gekünstelte List, daß er von seinem eignen überlangen Fasten sprach und versicherte, er werde nichts berühren, wenn sie sich nicht zum Essen entschließe, fruchtete nicht. Sie tat, als ob sie taub wäre, oder sie hörte in Wirklichkeit nichts, und wenn Leben in ihre Gestalt kam, dann geschah es, um ihr neue Kraft zu geben, sich an die Mauer zu schmiegen und ihre Stirn an die Wand zu drücken.

Endlich ließ Friedrich ab. Er irrte ratlos durch die Zimmer und Gänge seines Hauses. Sollte er jemand zu Hilfe rufen? Seine Leute standen auf dem Hofe und schauten zu den Fenstern hinauf. Er wußte, daß die treue Barbara mit den zuverlässigsten der Mägde an der verschlossenen Tür horchte, die vom alten Haus in das Schlafgemach führte. Aber in ihrer beider Jammer konnte ihnen niemand helfen. Sie mußten allein hindurch.

Wie er so ziellos umherlief, wurde es ihm beim Treppensteigen für einen Augenblick dunkel vor den Augen, und er wankte wider die Mauer. Da fiel es ihm ein, daß er der Nahrung bedürfe, damit er nicht schwach werde. Bald darauf stand er in der eignen Speisekammer wie ein Dieb und aß stehend aus der Faust, um zu leben. Noch niemals war er sich so armselig vorgekommen, wie in diesem Augenblick, und er nahm sich vor, niemals mehr gegen einen Menschen, der im Raube essen mußte, hart zu sein.

Da trat das Bild des Einsiedlers vor seine Seele, und es wurde in ihm ein wenig heller. Er hätte vielleicht einen Rat gefunden, seinem Weibe von ihrer Erstarrung zu helfen.

Rasch tat er einige Eier in ein Körbchen, legte Brot dazu und füllte einen Becher mit süßem Wein. So kam er zu Ursula zurück und bat sie noch einmal, daß sie von seiner Hand esse und trinke.

Sie sah nicht auf und gab keine Antwort.

Er legte, was er gebracht hatte, auf den Tisch im Wohngemach, ging zu seiner Gattin zurück und fragte klopfenden Herzens, ob sie ihrem Bruder Leonhard Botschaft geschickt habe. Da öffnete sie ihre Lippen. Friedrich hätte jauchzen mögen, aber sie verhielt sich ganz stille. Sie rührte sich nicht aus ihrer Lage. Aber sie begehrte Kunde, wo ihr Bruder sei. Er glaube es zu wissen, erwiderte Friedrich. Zu Heidelberg habe man von einem Einsiedler gesprochen, der sich in die verlassene Michaelskirche auf dem Heiligenberge eingenistet habe. Nach allem Sonderlichen, was man von ihm erzählt habe, sei es niemand anders als Leonhard.

Er stand zu ihren Häupten, sah mit Spannung auf sie nieder und wartete. Jetzt kam Leben in ihren Körper. Sie richtete sich halb auf und sah ihren Gatten zum ersten Male an, wie ihn dünkte, mit ganz kalten Augen. Als sie von ihm forderte, daß er sogleich selber nach Heidelberg reiten und ihren Bruder herbringen solle, traten Tränen in seine Augen. ‚Ich bin ihr ganz fremd geworden', dachte er bei sich. Langsam wandte er sich um. Sie sah ihm zu und schwieg. Da ging er leise in die Stube hinaus und lehnte sich an die Wand.

Nun wurde es still. Zuweilen hörte er die Stimme eines Knechtes draußen auf dem Hofe oder das Kläffen eines Hundes in der Stadt. Das helle Mittagslicht schwand, und die Dämmerung kündigte sich an.

Da hörte der Junker ihre Stimme. Sie klang leise und bittend.

„Friedrich!"

Im nächsten Augenblick stand er bei ihr.

Sie kniete an der Mauer, faltete die blutigen Finger im Schoße und sagte: „Ich möchte meinen Bruder Leonhard bei mir haben."

„Er kommt, sei versichert. Morgen ist er da."

„Und Nikolaus! Er soll kommen und mir von meiner Mutter erzählen."

„Ursula! und ich?"

„Du nicht; du bist ein Hirschhorn. — Aber der Maurer, der sie eingemauert hat und Geld dafür bekam, auch er soll mir von meiner Mutter erzählen. Schaff ihn mir zurück, Friedrich."

„Ich kann ihn dir nicht schaffen, Ursula. Du weißt ja, wie krank er war. Er liegt in seinem Lager und schläft."

„Er liegt und schläft!" rief Ursula schmerzlich und rang die Hände. „Alle dürfen liegen, nur meine Mutter nicht!"

Friedrich beugte sich zu ihr nieder und sagte leise: „Auch der Heiland ist aufrecht gestorben."

„Aber noch am Abend haben sie seinen Leib ins Grab gelegt."

„Wir brechen ihr Gebein heraus und betten es in Gottes Acker."

„Nein, du! Wenn wir sie ins Grab legen, dann wälzt sie sich in eure Gruft und würgt eure Seelen und wird zur Mörderin, vielleicht auch an meinen drei armen toten Würmlein. Nein, sie soll stehen bis zum jüngsten Tag. Wenn die Posaune ruft und die Hirschhorn aus ihrer Gruft kriechen, dann tritt sie aus der Mauer und hebt die Arme empor zum Richter und klagt wider euer Geschlecht."

„Dann wird der Richter das Haupt schütteln und sagen: ‚Du irrst, armes Weib. Nicht das Geschlecht hat an dir gefrevelt, sondern einzelne verworfene Glieder. Zeige mir die, die es getan haben.'"

„Sie wird auch auf dich deuten."

„Gewiß, Ursula. Aber der Richter wird das Haupt schütteln und sagen: ‚Du irrst, armes Weib. Sein Herz wußte nicht, was seine Rechte tat.' — Ursula, was schaust du so nach meiner Hand?"

„Ich bin nicht der Richter, ich bin ein Weib und ihr Kind. Schaut er in das Herz, so schau' ich auf die Hand. Diese Hand dort hat den letzten Stein eingefügt. Es graut mir vor dir um deiner Hand willen."

Friedrich beschaute seine Rechte und steckte sie in sein Kleid.

„Du sollst sie nimmer sehen, bis du mir vergeben hast. Du bist mir schuldig, daß du auch mich hörest."

„Ich will dich nicht hören, denn deine Stimme ist eines Hirschhorns Stimme."

„So soll mich deine Mutter hören, sie steht hinter dir und schaut durch die Mauer mir in die Augen. Schau nur, du! Ich halte deinen Blick aus!

Schau mich an und höre, damit du nicht beschämt verstummen müssest am jüngsten Tag!"

„Ich will nicht hören", sagte Ursula. „Ich schließe die Augen und schlafe."

„Schlafe du! Deine Mutter höret mich."

Friedrich kreuzte die Arme über der Brust, schaute fest auf die Mauer und begann:

„Verwilderte Gesichter haben in meine Kindheit hineingeschaut und haben sie schreckhaft gemacht. Es sind meine Oheime und die Vettern meines so frühe verstorbenen Vaters. Mit Grauen denke ich an ihre Zusammenkünfte auf Schloß Zwingenberg oder hier in Hirschhorn. Sie waren alle durch Trunk und Unzucht verdorben, und in ihren verwüsteten Leibern waren die Seelen bösartig geworden. Nur eines war bei ihnen zu loben: sie hielten zusammen wie Stahl und Eisen, sie sorgten mit ererbter Klugheit für die Mehrung des Besitzes, und die Zukunft des Hauses Hirschhorn war ihre große gemeinsame Hoffnung. Bei jedem Gelage entzweiten sie sich im Rausch und erfüllten die Halle mit wüstem Zank, aber am andern Morgen ritten sie friedlich miteinander auf die Jagd, und wenn sie voneinander Abschied nahmen, dann war der letzte Ruf: ‚Hirschhorn auf ewig!'

Aber freilich mit der ewigen Dauer unseres Geschlechtes sah es schlimm aus. Sie waren alle verseucht bis ins Mark der Knochen, ihre Frauen trugen ihnen keine Kinder oder sehr gebrechliche, aus deren Augen der Tod schaute. Ich war der einzige, der erstarkte und gedieh. Daß ich anders wurde als sie, verdanke ich ihrer Kraftlosigkeit und Gleichgültigkeit. Niemand von ihnen nahm sich meiner an. Dem Namen nach war ich bei meinem Oheim Ludwig, aber in Wirklichkeit wuchs ich auf bei den Knechten und Jägern und in den Meierhöfen bei den Bauern, roh, aber unverdorben und frisch und gesund. Der Vorfahr des jetzigen Pfarrers von Hirschhorn, ein gottseliger und kluger Mann, nahm sich meiner verwahrlosten Jugend an. Er sorgte für einen wackeren Hofmeister, der mich auf die Hochschule begleitete, und ihm verdanke ich es auch, daß der treueste Freund meines seligen Vaters, Eberhard von Sternenfels, von meiner Vereinsamung erfuhr, mich in sein Haus nach Kürnbach lud und mich zu ehrenfester, ritterlicher Gesinnung erzog.

Wenn die Männer meiner Sippe ihre Feste feierten, mußte ich immer her, wo ich auch weilen mochte, und mußte mittrinken aus dem großen goldenen Pokal, den Kaiser Karl der Vierte unserm Hause schenkte, und mitrufen: ‚Hirschhorn auf ewig!' Mit Schauder denke ich an die greulichen Dinge, die meine jungen Augen mit anschauen mußten. Sie wurden mit einer gewissen Feierlichkeit und in einer Art scheußlicher Andacht begangen, in einer widerlichen Mischung von Heimlichkeit und Schamlosigkeit. Die böse Seele bei diesen Zusammenkünften war mein Oheim Hans. Er hieß der tolle Hirschhorn und hatte große Gewalt über die andern Gesellen, denn er war voll wunderlicher Einfälle, und man schrieb ihm den Besitz übernatürlicher Kenntnisse zu. Er war in Welschland gewesen und hatte von dort allerlei Laster und allerlei Aberglauben heimgebracht. Sein gewöhnlicher Wohnort war Heidelberg. Dort trieb er mit Gleichgesinnten geheime Dinge und steckte oft zusammen mit meiner Großmutter, der Beußerin von Ingelheim, die damals Schloßfrau in Handschuhsheim war. Sie saßen miteinander über alten Zauberbüchern und fragten die Sterne über die Zukunft und weissagten aus dem Spiegel und aus dem Kristall und trieben allerhand Künste, die vor Gott ein Frevel sind und wegen deren die Hexen brennen müssen. Was die beiden miteinander ausgeheckt hatten, das brachte dann der tolle Hans mit geheimnisvoller Miene in die Versammlung der Sippe, und in der Regel wurde dann irgendeine Abscheulichkeit verübt.

Es war Anno 1589. Ich war gerade auf Schloß Zwingenberg. Da kam Nikolaus und beschied mich nach Hirschhorn zum Sippentag. Nikolaus redete auf dem Wege kein Wort. Mein Oheim Ludwig hatte sich kurz vorher zum zweitenmal vermählt. Er ist der Erbauer des neuen Hauses auf Burg Hirschhorn. Der Bau war gerade fertig geworden, und alle Hirschhorn waren zusammengekommen, die neue Wohnung einzuweihen. Als wir ankamen, hörte ich von den Knechten, daß die Gäste schon seit drei Wochen auf der Burg weilten und daß ein stetes Zu- und Abreiten stattgefunden habe. Einmal seien sie alle miteinander morgens früh weggeritten und seien erst in der Dunkelheit wieder zurückgekommen. Ich fand meine Verwandten im Rittersaal beieinander. Nur Männer waren da. Sie waren voll Unruhe und in düsterer Hast, flüsterten zusammen, gingen einzeln oder zu zweien hinaus und herein und tranken häufig von dem Wein, der in Kannen auf dem Kredenztisch und auf den Fensterbänken stand. Der tolle Hans war aufgeregt und feierlich. Seine langen weißen Haare flatterten ihm um den Kopf, und in seinen wirren Augen brannte eine düstere Glut. Sie gaben mir viel Wein zu trinken und nötigten mich, als ich nimmer trinken wollte, so daß mir schließlich der Kopf rauchte. Auf einen Wink des tollen Hans standen sie alle auf. Mein Oheim Ludwig nahm mich an der Hand und führte mich in die Mitte des Saales. Sie stellten sich um mich her. Hans, als der älteste der Sippe, erklärte mich für einen vollbürtigen Geschlechtsgenossen. Ein Schwert wurde mir umgegürtet. Der goldene Pokal ging in der Runde, und jeder rief: ‚Hirschhorn auf ewig!' Dann wurden so viele Lichter angezündet, als Leute da waren. Jeder nahm eine brennende Kerze, und wir gingen in die Schloßkapelle. Jeder stellte sein brennendes Licht auf den Altar. Außer den Geschlechtsgenossen waren noch Nikolaus dabei und ein junger, mir unbekannter Mann, der einen Maurersschurz umgebunden hatte und eine Kelle im Gürtel trug. Hinter dem Altar aber stand eine gefesselte Frau. Ihr Gesicht war totenbleich und voller Angst. Sie hatte deine Augen, Ursula, und deine Brauen. Ich mußte sie immer anschauen und nach ihr hinhorchen. Sie weinte leise vor sich hin. Und nun kniete der tolle Hans vor dem Altar nieder und legte die Schwurfinger auf das Evangelienbuch und schwor einen greulichen Eid, daß er über das, was jetzt geschehe, bis an sein Ende gegen jedermann, der nichts davon wisse, schweigen werde. Dann knieten die andern nieder und leisteten denselben Schwur. Ich war der letzte der Sippe, dann schwuren Nikolaus und der Maurer. Wir kehrten darauf wieder in den Saal zurück bis auf den tollen Hans und den Maurer. Diese beiden nahmen das Weib in ihre Mitte und gingen in das neue Haus. Wir andern warteten. Keiner blieb auf seinem Sitze, keiner redete ein Wort. Sie liefen aneinander vorbei, ergriffen die Becher und tranken und schauten sich an mit hohlen, verstörten Augen. Nach einer geraumen Weile kam der tolle Hans. Er sah geisterbleich aus. Auf seinen Wink ging mein Oheim Ludwig ohne ein Wort zu sagen mit ihm aus dem Saal. Die andern schauten ihm starren Blickes nach. Es dauerte nicht lange, so kam Oheim Ludwig zurück. Auch er war bleich wie ein Gespenst; die Haare schienen sich ihm zu sträuben. Er sagte dem Nächstältesten ein Wort und stürzte einen Becher Weins in die Kehle. So ging und kam einer nach dem andern. Hastig gingen sie, verstört kamen sie. Wer zurückgekommen war, trank Wein und saß stumm und stier auf der Bank oder auf einem Sessel. Zuletzt wurde ich gerufen. Nikolaus begleitete mich. Der Weg war mit Kerzen beleuchtet, die auf dem Boden standen. Nikolaus führte mich in die Kemenate und öffnete hier diese Tür. Vor dieser Wand hier standen der tolle Hans und der Maurer. Die Wand war in Ellbogenweite frisch gemauert, ein Kübel voll Mörtel stand auf dem Boden. In der Mauer war noch eine Lücke für einen einzigen Stein. Oheim Hans gab mir diesen Stein in die Hand, wies mir das Loch und befahl mir, den Stein hineinzuschieben. Ich wollte es rasch tun, da hörte ich aus der Mauer heraus ein leises Wimmern. Entsetzt warf ich den Stein aus der Hand und wollte entrinnen. Der tolle Hans ergriff mich an der Schulter, kehrte mich der Wand zu und reichte mir einen Becher. ‚Trink!' sagte er. Ich trank, und es flimmerten mir die Augen. ‚Sprich nach, was ich dir vorsage!' raunte er mir zu. Es waren lateinische Worte. Trotz meines Rausches haben sie sich mir eingeprägt. Sie lauteten:

‚Moribunda benedicat,
Mortua teneat,
Putrida vinciat,
Ossa frugiferant,
Cinera muniant!
In saecula saeculorum
Hirschhorn!'

Und dann fügte ich den Stein in die Lücke. Der tolle Hans leuchtete mir. Als ich den Stein einfügte, erscholl aus der Mauer ein dumpfer, gurgelnder Laut. Es wurde mir schwarz vor den Augen und übel im Herzen. Nikolaus führte mich weg. Ich wollte nicht mehr in den Saal hinein. Noch in der Nacht ritten wir nach Zwingenberg zurück. Als ich nach vier Wochen wiederkam, war die Wand frisch getüncht."

Friedrich von Hirschhorn schwieg. Während er erzählt hatte, waren seine Blicke nicht von jener Stelle gewichen, wo unter der Tünche der Stein ruhte, der dereinst die Gruft der lebendig Begrabenen zugeschlossen hatte. Je länger er gesprochen hatte, desto mehr war es ihm zumut geworden, als ob er Aug' in Auge mit der Verklägerin des Hauses Hirschhorn stünde, und nun wartete er, wie wenn eine Antwort erfolgen müßte, wider ihn oder für ihn. Da lief ein Spinnlein über jene Stelle und zog hinter sich einen glänzenden Faden. Er beobachtete seinen flinken Lauf und mußte lächeln. Es war, wie wenn das Tierchen durch sein geschäftiges Rennen einen bösen Zauber zerschnitten und die wilden Mächte des Lebens aus ihrer Erstarrung aufgeweckt hätte. Er senkte den Blick und sah Ursula zu seinen Füßen. Er sah wieder hin und staunte, er beugte sich nieder und spähte in ihr Gesicht: sie war eingeschlummert.

Friedrich ließ sich auf die Knie nieder und betrachtete gerührt sein armes Weib. Wieviel Leid war in ihr Herz gezogen seit dem Tage, wo sie über die Schwelle seines Hauses geschritten war. Welch ein Jammer war über ihre Seele geströmt seit der Stunde, wo man ihr das Grab der Mutter zeigte! Es packte ihn die Angst, daß ihr Geist und Leben zerbrochen seien und sie widerstandslos in der Flut des Elends untergehen müsse. Ihr blasses Gesicht zeigte die Spuren der tiefsten Erschöpfung und die Züge eines unendlichen Grams. Er lauschte auf ihre Atemzüge. Sie waren unregelmäßig und hastig und wurden zuweilen unterbrochen von einem tiefen Seufzer. Er legte leise seine Hand auf ihre verwirrten Flechten und sah zu, wie der letzte Schimmer des Tages über die Hand und die Haare glitt und im Winkel des Ganges schwand und starb.

Da gab es ihr einen Stoß aus der Tiefe der Brust, sie schlug die Augen auf, hob ihren Kopf und war wach. Als sie ihren Gatten neben sich sah und in sein angstvoll liebendes Auge schaute, lächelte sie. Aber dieses Lächeln war ein entflogener Vogel, hinter dem die Tür des Käfigs zugeschlagen wird, damit kein andrer nachfolge. Im nächsten Augenblick stieß sie ihren Gatten zurück und rief: „Hinweg mit dir! Du hast meiner Mutter das letzte Licht genommen und hast ihr Gefängnis zum Grab gemacht. Du bist ihr Mörder!"

Friedrich stand auf, trat von ihr hinweg und fragte:

„Hast du gehört, was ich zu dir gesagt habe? Deine Mutter vergibt mir, ich weiß es. Und du?"

Sie schwieg einen Augenblick, dann brach sie los: „Wäre ein Funke Menschlichkeit in dir gewesen, so hättest du die Wand ihres Kerkers eingerissen und hättest sie aus der Mauer herausgeführt. Wozu trugst du ein Schwert an der Seite?"

Friedrich atmete auf, als ob er Kraft schöpfe.

„Schmähe mich, wie du willst", sagte er, „aber verlasse diesen Ort. Du legst dich zu Bett und nimmst Nahrung zu dir, und morgen geht das Leben wieder seinen notwendigen Gang."

„Ich bleibe bei meiner Mutter. Ihr Tod schläft da drinnen bei ihrem Gebein. Ich wecke ihn auf durch mein Geschrei. Dann kriecht er durch die Mauer und erwürgt mich."

Und sie fing an zu schluchzen und zu weinen, warf sich an die Mauer und rief: „Mutter, Mutter! Ich will sterben! Schick mir deinen Tod."

Da faßte er sie in seine Arme, suchte ihr den Mund zu verschließen und drückte ihren Kopf an seine Brust. Sie bäumte sich in seiner Gewalt und zitterte unter seinen pressenden Armen und schmähte sein Haus und fluchte seiner rechten Hand, und es graute ihm vor den Fetzen schwarzen Blutes, welche die Raserei ihres Schmerzes aus ihrer Seele warf. Als sie aber anfing ihren Schoß zu verwünschen, wenn er wieder zum Mutterschoß würde und dem verruchten Geschlechte eine Frucht trüge, da sprang in ihm wie ein Raubtier der Zorn des Hauses Hirschhorn in die Höhe und bekam ihn so ganz in seine Gewalt, daß er tat, was er nicht wußte. Daneben aber stand eine verlotterte Gestalt und schaute zu. Es war der tolle Hans. Der klatschte nach seiner Gewohnheit in die blaßroten Hände und freute sich, daß es die Jungen trieben, wie die Alten getan. Seine wirren grauen Locken züngelten in die Höhe, und in seinen verglasten Augen glühten zwei flammenhelle Lichter, und er rief mit seiner gellenden Stimme: „In saecula saeculorum Hirschhorn!"

Friedrich hatte sein Weib geschlagen. Er stand an der Pforte des Ganges als ein gebrochener Mensch. Er riß sich das ritterliche Schwert von der Seite und warf es auf den Boden des Zimmers. Dann hielt er den rechten Arm vor die Augen. Die Hand hing schlaff herunter, als ob sie lahm wäre. Friedrich sah sie an und stöhnte: „Oh Schmach! Oh Schmach!"

Ursula hatte sich aufgerichtet und stand vor ihm, todesstarr, stumm, wie eine aufgerichtete Leiche. Er nahm sie in die Arme. Sie sträubte sich nun nicht mehr. Er trug sie in das Schlafgemach und legte sie auf ihr Bett. Sie blieb regungslos liegen, wie er sie bettete. Dann holte er aus der Kemenate Speise und Trank. Er flößte ihr Wein ein. Sie ließ es geschehen und schluckte. Er steckte ihr Nahrung zwischen die Lippen. Sie wollte das Gereichte empfangen und essen. Aber der Bissen quoll ihr im Munde, und sie besudelte sich. Als er dies sah, mußte er bitter weinen. Er nahm einen Schwamm und reinigte sie. Dann verließ er die Stube, ging durch den Gang, das Wohngemach, stieg die Treppe hinunter und ging aus dem Hause, ein geschlagener Mann.

Diener und Mägde kamen auf ihn zu. Er übergab der getreuen Barbara den Schlüssel zum Schlafgemach und befahl ihr, die Frau ruhen zu lassen, aber von Zeit zu Zeit nach ihr zu schauen und ihr Nahrung zu bringen. Darauf ging er in den Stall. Er schickte die Knechte hinaus und sattelte sich selbst ein Pferd. Als er über den Hof ritt, sahen ihm die Leute kopfschüttelnd nach, aber keiner wagte es, ein Wort zu sagen. Der alte Peter öffnete das Tor und sagte zu seinem Herrn:

„Ihr habt Euer Barett vergessen, Junker. Ich will in die Burg laufen und es holen."

„Gib mir deinen Hut, Peter!" erwiderte der Reiter.

„Das geht nicht an, Herr! Mein Hut ist ein alter, schmutziger Filz."

„Gib mir deinen Hut!" wiederholte der Junker.

Da holte Peter den Hut vom Nagel.

Es war graue Dämmerung. Auf den Wiesen und über dem Fluß braute der Nebel. Als Friedrich sein Pferd auf die Fähre führte, deutete der Fährmann nach Ersheim hinüber und wollte hastig etwas sagen, so wie man eine erschreckende Neuigkeit kundgibt. Aber beim ersten Laut des Mannes machte der Junker eine gebietende Gebärde. Da schwieg der Fährmann. Friedrich aber stand neben seinem Pferd, hatte seinen linken Arm um den schlanken Hals geschlungen, drückte ein Handvoll Pferdehaare in sein Gesicht und schluchzte leise in die Mähne seines Tieres hinein.

13

Als der Fährmann das Fahrzeug auf den Kies gezogen hatte und nun auf die Seite trat, den Ritter an sich vorüberzulassen, faßte er sich ein Herz und fing nochmals an: „Wisset Ihr schon, Junker?"

Aber der Junker wollte nichts erfahren. Die abweisende Gebärde war deutlich genug. Er zog sein Pferd aufs Ufer und führte es den Rain hinauf, nach der Straße zu. Der Fährmann brummte vor sich hin und sah ihm nach. Dann schlang er die Kette um den Pflock und ging langsam hinter dem Junker her.

Ein großer Volkshaufe stand vor dem Kirchhof. Die Leute schauten alle nach derselben Richtung. In einer Gruppe von Männern war ein lautes, scheltendes Gespräch. Der Junker zog den Hut ins Gesicht, um nichts zu sehen, und wollte sein Pferd vorüberführen; da kam der Schultheiß von Ersheim auf ihn zu und sagte: „Entscheidet, Herr! Wer soll den Selbstmörder abschneiden? Der Wasenmeister von Hirschhorn weigert sich, der unsrige liegt am Fieber."

Da horchte Friedrich auf.

„Wer ist es?"

„Ja, wißt Ihr es denn nicht? Euer Knecht Nikolaus. Dort hängt er, an dem Weidenbaum hinter der Kirchhofmauer. Er hat sich selber noch das Grab gegraben in der Armsünderecke. Man braucht nur den Strick durchzuschneiden, so fällt die Leiche ins offene Grab."

Friedrich winkte dem Hannes, der sich herbeigedrängt hatte, befahl ihm, sein Pferd zu halten, und gab ihm den Auftrag, am nächsten Morgen nach Heidelberg zu reiten, auf dem Heiligenberge nach dem Einsiedler Leonhard zu suchen und ihm die Nachricht zu bringen: „Gefunden!" Dann ging er, ohne ein weiteres Wort zu sagen, um den Kirchhof herum auf die Weide zu, in deren Ästegewirr sein Knecht die Bürgschaft für sein ewiges Verstummen gesucht hatte.

Die Leute drängten sich herzu, um zu sehen, blieben aber in scheuer Entfernung. Zuweilen wurde ein Bursche vorgestoßen und man rief ihm lachend zu: „Schneid ihn ab!" Schimpfend kehrte er in den Ring zurück und sagte: „Fällt mir nicht ein!"

Jetzt aber schwiegen alle und schauten mit gereckten Hälsen her. Der Junker selber tat, was niemand tun wollte. Festen Schrittes ging er auf die Weide zu, umfaßte die Leiche mit dem linken Arm, zog sein Jagdmesser und zerschnitt den Strick. Sein treuer Knecht fiel über seine Schulter, er legte ihn sorgfältig neben das offene Grab, dann stieg er die Höhlung hinunter, zog den Toten an seine Brust, nahm ihn auf die Arme und bückte sich. In lautloser Stille warteten die Leute, niemand rührte sich vom Fleck, die älteren Gemeindebürger flüsterten zusammen und redeten einander zu, aber keiner bewegte einen Fuß. Endlich erschien der Junker wieder. Vorsichtig stieg er aus dem Grab, indem er in die Stufen trat, die Nikolaus aus der Erde geschnitten hatte. Als er draußen stand, nahm er die Schaufel des Totengräbers, die neben dem Grab in einem losen Erdhaufen stak, und schüttete, Wurf um Wurf, die Erde über den Toten. Jetzt eilten Männer herbei, um zu helfen. Der Junker aber schickte sie zurück und vollendete sein Werk. So begrub der Herr seinen Knecht.

Es war indessen finster geworden. Der Nebel zog sich vom Neckar herauf, legte sich über die Wiese und stieg in den Schluchten hinan. Die Leute verliefen sich, stellten sich unter ihre Haustüren oder begaben sich zur Ruhe.

Hannes hatte das Pferd des Junkers auf und ab geführt. Jetzt kam er seinem Herrn entgegen. Friedrich wiederholte seinen Auftrag, daß Hannes andern Tags nach Heidelberg reite, um Leonhard zu holen. „Er soll sich auf meinem Fronhof zu Kirchheim ein Reitpferd nehmen", fügte er hinzu.

„Wo reitet der Junker heute nacht noch hin?" fragte er.

„In die Stübercent."

„Das hätt' ich selber gesehen, am Wege; da hätt' ich nicht zu fragen brauchen. Mein Junker, wenn ich Ihr wäre, so tät' ich einmal nachforschen, wo der Landstreicher geblieben ist, ich bin ihm noch Schläge schuldig."

Der Ritter schwang sich aufs Roß. Er gab keine Antwort.

Hannes hielt das Pferd am Zügel fest und sagte: „Ich glaube, der dort wüßte Bescheid. Jetzt aber sind beide stumm."

Er wies nach dem Grabe und sah seinem Herrn forschend in die Augen.

„Laß!" sagte Friedrich und ritt davon.

„Er weiß darum", murmelte Hannes und sah dem Junker mit düsterem Blick nach. „In Stübercent wohnt der Henker."

Er stand und lauschte, bis der Hufschlag zwischen den Bergen verhallt war.

„Ich, wenn ich der Henker wär'!“ Was er noch weiter in sich hineinflüsterte, hat nicht einmal sein eigen Herz vernommen. Er wandte sich um und ging an den Neckar zurück.

Es war eine dunkle Nacht geworden.

Wer von den Neckarwaldungen her sich dem Dorfe Reichartshausen näherte, wurde in der Regel von wütendem Hundegebell empfangen. Er pflegte dann seinen Stock fester zu fassen oder an seine Wehr zu greifen und zu seinem Wandergenossen oder zu seiner Seele zu sagen: „Hoffentlich sind sie angebunden!“ Sie lagen auch gewöhnlich an der Kette, darum aber heulten sie so rasend, wenn sich auf dem einsamen Wege Schritte nahten. Zuweilen waren sie ledig, dann liefen sie knurrend zwischen dem Hofgatter hin und her, dicht an den Brettern, und sprangen hinauf und winselten vor Wut. Wer so beherzt war, über das verwilderte Kleefeld näher hinzugehen und zwischen den Pfählen in den Hof zu schauen, kam erschrocken zurück und erzählte seinem Gesellen oder seiner Seele, daß es keine greulicheren Tiere auf der Welt gäbe, sie hätten blutunterlaufene Augen und in ihrem Blick glühe ein tückisches Feuer. Dies sei kein Wunder, denn von Zeit zu Zeit bekämen sie absonderliches Futter. Wenn dann der Kamerad oder die Seele fragte: ‚Was kriegen sie denn?‘ blieb der Erzähler die Antwort schuldig und schüttelte sich vor Grausen.

So war es bei Tag. Wer dagegen des Nachts aus dem Walde der Nekkarberge in das Hügelland des Stübercent gewandert kam, der sah zuallererst ein einziges Licht schimmern. Er sah es lange Zeit vor sich und mußte immer hinschauen, wie es so hell und freundlich aus der Tiefe schimmerte. Erst wenn er ganz nahe an das Licht herangekommen war, so daß man den Hals rechts herumdrehen mußte, um es zu sehen, schickten auch die übrigen Wohnstätten des Dörfleins ihren leuchtenden Gruß. Und doch war kein Kundiger erfreut oder getröstet, wenn er jenes Lichtlein sah, und je näher er kam, desto banger schlug das Herz, und oh wie froh war er, wenn das Licht hinter ihm brannte, und wie streckten sich die Beine, damit sein Schimmer hinter dem Rücken versinke. Gewöhnlich kamen die nächtlichen Wanderer unbeschrien vorüber. Kein Gebell verfolgte ihren flüchtigen Schritt, denn in der Nacht waren die Hunde bei ihrem Meister in der Hütte. Aber es begegnete ihnen vielleicht eine vermummte Gestalt, die hastig vorüberhuschte, oder auf klapperdürrem Roß ein buckliger, kleiner Reiter. Wenn dann der Wanderer stehenblieb und lauschte, hörte er bald einen eigentümlichen Pfiff. Es war eine Folge von drei Tönen. Wer diesen Pfiff vor einem andern Hause tat als vor diesem einzigen, oder wer es sich gar einfallen ließ, ihn in einem der Centdörfer ertönen zu lassen, der bekam eine Tracht Prügel, denn dieser Pfiff war der allergrößte Schimpf: es war der Henkerspfiff.

Ein Mann aus Reichartshausen, der in jener Nacht, bei deren Einbrechen Friedrich seinen Knecht begrub, einen Botengang nach Haag zu machen hatte, begegnete unweit des Waldes einem stattlichen Reiter, der in scharfem Trab die Straße herunterritt. Der Bauer trat auf die Seite. Ist's der Junker Hirschhorn oder ist er's nicht? Sein Großoheim, der tolle Hans, ist manches Mal dieses Weges geritten zu dem dort, seinem Vorfahr. Ob der Reiter wohl dasselbe Ziel hat?

Der Bauer stand und schaute die Straße zurück. Richtig, an dem Kreuzweg, vor dem Lichte, hielt der Reiter, und deutlich schallte der Henkerspfiff herüber. Die Hunde schlugen an, hielten aber alsbald wieder Ruhe, und eine hohe Gestalt kam aus der Hütte auf den wartenden Reiter zu.

‚Hat er nicht den Turm verhängt für jeden, der zum Henker laufe und Zaubermittel hole', dachte der Bauer, ‚und jetzt pfeift er selber dem Henker'.

Der Bauer wartete eine Weile, dann ging er hastig, als ob er sich fürchte, seines Weges weiter.

Der Junker aber wollte kein Zaubermittel; er wollte den Henker selbst.

„Ihr seid es", sagte Meister Jakob und ließ verdrießlich seine hochgehaltene Laterne sinken. „Ich dachte, es sei der Apotheker von Bischofsheim, und hab' ihm seine Büchse voll mit Menschenfett schon herausgebracht."

„Stellet die Büchse an ihren Ort und nehmt Euer Richtbeil und Euer Gezeug! Besteiget Euer Roß und reitet alsbald hinter mir her."

„Wohin?" fragte der Henker und warf einen mißtrauischen Blick unter seinen buschigen Brauen vor.

„Auf meine Burg Hirschhorn."

„Als Nachrichter?" Friedrich nickte und sagte: „Von Rechts wegen."

„Wer hat den Spruch gefällt?"

„Er wird erst gefällt."

„Von wem?"

„Vom Hause Hirschhorn. Du weißt, daß mein Geschlecht den Blutbann in seiner Stammburg hat. Er geht von der Linde bis zur Schildmauer. Im Burghause selbst ist gefrevelt worden, was dein Beil scharfrichten soll."

„Wann soll es geschehen?"

„Von jetzt an in so viel Zeit, als ein Klepper braucht, von hier auf meine Burg zu traben."

„Noch in dieser Nacht?"

„Ja."

„Und der Richtblock? Soll ich ihn mitnehmen? Dann brauche ich den Wagen."

„Es ist ein Richtblock vorhanden."

„Wer ist der arme Sünder?"

„Du wirst es erfahren."

„Gut. Geht es vom Leben zum Tod?"

„Nein."

„So brauch' ich das Gezeug zum Blutstillen."

„Spute dich, ich warte hier."

Meister Jakob ging in das Haus zurück, und das Licht bewegte sich hinter den Fenstern, so daß sie wechselnd dunkel und hell wurden. Man hörte seine befehlende Stimme. Ein Knecht ging mit der Laterne in den Stall und führte einen Gaul heraus. Bald kam der Meister in seinem langen roten Mantel. Er hatte das Richtbeil umgegürtet und trug ein Bündel, das ihm der Knecht abnahm und hinter dem Sattel auf das Roß schnürte.

Derweilen war der Junker langsam auf der Straße hin und wider geritten. Als der Henker aufgesessen war, ritt Friedrich, der gerade wieder sein Pferd umgewendet hatte, in weitem Bogen an ihm vorüber und ohne umzusehen die Straße hinauf gegen den Wald zu. Der Mann, auf dessen Rücken die Schärfe des Richtbeiles blinkte, trabte in gemessener Entfernung hinter ihm her.

Mitternacht war vorüber, als der Hirschhorner Fährmann aus dem Schlafe fuhr. Er richtete sich in seinem Lager auf und lauschte.

„Hol über! Hol!"

„Der Junker wird es sein", sagte er zu sich, während er sich ankleidete. „Er ist zu Pferd, ich muß die Fähre nehmen."

Als er drüben ankam, sah er einen Steinwurf weit vom Ufer entfernt einen zweiten Reiter unter den Bäumen.

Der Junker führte sein Pferd auf die Bretter. Der Fährmann sah nach dem andern hinüber und rief: „Heda! Wird es bald?" Jener aber rührte sich nicht vom Fleck.

„Stoß ab", sagte Friedrich. „Der dort fährt für sich allein."

Sie waren ans Land gestoßen. Der Ritter führte sein Pferd auf das Land, schwang sich auf und schaute über die Schulter zurück.

„Nun hole den andern!" sagte er und ritt an der Stadtmauer hin, dem Burgweg zu.

„Hinter mir kommt ein Gast — von Rechts wegen. Laß ihn ein!" sagte Friedrich zum Torwart.

Der alte Peter wollte wach bleiben; aber die Augen fielen ihm zu.

Da pochte es an das Tor.

„Wer ist draußen?"

„Einer, den niemand gerne einläßt."

„So soll er draußen bleiben."

„Er kommt von Rechts wegen."

Da öffnete der Pförtner das Tor.

Der Gast stieg draußen vom Pferd. Der alte Peter drängte sich an ihn heran und spähte ihm ins Gesicht.

„Bist du's wirklich?" murmelte er. Der Gast gab keine Antwort und schritt, das Pferd am Halfter führend, vorüber.

Peter schaute ihm nach und sah das Richtbeil blinken. Da erschrak er und stand und lauschte. Die Hufschläge verhallten in der Burg. Alles war still.

Im Hofe kam Friedrich dem Henker entgegen und führte ihn die Treppe hinauf, durch die Kemenate in den Gang, zwischen dessen Wänden er sein Weib geschlagen hatte.

Der Scharfrichter sah den Junker erstaunt an.

„Hier soll es geschehen?"

„Hier."

„Es fehlt der Block."

Friedrich ging am Henker vorbei in die Wohnstube und winkte. Die Männer gingen in die Küche. Friedrich blieb an der Tür stehen, der Henker warf einen Blick hinein und schüttelte den Kopf. Er tat es grimmig, als wäre ihm Unziemendes zugemutet worden. Darauf führte der Ritter seinen Gast in den Hof zurück und in den Holzschuppen. Der Henker hob einen Block vom Boden und legte ihn sich auf die Achsel. „Rindensaft und Menschenblut, das darf zueinander", sagte er, „aber Menschen- und Tierblut ist ein Frevel."

Friedrich leuchtete, und der Scharfrichter trug den Block, der nach dem herben Schweiße grünen Holzes roch, die Treppe hinauf in den Gang.

„Hier stell ihn hin", sagte Friedrich und deutete auf den Boden. Es war die Stelle, auf der er als Knabe gestanden hatte, als er die Lücke in der Mauer verschloß.

Der Scharfrichter legte den Mantel ab und legte das Beil auf den Block.

„Und nun?" fragte er.

Friedrich verließ den Gang. Der Henker hörte, wie sich des Junkers Tritte entfernten. Er ergriff die Axt am Stiel und stützte die Hand darauf. Es war stockfinster im Gang. Da hörte der Wartende, wie sich am hinteren Ende des Ganges eine Türe öffnete und jemand hereinschlüpfte. Er räusperte sich aber und schwieg. Es war stille geworden im hinteren Winkel.

Tritte hallten vom neuen Hause her und kamen näher, die Türe wurde geöffnet, der Junker trat herein und hielt das Licht hoch. Er warf einen scharfen Blick an dem Henker vorbei auf die Frauengestalt im Hintergrund, redete aber kein Wort. Ursula blieb regungslos stehen. Mit weitgeöffneten Augen sah sie her, als ob sie gebannt wäre und sich all ihr Leben in das Schauen dränge.

„Überzeuge dich, Meister", sagte Friedrich mit trockener Stimme und hielt dem Henker ein aufgeschlagenes Buch vor die Augen. „All meine Geschlechtsgenossen sind tot. Hinter jedem Namen auf dem Stammbaume hier steht das Kreuz. Suchet selbst, wo das Kreuz fehlt."

Der Henker beugte sich vornüber, sah in das Buch und sagte:

„Bei einem einzigen, und der seid Ihr."

Friedrich nickte. „So bin ich die Geschlechtsversammlung, und ich habe den Blutbann auf Burg Hirschhorn."

„So ist es", erwiderte der Henker. „Wer ist der arme Sünder?"

„Ihr werdet's erfahren."

„Kopf oder Hand?"

„Die Hand."

„So brauche ich das Gezeug", sagte der Scharfrichter, legte das Beil auf den Block, hob das mitgenommene Bündel vom Boden, schnürte es auf und legte allerlei Binden und Tücher, das Blut zu stillen und die Wunde zu verbinden, neben sich auf dem Boden zurecht. Dann faßte er das Beil am äußersten Stiel, schwang es auf die linke Schulter, ergriff das Licht, das der Junker in eine Mauernische dicht vor der Türe gestellt hatte, und drehte es, bis sein Schein auf den Block zu fallen kam, richtete sich strack auf und sah erwartungsvoll dem Junker auf die Lippen.

Und nun kniete Friedrich vor dem Block nieder, streifte den Ärmel seines Kleides und seines Hemdes zurück, legte den bis zum Ellbogen entblößten Unterarm auf das Holz, dergestalt, daß die Handwurzel für die Schneide des Beiles zugerichtet war, und sagte:

„Der arme Sünder, der sein Leben verwirkt hat, ist meine rechte Hand. Henker, haue sie ab!"

Der Scharfrichter trat einen Schritt zurück, ließ das Beil sinken und niederhängen und sagte: „Junker, Ihr seid von Sinnen."

„Ich rase nicht", erwiderte Friedrich. „Ich urteile klar und vernünftig und ohne Ansehen der Person, wie es vor Gott und Menschen meine Pflicht ist, der ich das Haus Hirschhorn bin, die Geschlechtsversammlung mit all ihrem Fug und mit all ihrer Ehre."

Der Junker schwieg. Der dämmerige Gang füllte sich mit Gestalten. Sie stellten sich auf die Zehen und reckten die Hälse und schauten sich über die Achseln. Der Vorderste, gleichsam der Führer des gespenstischen Gesindels, war der phantastische Greis; sein wirres weißes Haar hing in zitternden Strähnen über die Stirn, in den Augen glühte die Gier, mit wilder Gebärde winkte er nach rückwärts und wies auf den Jüngsten des Hauses in toller Freude. Blitzschnell schaute er herum, und sein gleitender Blick gab den starren Augen der Geschlechtsgesellen die Losung: Wenn das Blut aufspringt, dann Hirschhorn auf ewig! Und nun schaute er wieder in zitternder Erwartung auf die einzige Schwerthand, die im Hause Hirschhorn noch nicht moderte.

Auch Friedrich sah auf seine Hand nieder, tiefbewegt, und als ob er wüßte, daß er vor den dereinstigen Gefäßen des Hirschhornschen Blutes rede, sagte er:

„Mancherlei Gutes und mancherlei Böses hast du getan, du, meine liebe, getreue rechte Hand. Von dem Guten laß mich schweigen. Nur für das eine danke ich Gott, daß er dir verliehen hat meinen Knecht Nikolaus" — dem Junker zitterte die Stimme — „zu tragen, zu heben, zu halten, zu legen und zu decken mit brauner, rauchender Erde. Von dem Bösen ist dir vieles vergeben. Als du noch eine weiche Knabenhand warst, hast du hier eine Gruft zugeschlossen, und die, der du Licht und Luft und Leben nahmst, war meine herzliebe Schwieger."

Friedrich schluchzte, und es dauerte eine Weile, bis er weitersprechen konnte. Er faßte sich und fuhr fort:

„Die linke Hand hat damals nicht gewußt, was du tatest, und du selber warst wohl taumelnden Blutes und hast getan, was meinem Herzen unkund war; deshalb bist du des Lebens nicht unwert. Dann hast du deine Unschuld verloren. Du griffest in Mädchenlocken, ohne dich darum zu kümmern, wer die verwirrten wieder glätte, du rissest an dich und hieltest fest, ohne lang zu fragen, wo des Rechtes Grenze sei, um deinetwillen hieß ich der wilde Hirschhorn, und sie gingen mir aus dem Wege. Aber du warst nicht besser und schlechter als tausend andre Hände. Du hast nichts getan, wessen ich mich jetzt schämen müßte. Deine armseligen

Torheiten sind in dieser Stunde keiner Scham wert. Wegen dem allem hast du dein Leben nicht verspielt."

Friedrich schwieg, wie wenn er Kraft sammle.

„Dann kam der unselige Tag", so fuhr er fort, „wo du meinen herzlieben Freund und Vetter niedergestoßen hast. Aber es geschah im ehrlichen Handel, und er hatte dich rasend gemacht, denn er wollte dir den Griff streitig machen, den du allein tun darfst, weil du die Schwerthand eines Hirschhorn bist. Daß du ihn tötetest, das wollte mein Herz nicht, aber daß du ihn züchtigtest, das war notwendig, denn solange ein Hirschhorn lebendig ist und solange es eine Pfalz gibt, ist ein Hirschhorn Truchseß bei Pfalz."

Die Augen der Geschlechtsgenossen, deren Schatten dicht gedrängt den Gang füllten, funkelten: ‚Hirschhorn auf ewig!'

„Nun aber hast du deinen Heiland Jesus Christus mißhandelt. Ja, das hast du getan. Denn so sagt das Weistum unseres Geschlechtes: Wer einen Wehrlosen schlägt, der hat den gebundenen Heiland geschlagen; wer einen Unglücklichen schlägt, der hat auf des Heilandes Dornenkrone geschlagen. Wer ein Weib schlägt, der hat den Mutterleib Jesu geschlagen. Wer also unsern Herrn Jesus Christus mißhandelt hat, dem soll man die rechte Hand abhauen. Du hast das erste getan und das zweite und das dritte: du hast mein wehrloses, unseliges, herzliebes Ehegemahl geschlagen. Henker, hau zu!"

Der Scharfrichter ließ das Beil in seiner Hand hüpfen und schwang es über dem Haupte. Friedrich schaute zu der blitzenden Schneide empor, ohne mit der Wimper zu zucken. Die Schattengestalten huschten vor und glitten um den Block und beugten sich vornüber, dem warmen Hirschhornblut entgegen. Aber ehe die Schärfe des Beiles niedersausen konnte, hatte sich Ursula vorgestürzt; sie kniete neben ihrem Gatten, sie legte ihre beiden Hände auf die verurteilte Rechte und hob ihr tränenüberströmtes Angesicht dem Henker entgegen.

Da sprühte Entzücken aus den Augen der hageren Gestalt in der wunderlichen Kutte, und die weißen Haare bäumten sich und züngelten in grausamer Lust. Aber der Arm des Henkers streckte sich im Niederfahren, und seine Hand öffnete sich und stieß den Stiel über die Köpfe hinweg, das Beil flog in den Winkel und schlug und klirrte auf den steinernen Boden. Meister Jakob stürzte durch die Wucht seines Stoßes über den Block, raffte sich aber alsbald zurück, fiel auf die Knie und rief: „Oh liebe Herrin, ist Euch Weh geschehen?"

„Lust ist mir geschehen", erwiderte Ursula und lachte und weinte durcheinander. „Ich habe mich jetzt wiedergefunden, ich habe meinen Liebsten wiedergewonnen."

Und sie bedeckte seine Hand mit Küssen, sie drückte sie an ihre Brust, sie überströmte sie mit ihren Tränen, um sie von neuem und neuem zu küssen.

Der Henker holte sein Beil, schnürte sein Gezeug in das Bündel und stand wartend, bis sich die Gatten vom Blocke gelöst hatten, dann zog er ihn unter ihren verschlungenen Armen hervor und hob ihn sich auf die Schulter.

Ursula war auf die Füße gesprungen und rief lachend:

„Ja, fort mit dem Beil! Fort mit dem Block! Fort mit dir selber, du lieber, lieber Henker! Wie du das vollbracht hast, herrlich! Aber ich kann nicht erwarten, bis ich den Hufschlag deines Rosses höre! Tausendmal sei dir Dank! Ewig werd' ich dir danken. Was stehst du noch? Dein Lohn? Einen Gulden? Zehnfach sollst du ihn haben, nein, zwanzigfach. Barbara, oh du treue Alte, wie hast du dich bekümmert um mich! Gib dem Mann zu essen und zu trinken. Er bekommt zwanzig Gulden, hörst du? Oh, wie ich Hunger habe! Wie ich mich freue, mit dir zu essen, du Liebster, und aus deinem Becher zu trinken und auf deinem Schoße zu sitzen. Barbara, bereite uns ein Nachtmahl! Das Beste, was du hast! Der Tag graut, es ist nicht Essenszeit, aber ich habe Hunger und mein Liebster hat Hunger. Und nun fort mit dir, Barbara! Oh du einziger! Mein Gatte!"

Sie warf sich schluchzend an Friedrichs Brust.

Er war bestürzt, wurde voll Staunens, und ein leises Grauen stieg in ihm auf. Der Überschwang ihrer Liebe, die wie ein entfesselter Strom über ihre Seele und ihre Sinne hereinbrach, betäubte ihn, machte ihn schüchtern und scheu, und nur langsam erwärmte ihre Glut seine Adern. Aber ein stilles Glück war groß und hell wie eine Ostersonne in seinem Gemüte aufgegangen.

„Oh, um wieviel Seligkeit habe ich dich betrogen, du lieber Mann!" so klagte sie, „dich und mich. Aber getrost, wir laufen schnell und holen sie ein." Dann eilte sie in den Gang. Ein frischer Morgenwind fuhr durch das geöffnete Fenster und hatte allen dumpfen Spuk hinausgefegt. Sie kniete an der Mauer nieder, faltete die Hände, und es klang wie ein Gebet, als sie an die Mauer hinsprach:

„Herzliebe Mutter! Vergib mir, daß ich dir Schande machte und meinen lieben Gemahl gequält habe. Tausendfach will ich's ihm vergelten!"

Und nun preßte sie die flachen Hände an die Wand und flüsterte unhörbare Worte.

Dann kam sie mit einem stillen Lächeln in die Stube zurück.

Die Gatten saßen beieinander auf dem Schemel der Fensternische und hielten sich stumm umschlungen. So weilten sie lange, kein Wort wurde gesprochen.

Die alte Barbara kam geschäftig herein, den Tisch zu decken.

„Es dauert noch eine Weile, bis das Essen gar ist", sagte sie.

„Oh, das tut nichts", rief Ursula. „Die Weile wird uns nicht lang. Wir haben uns so viel, so viel zu sagen!"

Mit träumerischen Augen sah Ursula dem Werk der Dienerin zu.

Als Barbara einige rote Rosen in ein Wasserglas stellte, fragte ihre Herrin mit befangener Stimme:

„Sind noch mehr im Garten?"

„Seit dem letzten Regen sind viele aufgeblüht."

Da erhob sich Ursula leise von ihres Gatten Seite, ging zu der Alten hin, faßte sie an der Hand und führte sie in den schattigsten Winkel der Stube und sagte:

„Laß dir mit einer Laterne leuchten, nimm einen Korb und hole so viele Rosen, als nur irgend blühen."

„Jetzt? Wozu?"

„Ach Barbara!"

Die Herrin neigte sich zur Dienerin und flüsterte:

„Mit den Rosen sollst du unser Lager schmücken."

ZWEITER TEIL

14

In den hundert Dörfern des Hauses Hirschhorn herrschte große Freude. Dem alten Geschlecht war ein Stammhalter geboren. Reitende Boten hatten die Kunde noch in der Nacht nach allen Winden hin getragen. Am andern Abend loderten auf vielen Höhen des Odenwaldes und des Kraichgaues Freudenfeuer, und in den Städten Oppenheim, Bruchsal und Sinsheim, wo das Haus Hirschhorn Fronhöfe besaß, wurde mit Katzenköpfen geschossen.

Acht Wochen nach der Geburt des Knäbleins wurde das eigentliche Freudenfest gefeiert. In allen Haushaltungen, aus denen dem Junker gezinst oder gezehntet oder gefrondet wurde, war fröhlicher Kuchenbacksamstag. Das Mehl wurde aus den herrschaftlichen Mühlen gespendet, aus den Vogteien konnte Zucker und was an Gewürz nötig war, bezogen werden. Die Kellereien gaben Wein ab nach der Kopfzahl der Familien. Für die Armen, Betagten und Kranken sorgten die Bürgermeister und die Vögte. Auch die, die kein Herdfeuer hatten, waren nicht vergessen. Sie wurden öffentlich gespeist auf dem Kirchenplatz oder in einer ausgeräumten Zehntscheuer. Jeder Landfahrer war willkommen, durfte den Wanderstab neben sich auf den Boden legen, sich auf die Bank setzen und essen und trinken. Am besten waren die Kinder dran, all die vielen, vielen Kinder der Hirschhornschen Dörfer und Fronhöfe. Sie bekamen Milch mit süßem Eierschnee und dazu einen Kuchen, zu dem Frau Ursula selber das Rezept aufgesetzt und hinausgeschickt hatte mit dem schriftlichen Zusatze, es dürfe an Rosinen und Zibeben nicht gespart werden. Und all diese Wohltat empfingen die großen und kleinen Leute ohne irgendein Verdienst um das glückliche Ereignis und ohne daß sie irgend etwas andres zu leisten hatten als zu essen und zu trinken. Nur allein die Pfarrherren machten eine betrübsame Ausnahme. Sie bekamen nicht mehr als die übrigen Leute und mußten am nächsten Sonntag eine Lehr- und Freudenpredigt halten. Ihre Gelehrsamkeit aber erforderte, daß sie sich mit dieser von der Herrschaft geforderten Leistung nicht zufrieden gaben; sie stürzten sich freiwillig in einen poetischen Wettlauf, und es war keiner, der nicht für alle Fälle ein von ihm selbst verfertigtes lateinisches oder teutsches Gedicht in die Rocktasche schob, als er von seiner Hausfrau Abschied nahm, gerüstet zur Fahrt nach Hirschhorn.

Die Pfarrherren, Schulherren, Bürgermeister, Vögte und die angesehensten Meier waren nämlich nach Hirschhorn selbst geladen, um mit der Herrschaft das Freudenfest zu begehen. Je nach der Entfernung waren ihnen Zehr- und Reisekosten zubemessen. So war denn an jenem Tage alle geistliche und weltliche Obrigkeit unterwegs, derweilen sich ihre Untertanen gütlich taten. In friedlichem Gespräch zogen die würdigen Männer ihre Straße. Sie holten sich in den Dörfern ab, und manche hatten schon recht weinselige Gesichter, als sie den Schloßberg hinaufzogen, und doch sollte in der Burg erst das wahre Essen und Trinken stattfinden. Die Kollegen hatten sich unten im Städtlein zusammengetan, je nach Stand und Würden: im „Löwen" die Pfarrer und die Lehrer, im „Anker" die Bürgermeister und die Vögte, im „Kuhfuß" die leibeignen Hofmeier und Herrschaftsmüller. Besonders laut und lebhaft ging es im „Löwen" zu, und ein Bote wurde hinaufgeschickt auf das Schloß, die Herrschaft zu bitten, sie möge selbst bestimmen, welche Poeten ihre Carmina vortragen sollten, denn die ehrwürdigen Herren könnten sich über diese Frage nicht einigen und es sei Besorgnis vorhanden, daß unter ihnen Zank und Streit ausbräche. Der Bescheid der Herrschaft ließ nicht lange warten. Er lautete: entweder alle oder keiner. Da wurden die Pfarrherren und Schullehrer bestürzt, schauten einander entrüstet an, und nach langem Durcheinanderreden schickten sie eine zweite Botschaft auf das Schloß und baten um einen andern Bescheid. Denn, so ließen sie der Herrschaft sagen, wenn alle Gedichte vorgelesen würden, so vergingen darüber wohl fünfthalb Stunden, da etliche unter ihnen den erfreulichen Gegenstand von allen Seiten behandelt hätten, was in Kürze nicht hätte vollbracht werden können. Eine so langwierige poetische Erlustigung würde aber wohl beschwerlich fallen, namentlich solchen, die des Lateins nicht kundig seien. Wenn aber die Vorlesung gänzlich unterbliebe, so würden sie zum Gespött werden, man werde ihnen vorwerfen, daß ihre Kunst und Gelehrsamkeit nicht vermögend gewesen, diesen Gegenstand gebührend zu feiern, oder aber, man werde schelten, daß ihre Muse im Wohlleben ersoffen sei, was sie bei ihrem geringen Einkommen als absonderlichen Spott empfinden müßten.

Als diese Botschaft dem Junker vorgetragen wurde, wandte er sich an seinen Freund Philipp von Helmstatt und bat ihn: „Tu mir den Gefallen, geh hinunter in den ‚Löwen‘ und beschwichtige die geistlichen Herren.“ Helmstatt brachte denn auch eine notdürftige Zufriedenheit zustande. Er stellte den siebenundvierzig Poeten vor, daß ein jeder von ihnen sechsundvierzig unbarmherzige Kritiker haben würde, die jeden Fehler gegen das Versmaß oder gegen den dichterischen Stil mit Kopfschütteln, Augenaufsperren, Lächeln und andern höhnischen Grimassen begleiteten, was anschauen zu müssen für den Vortragenden sehr beschwerlich sei. Wie viel angenehmer sei es für den Dichter, wenn die Herrschaft an bevorstehenden langen Winterabenden eines der Gedichte nach dem andern mit ungestörter Aufmerksamkeit vornehme und sich in alle Schönheiten und Zieraten liebevoll versenke. Diese Vorstellungen leuchteten denn auch ein. Die Poeten übergaben ihre Manuskripte dem Vermittler, der sie mit seidenen Schnüren zu einem Packen zusammenband. Er übergab die nicht geringe Last angesichts der Poetenschar dem Schloßherrn und der Schloßfrau, die denn auch für diese Perlen aus den Bächen der Neckarberge gebührenden Dank sagten.

Da in der Burg kein Raum vorhanden war, wo alle Tische, die darauf harrten, gedeckt zu werden, hätten Platz finden können, so waren die Gäste in verschiedenen Räumen untergebracht: die Edelleute mit ihren Damen in der Kemenate, die mit Jasmin und Flieder aufs lieblichste ausgeschmückt war; die geistlichen Herren saßen im Rittersaal, der, etwas düster und dumpfig von Natur, aber ehrenvoll durch Name und Erinnerungen, sich für die lateinischen Poeten am besten schickte. Die hellgrünen Birken- und Buchenreiser hatten etwas Aufmunterndes für etwaige unfreie Gemüter. Die Meister der Bürgerschaften, die studierten Beamten des Junkers und die freien Vögte saßen im oberen Schloßhof. Der blaue Himmel, der von oben in den hohen Raum hineinschaute, milderte den Schatten, und die Fichten mit ihren junggrünen Zweigspitzen schauten von den Schloßwänden und Turmmauern her ernst und freundlich auf die Gäste. Die unfreien Leute waren im unteren Schloßhof beieinander; die Gäste von auswärts, die leibeignen Müller, Zehntmeister, Frondvorsteher und Hausverwalter saßen an dem einen der beiden langen Tische, an dem andern das Hausgesinde der Schlösser Hirschhorn und Zwingenberg, soweit es nicht mit Aufwartung oder in der Küche und in den Ställen beschäftigt war. Hier war eine Ausschmückung mit Maien nicht nötig. Denn die Schloßlinde grüßte herein mit ihrem Wipfel und die grünen Waldberge erquickten die Augen, wohin man auch schauen mochte.

Hier ging es am lustigsten zu. Die Gäste hatten noch nicht das Rindfleisch gegessen, da fingen sie schon zu singen an.

Die Schloßherrin hatte es sich nicht nehmen lassen, die Fürsorge für die beiden Höfe selber zu übernehmen, die Herrschaft über Kemenate und Rittersaal hatte sie ihrer jungen Freundin Margarete Helmstatt übertragen. Wenn sie in einen der Höfe trat und mit ihren strahlenden Augen über die Tische hinschaute, prüfend und grüßend zugleich, dann leuchteten alle Gesichter auf, und alte und junge Herzen freuten sich an der Schönheit und Gesundheit ihrer Herrin. Als sie im oberen Hof an der Tafel der Schultheiße und Vögte hinging, sie aufzufordern, von dem Backwerk für ihre Frauen und Kinder mitzunehmen, da stand der Bürgermeister von Eschelbach auf und sagte: „Fahret fort, liebe Herrin, wie Lea, ob Ihr schon der Rahel gleichet."

Da errötete die junge Frau, aber sie lachte zugleich. Sie schaute nach den glitzernden Fenstern des Herrenhauses und sagte: „An mir soll's nicht fehlen." Sie ging weiter.

„Eines nur will uns nicht gefallen", rief der Vogt des Mosbacher Fronhofs.

„Was ist denn das?" fragte sie rasch und blieb stehen.

„Warum habt Ihr den kleinen Junker Hans getauft? Hans von Hirschhorn klingt nicht gut in den Ohren der Leute."

„Es ist nicht recht von euch", erwiderte Ursula, „daß ihr die zwei guten Hanse über dem einen bösen ganz vergessen habt. Ein Hans von Hirschhorn hat bei euch den evangelischen Glauben eingeführt, und ein andrer Hans von Hirschhorn war der Freund des Kaisers Karl des Vierten. Er hat das Marktrecht und den Blutbann erworben und hat unser Haus reich und stolz gemacht."

„Davon wissen wir nichts mehr", sagte ein Meier vom andern Tisch, „aber von den bösen Streichen des tollen Hans erzählen sich die Leute noch viel."

„Niemand weiß besser als ich, was meines Mannes Oheim für ein verderblicher Mensch gewesen ist."

Ein Schatten legte sich über ihre Augen, aber der Sonnenschein, von dem ihre dankbare Seele so voll war, hatte ihn im Nu vernichtet.

„Will's Gott, werden die Leute dereinst von meinem klugen Hans so viele gute Dinge erzählen, daß darüber der tolle Hans und sein bösester Streich ganz vergessen sind."

Ursula ging an den zweiten Tisch hinüber. Die Männer lachten sie an und streckten ihr die Becher entgegen.

Die Herrin wehrte ab.

„Der kleine Junker mag's nicht leiden, daß ich Wein trinke: tu' ich's einmal, so straft mich sein Geschrei."

Ein vierschrötiger Bauer stand auf, griff schwerfällig nach ihrer Rechten, und während eines endlosen Händedrückens und -schüttelns sagte er, in der vergangenen Woche habe es eines Abends geheißen, die Frau von Hirschhorn käme zu ihnen nach Gönnheim.

„Wunderlich!" sagte Ursula und versuchte ihre Hand zu befreien.

„Von wegen der Kutsche", fuhr der Bauer fort und hob von neuem an, die Rechte der Herrin zu pressen und an ihrem Gefüge zu rütteln. „Es steht in Gönnheim ein Schmiedgeselle, der früher in Neckargemünd gewesen ist, der sagte, die Kutsche sei Hirschhornisch und Ihr säßet darinnen."

Ursula rollte ihre Finger zusammen und preßte den Handballen nach innen.

„Derweilen stand meine Kutsche im Schuppen und ich lag in den Wochen", sagte sie kleinlaut und sah mit Entsetzen auf die fürchterliche Hand des Bauern. Der griff von neuem zu, drückte, wie wenn es gälte, den letzten Tropfen aus einem Schwamme zu pressen, und sagte: „Die Beußerin von Ingelheim ist darinnen gesessen."

Er wollte mit erneutem Schütteln beginnen, aber die Schloßfrau stieß einen leisen Wehruf aus und rief: „Der kleine Junker wacht und hat Hunger, es ist seine Zeit. Ich muß hinauf. Laß mich los!"

Da ließ der Bauer das gequetschte Vögelchen fahren. Ursula hielt ihre Hand vor die Augen und lächelte. Sie war rot und schwoll auf. Sie schlenkerte im Gehen den Arm, damit das gehemmte Blut wieder fließe, und eilte dem Hause zu. Auf der Treppe blieb sie stehen und lauschte zurück.

Aus dem unteren Hof klang eine Zinke und eine Fiedel.

‚Getanzt werden soll heute nicht', dachte sie unmutig. Aber alsobald klärte sich ihre Stirne wieder auf. Sie fingen dort unten an, ein Lied zu singen.

„Oh du armer Judas,
Was hast du getan?"

Ursula schüttelte unmutig den Kopf und dachte: ‚Es sind doch dumme Gesellen! Jetzt singen sie vom armen Judas mit dem roten Bart.'

„Ade, zu tausend guter Nacht,
Mein Trauern hat ein End'!"

summte sie vor sich hin und sprang die Schnecke hinauf.

In der Schlafstube nahm sie der Wärterin das Kind ab und legte es mit glücklichem Lächeln an ihre Brust.

Derweilen sie zuerst im Hofe hantierte und dann in süßer Leidensseligkeit dem saugenden Büblein lauschte, schaltete Margarete von Helmstatt in den Räumen der Burg als stellvertretende Hausfrau. Sie tat es mit Würde und Anmut und in kindlicher Glückseligkeit, und als sie, nachdem sie überallhin, wo das Hausfrauenauge nottat, wenigstens den Schlüsselbund hingetragen und die Leute vergnügt gemacht hatte, kam sie in die Kemenate, um auch hier dies Doppelgeschäft zu versehen. Friedrich trat ihr entgegen und führte sie zum Ehrenplatz, dem Sitze der Wöchnerin. „Die stellvertretende Mutter!" sagte er lächelnd.

„Nun ja, hier!" rief Margarete, die gerade eben ein kleines Weilchen dem trinkenden Junkerlein zugeschaut hatte. „Aber bei dem Junker Hans ist die Stellvertretung ebenso unnötig, als sie unmöglich ist."

Einige verzogen den Mund. Friedrich sah seine Nachbarin wohlgefällig an und sagte: „Ich wollte, du wärest sechzehn Jahre jünger."

„Oho, dann wäre ich ja noch nicht einmal ein Wickelkind."

„Um so besser! Du müßtest mein Schwiegertöchterchen werden."

„Ich müßte?" schmollte Margarete. „Junge Leute haben auch ihren Kopf, und der will oft ganz wo anders hinaus, als die Alten denken."

„Jungfrau Margarete", rief ihr Bernhard von Göler über den Tisch zu, „abgesehen von einigen älteren Herren, wie zum Beispiel Hans Landschad, wären wir am liebsten mit Euch gezogen, in den Keller und in die Küche und überallhin, um immer bei Euch zu sein und Euch zuzuschauen, wie Ihr gebietet und rügt und lobt. Erzählt einmal, wo waret Ihr denn zuletzt?"

„Wo ich zuletzt war, da hätte niemand von euch mitgehen dürfen, außer einem, und das ist der da." Margarete legte vertraulich ihre Hand auf Friedrichs Arm. „Ihr andern alle wäret hinausgeschlossen worden."

„Wo waret Ihr denn da, wenn man fragen darf?"

„In der Schlafstube bei der Herrin. Ich habe den kleinen Junker trinken sehen. Das war herzig."

„Und wo waret Ihr vorher?" fragte Peter von Menzingen.

„Im Rittersaal und habe die geistlichen Herren trinken sehen."

„War das auch herzig?" fragte Margaretens Vater.

„Es war leidlich. Zuerst habe ich mich fast gefürchtet, denn die Pfarrer hatten so rote Köpfe und schrien einander heftig an. Bald aber merkte ich, daß sie's vom Tanzen hatten, ob es eine Sünde sei, und daß ein gut Teil unter ihnen vernünftiglich und löblich vom Tanzen redete; da trat ich unter sie und sagte: ‚Ihr gelehrten Herren, vom Tanzen versteh' ich mehr als ihr, drum solltet ihr füglich mich fragen.' — ‚Nun ja denn', rief ein fröhlicher alter Herr, „so sagt uns Eure Meinung.' — ‚Die sollt ihr hören', erwiderte ich. ‚Wenn eine hübsche Jungfrau mit einem Manne tanzt, den sie nicht mag, so tut sie eine Sünde. Wenn sie aber mit einem Manne tanzt, den sie gleich beim ersten Ansehen leiden mag, so gefällt dies Gott wohl.' Da lachten die geistlichen Herren alle miteinander. Einer aber, er hatte ein glattes Gesicht und einen Rollenkopf —"

„Es ist der Daisbacher", warf Bernhard Göler ein.

„— der rief: ‚Nun möchten wir aber auch wissen, ob das Tanzen für uns eine Sünde sei. Denn hierüber bekriegen wir uns soeben. Zwei Fragen stehen im Streit: erstlich, ob ein Pfarrer auf die Kirchweih gehen darf, zum andern, ob er auf der Kirchweih auch tanzen darf. Was meint denn Ihr, Jungfrau Margarete?' — ‚Ich meine', sagte ich, ‚es kommt auf die Probe an. Versuchet es einmal mit mir, ihr Herren, dann wird jeder von Euch an sich selber erfahren, ob das Tanzen vom Teufel kommt oder nicht.' Da klatschten etliche in die Hände, etliche aber machten saure Gesichter. Der Rollenkopf aber trat hervor und sagte: ‚Jungfer Margarete, tut ein Gott wohlgefälliges Werk und tanzet mit mir.' Da sich der Geselle etwas mausig machte, sah ich ihn von oben bis unten an und sagte: ‚Wenn ich mit Euch tanzte, Herr, täte ich eine Sünde.' Also sprechend kehrte ich ihm den Rücken."

„Aber, Margarete!" fiel ihr Vater ein.

„Ich ging auf einen lieben alten Herrn zu mit schneeweißem Bart —"

„Das ist der Eschelbacher", sagte Peter von Menzingen.

„— und knickste und sprach: ‚Wenn ich mit Euch tanze, Herr, so gefällt es Gott.' Da freuten sich die andern bis auf etliche fünfe, die gingen geärgert hinweg. Der alte gute Pfarrherr aber lachte über sein ganzes, gutes Gesicht, er reichte mir die Hand, und da von unten gerade Musik erscholl, eine Zinke und eine Geige, tanzten wir zusammen zierlich und ehrbarlich nach der Melodie:

‚Ach, du armer Judas,
Was hast du getan?'."

Die Herrschaften lachten, und die Erzählerin hielt inne.

„Weiter!" drängte Hans Landschad von Steinach.

„Auf einmal brach am oberen Ende der Tafel ein Geschrei aus. Die fünfe oder sechse, die sich dahin zurückgezogen hatten, bekamen Streit über eine Frage, die gar wenig kurzweilig war, nämlich, ob der Genfer Pfarrer Johann Calvin ein Schriftgelehrter gewesen sei, zum Himmelreich gelehrt, oder ein Irrgeist, der den Pfad zur Hölle weist. Sie schrien sich einander die Beweise für und wider so mörderisch ins Gesicht, so daß ich zu meinem Tänzer sagte: ‚Verzeiht mir, lieber Herr, ich kann nimmer. Der Hans Calvin ist mir in die Knochen gefahren.‘ Ich ließ ihn stehen und kam her zu euch.“

„So sind sie, unsre Pfarrer“, rief Peter Menzinger, „wenn sie nicht einen Amtsbruder zum Irrlehrer gemacht haben, meinen sie, sie wären nicht beieinander gewesen.“

„Das Disputieren ist nun einmal ihr Steckenpferd, laßt sie es reiten! Wir reiten das unsrige.“

Es war der schweigsame Reinhard von Gemmingen, der dies sagte.

Philipp von Helmstatt strich sich den Knebelbart.

„Sie sind dabei gesund und haben blühende Kinder. Aber unser Steckenpferd, das gottverfluchte Trinken, verdirbt Leib und Seel' und richtet die Geschlechter zugrund.“

„Scheltet mir die Pfarrherren nicht“, sagte Junker Friedrich ernst, „sie nehmen sich des Volkes an. Wenn die apokalyptischen Reiter erst da sind, ihr werdet sehen, wir alle miteinander raffen das Unsrige zusammen und setzen uns in unsre Stadthäuser und warten der Dinge ab, wenn wir uns nicht am Ende gar jenen Reitern in Dienst und Pflicht geben. Aber unsre Pfarrherren werden bei den armen Leuten auf dem flachen Lande ausharren, das trau' ich ihnen zu. Sie werden mit den Hungrigen hungern, die Pestkranken werden sie besuchen und den Soldaten fürbittend entgegentreten und für ihre Gemeinde Schläge bekommen, und die Erschlagenen werden sie begraben. Wir werden derweilen in Basel oder Straßburg oder Heilbronn hinter den Stadtmauern sitzen und uns von den Bürgern bewachen lassen.“

„Ach, Hirschhorn“, rief Landschad unmutig, „plag uns nicht mit deinen Reitern, die kommen am Ende der Welt! So weit sind wir noch lange nicht!“

Hirschhorn hob den Kopf, er sah wie einer aus, dessen Geist abwesend ist. Sein Blick ging in den Abendhimmel hinaus, aber sah ins Unendliche.

„Ich höre das Wiehern der vier Rosse von fernher, aber es kommt geschwinde näher.“

Unwillkürlich hoben alle die Gesichter und lauschten. Da konnte es nicht anders geschehen, als daß alle zu gleicher Zeit vernahmen, wie die Gäste des unteren Hofes zu singen begannen:

„So wollen wir aber heben an
Vom Hans von Handschuhsheim.

Wie ihn der wilde Friedrich erstach
Auf dem Markt zu Heidelberge."

Die Gäste sahen einander an, und dabei vermieden es ihre Augen, auf den Hausherrn zu schauen. Einige fingen vom Wetter an, verloren und verlegen, in der Hoffnung, daß der Gesang schnell vorübergehe und von niemand beschrien werde, andre, denen es unmöglich war zu tun, als hörten sie nicht, flüsterten sich entrüstete Worte zu.

Der Gesang ging langsam und sicher seines Wegs durch alle Verse des endlosen Liedes hindurch. Jeder der Gäste dachte jeweils an die folgende Strophe — es war niemand da, der sie nicht auswendig wußte — und harrte in peinlicher Angst darauf, daß die allgemeine Verlegenheit noch drückender werde.

Endlich, als die Sänger bei der Strophe angelangt waren:

„Die Beußerin von Ingelheim
Hob ihre schneeweißen Hände,"

konnte es Peter von Menzingen nimmer aushalten. Er riß das Fenster auf und schrie hinaus: „Aufhören! Aufhören! Haltet euern Mund!"

Aber unbekümmert sangen sie drunten weiter:

„Verflucht sei deiner Frauen Schoß —"

Doch hörte man die ärgerlichsten Worte, die jetzt erst folgten, in der Gesellschaft droben nicht mehr. Menzingens Stimme hatte den Bann gebrochen. Ein heftiges Durcheinander von entrüsteten und drohenden Reden erfüllte den Saal. Am lautesten und zornigsten war Landschad von Steinach, dessen Augen vorhin bei der bösesten Stelle in heimtückischer Schadenfreude aufgeleuchtet hatten. Da erhob Friedrich, der sinnend dagesessen hatte, beschwichtigend seine Hände und sagte: „Ereifert euch nicht, meine Freunde, die dort unten denken nicht an mich, keiner von ihnen will mir weh tun. Der wilde Hirschhorn ist ihnen wie der Werwolf oder der Lindenschmitt. Er ist ihnen zum Gespenst geworden. Sie denken nicht daran, daß er noch unter ihnen herumläuft —"

„Als der gute Hirschhorn!" rief Reinhard von Gemmingen dazwischen.

„Das deutsche Herz!" fügte Helmstatt hinzu.

Friedrich sah seinen Freund erstaunt an und griff unwillkürlich nach seinem Herzen.

„Still", rief Göler lächelnd, „wir haben ihn aus der Fassung gebracht!"

Friedrich setzte sich. „Was hört ihr mir auch alle so zu, als ob ich eine Predigt hielte!" Er strich sich mit der Hand über die Stirne, und in einem kühleren Tone sagte er, wie einer, der nur noch aus äußerlicher

Gewissenhaftigkeit zu Ende führt, was er in andrer Stimmung bedacht hatte: „Wenn eines von den alten Geschlechtern untergeht, die seit vielen Jahrhunderten mit dem Volk Leid und Freud geteilt haben, und die bei allem, was geschehen ist, vornan gestanden sind, so werden auch die Bauern und die Bettler ergriffen, und wenn der Letzte eines solchen Hauses als schöner, gesunder Jüngling bei einem frohen Feste erschlagen wird, dann horchen der Bauer und der wandernde Geselle, wie wenn ihnen eine große Mär verkündet würde, und es dauert nicht lange, so heben die Bäckergesellen zu singen an:

,Vom edeln ritterlichen Blut,
Dem Herrn von Handschuhsheim.'"

Während er redete, war er warm und bewegt geworden.

Nach einer kleinen Weile, in der alle schwiegen, fing er mit erhöhter Stimme wieder an: „Saget doch selber, ihr Freunde, wer von uns kann die Stunde vergessen, wo Friedrich von Hirschhorn vor dem fränkischen Adel kniete und dem Pfalzgrafen bei Rhein Abbitte tat, weil er der Pfalz ihr ältestes und treuestes Lehenshaus, das Haus Handschuhsheim, in die Gruft gelegt hatte?"

Reinhard von Gemmingen, der das Bedürfnis hatte, die Gedanken des Wirtes und seiner Gäste von diesem Bilde abzuwenden, sagte: „Die Leute würden nicht so aufgehorcht haben auf den Sturz des Hauses Handschuhsheim, wenn sie nicht den Eindruck bekommen hätten, daß Gott gerichtet hat. Ist es ein Wunder, daß die alten Geschlechter untergehen? Gott sucht der Väter Missetat an den Kindern heim bis ins dritte und vierte Geschlecht."

„Laß die Toten ruhen", erwiderte Friedrich ernst.

„Sie sollen ruhen", fuhr Gemmingen fort. „Ich dachte an jemand, der noch lebendig ist und jetzt wieder, wie ich vernommen habe, den unsteten Lauf in unser Land gewendet hat."

„Die Beußerin?" fragte Philipp von Helmstatt.

Reinhard nickte mit dem Kopf. „Sie war kürzlich in Oppenheim und ist rheinauf gefahren in ihrem Götzenkasten. Wohin sie kommt, bringt sie Isabels Segen mit. Danke du Gott, Hirschhorn, daß sie dir gram ist, denn ihre Liebe hat einen giftigen Atem."

„Auch mich hat sie einmal geliebt und gesegnet", sagte Friedrich, „sie ist meine Großmutter."

Das Gespräch stockte. Die Stille war drückend. Der Gesang war verstummt. Alle empfanden es und horchten und gedachten wieder des Liedes und fühlten es einander ab, daß sie daran dachten.

„Noch jemand ist wieder in der Gegend", hub Peter von Menzingen an. „Ich bin an ihm vorübergeritten. Er und kein andrer hat drunten das Lied angestimmt, denn er ist dein Freund nicht, Hirschhorn: der Waldbruder."

„Leonhard?" rief Friedrich und sprang erregt vom Stuhl.

Da tat sich die Tür auf. Ursula trat herein. Sie trug das Kind. Margarete eilte ihr entgegen und nahm ihr den Patensohn ab. Alle standen auf und grüßten die Herrin. An ihrem Kleide hing die kleine Ursa. Sie blieb zuerst unbemerkt und sah sich mit scheuen Augen um. Als Margarete das Kind auf ihre Arme nahm, fing Ursa leise zu weinen an. Niemand achtete darauf. Da ließ sie Ursulas Kleid los, schlüpfte wie ein Schlänglein durch die Leute, kletterte auf Friedrichs Schoß, schlang die Ärmchen um seinen Hals und flüsterte: „Du, ich will den kleinen Junker haben."

„Du bist zu klein, du läßt ihn fallen", sagte Friedrich und stellte sie auf den Boden. Da bekam sie ein zornrotes Gesicht und fing zu weinen an.

Landschad von Steinach zog sie zu sich her, nahm sie auf die Knie, strich ihr das wirre rote Haar aus dem Gesicht und betrachtete das rote Flammenzeichen auf der milchweißen Stirn und sagte erstaunt: „Du kleine wilde Hexe du, wenn du einmal groß bist, wirst du die Männer verrückt machen."

Ursa hing sich schmeichelnd um seinen Hals und sagte: „Du, hilf mir! Ich will den kleinen Junker haben. Ich ganz allein."

„Was willst du mit ihm machen?"

„Ich will mit ihm spielen."

„Ja, ja", lachte Landschad, „der wird ein rechtes Spielzeug für dich."

Er nahm das Kind auf den Arm und trat mit ihm ans Fenster. Ursa schaute über seinen Kopf in den Saal hinein und sah mit zornigen Augen auf Margarete, die ihr Patensöhnlein herzte. „Die möchte ich beißen!" sagte sie vor sich hin und atmete tief auf. Es klang wie ein Seufzer.

Ursula hatte sich an die Seite ihres Gatten gesetzt und sagte ihm leise und in fliegender Eile: „Leonhard ist hier."

„Ich weiß es", erwiderte Friedrich. „Sein Willkommensgruß war das Lied."

„Ich bin hinuntergegangen", erzählte Ursula, „den Sang zu verweisen. Da sah ich ihn unter den singenden Knechten sitzen."

„Hast du mit ihm gesprochen?"

„Ich bin zu ihm getreten. Da erhob er sich zürnend und kehrte mir den Rücken. Oh, wenn doch unsre Gäste gingen!"

Friedrich gab Philipp einen Wink. Der nickte ihm zu, daß er ihn verstanden habe, und mahnte die andern leise zum Aufbruch. Sie waren alle gern bereit, denn es wollte keine fröhliche Stimmung mehr aufkommen, und jedermann fühlte, daß die beschworenen Erinnerungen nicht mehr zu verscheuchen seien.

Auch die Gäste in den beiden Höfen rüsteten zum Aufbruch. Sie schickten ihre Abordnungen, die der Herrschaft ihren Dank sagten. Philipp ging in der Rittersaal, die geistlichen Herren an den Abschied zu erinnern. Die wären noch gerne geblieben, denn sie waren im schönsten Zug. Aber sie trösteten sich, daß sich die Disputationen auf dem Heimwege weiterspinnen ließen, erhoben sich und schickten zwei Vertreter, die in gewählten Worten die schuldige Danksagung abstatteten.

Der Aufbruch hatte etwas Überstürztes. Wo noch eine Gruppe zögernd beisammenstand, wurde sie von dem getreuen Helmstatt auseinander gestöbert. Als die Letzten schieden Philipp und Margarete. Im unteren Torweg drückten sich die Freunde noch einmal die Hand.

„Es klang nicht schön", sagte Friedrich, „die Ankunft des Einsiedlers hat mich aus der Fassung gebracht."

„Ich habe es bemerkt", erwiderte Philipp. Er behielt Friedrichs Hand und fügte nach einer Weile hinzu: „Ich frage dich nicht."

„Später einmal! Heute lasse mich schweigen. Behüte euch Gott!"

Margarete hatte ihrem Patenkind beim Scheiden eine goldene Münze umgehängt. Während Ursula ihre junge Freundin zur Tür hinausgeleitete, beugte sich Ursa, die auf ein Schemelchen geklettert war, über das Bübchen und drückte ihm die Münze in das zarte Fleisch des bloßen Hälschens. Als Ursula zurückkehrte, schrie der Kleine vor Schmerzen.

„Oh, er hat sich an dem Kettchen weh getan", sagte die Mutter erschrocken und zog dem Kinde das Kleinod vom Halse.

Da lachte Ursa und patschte in ihre Händchen und schaute das Büblein mit ihren funkelnden Augen an, daß es stille ward und lachte und in ihr Gesichtchen griff.

„Nun aber ins Bett mit dir, du Schelm!" rief Ursula und übergab das Mägdlein einer Dienerin, daß sie es der alten Barbara, seiner Pflegemutter, bringe. Dann legte sie ihr Kind an die Brust. Friedrich trat leise ins Zimmer, liebkoste im Vorübergehen den blonden Kopf seines Weibes, öffnete das Fenster und lauschte in den Burggraben hinunter.

Es währte nicht lange, so erscholl ein leiser Pfiff im Graben, und gleich darauf klang ein Steinchen auf dem Felsboden. Ursula legte das satte und schlafende Kind in die Wiege und trat zu ihrem Gatten ans Fenster.

„Leonhard!“ rief Ursula hinunter.

Es kam keine Antwort. Aber nach einer kurzen Weile klang aus der Tiefe das alte Klagen und Stöhnen, nur war der Text verändert.

„Mutter, Mutter, deine Tochter hat dich verraten!“

Die beiden Lauscher am Fenster warteten auf eine Pause.

Als die Klage und Anklage verstummte, rief Ursula: „Bruder, die Mutter ist gefunden!“

Da stieß der Mensch in der schwarzen Tiefe einen Freudenschrei aus, wie wenn er von einer langen, bösen Irrfahrt, die ihn in der wilden Fremde umhergejagt hatte, in die liebe Heimat zurückgekommen sei.

„Wo, wo?“ rief er herauf.

„Ich führe dich zu ihrem Grab“, antwortete Friedrich.

„Du nicht! Schwester, bringe du mich zur Mutter!“

Da beugte sich Ursula weit zum Fenster hinaus und rief: „Er ist mein Gatte, und dies ist sein Haus!“

Friedrich war schon unterwegs. Aus dem Schlafgemach führte eine geheime Treppe in den Graben. Ursula blieb im Finstern zurück. Jetzt fiel ein Lichtschein aus der Grabenmauer, Leonhards Gestalt tauchte aus der Finsternis, er ging auf dem Lichtschein und verschwand. Ursula schloß das Fenster, ging im Finstern an die Wiege ihres Kindes, und hier wartete sie, hochaufgerichtet, auf den Bruder.

Die Wand öffnete sich, es wurde Licht im Gemach, Friedrich kam herein und schaute wartend zurück. Und nun trat der Einsiedler in die Stube. Er sah verwittert und verwildert aus, und der Blick aus den hohlen Augen war noch düsterer geworden.

„Leonhard!“ rief Ursula und streckte ihm die Arme entgegen. „Gott sei gepriesen, daß du da bist! Wie haben wir nach dir gesucht im vorigen Sommer, um dir die Kunde zu geben, daß die Muter gefunden sei. Aber du warst verschwunden, und niemand wußte eine Spur. Wie haben wir nach dir gefragt all die Zeit her! Und nun lebst du mir noch und bist da!“

Sie machte eine Bewegung, wie wenn sie ihm entgegeneilen wollte, aber sie hielt mit zitternden Händen die Wiege und sah ihrem Bruder forschend in die Augen.

Leonhard schaute starr nach diesen Händen und rührte sich nicht.

„Laß die Wiege los!“

„Gott hat uns gesegnet! Küsse deinen Neffen.“

„Ursula, du bist treulos, du bist eine Hirschhorn geworden.“

„Ich habe getan, was ich mußte", sagte sie leise.

Da schaute er scharf auf.

„Gezwungen?" fragte er.

„Ja, gezwungen", rief sie, „so gezwungen!"

Und sie ging auf ihren Gatten zu, legte ihm die Arme um den Hals und schmiegte sich an seine Brust.

Der Einsiedler sah schweigend zur Seite. Dann fragte er kalt: „Wo ist die Mutter?"

Friedrich löste sich aus seines Weibes Umarmung und sagte: „Ich führe dich zu ihrem Grab."

Ursula ging an die Wiege, kniete nieder und barg die weinenden Augen in den Vorhang, der ihres Kindes Schlummer hütete.

Friedrich führte seinen Gast in den Gang hinaus und hielt die Leuchte hoch. Die gegenüberliegende Wand war mit frisch gemalten Bildern bedeckt, die das Leiden des Heilandes darstellten.

Leonhard betrachtete schweigend ein Bild ums andre.

Das erste stellte Jesus im Garten Gethsemane dar. Hinter einem Busche schliefen die Jünger. Jesus kniete zwischen zwei mauerartigen Felsen, über die dürre Zweige hereinhingen, in schauerlicher Einsamkeit. Sein Antlitz war bartlos und frauenhaft und drückte unsägliche Angst und ein unendliches Grauen aus. Es hatte die Augen und Brauen der Sternenfels.

Leonhard wandte sich um und schaute Friedrich mit haßerfüllten Augen an.

„So hat die Mutter in Eurem Hause gelitten?"

Friedrich nickte stumm.

Das zweite Bild zeigte Jesus inmitten der Knechte, die ihn mißhandeln. Der Heiland hatte dasselbe Antlitz. Mit gefesselten Armen, die sich leise erhoben, als ob sie um Erbarmen flehen wollten, stand er an eine kahle Mauer gelehnt in herzbrechender Hilflosigkeit. Vor ihm standen drei Knechte. Zwei von ihnen, mit gemeinen Gesichtern, hielten sich zurück, der eine, als ob er müde wäre vom Spotten und Schlagen, der andre, als ob er auf einen neuen Schimpf sänne. Der dritte Knecht aber, der ein ritterliches Schwert an der Seite trug, hatte die Gestalt und das Antlitz des Junkers, aber sein Gesicht war vom Zorn verzerrt. Er holte aus zu wütendem Faustschlag. Im nächsten Augenblick mußten die harten Ecken der Fingerknöchel auf des Heilandes Schulter niederfallen.

Leonhard betrachtete das Bild lange.

„Friedrich von Hirschhorn mißhandelt sein Weib", sagte er endlich.

„So ist des Bildes Meinung“, erwiderte Friedrich, ohne eine Miene zu verziehen.

Der Einsiedler ging einen Schritt weiter und stand vor dem gekreuzigten Heiland. Ein milder, sonnverklärter Abendhimmel bildete den Hintergrund. Ein einziges Kreuz erhob sich. Es wuchs aus einer geborstenen Mauer heraus. Der Herr war tot, sein Haupt gesenkt, die Augen geschlossen wie im Schlummer. Die Sternfelsschen Brauen hoben sich scharf ab von der hohen klaren Stirn. Der Hauch eines unsäglich hehren Friedens wehte aus dem Bild.

Leonhard sah einen Augenblick hin, dann rief er: „Hier ist der Mutter Grab!“ stürzte auf die Knie, breitete die Arme aus und bedeckte die Füße des Herrn mit seinen Tränen und mit seinen Küssen.

Ursula trat leise aus der Stube in den Gang. Die Gatten lehnten sich aneinander und schauten gerührt auf den schluchzenden Mann.

Als Leonhard seinen Schmerz gestillt hatte, nestelte er sein Gewand auf, holte einen Rosenkranz hervor und betete lange und inbrünstig.

Friedrich und Ursula falteten die verschlungenen Hände und standen und warteten still.

Als sich der Beter endlich erhob, wollte die Schwester in aufwallender Liebe auf ihn zugehen, aber sein harter Blick wies sie grausam zurück.

„Geh zu deinem Kinde, ich habe mit deinem Gatten zu reden“, sagte Leonhard kalt.

Ursula neigte das Haupt und ging in die Stube, wo die Ritter von Hirschhorn bei ihren Frauen lagen und wo sie dem Geschlechte seine Kinder gebaren.

Als Ursula die Tür hinter sich zugemacht hatte, faltete Leonhard die Arme über die Brust und sah Friedrich finster an.

„Hier ist ihr Grab und ihr Kreuz?“ fragte er.

„Beides“, erwiderte Friedrich.

„Begraben, ehe sie starb?“ fragte Leonhard. Seine Stimme zitterte.

„Ja.“

„Und du hast mitgeholfen?“

„Ich habe den letzten Stein in die Mauer gefügt.“

Leonhard fuhr mit der Hand unter sein Gewand. Friedrich sah es und hob die Rechte zur Gegenwehr.

„Ich war ein Knabe“, sagte er, „willenlos, gedankenlos, ein Mitläufer des Geschlechtes.“

„So laufe auch hinter den andern drein zur Hölle!“ rief Leonhard. Ein Messer blinkte in seiner Hand. Aber wie er zustieß, faßte Friedrich den Arm über dem Gelenk und hielt ihn mit eisernem Griffe fest. Dann entwand er den Dolch mit der andern Hand den kraftlos werdenden Fingern und warf ihn in den Winkel.

„Nimm das Ding dort", sagte er zu Ursula, die, Böses ahnend, aus dem Zimmer getreten war, „und wirf es zum Fenster hinaus. So! Und nun verlaß uns wieder."

„Ich bleibe bei dir."

„Lausche hinter der Tür, aber es ist mir leichter, wenn du nicht da bist."

Ursula ging in das Zimmer zurück. Friedrich folgte ihr mit den Augen. Als sie verschwunden war, ließ der Junker seinen Gefangenen los, und als ob nichts geschehen wäre, sagte er: „Hast du mich noch etwas zu fragen?"

Leonhard stand da wie ein gebrochener Mensch und verdeckte sein Gesicht mit den Händen.

Friedrich legte ihm die Hand auf die Schulter und sagte: „Was du vorhin getan hast, hätte ich auch getan. Aber jetzt hab' ich ein Anrecht, von dir zu fordern, daß du mir vergibst."

Er streckte seine Hand hin.

Leonhard rührte sich nicht.

„Wie du willst", sagte Friedrich traurig und ließ seine Rechte sinken. „Willst du noch etwas wissen, Schwager?"

„Noch zwei Fragen, dann gehe ich."

„Du bleibst bei uns", sagte Friedrich leise.

„Warum habt ihr meiner Mutter so grausam getan?"

„So frag' ich auch", erwiderte Friedrich. „Kein Tag, an dem ich nicht so frage. Ich habe noch keine Antwort." Nach einer Weile fügte er hinzu: „Ich vermute, daß man sie dem Geschlecht geopfert hat in grauenvollem Wahn."

Leonhard nickte mit dem Kopfe.

„Und nun die zweite Frage?"

Leonhards Mienenspiel veränderte sich völlig. Ein hohnvoller Triumph blitzte aus seinen Augen.

„Ein Eid hat bislang deine Lippen gebunden. Du hast durch den Eidbruch ihre Minne gekauft und deinen Sohn gewonnen?"

„Pfui!" rief Ursulas Stimme, und sie stand vor ihrem Bruder mit geballten Fäusten und sprühenden Augen. „Du bist kein Sternenfels!"

„Er ist es so lange nur im Haß gewesen, Ursula; lehre es ihn in Liebe zu sein."

Friedrichs Stimme zitterte vor Bewegung. Er wandte sich an Leonhard:

„Du täuschest dich, Schwager. Ich habe meinen Eid gehalten. Der Maurer, der gedungen worden war zu dem Frevelwerk, kehrte aus fernen Landen zurück, während ich fort war. Aus seinem Munde erfuhr Ursula die Wahrheit. — Und nun komm, bleibe bei uns! Ein neues Leben beginnt, lebe es mit uns."

Leonhard schüttelte den Kopf.

„Wohne auf der Burg! Brüderlich sei sie mit dir geteilt. Lege dies Kleid ab! Nimm dir ein Weib. Wähle dir den Wohnsitz! Nimm Zwingenberg, nimm Kürnbach. Aber am liebsten wohne hier mit uns!"

„Wenn ich hier wohne, so wohne ich als Laienbruder im Karmeliterkloster", sagte Leonhard mit schroffer Stimme. „Das Kloster wird wieder errichtet, du wirst den Raub deines Geschlechtes herausgeben, und am Fronleichnamstage wird die Prozession mit fliegenden Fahnen vom Obertor nach dem Untertor ziehen."

Friedrich seufzte: „Daß du der andern Kirche angehörst, tut unsrer Liebe nichts, aber daß du es mit meinen Feinden hältst, das schafft uns Wehe."

Der Junker griff nach seiner Frauen Hand und hielt sich an ihr fest. Ursula legte ihr trauriges Gesicht an des Gatten Wange.

„Ist der Weg frei hier hinaus durch die Burg in den Hof und durchs Tor?"

„Der Weg ist frei."

„Ich gehe."

„Was hast du vor?"

„Ich suche des Vaters Gebein."

„Hast du eine Spur?"

„Ich hatte sie und verlor sie wieder. Aber ich weiß einen Menschen, der des Vaters Grab weiß, den suche ich auf."

„Laß ihn. Bleibe hier."

Leonhard ging.

„So schau noch einmal zurück! Hinter dir steht Ursula und sieht dir nach mit schwesterlicher Liebe. Sie hat die Arme ausgebreitet."

Leonhard blieb stehen und senkte den Kopf, aber er sah nicht zurück.

„Jener Mensch, den du aufsuchst —"

„Braucht einen Schatten. Dieser Schatten bin ich."

„Und wer ist es?"

„Die Beußerin von Ingelheim."

Leonhard glitt zur Pforte hinaus wie ein Schatten.

15

Die Reiter ritten und ritten. Der auf dem roten Roß hatte einen Vorsprung gewonnen. Ein groß Schwert hielt er in der Hand, und es ward ihm gegeben, den Frieden zu nehmen von der Erde, und daß sich die Menschen untereinander erwürgeten. Hinter ihm ritten nachbarlich der auf dem Schimmel und der auf dem Rappen. Jener hatte vor sich einen Bogen, der gespannt war; des Pfeiles eherne Spitze leuchtete wie grünes Feuer, es troff von ihr Gift auf die Erde, und wo es hinfiel, stieg ein Brodem auf, und die Leute sagten zueinander: „Es riecht nach Pest". Der Dritte hielt eine Krämerswaage in der Hand, die streckte er, vorgebeugt, über den Kopf seines Gaules hinaus, die leeren Schalen flatterten und flogen an ihren Schnüren, und des Reiters Gesicht war hart und erbarmungslos wie eines Wucherers, und die Saat, über der hoch in Lüften die Hufe wirbelten, hub zu zittern an, und die sprießenden Ähren sagten zueinander: „Oh, daß wir Hungrige sättigen dürften! Aber wir reifen, um auf dem Speicher zu schimmeln, derweilen die Kinder rufen: ‚Gib uns Brot!'" Einsam, sich selber genug, ritt der vierte Reiter daher. Der dürre Klepper, der stolpernd lief, als ob er Grabhügel unter den krummen Füßen hätte, war von falber Farbe; um seine Nüstern zitterte es gierig, wenn unten in der Tiefe ein Erschlagener lag, den keine Erde bedeckte. Wie der Reiter selber aussah, weiß kein Lebendiger, denn nur ein gebrochenes Auge konnte ihn erblicken, und sein Name hieß der Tod.

Die Reiter kamen näher und näher, aber noch waren sie nicht da. Die Menschen aßen und tranken, freiten und ließen sich freien. Die Männer und Frauen, deren Augen es beschieden war, zu sehen, wie mitten unter den Wolken die Luftreiter über dem Bergwald auftauchten und deren Ohren gellen sollten von dem Schreien ihrer Pferde, waren lange geboren und hatten schon Kreisel und Schnurstecken mit dem Minnespiel vertauscht. Die alten Leute, die an der Kirchweih einander zulachten und mit den Gläsern anstießen und sagten: „Für ein paar Jährlein wird es noch langen — will's Gott, ja," — ach, sie hätten Gott anrufen sollen, daß er sie beim nächsten Blätterfall wegnehme, denn als die Reiter da waren, waren die am besten daran, die unter einem festen Rasenboden lagen.

So wenig als sonst irgend jemand zwischen den Neckarbergen und am pfälzischen Rhein ahnte Friedrich von Hirschhorn, daß mit jeder Stunde das Schnauben der gespenstischen Rosse näher herankam. Seit dem Tage, wo er in festlicher Freude seinen Untertanen und seinen Freunden den Sohn und Erben zeigte, hatte er das Gewieher nicht mehr vernommen.

Rings um ihn her war die Luft so reich an wonnigen Lauten, daß sein Ohr des Wohlklanges voll war: da war Ursulas silbernes Lachen, das von Jahr zu Jahr erdenfroher und glückssicherer wurde, da war das Lallen, Geplauder, Jauchzen, der Singsang, das kluge Fragen und das knabentrotzige Aufbegehren seines heranwachsenden Sohnes; da waren die zutraulichen Stimmen des tagtäglichen Tages, die von ihm Urteil, Abhilfe, Gewährung, Bescheid verlangten, und wenn sie auch einmal verdrießlich klangen, sich mit einem fröhlichen Scherzwort heimschicken ließen. Er war als Hauswirt und Herr tätig und durchwaltend und sah allenthalben sein Werk gedeihen. An jedem Abend war er müde und dankbar, und dann legte sich ihm sein Weib in die Arme. Was hätte er da in die Ferne hinaushorchen sollen?

Nicht als ob in diesen Jahren Schloß Hirschhorn ein gefeiter Bezirk gewesen wäre, an dem alle irdischen Trübsale und Kümmernisse hätten vorbeifahren müssen. So manches Unglück landete nächtlicherweile unten am Strande, ging um das Städtlein herum, den Burgweg hinauf, an den Wohnungen der Dienstleute vorüber und ins Herrenhaus hinein; und so manche Sorge stieg aus einer der Wolken hernieder, die am Frühmorgen, wenn die Leute noch schliefen, schwer und dunkel vom Hohendarsberg herkamen und über die Burg hinzogen und den Widerschein ihrer roten Glut drohend in den Burghof warfen. Wenn dann die Schläfer ihre Augen aufmachten, war ein Leid vorhanden, von dem der gestrige Abend noch nichts gewußt hatte, oder es hatte sich auf die Herzen, aus denen gestern abend noch lauter Freude geatmet hatte, eine Furcht gelegt. Aber Friedrichs und Ursulas eheliches Glück verzehrte rasch allen Kummer und jede Trübsal, so wie ein kräftiger Sonnenschein giftige Dünste, Schimmel und Moder verzehrt. Ihre Lebensfreude war von unverwüstlicher Genesungskraft, und wenn die immer schöner werdende Frau auf dem Altane stand, die Hand auf der Schulter des Gatten, und die Eltern auf ihren Sohn niederschauten, der unten im Hofe nach der Scheibe schoß, dann leuchtete ein tiefes Glück aus Friedrichs Augen, Ursula aber hub mit silberklarer Stimme zu singen an:

„Bei meines Buhlen Füßen
Da fleußt ein Brünnlein kalt,
Wer des Brünnleins tut trinken,
Der jungt und wird nicht alt;
Ich hab' des Brünnleins getrunken,
Gar manchen stolzen Trunk,
Viel lieber wollt' ich mir wünschen
Meines Buhlen roten Mund!"

Und dann legte sie ihre Arme um ihres Gatten Hals und, ohne der Dienstleute zu achten, küßte und küßte sie.

Die hartnäckigsten Verdrießlichkeiten dieser Jahre erwuchsen dem Junker daraus, daß er trotz Kaiser und Reich und Lehensherr fortfuhr, die Religion seiner Untertanen zu verwalten wie irgendein andres ihm zustehendes Herrschaftsrecht. Er war überzeugt, daß ihm diese Gewalt zukomme, weil sie allmählich und unwidersprochen vom König her durch die Lehensfürsten seinem Geschlechte zugeflossen sei, und er war durchaus nicht gesonnen, sie aus den Händen zu lassen. Kurmainz ließ ihn gewähren, aber Kurpfalz wollte ihm in seinem Dorfe Rothenberg einen reformierten Pfarrer aufdrängen, und aus der kaiserlichen Kanzlei kam alle Quartal ein neues Schreiben, das immer dringlicher und drohender verlangte, daß laut Beschluß des Reichskammergerichtes die alte Karmeliterstiftung wieder aufgerichtet werde.

Am unbequemsten war der Pfälzer, denn er saß vor der Tür und hatte hierzulande all seine Macht bei der Hand. Darum galt es hier scheinbar nachzugeben, aber sich dabei immer ein Hinterpförtlein offen zu lassen, aus dem die Hauptsache entwischt war, wenn der Pfälzer endlich mit tappigen Händen zugriff. Friedrich war unerschöpflich im Erfinden neuer Ausflüchte und im kunstvollen Aufbau neuer Umstände und Schwierigkeiten. Mit dieser Beschäftigung vergnügte er sich an manchem Winterabend, während Ursula neben ihm saß und in den alten Heldenbüchern las oder ihrem Söhnlein die Holzschnitte in der großen Bibel zeigte. Der Notar hatte dann tagelang zu schreiben, um die von seinem Herrn ersonnenen Listen und Praktiken in den gehörigen devoten Pomp zu gießen.

Als Friedrich nimmer ausweichen konnte und, um einer kriegerischen Exekution des Pfalzgrafen vorzubeugen, den lutherischen Pfarrer von Rothenberg versetzen und das Pfarrhaus einem vom Heidelberger Kirchenrat geschickten reformierten Prediger ausliefern mußte, saß er einen ganzen Nachmittag mit dem Vogt und dem Bürgermeister von Rothenberg zusammen, und der Junker und die beiden Bauern wetteiferten miteinander an Schlauheit, wie es zu machen sei, daß das Wort Gottes von Heidelberg so schnell als möglich aus dem Dorfe hinausgestänkert werde. Es dauerte denn auch gar nicht lange, so häufte sich das Notgeschrei aus dem Rothenberger Pfarrhause in mündlicher und schriftlicher Gestalt dermaßen in der Kanzlei des Kirchenrats in Heidelberg, daß die Herren sich verleugnen ließen, wenn die bekannte stämmige Gestalt des Rothenberger Pfarrherrn in der Vorstube erschien, und die Schreiben ungelesen zu den

Akten fügten. Endlich verließ der Pfarrer mit Weib und Kind und Sack und Pack Rothenberg, der Junker spendete Wagen, Pferde und Fuhrleute und Zehrung für einen Monat, Magister Skultetus legte sich in den „Welschen Hahnen“ und erschien andern Tages in der Kirchenratskanzlei mit der erfreulichen Mitteilung, er sei jetzt da. Der Pfarrer und die Pfarrfrau brachten Rothenberg in einen dermaßen schlechten Ruf, daß jeder Pfarrkandidat, dem die Stelle angeboten wurde, dankte und sich empfahl. Das Pfarrhaus stand leer. Friedrich nahm sich der verwahrlosten Gemeinde an und führte in aller Stille, wie wenn es sich von selber so verstände, den alten Pfarrer zurück. Niemand hatte etwas dagegen einzuwenden, denn der Heidelberger Kirchenrat überlegte, wie er Böhmen reformiert machen könne, und die Pfalz bekam die vornehmsten Händel von der Welt.

Auch Friedrich von Hirschhorn konnte mit solchen aufwarten. Mehr als einmal bekam er ein Schriftstück aus Wien, das die Unterschrift Kaiser Rudolfs II. trug. Die Erwiderungen nach Wien schrieb der Junker immer eigenhändig nieder. Sie zerflossen in den demütigsten Versicherungen der Treue und Ergebenheit gegen den Oberherrn des Reichs und gegen das Kaiserliche Haus, beteuerten, daß der Junker in allen andern Stücken aufs freudigste Gut und Blut dem Wohlgefallen kaiserlicher Majestät hingeben werde, daß er aber zu seinem allergrößesten Leidwesen unvermögend sei, sich in diesem einen Punkt dem Spruch des Reiches und dem Willen des Kaisers zu bequemen, denn er würde unehrerbietig handeln wider das Andenken Kaiser Maximilians II. und Kaiser Ferdinands, wenn er ein Recht, das seinem Hause unter stillschweigender Zubilligung der seligen Majestäten zugewachsen sei, aus der Hand gebe.

Als er auch wieder einmal diese Erklärung mit schönen Floskeln verziert und zu Papier gebracht hatte, las er sein Machwerk schmunzelnd durch, sagte: „So muß man mit Kaiser und Reich reden“ und schob das Schriftstück seiner Frau zu. Ursula las es und gab es zurück, ohne ein Wort zu sagen. Friedrich begehrte nach ihrem Lob und sah sie an.

„Nun?“

„In diesem Brief ist jedes Wort ein blutiger Hohn.“

Friedrich erschrak ehrlich. Lange hatte ihm Ursula kein Wort gesagt, das ihn so gewurmt hätte. Immer wieder kam er darauf zurück, in der Hoffnung, sein Weib würde ihr Urteil zurücknehmen oder doch wenigstens seine Rechtfertigungen gelten lassen. Ursula hörte ihn lachend an und sagte schließlich: „Du liebes deutsches Herz, warum solltest du es mit Kaiser und Reich anders halten als jedermann? In diesen Zeiten muß man einem jeden pfeifen, nach dem er tanzen kann, dem Kaiser so, dem Pfalzgrafen so und Kurmainz wieder anders. Wenn nur sie es sind, die tanzen, und wir, die pfeifen, so wollen wir schon zufrieden sein."

Friedrich sagte: „Du bist eine gescheite Frau. Siehst du, der Kaiser, Kurmainz und Kurpfalz bilden ein Dreieck, und du und ich, wir sitzen schön in der Mitte. Wenn mir Kurmainz auf den Hals rückt, dann bin ich kurpfälzischer Lehensmann, und der Löwe brüllt für mich; will mir aber Kurpfalz übel, dann steh' ich bei Kurmainz unter und karessiere das Rad, so rollt es für mich. Stehen Pfalz und Mainz zusammen und dringen auf mich ein mit Schwert und Krummstab, so geh' ich zum Kaiser und zeig' ihm, wie vorteilhaft es für ihn ist, wenn er mich zum Freiherrn des Reiches macht, entweder auf Kosten von Pfalz oder zum Schaden von Mainz, und wenn mir der Kaiser in die Quere kommt, dann sage ich: ‚Was geht mich das Reich an? Ich bin fürstlicher Vasall.' Und ich beweise es mit Schriften."

Da lachte Ursula und sagte: „Du machst dich schlimmer, als du bist. Das ist ja doch dein höchster Stolz, daß kurmainzisch so gut ist als kaiserlich, und du ließest dir eher die Hand abhauen, als daß du deiner ersten Lehenspflicht untreu würdest."

„Aber deswegen laß' ich mir doch nichts hineinreden in meine Sachen", rief Friedrich. „Was ich kriegen kann, das nehme ich, und was ich habe, darauf setz' ich mich. Ich will meinem Sohne ein stolzes Erbgut hinterlassen, und ich denke, auch mein Gewissen und meine Untertanen werden gut dabei fahren." —

So trieben die Gatten Politik und hatten sich lieb dabei.

Dienten so die Verdrießlichkeiten, die ihnen aus dem Regiment erwuchsen, nur dazu, ihr Leben durch den Reiz der Reibungen zu erfrischen und die Heimlichkeit des inwendigen Glückes durch den Widerspruch der rauhen Welt zu vertiefen, so waren andre Sorgen und Kümmernisse da, welche die Gatten gar manches Mal mit tiefer Traurigkeit erfüllten. Dann verschränkten sie ihre Arme und sagten zueinander: „Wozu besitzen wir uns? Daß wir miteinander schweigen, tragen, hoffen, überwinden und in allem uns lieben."

Die Vergangenheit quälte sie nicht mehr. Dem kleinen Hans wurde gesagt: „Hinter dem gekreuzigten Heiland wohnt die liebe Großmutter." Und als er einmal fragte, warum die Großmutter gerade dort hinten wohne, sagte ihm Ursula, sie habe sich dorthin gestellt, um zu helfen, wenn man den Heiland vom Kreuze abnehme. Seitdem stellte sich Hans seine Großmutter vor als einen starken Schutzgeist, der besonders geeignet sei, schwere Lasten zu heben und zu tragen, und als er einmal zusah, wie die Zimmerleute einen Balken vom Dache herunterließen, ohne daß jemand unten stand, ihn zu fassen, bekam der kleine Hans große Angst, das lange Hausstück möchte fallen und brechen. Er stieg eilig die Treppe hinauf, ging in den Gang, kniete vor dem Gekreuzigten nieder und betete: „Lieber Heiland, schicke die Großmutter, daß sie den Balken halte!" Als der Knabe einmal das mittlere von den drei Bildern betrachtete, rief er auf einmal: „Das ist ja unser Vater!" und deutete auf den Knecht, der den Heiland schlug. Der Junker stand gerade dabei. Er nahm das Kind an der Hand, führte es in die Stube, setzte sich in einen Sessel, nahm sein Hänschen auf den Schoß und sagte: „Ehe dich der liebe Gott in unsre Wiege legte, war dein Vater ein zorniger und gottloser Mann, und einmal war er so böse, daß er deine liebe Mutter geschlagen hat. Da kam in der Nacht der Heiland zu deinem Vater und sagte zu ihm: ‚Ich wollte dir ein Knäblein bringen, es heißt Hänschen und ist lieb, aber weil du mich geschlagen hast, darum kriegst du es nicht.' Darauf weinte dein Vater bitterlich und bat den Heiland, er solle ihm doch das Kindlein geben. ‚Wenn du dich dein ganzes Leben hindurch schämen willst bis an deinen Tod, dann sollst du und die Mutter den Hans haben.' Dein Vater hat es dem Heiland versprochen, und damit er sich immerfort darüber schäme, daß er einmal so böse gewesen ist, steht dies Bild da. Dein Vater hat darüber graue Haare bekommen."

„Und mich", sagte das Söhnchen.

„Und dich!" rief Friedrich und schloß das Kind an sein Herz.

Von jenem Tage an sah das Knäblein mitunter sinnend auf seinen Vater. Wenn der fragte: „Warum schaust du mich so an?" erwiderte das Söhnlein: „Vater, schämst du dich auch jetzt?" oder es hob mahnend seinen Finger: „Vater, schäme dich."

Wenn die Gatten über diese Geschichte und hundert andre redeten, dann fragten sie, entweder wortlos jedes sich selbst oder leise eines das andre: „Ist die Vergangenheit tot oder schläft sie nur? Ist sie fort für immer oder hat sie Urlaub genommen, um wiederzukehren?"

Ursula gedachte ihres Bruders in Traurigkeit. Sie hatte nichts mehr von ihm vernommen, seit er zürnend die Burg verlassen hatte. Um auch diesen Schatten zu bannen, gewöhnte sie sich daran, in den Stunden, wo schwesterliche Sehnsucht über sie kam, sich auf den gewissen Tag zu freuen, wo ihr Bruder versöhnt und genesen zurückkehrte, in der übrigen Zeit aber seiner wie eines geliebten Toten zu gedenken.

Unheimlich war die Gewißheit, daß die Beußerin noch am Leben war; die unstete Frau, die durch ihren Reichtum, ihren Prunk, durch die Gerüchte, die ihre Vergangenheit bestrahlten, und durch die Abenteuer, die sie allüberall schuf und erlebte, in ganz Europa bekannt war und an allen Fürstenhöfen, in allen reichen Städten, an allen Badeorten von sich reden machte, konnte nicht aus der Welt geschieden sein, ohne daß man davon vernommen hätte. Die einzige sichere Kunde, die über sie auf das Hirschhorner Schloß gelangte, kam aus Baden im Aargau. Ein Mainzer Prälat, der auf der Heimreise von einer Badekur Gast auf Burg Hirschhorn war, hatte dort die merkwürdige Frau kennengelernt. Mit der Unbefangenheit, in der sie von ihren Liebesgeschichten zu erzählen pflegte, hatte sie dem geistlichen Herrn am Spieltisch gebeichtet, daß sie vor etwa einem Menschenalter auf einem Karneval zu Venedig einen italienischen Maler geliebt habe. Sie habe darauf einen Sohn geboren, der herangewachsen und Maler geworden sei. Auf einer Reise nach Flandern sei er spurlos verschwunden. Sie beabsichtige, später einmal, wenn das Leben für sie keine Freuden mehr habe, sich ganz der Vergangenheit zu widmen; dann werde sie auch den Pfad ihres verschollenen Sohnes aufsuchen. ‚Gott gebe, daß dieser vergraste Pfad nicht unsern Weg gekreuzt hat‘, dachte Ursula bei sich, Friedrich aber legte die Stirn in die Hand und seufzte aus der Tiefe. Der Domherr plauderte fröhlich weiter, und Ursula war an jenem Abend von verschwenderischer Güte. Bald hatte sie denn auch die Schatten von der Stirn ihres Mannes verscheucht, und die Beußerin schien vergessen.

Leichte Schatten kommen und gehen. Anders ist es mit einem wahrhaftigen Leid, das körperschwer, und wo es sich hinlegt, da können es keine Menschenhände aufheben: es ist da und drückt. Auch an einem solchen Leide fehlte es den Gatten nicht: es war mehrfach und doch einfach. Viermal im Laufe von zwölf Jahren bekam die hochgebaute Wiege frische Einquartierung, aber keins der zwei Knäblein und der zwei Mägdlein siedelte aus der Wiege in das halbgroße Kinderbettchen über, das Hans schon lange leer gelassen hatte, sondern jedes der vier kleinen Hirschhörnchen beeilte sich, aus der Wiege alsbald kurzerhand in das Särglein zu kriechen. Jedes der Kinder war frisch und kräftig zur Welt gekommen, und jedes wurde von einer der Kinderseuchen dahingerafft, die in jenen Tagen nirgends grausamer mordeten als in den Gängen und Höfen der Ritterburgen, wenn die Winterkälte über die Wände rieselte und der heulende Frühlingswind den Qualm in die Stuben jagte. Wenn Ursula in der Ersheimer Kirche auf der Gruftplatte stand und die sieben steinernen Wickelkinder betrachtete, die von der Wand auf sie herniederschauten — hier dicht nebeneinander die Zwillingsknaben, dann das Töchterlein mit dem Totenkopf, dann die vier andern in gleichen

Abständen —, sagte sie zu sich unter Tränen: „Ach, was bin ich doch eine kinderreiche Mutter!" Aber wenn sie dann von dem Grabe des getreuen Nikolaus, an dem sie nie vorüberging, ohne es zu grüßen, nach der Burg schaute, dann biß sie die Zähne zusammen, schüttelte die gefalteten Hände über ihrem Schoß und sagte zu sich: ‚ich bin diesem Hause Kinder schuldig', und wenn sie stille im Nachen saß und über die Wasserfläche hinschaute, dem dunkelgrün herniederströmenden Neckar entgegen, dann bat sie Gott um eine neue Hoffnung.

Für ihr Herz und ihr persönliches Leben entbehrte sie schmerzlich der Tochter. Diese ungestillte Sehnsucht führte ihre Zärtlichkeit immer wieder der prächtig aufblühenden Ursa zu, obgleich sie eigentlich gegen das wilde, fahrige Kind einen Widerwillen hegte. Das Mädchen war der tägliche Spielkamerad des kleinen Hans. Der Bursche vergaß Vater und Mutter, alles Spielzeug und die liebsten Leckerbissen, wenn die roten Haare der Dirne aufleuchteten oder ihr keckes Stimmlein sich hören ließ. Sie wurde nicht müde, ihn herumzuschleppen, und je ärger er sie zauste, desto schmiegsamer wurde sie. Ursula wurde es manchmal bang, sie wurde bedenklich durch manche stille Beobachtung, und sie verhehlte ihrem Gatte ihre Befürchtungen nicht. Friedrich, der das frische Dirnlein überaus lieb hatte, lachte Ursula aus. Da schwieg sie, aber behielt die Augen offen und entfernte, soviel sie konnte, die beiden Kinder voneinander.

In ihrem Mißtrauen wurde sie bestärkt durch den urwüchsigen Haß, der zwischen Margarete und Ursa bestand. Margarete war jedes Jahr auf Wochen in Hirschhorn. Das waren Festtage für Ursula, und auch Friedrich wurde durch den Besuch zur wärmsten Behaglichkeit gestimmt. Margarete hing mit leidenschaftlicher Zärtlichkeit an der schönen Frau. Ihren Patensohn behandelte sie erzieherisch, als ob sie bei jedem Wort, das sie zu ihm sagte, der Verpflichtung eingedenk sei, daß sie mithelfe, ihn aufzuziehen in der Zucht und Vermahnung zum Herrn. Infolgedessen war Hans nicht sonderlich erbaut von dieser Erziehungsbeihilfe und strebte um so emsiger zu Ursa, je eifriger ihn Margarete zwischen ihren Armen hielt. Margarete und Ursa aber waren Feinde wie Dogge und Wildkatze. Margarete war gegen Ursa ungerecht und böse, Ursa gegen Margarete frech und boshaft. Das Edelfräulein behandelte die Dirne hochmütig und mit ausgesuchter Unfreundlichkeit, und diese wußte doppelt und dreifach heimzuzahlen durch Grimassen und Hohn und tückischen Schabernack. „Es ist die Feindschaft zwischen rotem und blondem Haar", meinte Friedrich.

„Oh nein, es ist die Feindschaft zwischen Reinheit und Unreinheit", sagte Ursula, und sie sah mit Mißfallen zu, wie Hans von Margaretens Schoß herunterstrebte, weil Ursas Stimme vor der Tür zu hören war.

Als Hans vierzehn und Ursa siebzehn Jahre alt geworden war, ging jedes seinen Weg, ohne sich ums andre zu kümmern. Ursula fing an, sich zu beruhigen.

16

Auf dem Heimritt von Zwingenberg, wo der Junker, von seinem Sohne begleitet, ein Geschäft ausgerichtet hatte, holten sie einen Burschen ein, der auf einem Bauernklepper dahintrabte. Sie waren schon an ihm vorüber, da rief er ihnen nach: „Kuriöse Neuigkeit aus dem Böhmerland!" Hans sah zurück und erkannte einen Zeitungskrämer. Der hielt ihm ein bedrucktes Papier entgegen und sagte: „Das ist mein letztes Blatt, alle andern hab' ich in Beerfelden und Eberbach verkauft." Hans hielt sein Pferd an, zog seinen Beutel aus dem Wams, zahlte die geforderte Münze und ritt mit dem Blatte seinem Vater nach.

„Frische Zeitung aus Böhmen!" wiederholte er. Sie ließen ihre Gäule verschnaufen, und Hans las vor, was auf dem Blatte gedruckt war. Es war die Nachricht, daß die böhmischen Stände, die dem Erzhause Österreich das Erbrecht abgesagt hatten, den Kurfürsten Friedrich den Fünften von der Pfalz zu ihrem König gewählt hatten.

„Das will mir nicht gefallen!" rief Friedrich. „Ich fürchte, der junge Mann nimmt die böse Krone an."

„Wer eine Krone ausschlägt, verdient die Schellen zu seiner Kappe", erwiderte Hans und gab seinem Pferd die Sporen.

Friedrichs Hengst setzte sich von selbst in Galopp, und bald ritten Vater und Sohn wieder nebeneinander. Sie schwiegen beide, denn sie wußten, daß sie nicht einig gingen. So hing jeder seinen eigenen Gedanken nach. Bei dem Vater waren sie nebeldüster, bei dem Sohne sonnengolden.

Als sie um den Feuerberg herumritten, hielt Friedrich sein Pferd zurück, und sobald ihm sein Sohn aus den Augen war, ließ er es stillstehen und lauschte.

Kopfschüttelnd ritt er weiter. ‚Sie wiehern nicht', dachte er. ‚Ich weiß auch warum. Weiß sich ein Gaul dem Ziele nah, so schweigt er und greift aus.' — Erst vor dem Burgtore holte er seinen Sohn ein.

„Du hier", rief er erfreut und winkte mit der Hand seiner Gattin.

Ursula stand unter dem offenen Tor. Sie hielt einen geöffneten Brief in der Hand.

„Botschaft aus Heidelberg!“ rief sie und sah ihrem Liebsten prüfend in die Augen. „Die böhmische Gesandtschaft ist dort eingetroffen. Der Kurfürst schreibt eigenhändig, Hans solle dich begleiten.“

Sie trat zur Seite, und Friedrich ritt an ihr vorüber in seine Burg. Im Vorbeistreifen liebkoste seine Hand, was sie von Ursula erreichen konnte, ihr Haar, ihr Ohr, ihre Wange. Sie ergriff sein Pferd am Zügel, und zu ihm aufblickend, fragte sie: „Nun?“

„Ich fürchte, ich fürchte“, erwiderte er.

Hans hätte jauchzen mögen, aber er schwieg.

Am andern Morgen ritten Vater und Sohn mit drei Dienern gen Heidelberg. Sie nahmen ihren Weg am linken Ufer des Neckars. Als sie über Neckargemünd hinausgekommen waren, fing für Hans die unbekannte Welt an. Er war lauter Empfänglichkeit und Erwartung. Ohne sich dessen bewußt zu werden, empfing er einen tiefen Eindruck von der wachsenden Größe der Landschaft. Ganz besonders aber fesselten ihn die wie glühendes Morgenrot leuchtenden Steinbrüche rechts und links vom

Strome. Es wimmelte darin von Menschen, die an den Felsen hingen und das Tal mit dem Schalle ihres Klopfens und Hämmerns erfüllten. Durch dieses Treiben in den mächtigen Steinbrüchen bekam Hans den ersten tiefen Eindruck von der Gewalt der Menschenwelt, und noch lange, nachdem er schon viel Herrliches vom menschlichen Leben und Weben erfahren hatte, drängten sich ihm die leuchtenden und lauten Bilder dieser Steinbrüche in seine Träume.

Als er sie bei jenem ersten Ritt in die Welt hinter sich hatte, tat ihm die vom Strome durchrauschte Stille des Tales unendlich wohl, und als die türmereiche Stadt neben dem glänzenden, schäumenden Neckar vor ihm auftauchte und der Blick sich über den gartengrünen Ausgang des Bergtales in die lichterfüllte Ebene verlor bis zum zartblauen Saum der fernen Haardt, da erschien ihm dies alles wie ein schönes Gemälde, und es kam ihm fast wunderlich vor, daß er jetzt in all diese stummen, leuchtenden Farben hineinreiten sollte. Und jetzt ritt er neben seinem Vater durch die engen Gassen. Das verklärte Lächeln, das in seinem Antlitz lag, als er vor dem Stadttore hielt, war verschwunden. Mit großen Augen schaute er in das Festgewoge der aufgeregten Stadt. Die einzelnen Gestalten, die sich an ihm vorüberdrängten, sah er kaum, aber er empfing den Eindruck von einem gesteigerten Leben, das viel freier und herrlicher war, als er es je gesehen hatte, als ob die Menschen hier weniger erdenschwer dahinschritten, gelöstere Glieder hätten und viel keckere Augenlichter aus den Gesichtern leuchteten als anderswo. Und als nun gar das Fürstenschloß erschien und in seiner heiteren Majestät so ferne und so nah über ihm stand, da war er überwältigt und wußte nicht mehr, ob er wache oder träume, und erst, als er im dunkelgetäfelten Gemach des Hirschhornschen Hofes in der Kettengasse saß und um sich her nur die bekannten Gesichter aus der väterlichen Burg sah und all die fremde Fülle der wechselnden Bilder ferne blieb, fand er seine Seele wieder und konnte sich besinnen und ein vernünftiges Wort reden. Aber er besann sich nicht viel und schwieg. Er lehnte sich an die Wand und lächelte vor sich hin. Sein Vater, der ab und zu ging, tat, als merkte er nichts, und wenn er ihm etwas zu sagen hatte, war der Ton barscher als sonst, aber als die beiden sich gegenüber am Eßtisch saßen, stand Friedrich auf, hob den Becher und sagte: „Willkommen in der Welt! Bleib darinnen fromm und bieder! Erwirb Ehre weiter unserm Haus und bring sie heim in Frieden! Hirschhorn auf ewig!“ Hans schnellte in die Höhe, leerte sein Glas und dankte dem Vater mit einem leuchtenden Blick. Da ging Friedrich langsam um den Tisch herum, strich seinem Sohn die Locken aus der heißen Stirn und drückte das geliebte Haupt zärtlich an seine Brust. Hans bekam feuchte Augen. Er fühlte sich unsäglich reich und beglückt, schaute aber nach der Tür und freute sich, daß die Aufwärterin gerade draußen war.

Noch an demselben Tage gingen Vater und Sohn zu Hofe. Kaum waren sie in den Vorsaal eingetreten, da sagte eine fröhliche Stimme: „Ei, da ist ja Hans Hirschhorn." Ein halbdutzend Hände streckten sich ihm entgegen, und er sah sich mitten unter seinen Kameraden. Der jugendliche Adel des Pfälzerlandes, dessen Glieder sich durch Besuchsritte von Burg zu Burg und durch ritterschaftliche Zusammenkünfte kannten, wie sie denn auch alle unter sich durch alte und vielfache Verflechtungen der Familien verwandt waren, war beieinander, und sie bauten sich alsogleich auf eigne Faust eine Welt der Freude und des Mutwillens mit der unerschöpflichen Gestaltungskraft einer gesunden, lebensfröhlichen Jugend. Hans begrüßte lachenden Auges die Gesellen und warf einen neugierigen, scheuen Blick zu den stolzen Mädchengestalten der nächsten Gruppe. Rasch machte er sich los und spähte nach seinem Vater. Als er ihn gefunden hatte, wandte er wie zufällig den Kopf hinüber zu den Mädchen und schaute verwirrt in kühle, forschende Augen hinein.

Die Vorstellung ging glücklich vonstatten. Der junge Fürst war gütig und schlicht. Dem Vater Hirschhorn gegenüber war er fast verlegen wie einer, der ein unruhiges Gewissen hat und in richterlichen Augen etwas von Billigung oder Entschuldigung lesen möchte. Gegen Hans war der hohe Herr zutraulich und fröhlich, als ob er zu fühlen geben wollte: wir sind Altersgenossen und wollen unser Anrecht auf das Leben miteinander geltend machen. Und nun trat die Kurfürstin herzu, die Königstochter aus Engelland aus dem Hause der Stuarts. ‚Das ist Frau Venus selber', dachte Hans und wurde in jene Verwirrung gestürzt, die der schönste Triumph ist, den ein Weib erleben kann. Auch Friedrich fühlte bis ins innerste Mark den mächtigen Anhauch, als die stolze und reizvolle Frau ihm nahetrat. ‚Bei Gott', dachte er, ‚ein Ritter dieser Frau zu sein, ist ein stolzes Ding. Auch ich täte einen Gang mit meinem Schwert um ein huldvolles Lächeln von diesen vornehmen, süßen Lippen, trotz meiner Ursula.' Er trat zurück und sah, wie die Fürstin ein solches Lächeln seinem Sohne schenkte. Es war ein anmutiges Bild, die beiden schönen jungen Menschen zu schauen, wie sie sich zueinander neigten in zartem Wohlgefallen, hier die bewußte spendende Huld der Frau und dort die verwirrungsvolle Jünglingsseele, trunken von der zartesten Spende weiblicher Gunst. Während Friedrich solches beobachtete, kam ihm zum ersten Male in den Sinn, daß auch sein Sohn etwas Berückendes habe; er sah in die Runde, und es entging ihm nicht, daß vor keinem so viele feurige Pfeile aus Mädchenaugen niederflatterten als vor seinem Sohne. Einen Augenblick freute er sich dessen, dann legte sich ihm eine Sorge aufs Herz.

Aber weder der Vater noch der Sohn konnten ihren Empfindungen nachhängen. Eines drängte das andre. Im nächsten Augenblick stand jeder in neuer Umgebung, und was da geplaudert oder verhandelt wurde, war im Nu wieder weggeschoben, durch etwas ganz Andersartiges ersetzt.

Wie war doch alles so gänzlich verschieden von den Vorstellungen, mit denen Hans hierhergekommen war. Es war das unbefangenste, freieste und fröhlichste Leben, wo jeder sich völlig geben konnte, wie er war, und, da alle gesteigert waren, das Beste, was er in sich hatte, in der liebenswürdigsten Weise in den Strom des Lebens spendete. Die spanische Hofsitte war in Heidelberg nicht eingekehrt. Die tiefe Lebensglut, die verborgen in der stolzen Seele der Elisabeth Stuart brannte, wurde zu einer freien, lodernden Flamme in dem Schlosse über dem Strom. Es gab wohl keinen andern Fürstenhof in Deutschland, wo eine so feine und freie Geselligkeit herrschte, wie an dem in Heidelberg. Allerdings solche Beobachter, die das Leben unter dem früheren Herrn, Friedrich dem Vierten, gekannt hatten, meinten, daß der künstlerische Wert des höfischen Treibens gegen damals gesunken sei und daß damals alles zwar einfacher und derber, aber bis in die Arbeit der Tafeldecker und der Dekorateure hinein gediegen, durchdacht und schön gewesen sei, während jetzt doch manchenorts gedankenloser Prunk, der rohes und unordentliches Wesen verbarg, sich in die Lücken schob.

Das Merkwürdigste an dem Treiben auf dem Heidelberger Schloß in jenen Tagen war die Eintracht zweier mächtiger Triebfedern, die sonst in der Regel widereinander wirken: der Liebe und der Politik. Der Heidelberger Hof war ein Liebeshof, wie nur je einer in der Provence oder im Burgunderland vorhanden gewesen. Von dem Tage an, an dem Friedrich und Elisabeth, noch halbe Kinder, sehnsüchtig und scheu sich in die Arme gesunken waren, hatten sich die Gatten immer lieber gewonnen und immer süßere Schätze im steten Beisammensein gefunden. Es war, wie wenn sich durch allzufrühe Gewöhnung all ihre Lebenskraft in die Liebe ergösse. Die Liebe wurde zu dem einen großen Gegenstand ihres Lebens. Sie verschlupfte nicht in dem Gehäuse der Ehe, sondern quoll darüber hinaus und erfüllte die ganze Umgebung mit heißer Luft und berauschendem Schwall. Bis in das letzte Bürgerhaus hinein spürte man etwas von der Minnesehnsucht, welche die Gemächer des Elisabethenbaues und der Englische Garten ausatmeten. Die Liebesfröhlichkeit und

Heiratsfröhlichkeit, die sich sonst nur nach langem, schwerem Unglück einstellt, war durch ein wunderliches Naturspiel vorher da. Die Mädchen und Frauen in Heidelberg hatten gute Tage. Wie droben auf dem Schlosse, so wuchsen in den Gassen der Stadt schöne, begabte Kinder auf, voll Mark und Feuer und Geist. Das waren die Menschen, die aus Schutt und Asche die neue fröhliche Pfalz aufbauen sollten.

Eigentümlich war der reformierte Zuschnitt dieses Liebeslebens. Hugenottische Zucht und Frömmigkeit hatten im Heidelberger Schloß ihre Heimat und behielten sie auch mitten in diesem Schäferspiel. Das war keine Heuchelei und keine Frechheit. In aller Ehrlichkeit und Treue liebten und beteten jene Menschen. Auch nicht der strengste Theologe nahm irgendwelchen Anstoß an dem verbuhlten Wesen der gnädigen Herrschaft. Sie waren ja Eheleute, und ihre Zärtlichkeit war von Gott geboten. Allerdings zogen die Herren vom Kirchenrat die Stirne kraus über so mancherlei, was sich im Gefolge dieser ehelichen Zärtlichkeiten am Hofe zutrug. Aber bekanntlich ist der Mißbrauch kein Beweis gegen einen verordneten und gesegneten Gebrauch der Gabe Gottes, und so waren es nur wenige wunderliche Menschen, die in Besorgnis den Kopf schüttelten über die Versinnlichung des Hofes, durch die das Denken schlaff und das Wollen üppig wurde zu einer Zeit, wo Besonnenheit, Nüchternheit und Tatkraft notwendig waren wie das rote Blut.

Denn in ebendiesen Tagen entschied sich im Heidelberger Schloß das Schicksal Europas. In dem Stimmengewirr, das durch die Hallen, Säle und Rotunden flutete, waren die italienische, die französische, die holländische, die englische Sprache seit einem Menschenalter vertraute Laute, aber wenn dazwischen und durch das Gemisch der deutschen Mundarten ein seltsames Zischen und Sprudeln ertönte, wandten sich alle Köpfe um, und den spanisch gekleideten Edelleuten folgten die Blicke: das waren die Böhmen, die dem Pfälzer die Wenzelskrone anboten. Die Sitzungen des Geheimrats, die Beratungen der Vertreter der verbündeten evangelischen Reichsstände, die Besprechungen der Gesandten und Agenten aller europäischen Staaten folgten sich in ununterbrochener Reihe. Daneben gruppierten sich täglich neue verantwortungslose politische Zirkel, in denen besonders die müßigen Herren des Adels sich über die Dinge, von denen sie nichts wußten, in Mutmaßungen ergingen. Jeder Tag brachte neuen Stoff. Denn jeden Tag kamen und gingen Boten, schweigsame, hochgewachsene Schweden, kleine, schwarze Savoyarden, Geistliche, Notare, Kavaliere, kalte, verschlossene Diplomaten, plaudernde Wichtigtuer.

Kein Fürst, der nicht ein Gutachten schickte, Warnung oder Aufmunterung gab oder wenigstens erfahren wollte, wie die Sachen gingen und standen.

Für Friedrich von Hirschhorn wäre der Aufenthalt am Hofe unerträglich gewesen, wenn ihm nicht eine Fülle ernster Arbeit zugefallen wäre. Er sowie sein Freund Philipp von Helmstatt wurden auf besonderen Wunsch des Kurfürsten zu allen Beratungen, die von einigem Gewicht waren, zugezogen. Es war den beiden Gesellen eine innige Freude, daß sie diesmal einig gingen. Sie verurteilten die hochfahrende Politik der gegenwärtigen Ratgeber des Fürsten und hielten dafür, daß die Annahme der böhmischen Krone der evangelischen Sache einen schweren Stoß, der Pfalz das Verderben und viel Blutvergießen über Deutschland bringen werde. Sie bemühten sich redlich, den Kurfürsten zu überzeugen, aber bemerkten bald mit großer Betrübnis, daß sie an einen Stein redeten, weil sein Sinn vom Glanze der Majestät geblendet war.

In einer Sitzung des Geheimrats und der Gesandten des evangelischen Fürstenbundes, bei der Friedrich der Enterich, so nannten die Freunde unter sich den Kurfürsten, den Vorsitz führte, wurde ein Handschreiben des Münchner Vetters, des Herzogs Maximilians von Bayern, verlesen. Es enthielt eine Abmahnung, deren bedrohlicher Ton auch die leichtfertigsten Plauderer betroffen machte. Philipp benutzte die Stimmung und sprach erregt und bewegt. Plötzlich brach er ab, und sein Gesicht zeigte, daß er aufs tiefste verletzt war. Der Kurfürst wurde rot wie ein ertappter Schulbube. Der badische Gesandte bat ums Wort, und Friedrich stand auf und gesellte sich zu seinem Freunde, der in den Hintergrund des Saales getreten war.

„Was ist mit dir?“ fragte er.

„Ich sah, während ich redete, zufällig dem Kurfürst auf die Hände. Als ich die Folgen auseinandersetzte, die ein Zerwürfnis der beiden Wittelsbacher Häuser für die Pfalz haben müsse, zog der Enterich heimlich ein seidenes Band aus dem Brustlatz und liebkoste es unter der Tischplatte mit zitternden Fingern.“

„Wehe dem Lande, des König ein Kind ist“, sagte Hirschhorn traurig.

„Ich bin überzeugt“, klagte Helmstatt, „er nimmt die Krone an, lediglich um seine Liebste fragen zu können: ‚Wie tut es, wenn man einen König umarmt —?‘ “

Der Kurfürst, der aus seinen schönen, träumerischen Augen unsichere Blicke zu den grollenden Freunden schickte, hob die Sitzung auf mit dem Bescheid, man werde die vorgetragenen Meinungen überlegen, und lud zugleich die Herren zu einem großen Hoffeste ein, das den böhmischen

Gesandten zu Ehren in drei Tagen stattfinden werde. Hirschhorn und Helmstatt sahen sich an. „Der Würfel ist gefallen“, sagte Philipp.

Es war die einzige festliche Veranstaltung des Hofes in all den Verhandlungstagen, die schon fast die dritte Woche füllten. Die Frauen und die Jugend hatten sich in dieser Zeit auf eigne Faust in köstlicher Freiheit ihre kleinen Feste aufgebaut und aus dem schwellenden Übermut schöner Stunden heraus Spiel und Scherz und Lustbarkeit gestaltet. Die jungen Pfalzgräfinnen, Verwandte des Kurfürsten, waren die Führerinnen durch den Wald und über die Berge, und wer konnte und wollte, wetteiferte mit ihnen im Erfinden und Schaffen neuer Freude.

Darum wurde die Botschaft von dem bevorstehenden Prunkfeste von den jungen Leuten mißmutig aufgenommen. Sie hatten für jenen Tag ein Quellensuchen im Wald verabredet. Die Mädchen sollten die Quellnymphen sein, diesseits und jenseits des Neckars, und die fremden Kavaliere die irrenden Ritter, die nach ihren verlorenen Schönen suchen und statt ihrer die verführerischen Nymphen finden, die im Wald und in den Tälern mit Blumen bekränzt an den Brunnen sitzen, immer zwei oder drei beisammen, und auf Abenteuer warten. Die Jugend hatte sich den Vorteil, daß die Kurfürstin alle ältlichen Insassen des Frauenzimmers entlassen und sich mit lauter jungen, zärtlichen Mädchen umgeben hatte, zunutze gemacht. Völlig aufsichtslos gaben sie sich dem süßen Reize des freien Umgangs hin, und wenn sie's auch nicht weiterführten als bis zum Spiel der Augen, zum Haschen der Hände, zum huschenden Kusse verwirrter Lippen, so endigte doch jede Unternehmung in diesem gefährlichen Grenzgebiet, und eben darin bestand die unendliche Wonne dieser Tage. Für Hans Hirschhorn hatten sie noch einen ganz besonderen Reiz. Als er sich einmal einer Fensternische näherte, hörte er eine Mädchenstimme sagen: „So denk ich mir den Aminta.“ Er erkannte an dem fremdländischen Klang die Stimme eines adligen Fräuleins aus Italien. Er hob den Vorhang. Giulietta und ein Fräulein von Enzberg steckten dahinter.

„Wer sieht aus wie Aminta?“

„Ihr, wenn Ihr es wissen wollt“, sagte die kleine Schwäbin.

„Wer ist Aminta?“

„Ein garstiger Schäfer“, neckte die Enzberg.

„Kennt Ihr den göttlichen Torquato Tasso nicht?“ fragte die Italienerin.

„‚Das befreite Jerusalem‘ habe ich gelesen“, erwiderte Hans in der Sprache des Dichters.

„Ach, das ist langweilig; schön ist nur die Geschichte von Rinaldo und Armida. Aber gar der Aminta! Das ist lauter Süßigkeit."

„Dann ist es nichts für mich."

„Herbe Süßigkeit!" sagte sie und schlug ihn mit dem Fächer auf die Wange.

Am andern Tag begegnete sie ihm im Garten mit einem Buch und sagte: „Hier ist der Aminta. Wollen wir ihn zusammen lesen?"

Und nun trafen sie sich täglich irgendwo, immer im freien Licht und im hellen Sonnenschein und lasen den Aminta, langsam und gründlich, und ließen sich durchströmen von zärtlichem Feuer, und wenn sie auch nicht weiterkommen wollten und nicht weiterkamen, als daß er ihre Hand ergriff, die blauen Adern betrachtete und die Fingerspitzen an seine Lippen führte, oder daß sie ein- oder zweimal seine Locken berührte, so waren sie doch mitten darinnen, sich die üppige Kunst einer leidenschaftslosen Liebe zu lehren.

All dieses gefährliche Spiel nahm nun ein Ende. Die zwei Tage vor dem Feste wurden von den Vorbereitungen und Übungen völlig in Anspruch genommen, und wenn auch die Vertraulichkeit, die unter den jungen Leuten entstanden war, die Proben mit ausgelassenem Mutwillen erfüllte, so waren die Jünglinge und Mädchen sich doch nicht mehr selber überlassen. Diener und Dienerinnen gingen beständig ab und zu. Auch waren ältere Männer und Frauen unter ihnen. So waren diese Tage doch wie durchgestrichen. Es lag ein Meltau auf ihrer Fröhlichkeit.

Davon merkten freilich die Graubärtigen nichts. Friedrich Hirschhorn, der als Truchseß tägliches Hofamt hatte, freute sich an seinem Sohne, dem er bei den Vorbereitungen oft begegnete. Bisher hatten sich die beiden nur selten getroffen. Sie hatten sich einmal im Tage begegnet und mit den Augen gegrüßt, in einem der Säle, ein jeder in seiner Gesellschaft, oder sie waren auf dem Waldsteg aneinander vorübergegangen, wenn der Vater von einer frühen Pirschjagd zurückkehrte und der Sohn mit seinen Freunden und Freundinnen ins Revier der Vögel hinauszog. Oft sahen und hörten sie sich erst wieder daheim im Schlafgemach.

„War es heute schön?" fragte der Vater.

„Oh, wunderschön!" erwiderte der Sohn.

„Hast du auch an die Mutter gedacht?"

„Jetzt eben denke ich an sie."

„Gute Nacht, Hans!" — „Gute Nacht, lieber Vater."

Es war für Friedrich eine rechte Erquickung, an diesen zwei Tagen unangenehmsten Dienstes seinen Sohn zu beobachten und zu sehen, wie er so sicher, so gewandt, so anmutig geworden war. ‚Wie wird sich die Mutter freuen!' dachte er bei sich.

Das Fest begann. Alle Reichtümer der alten Pfalz gleißten und glänzten, und des Prunkes, der sich den Augen ausstellte, war schier zuviel, und die böhmischen Gäste konnten sich mitunter eines Lächelns nicht erwehren.

Das glänzendste Stück war der große Umzug. Mehrmals schritten die Teilnehmer aneinander vorüber. Wenn es geschah, freuten sich Vater und Sohn aneinander. Wie der Truchseß nochmal so stolz sein Schwert trug, wenn er an seinem Sohn vorbeiging! ‚So sollst du es tragen nach mir; aber du wirst den Schwertknauf tiefer senken müssen, sonst wird des Schwertes Spitze dort in das hölzerne Laubwerk der Türe stoßen, denn du bist größer und stattlicher als ich, mein Sohn.'

Und der Sohn dachte, wenn er vorüberschritt: ‚Keiner kommt meinem Vater gleich. Der Kurfürst ist gegen dich ein Knabe. Gott segne dich, herzlieber Vater! Wie will ich deiner gedenken, wenn ich dereinst das Truchsessenschwert der Pfalz durch diese Räume trage.'

Als der Umzug vorüber war und sich die Männer an den Schenk- und Speisetischen erquickten und die Frauen mit Sorbett und Konfekt bedient wurden, hatte sich Friedrich gerade ein Spitzglas mit Bacharacher füllen lassen, als Philipp auf ihn zutrat und zu ihm sagte: „Trinke rasch dein Glas aus auf das Wohl der alten Pfalz! Der König begehrt dich zu sprechen."

„Ah — ist es an dem?" erwiderte Friedrich und leerte das Glas. Dann folgte er seinem Freunde.

Der Kurfürst kam ihm vom Ende des Saales entgegen. Er streckte ihm grüßend beide Hände hin und fragte: „Was sagt das deutsche Herz dazu, daß die Pfalz nach Böhmen zieht?"

„Ich fürchte, sie kehrt nicht mehr zurück."

„Oh, was denkt Ihr!" rief der junge Fürst. „Wie könnte ich Heidelberg vergessen!"

„So meine ich nicht", sagte Friedrich sehr ernst. „Schon mancher, der ohne Not sein Haus verlassen hat, konnte in der Not nicht mehr hinein. Die Türe war verschlossen und ein andrer saß darinnen."

„Ein andrer? Wer?" fragte der Fürst entsetzt.

„Ja, der Spanier."

„Ihr denkt schlecht", rief die Kurfürstin. Sie hatte sich hergewendet und sah Friedrich mit zornfunkelnden Augen an.

„Euer Sohn denkt besser", sagt der frische König. „Er will mich nach Böhmen begleiten."

„Mein Sohn ist mein Sohn", sagte Friedrich schneidend. „Und ich bin kurmainzischer Lehensritter."

„Kurmainz steht bei meinen Feinden", sagte der Fürst, der bleich geworden war vor Erregung.

„Abscheulich!" rief Elisabeth, und ihr Gatte machte eine abwehrende, fortweisende Gebärde.

Friedrich verneigte sich. Die Herrschaften wandten ihm den Rücken und gingen langsam nach dem Hintergrunde des Saales.

Die Umstehenden schauten bestürzt den Ritter an. Der stand und sah dem Paare nach.

„Schenk ihm alle Wonne deiner süßen Liebe von heute an zehnfach, du schöne, stolze Königin. Das ist ja doch alles, was er hat, der arme, betrogene, unselige Mann."

Dann ging Friedrich langsam durch die Säle und suchte seinen Sohn. Er fand ihn neben Giulietta auf einem Treppengeländer sitzend. Sie nannte ihn Aminta und er nannte sie Silvia.

„Wenn Silvia noch mehr schaukelt", sagte er gerade, „dann überschlägt sie sich und fällt hinunter in die Faßbinderkneipe, und Aminta steht nicht einmal drunten, seine Silvia aufzufangen." Da legte ihm Friedrich die Hand auf die Schulter.

Hans wandte sich erstaunt um und sah seinem Vater in die Augen.

„Wir reiten heim."

„Wieso?"

„Der Kurfürst hat mich weggeschickt."

„Mit einem Auftrag?"

„In Ungnade."

„Vater!"

Friedrich zuckte die Achsel.

„Ich habe dem König zugesagt, daß ich ihn nach Böhmen geleite."

„Und ich habe ihn erinnert, daß du mein Sohn bist. Du reitest mit mir nach Schloß Hirschhorn."

„Sogleich?"

„Sogleich."

„Ohne Urlaub?"

„Dein Vater ist ohne Abschied fortgewiesen worden."

Da wandte sich Hans um und reichte Giulietta die Hand. Der Italienerin traten Tränen in die Augen. Sie hielt die Hand fest und drückte sie.

Hans erwiderte den Druck, führte die Finger Giuliettas an die Lippen, dann zog er langsam seine Hand zurück.

Auf dem Heimwege vermied es der Sohn, neben seinem Vater zu reiten. Sie redeten kein Wort miteinander.

17

Sorgenvolle und freudlose Tage folgten einander, bleiern schwerfällig, in langer Reihe. So war es für die Bewohner des Herrenhauses Hirschhorn, während draußen in der Welt die großen Ereignisse hintereinander herkamen wie die Donnerschläge bei einem starken Gewitter. Friedrich der Fünfte war mit großem Hofgepränge und mit bescheidener Waffenmacht nach Prag gezogen. Man hörte viel von Prager Festen und Predigten, auch von einer Prager Kindstaufe, aber wenig von Prager Taten. Allüberall in Deutschland wurde gerüstet. In Mähren und in den Erzherzogtümern wurde bereits gekämpft. Deutschland schied sich in zwei Heerlager. Überall wurden Eisen, Pulver, Rosse, Mannschaft, Geld — die Nahrung des Krieges — zusammengehäuft und auseinander geschichtet, damit das Waffenspiel ins Unendliche gehe. Überall wurde der Brennstoff zusammengetragen und auseinander gebreitet, damit doch ja die Flamme bis in den hintersten Winkel des Reiches brenne. Die Landstraßen waren voll von verwegenen Gesellen und von wüstem Gesindel. Es waren die Adler und Krähen, jene witterten den Rauch des Kampfes und diese die Wehrlosigkeit der Niedergestreckten. Im Neckartal wurde die Werbetrommel gerührt. Auch in den Hirschhornschen Dörfern geschah es. Seinen Lehensverpflichtungen gegen Mainz und gegen die Pfalz hatte Friedrich sich entwunden, indem er sich von der einen auf die andre berief. Aber dem Erzbischof wie dem König von Böhmen mußte er gestatten, frei zu werben. Aber sowenig der eine einen Gaulsschwanz bekam, sowenig der andre ein Wagenrad, sowenig der eine eine Bauernhose mit Inhalt, sowenig der andre eine Lederkappe mit Füllung. Die Schultheißen und Vögte, vom Junker selbst unterwiesen, wußten die Losung durchzuführen: Aus Hirschhornschem Gebiet fließt nichts in diesen verfluchten Krieg.

Wenn Friedrich und Ursula beieinander saßen und diese Dinge beredeten, empfanden sie, daß durch die nahenden großen Gefahren ihnen alles Unbedeutende gleichgültiger, alles Bedeutende wertvoller und infolge davon das eigne Leben erhöht worden war. Jedes bemerkte am andern den strafferen Gang, das bestimmtere Wort, den schärferen Blick.

„Wenn unser Hans", sagte Ursula, als sie miteinander im Würzgärtlein wandelten, „ein kleiner Junge wäre, um den ich die Arme schlage, während du den Wagen lenkst, und den wir, wenn schließlich der Weg zum guten Ende sich wendet, triumphierend in die Höhe halten — oh wie schön wäre diese große Zeit. So aber — ist sie freudenlos und ganz voller Sorgen."

Hans trutzte seinem Vater, er fühlte sich wie im Gefängnis, er war gram mit seiner Mutter, weil er sie mit dem Vater einig wußte, und er gab sich keine Mühe, seine Empfindungen zu verbergen.

„Was soll daraus werden?" sagte Friedrich zu seiner Gattin. „Er ist ein Hirschhorn, darum kann er nicht anders. Aber auch ich kann nicht anders, denn auch ich bin ein Hirschhorn. Der Unterschied ist das Menschenalter, das zwischen uns liegt. Darum kann uns auch kein Herrgott helfen."

„Warum sollte es da nicht das beste sein, wenn jeder von euch tut, was er muß? Du bleibst hier und rettest, was zu retten ist, und er reitet nach Böhmen und —"

„Verspielt alles auf einen Wurf!" fiel Friedrich ein.

„Muß es so gehen?"

„Es ist mir nicht wegen der Lebensgefahr", fuhr der Junker eifrig fort. „Wenn mein Einziger in einem ehrlichen Streit erschlagen wird, dann will ich von meinem Hause sagen: Ende gut, alles gut, und will noch treuer wirtschaften und haushalten und regieren. Und wenn man mich selber in den Sarg legt als den letzten meines Stammes und den umgekehrten Schild auf dem Deckel, dann sollen die Leute sagen: ‚Ist kein Hirschhorn mehr da? Das Haus ist fest und verwahrt, kein Ziegel fehlt auf dem Turmdach, keine Scheibe ist aus dem Blei, alle Kisten sind voll Hab und Gut, alle Ställe voller Vieh, alle Truhen voll von Kleinodien und Schuldbriefen, in allen Kirchen und Schulen wird das Evangelium getrieben, in allen Dörfern und Höfen werden die Armen versorgt und für den Geringsten ist gerechtes Gericht da. Ihr Junker von Hirschhorn, euer Glück blüht! Warum kommt denn keiner? Oh Gott, es ist keiner mehr vorhanden!'"

„Du schwärmst!" sagte Ursula leise und ergriff bewegt ihres Gatten Hand. Friedrich entzog ihr seine Rechte.

„Dann mögen sie um das Erbe sich balgen und miteinander prozessieren beim Reichsgericht bis ins dritte und vierte Glied. Gott segne Papier und Tinte!"

„Nun denn, so laß ihn ziehen!"

„Nimmermehr!“ fuhr Friedrich auf. „Die Sache ist bös und von vornherein verloren. Des eignen Hauses Fall überlebt, wer sich vermengt mit — dem König Enterich.“

„So mußt du nicht sagen.“

„Nun denn, mit Friedrich dem Ehemann.“

„Das bist du ja auch.“

„Zum Teufel mit dem Pfälzer Wind, der jetzt in Prag weht, damit die Papierdrachen steigen und die Kaiserlichen fürchten machen! Frag mich nichts mehr, wenn du mich nicht willst ausreden lassen.“

„Erstens hab' ich dich nichts gefragt, und zweitens hab' ich dich ausreden lassen.“

„Du hast mir beständig widersprochen.“

„Ich habe dich zweimal unterbrochen.“

„Das ist dasselbe.“

„Wenn du willst — meinetwegen.“

Ursula lachte hellauf.

Friedrich lachte mit; aber er wurde sofort wieder ernst.

„Wenn ich Hans ziehen lasse, dann wird man es mein Haus entgelten lassen, man wird uns die Lehen nehmen, in unsern Schlössern werden die Spanier liegen und Bruder Veit wird unsre Bauern arm essen. Und wer weiß, der letzte Hirschhorn wird vielleicht sein Haupt auf den Block legen.“

„Du siehst zu schwarz.“

„Oh Gott, man sagt, es handle sich um die Religion, und da sind die Sieger erbarmungslos.“

„Nun gut, schließe deinen Sohn ein! Er wird dir gram, sein verbittertes Angesicht vergällt dir jeden Bissen, und ich fürchte, er wird uns schlecht. — Er vergeilt in der faulen Ruhe.“

„Ich weiß es.“

„So geb ich dir den Rat: Verbiete ihm zu reiten, laß aber Stube und Stall und Burgtor offen und stecke ihm eine Rolle Dukaten in das Wams.“

Friedrich blieb stehen. „Wenn ich damit den Kaiser betröge, machte ich mir kein Gewissen daraus. Auch die Pfalz lög' ich fröhlichen Herzens an, denn die Pfalz lügt auch wider mich. Aber gegen Kurmainz kann ich nicht so tun.“

„Natürlich, dein heiliges Mainz!“

„Das ist es nicht! Was schert mich die Pfaffenkappe. Aber der Mainzer ist mein eigentlicher und ursprünglicher Lehensherr. Seit den Tagen Karls des Großen sind die Hirschhorn mainzische Dienstleute, das ist soviel wie Dienstleute des Reichs. Meine Vorfahren haben viel Böses getan, aber untreu gegen Mainz sind sie nie gewesen. Und niemals ist uns Mainz in die Quer gekommen. Zu Ladenburg vor der Kirchen hat mein gnädiger Herr mich umarmt vor allen Herren und vor allem Volk und hat ringsherum geschaut und gerufen: ‚Sehet, so küßt der Erzbischof seinen lutherischen Vasall.‘ “

„Um so eher würde er dich entschuldigen, wenn du ihm sagen wirst, dein Sohn sei wider deinen Willen ins Lager der Feinde geritten.“

„Natürlich wider meinen Willen!“ höhnte Friedrich. „Ich habe sein Gefängnis von innen zugeschlossen und den Schlüssel stecken lassen aus Versehen; drauf hat mein Sohn aufgeschlossen und ist hinaus, und ich habe gesagt: ‚Hans, vergiß nichts!‘ “

„Nun ja, schön ist es nicht“, seufzte Ursula. „Aber in solchen Zeiten ist eine Ausrede —“

„Weißt du, was mein gnädiger Herr sagen würde: ‚Fritz, eine solche Schelmenausrede hätte ich dir nicht zugetraut.‘ “

In diesem Augenblick fiel ein Schuß. Die Gatten blieben stehen und horchten.

„Warte, Hans, das tränk’ ich dir ein!“ rief Ursas Stimme von irgendwoher aus der Nähe des Turmes.

„Er schießt Tauben“, sagte Friedrich und ging weiter.

Ursula blieb noch eine kurze Weile wartend stehen, dann kam sie dem Gatten nach.

„Das will mir nicht gefallen“, sagte sie.

„Was meinst du?“

„Daß man seine Antwort nicht hört. Überhaupt —“

Friedrich schüttelte den Kopf. „Zu Heidelberg war eine kleine Italienerin, eine Verwandte der Gonzagas; ich vermute, daß Hans sein Herz an sie verloren hat. Sie ist mit nach Prag. Auch sie zieht an einem Seil.“

„Ach!“ sagte Ursula und zuckte die Achsel. Aber sie verschwieg ihre Gedanken, die wohl von allgemeiner Art waren. „Die zweie sind anders als früher“, fügte sie hinzu.

„Man sieht sie weniger beieinander“, meinte er.

„Das ist es ja eben. Sie stecken nicht beieinander und stecken doch beieinander. Ich wollte, die Dirne käme aus dem Hause. Er hat Langeweile und sie ist üppig. Du solltest sie verheiraten. Danach steht doch all ihr Trachten. — Hannes willst du zum Herrn? Du bist ja ausstaffiert wie ein Hochzeiter!“

Der Bursche schob die Bemerkung der Schloßfrau mit dem Ellbogen beiseite, was soviel bedeutete als: Weiber haben nichts zu reden, und ging mit großen Schritten auf den Junker zu. Ursula sah ihm mit lachenden Augen nach, dann ging sie in den Hof hinauf, um nach den Kindern zu sehen, die keine Kinder mehr waren.

„Nun, Hannes", rief ihm Friedrich entgegen, „was hast du denn im Sinn? So schön geputzt hab' ich dich noch nie gesehen. Es fehlt nur noch der Strauß ins Knopfloch."

Hannes grinste über das ganze Gesicht und sagte: „Wer weiß, was bis zur Kirchweih geschieht!"

„Nicht wahr? Da würd' ich mich auch nicht länger besinnen. Ich, wenn ich der Hannes wär' — Sag doch einmal, wie alt bist du denn eigentlich? Du bist auch kein heuriges Häschen mehr."

„Nun, an den sieben- oder achtunddreißig werd' ich wohl vorüber sein."

„Da mußt du dir eben auch eine gesetzte Jungfer aussuchen, so eine von etwa fünfunddreißig."

Hannes kratzte sich hinter den Ohren und sagte: „Das geht nicht. Wenn ich eine Alte nehme, dann hab' ich zu arg Heimweh nach dem Peter selig und muß die ganze Nacht greinen."

„Das schadet nichts, Hannes, das Essen schmeckt einem dann um so besser."

„Gnädiger Herr, der allmächtige Schöpfer Himmels und der Erde hat den Ehebund gestiftet."

„Gewiß, Hannes."

„Wie alt war der Adam, als er geheiratet hat?"

„Das steht nicht in der Heiligen Schrift; aber ich schätze, daß er ein gestandener Mann war."

„So wie Ihr oder ich, gnädiger Herr."

Das Antlitz des Torwarts leuchtete.

„Hat unser Herrgott aus Adams Rippe eine Alte oder eine Junge geschaffen?" fragte er weiter.

„Nun, ich denke eine Junge."

Hannes schlug seine Hände ineinander, daß es klatschte, und neigte inbrünstig seinen Kopf über die verschlungenen Hände, so daß er dastand wie ein Stifter vor der heiligen Jungfrau.

Der Junker sah ihn verwundert an.

„Was murmelst du vor dich hin?"

„Es ist Gottes heiliger Wille, daß ich eine Junge nehme."

„Na! Höre!" rief Friedrich unmutig. „Ich weiß nicht, ob der Apostel Paulus sagen würde: ‚Der Hannes hat recht.'"

„Lassen wir den Apostel Paulus beiseite", erwiderte Hannes wegwerfend. „Ich halte mich an die Erzväter. War Rebekka, die Tochter Bethuels, eine Alte oder eine Junge?"

„Sie ist jung gewesen und ist alt geworden. Aber an dir ist ja ein Pfarrherr verloren gegangen, Hannes."

„Ich meine, wie sie auf dem Punkt war, sich zu verheiraten, war sie da alt oder jung?"

„Ohne Zweifel war sie jung."

„Ja, gnädiger Herr, und weiß und glatt und so etwa achtzehn alt oder zwanzig. Isaak aber war vierzig Jahre alt, als er Rebekka zum Weibe nahm, heißt es im ersten Buch Mose im fünfundzwanzigsten. Also ist es die Meinung der Heiligen Schrift, daß ich eine Junge nehme."

„So nimm eine", sagte Friedrich, dem die Geschichte langweilig wurde, und wandte sich ab.

Hannes blieb stehen und stand immer noch da, als der Junker auf seinem Rundgange zu der Stelle zurückkehrte.

„Willst du noch etwas, Hannes?"

„Ich, wenn ich die Herrschaft wär', tät ich den Hannes fragen, ob er denn schon seine Augen auf eine geworfen hat."

„Nun denn?" fragte der Junker barsch.

„Wenn ich die gnädige Herrschaft wär'", fing Hannes von neuem an und weinerte ein bißchen dazu.

„In Dreiteufelsnamen, welche Kitze willst du denn haben?"

„Wenn ich's kurz zergliedern soll, dann ist es, um es gleich mit einem Wort zu sagen, mit Respekt zu vermelden —"

„Heraus mit der Sprache!"

Der Junker hatte sich hinter den Burschen gestellt und fing an, ihn leise zu schütteln. Hannes würgte, wie wenn ihm ein Pfropfen in der Kehle stecke.

„Mit Reverenz zu sagen, wenn Ihr's nicht ungütig nehmen wollt, sie heißt, ich will's ganz kurz beschreiben — Ursa!"

Der Name flog heraus wie ein Felsblock aus der Wurfmaschine und schlug auch so nieder.

„Die Ursa!" rief der Junker über die Maßen erstaunt. „Nein, Hannes, die ist nichts für dich. Ich will dir mal eine Geschichte erzählen." Friedrich stellte sich mit breiten Beinen vor den Freiersmann und sagte: „Hannes, es war einmal ein Esel, der wollte gerne Kameradschaft haben. Aber ein Esel war ihm zu schlecht. Da ging er zum Luchs und sagte: ‚Du hast so schöne, feurige Augen und so seidenweiches Haar. Du sollst mein

Geselle sein.‘ Der Luchs schaute an des Esels Nacken hinauf und antwortete: ‚Warum denn nicht?‘ Und so gingen die beiden miteinander durch den Wald. ‚Wir wollen hinaus auf die Wiese‘, sagte der Luchs, ‚da ist es sonniger.‘ — ‚Mir auch recht‘, sagte der Esel. Aber kaum waren sie draußen, so sprang der Luchs dem Esel auf den Rücken und schlug ihm die Krallen in den Hals. ‚Du tust mir weh!‘ schrie der Esel. ‚Geh wieder herunter.‘ — ‚Mir gefällt es so‘, sagte der Luchs. Der Esel jammerte vor Schmerzen und sprang über die Wiese. Der Luchs setzte sich nur um so fester und höhnte: ‚Sei froh, daß ich dich nur kratze und nicht auch beiße.‘ Endlich sprang der Esel in den Fluß und dachte: ‚So soll der Luchs mit mir ersaufen.‘ Der Luchs aber sprang ans Land und lief davon und schaute nicht einmal um nach dem toten Esel.“

Während der Erzählung seines Herrn war das Gesicht des Burschen immer vergnügter geworden. Als der Junker zu Ende war, deutete Hannes mit dem Zeigefinger in einen Winkel des Gartens, als ob einer dort stünde, und sagte:

„Geradeso ist es dem Werner Nikolaus von Pleutersbach gegangen, dem Esel.“

„Wenn das alles ist, was du aus meiner Geschichte gelernt hast, so nimm die Ursa.“

Friedrich sah den Freier vom Kopf bis zu den Füßen ungnädig an und wandte ihm den Rücken.

Plötzlich aber kam ihm die Erinnerung an Ursulas Besorgnis, und er kehrte sich wieder um.

„Ich will für dich die Dirne fragen. Sagt sie ja, dann geziemt sich zu der jungen Frau ein frisches Amt. Mein Oppenheimer Hausverwalter ist gestorben. Ich schicke dich nach Oppenheim. Dort sitzest du in meinem schönen Haus, als ob ich es wäre, und du sorgst für das Meinige. Du übst das Recht aus, den Lachs zu fangen an meiner Statt und für deinen Tisch. Von meinem Wein ist ein gut Stück dein Eigen, wenn ich raten darf, zum Verkaufen, nicht zum Trinken. So sitzest du mit deiner stolzen Frau wie der Graf in seinem Schloß. Ist es dir recht so?“

Hannes tat einen Freudensprung

„So, nun gehe zurück an das Tor. Morgen geb’ ich dir Bescheid über der Dirne Sinn.“

„Wenn ich die Herrschaft wär’, tät’ ich der Ursa sagen: du mußt!“

„Wenn ich der Hannes wär’, tät’ ich meinen Mund halten. Fort!“

Hannes ging. Aber beim nächsten Gartenbeet kehrte er um, stellte sich vor seinen Herrn und sagte:

„Wenn Ursa nicht will, dann komme ich aber doch nach Oppenheim?"
„Dann bleibst du hier."
„Oh Herr, sagt ihr, daß ich von meiner Großmutter einen blau und weiß gewürfelten Schaubenmantel geerbt habe!"
„Gut, geh jetzt."
Um dieselbe Zeit, wo der Burgherr mit seinem Pförtner ein solch ernsthaftes Gespräch führte, hatte des Burgherrn Sohn eine Unterredung mit eben der unnützen Dirne, über die sein Vater mit dem Torwart verhandelte. Hatten es diese vom Heiraten, so hatten es jene vom Lieben, und sie waren nicht minder von Herzen dabei.

Als die Schloßfrau in den Gemüsegarten trat, auf der Suche nach den beiden und in der Absicht, sie auseinander zu scheuchen, fand sie ihren Sohn. Er kniete auf dem Boden, hielt sein Schwert in beiden Händen und mähte Salat von den Strünken.

„Was machtst du da?" rief Ursula erzürnt.

„Ich mache mich nützlich", antwortete Hans bitter, stand auf, warf sein Schwert unter die Krautköpfe und verließ den Garten.

Der Mutter traten die Tränen in die Augen. Sie bückte sich, hob die Salatblätter vom Boden und trug sie in den Gartenwinkel zu dem Gebütze und Gewurzel, das dort auf einem Haufen lag. Dann holte sie das Schwert aus dem Beete, wischte die Erde vom Stahl und trug es, den Griff an die Brust gedrückt, langsamen Ganges zum Garten hinaus.

Hans war fortgegangen, ohne sich nach der Mutter umzuschauen. Er stieg in den Burggraben hinunter und wollte durch ein Pförtchen hinaus ins Freie. Da hörte er dicht neben sich ein Geräusch. Er sah zur Seite. Hinter einem Haselbusch in einer Mauernische saß Ursa.

„Was machst du da?", fragte er.

„Nichts."

„Das ist nicht viel."

Hans schlüpfte durch das Gebüsch und setzte sich neben die Dirne.

„Was tust du denn da?"

„Nichts."

„Das ist nicht viel."

„So können wir uns einander helfen."

Sie schwiegen beide.

Ursa gähnte und streckte ihre Glieder.

„Meine Mutter arbeitet von früh bis spät und du faulenzest den ganzen Tag."

„Deine Mutter ist töricht. Ich würde es anders halten an ihrer Stelle."

„Wie denn?"
„Des Morgens nähme ich ein Bad, dann würde ich mich langsam anziehen und putzen, aber ganz allein, ohne Kammermagd, dann würde ich ausreiten und zum Schluß meinen Mann herzen und küssen, bis ihm der Atem vergeht."
„Das beste kommt zuletzt."
„Natürlich."
„Und wie müßte dein Mann leben?"
„Das wäre mir einerlei, wenn er nur sauber am Leib und lieb zu mir wäre."
Sie beugte sich vor und sah ihren Nachbar von der Seite an.
„Dein Gesicht ist ganz im Schatten, und doch sah ich das Flammenzeichen auf deiner Stirne leuchten. Brennt es dich?"
„Das will ich meinen, wie lauter Glut."
„Wo hast du es denn her?"
„Ich weiß es nicht. Aber ich glaube, daß sich mein Vater in eine Flamme verwandelt hat, als er zu meiner Mutter kam."
Ursa schloß die Augen.
„An was denkst du jetzt?" fragte sie weich und leise.
„An nichts. Und du?"
„Gerade jetzt habe ich gedacht, ob du wohl noch an die Fräulein im Schlosse zu Heidelberg denkst. Vorher hab' ich an etwas ganz andres gedacht."
„Wenn du es wissen willst, oft und gerne erinnere ich mich an jene Frauen und Mädchen."
„Waren sie schön?"
„Einige sehr schön, hübsch waren sie alle."
„Waret ihr oft beieinander?"
„Den ganzen Tag."
„Oh! Was habt ihr zusammen getrieben?"
„Wir haben gespielt, getanzt, gesungen, gescherzt."
„Geliebt?"
„Alles, alles war Liebe."
„Oh wie süß!"
„Aber das kannst du dir nicht denken. Ich habe vorher auch nichts davon gewußt."
„Wie war dir zumute?"
„Es war wie ein zarter Rausch. Ich war müd und laß und doch schnell und reich an Einfällen. Ich war keck, daß ich alles wagte, und scheu, wie

wenn wir in der Kirche gewesen wären. Es war mir so wohl, wenn ich ihre Nähe spürte, und doch wünschte ich heimlich, daß es vorüberstreife wie ein Lüftchen. Kaum ist es da, so ist es wieder fort. Wohin?"

Ursa schüttelte den Kopf. Dann fragte sie. Ihre Stimme zitterte.

„Hast du alle geliebt oder eine?"

„Alle, als ob es eine wäre, und eine, als ob in ihr alle steckten."

„Das verstehe ich. Aber erzähle noch mehr. Haben die Mädchen von der Liebe gewußt?"

„Alles und nichts."

„Und wie habt ihr's zusammen gehalten?"

„Wir dachten immer daran, ohne es zu wissen. Aber wir fühlten nur den letzten süßen, zarten Duft, der hinhaucht, wenn alles vorbei ist, oder alles erst anhebt."

„Woher weißt du denn das so?" fragte sie dumpf.

„Ich weiß es nicht; aber ich weiß es doch. Wir haben es uns einander gelehrt. Oh Giulietta!"

„Habt ihr viel geküßt?"

„Kaum einmal. Rasch an den Locken hin oder leise, leise auf die Fingerspitzen."

„Habt ihr davon geredet?"

„Von der Liebe?"

„Ja."

„Eigentlich nicht. Gelesen haben wir davon, aber geredet nur so leise drüber hin, wie wenn eine Mutter ihr schlafendes Knäblein streichelt, weißt du, damit es nicht aufwacht."

„Das war töricht."

„Oh nein, das war klug und gut und fromm. Ich konnte dabei an meine Mutter denken." — ‚Und an Gott', fügte er in Gedanken hinzu.

„Bei der Liebe, die ich meine, ist es nicht so", hauchte Ursa fast unhörbar. „Da kann man an nichts andres denken als an Liebe."

„Ja, so ist es", sagte Hans. „Auch mir geht es jetzt so. Das andre ist vorbei und dies eine ist da."

„Was ist schuld daran?"

„Du streichst um mich herum."

Ursas Augen funkelten. Aber sie bändigte sich und sagte mit bittender Stimme:

„Oh, erzähle weiter! Habt ihr euch gesagt, daß ihr schön seid?"

„Mit den Augen, ja, aber nur ganz still, und von ferne, so wie wenn irgendwo ein Echo verhallt, man weiß nicht, woher es kommt. So traf ein Blick, ganz fern aus der Seele, die schöne, zarte Hand glitt drüber hin und spielte wie verloren um den zarten Hals und verschwand dann im grünen Busch oder im Moosdunkel zwischen den hohen Stämmen. So hat man sich zugeraunt: du gefällst mir!"

„So bin ich nicht", sagte Ursa und stand auf. Ihre Stimme klang rauh. „Mit tausend Küssen müßte ich es dir sagen, wie schön deine Augen sind und wie süß dein Mund."

Sie ging einige Schritte und schaute zurück.

„Die Liebe, von der ich weiß, ist ganz anders, sie schlägt wie eine Flamme durch den Leib bis ins innerste Mark."

Sie stand wartend. Dann ging sie langsam weiter, das Treppchen hinauf durch die Pforte in den Wald.

Hinter der Mauertüre blieb sie stehen und lauschte. „Er kommt!" flüsterte sie. Aber er ging in die Burg zurück.

Sie blies die Luft durch die Lippen, daß es zischte wie ein heißer Pfiff.

„Giulietta!" lautete die Antwort.

Da ging sie zornig um den Zwinger herum, auf den Burgweg zu.

Kurze Weile später eilte Hans durch den Zwinger herauf in den Wald hinein. Seine Wangen waren erhitzt, seine Augen loderten. Er suchte in jedem Busch, spähte hinter jeden Baum, und als er weiter oben war, beim steinernen Tisch, rief er ohne scheu in den Wald hinein: „Ursa! Ursa!" —

Die Dirne aber stand unten im Hof und hörte mit finster zusammengezogenen Brauen die Werbung an.

„Ich will!" sagte sie.

„Du willst!" rief der Junker erschrocken. „Hast du dir denn auch schon den Hannes angesehen?"

„Ich will!" wiederholte sie.

„Nun gut, so will ich's ihm sagen."

„Ich sag' es ihm selbst." —

Es war zwei Stunden vor Mitternacht. Friedrich und Ursula standen vom Tische auf, um zur Ruhe zu gehen.

Ursula schaute zum Fenster hinaus.

„In Hansens Kammer ist kein Licht. Er schläft."

„Hatte er denn überhaupt Licht?"

„Ich weiß es nicht."

„Ich mache mir ein Gewissen, daß dieser Greuel geschieht", sagte Friedrich.

„Du trägst doch nicht die Schuld daran. Du hast ihr ja abgeredet."

„Aber ich habe davon ernsthaft geredet. — Du, es läßt mir keine Ruhe. Ich rede mit ihr, gleich jetzt, und bringe sie davon ab."

„Tu's in Gottes Namen."

Friedrich ging.

Nach kurzer Weile kam er zurück und sagte bestürzt: „Es ist zu spät. Du weißt, daß hierzulande die jungen Leute sich vom Verspruch an wie Eheleute gehaben. Sie sind schon beieinander."

„Ist er bei ihr?"

„Sie ist bei ihm."

Ursula schüttelte sich.

Im frühen Morgengrauen kehrte Hans aus dem Walde zurück. Er war abgemattet bis zum Tod. Eine Flamme wühlte in seinem Gebein. Wäre er ein wenig später heimgekommen, so wäre er Ursa begegnet, die aus dem Torwächterhäuschen schlüpfte und nach ihrer Kammer schlich.

18

Am andern Mittag begegneten sich Ursa und Hans auf dem unteren Hofe. Außer ihnen war niemand da. Hans haschte im Vorüberstreifen nach Ursas Hand und zog die Dirne am Finger mit sich auf die Seite. Sie standen nun auf einem Fleck, wohin man aus der Torstube nicht sehen konnte, und hatten um sich nichts als fensterlose Mauern, Baumwipfel und Berge.

Ursa sah unter sich. Trotz und Scham herrschten wechselweise in ihrem Gesicht.

„Schau mich an! Ist es wahr?"

Die Dirne nickte und wandte sich zur Seite.

Hans stieß ihre Hand von sich, warf ihr einen verachtungsvollen Blick zu und kehrte ihr den Rücken.

Pfeifend ging er dem unteren Tor zu. Er hörte es hinter sich schluchzen, aber er schaute nicht um und ging davon.

Am Abend dieses Tages legte sich Ursa zur alten Barbara in die Kammer. Am folgenden Morgen hatten die Dienstleute viel zu lachen. Hannes hatte sich die ganze Nacht hindurch in den Hofräumen herumgetrieben. Aber er war seiner Liebsten nicht habhaft geworden. Zuerst hatte er sich in die Toreinfahrt gesetzt mit dem Gesicht eines Sultans, der befohlen hat, dann legte er sich auf die Lauer an verschiedenen Orten zwischen Ursas Kammer oben in der Burg und seinem eignen Gemach. Hierauf versuchte er's mit dem Pfeifen, zuerst klang es scheu, kurz, leise, verliebt, bald aber wurde es zum gebieterischen, langgedehnten Pfiff, wie die Holzfäller pfeifen, wenn sie sich einander rufen. Als auch dieses Mittel nichts helfen wollte, schlich er sich hinauf zu Ursas Kammer und pochte ans Fenster. Aber die Stube blieb finster und totenstill. Er klopfte lauter, drückte sein Gesicht an die runden Scheiben, daß man anderntags noch die Furchen der Bleiränder in seiner Haut sah, und bettelte: „Ursa, mach auf!" Die Hunde fingen zu bellen an. Fenster öffneten sich und Köpfe streckten sich heraus.

„Hannes, du mußt singen!" sagte eine Stimme aus irgendeinem Fenster.

„Meinst du?"

„Natürlich!"

„Was soll ich denn singen?"

Und nun wurden ihm von allen Seiten die tollsten und liederlichsten Lieder vorgeschlagen. Endlich besann er sich selber auf eines, das ihm passend schien, und fing zu singen an.

„Es wohnt Freud bei der Liebe,
Doch auch groß Herzeleid."

Er sang nicht übel und so recht aus dem Herzen. Die Spötter wurden still und viele hörten zu. Auch Ursa hörte den Gesang. Sie vergrub ihren Kopf in die Kissen und weinte bitterlich.

Schließlich bekam jemand Mitleid mit dem Burschen. „Sie schläft bei der alten Barbara!" rief ihm eine Frauenstimme herunter.

Da trollte er sich und suchte sein einsames Lager auf.

Die Schloßfrau hatte noch eine lange Unterredung mit der Dirne. Sie riet ihr nicht ab — war sie doch froh, daß sie aus dem Hause kommen sollte, aber sie stellte ihr doch alle die Dinge, die bei diesem Ehebunde nicht lieblich waren, neben die anderen, die ihn empfahlen; allerdings tat sie es erst dann so recht herzhaft, als sie gemerkt hatte, daß Ursa entschlossen sei, den Verspruch zu halten. Sie wurde aus der Dirne nicht klug. „So oder so, das ist einerlei", sagte Ursa auf die Vorstellungen ihrer Frau, und als die Herrin fragte, was sie damit meine, sagte sie, sie wolle den Hannes nehmen.

So wurde denn die Hochzeit zugerichtet. Die Herrschaft steuerte das Paar aus aufs reichlichste, in wachsender Freigebigkeit. Die Kisten und Kasten waren gepackt und auf die Planwagen geladen, die, drei an der Zahl, das Paar und seinen Hausrat nach Oppenheim führen sollten. Zu oberst waren die Betten festgeschnallt und über den ganzen Bau ein Packtuch gezogen. In einem der Wagen war für das Paar ein Häuslein eingebaut, worinnen sie kreuz und quer sitzen und das Notwendigste hantieren konnten.

Und nun kam der Tag der Hochzeit heran. Musikanten aus Gerach spielten zum Kirchgang. Den Tanz hatte sich die Braut verbeten zum Leidwesen der Dienstleute, die sich auf den tanzenden Bräutigam gefreut hatten. Das Festmahl fand im „Löwen" statt. Für eine Viertelstunde nahmen der Junker und Ursula daran teil. Als die Sonne untergegangen war, wurde den Gästen abgedankt. Die Gesellen und die Kranzjungfern geleiteten das Paar nach dem Torhäuschen. Die Eheleute schlüpften hinein, der Riegel wurde drinnen vorgeschoben, vor der Türe wurde der Benzenauer gesungen, ein altes Hochzeitslied, von dem niemand sagen konnte, warum es seinen Namen hatte, und die jungen Leute zerstreuten sich und standen einzeln oder zu zweit an den Plauderecken. Auf einmal erschien zu jedermanns Verwunderung Hannes und fragte nach seiner Braut. Niemand hatte sie gesehen, aber jedermann wollte hören, wie sie abhanden gekommen sei. Sie sei zuerst ganz freundlich und zutunlich gewesen. Er habe die Stube verlassen, und wie er nach kurzer Zeit wiedergekommen sei, sei die Braut verschwunden gewesen. Eine ganze Stunde habe er auf sie gewartet. Jetzt sei er herausgekommen, sie zu suchen.

„Wenn ich unser Herrgott wär', hätt' ich's bleiben lassen", sagte er zum Schluß.

„Was hättest du bleiben lassen, Hannes?"

„Ich hätte den Ehebund nicht gestiftet."

Die jungen Leute, die Zeugen von der Not des frischen Ehemannes waren, meinten's gut mit ihm und wollten ihn vor dem Gespött bewahren. Darum rieten sie ihm, er solle sich in seine Kammer begeben und sich nicht sehen lassen, bis sie ihm die Braut oder Nachricht brächten. Sie selber zerstreuten sich und suchten unauffällig in der Burg und Nachbarschaft und im Städtlein. Von Zeit zu Zeit kehrten sie zurück nach Verabredung und gaben einander Nachricht von dem Bereiche ihres Mißerfolges.

Mitternacht war nahe, als sie sich wieder im inneren Hof zusammengefunden hatten. Einer von den Knechten hob nach einem allgemeinen Stillschweigen den Kopf, sah nach einem Fenster, hinter dem noch ein Licht flimmerte, und sagte: „Ich weiß, wo sie ist." Da schauten alle ebendorthin, und es stellte sich heraus, daß schon seit geraumer Weile ein jeder auf den gleichen Gedanken gekommen war, aber keiner hatte es gewagt, ihn auszusprechen. Nach kurzer Beratung machten sie sich auf, klopften die alte Barbara aus dem Schlafe, teilten ihr das Nötige mit und baten sie, zwei von ihnen durch den alten Bau vor die Schlafkammer der Herrschaft zu führen. Als Friedrich, aus dem Schlummer geklopft, vor die Türe getreten war, wurde ihm berichtet, die Hochzeiterin sei verschwunden, alle Räume der Burg seien nach ihr durchsucht bis auf die Stube des Herrn Hans. Die Eltern möchten doch dort nachsehen, damit man mit Gewißheit sagen könne, die Braut sei nicht in der Burg.

„Sogleich", sagte der Junker und kehrte in die Kammer zurück.

Ursula hatte gehört, was vor der Tür geredet worden war. Die Gatten schauten sich an. Jedes war überzeugt, daß die Leute das Richtige vermuteten, aber keines redete ein Wort. Sie zogen sich an in fliegender Hast und verließen das Gemach. Die Leute wurden in den Hof hinuntergeschickt, wo sie auf das Weitere warten sollten. Barbara trat hinter die Gatten und trug ein Licht. Friedrich nahm im Vorübergehen eine an der Wand hängende Hundspeitsche mit. Ursula sah es, rang mit seiner Hand im stillen, hastigen Vorübergehen, entwand ihm die Peitsche und warf sie auf den Boden. Es geschah dies ein paar Schritte vor der Türe des jungen Herrn.

Um dieselbe Zeit, wo im unteren Tor Hannes in die leere Stube trat und sich nach seiner Braut umschaute, öffnete sich im Herrenhaus leise eine Türe und Ursa trat über die Schwelle. Hans stand am geöffneten Fenster, hatte eine Büchse in den Händen und zielte, bald nach diesem, bald nach jenem Ziel, in die Dämmerung hinaus. Er hatte das Geräusch gehört, über die Schulter geschaut und die Eingetretene erkannt. Aber er tat, als ob sie nicht da wäre, setzte die Büchse ab, legte sie wieder an, ließ den Hahn knacken und fuhr so eine geraume Weile fort.

„Gnädiger Herr!" sagte Ursa leise.

Hans kümmerte sich nicht darum und hob die Büchse von neuem an den Backen.

„Lieber gnädiger Herr!" sagte Ursa lauter.

Da stellte Hans die Büchse in den Winkel der Fensternische, wandte sich um, schaute die junge Frau kalt an und fragte:

„Was willst du?"

„Ich will von Euch Abschied nehmen."

„Gut. Lebe wohl!"

Er wandte ihr den Rücken und sah zum Fenster hinaus.

„Gnädiger Herr!" fing sie wieder an.

„Willst du noch etwas? Verzeih! Dein Hochzeitsgeschenk. Ich kann dir nichts kramen; es ist kein Markt jetzt. Alles, was ich besitze, ist in dieser Stube. Wähle dir aus, was du willst. Die Schränke und Laden sind unverschlossen. Öffne ungescheut und nimm, was dir gefällt, ich sehe dir nicht zu."

Ursa rührte sich nicht von der Stelle.

Sie lachte leise auf und sagte: „Hans, bist du so wunderlich! Ich bin ja wohl zwei Jahre älter als du, aber so jung wie jetzt bist du mir noch nie vorgekommen."

„Du hast auch viel erlebt, seit wir beisammen waren im Burggraben", höhnte Hans.

„Allerdings. Und deswegen komme ich zu dir. Das wollte ich dir sagen, ehe ich scheide. Ich weiß es jetzt, damals wußte ich noch nichts. Hans, du hattest recht."

Der Junker sah sie mit großen Augen an.

„Ich verstehe dich nicht."

„Erinnerst du dich noch, wovon wir damals redeten?"

„Wir sprachen von der Liebe. Ich war so töricht, dir zu erzählen, wie wir in Heidelberg die Liebe getrieben haben. Du meintest, das sei nichts für dich, und so bist du dann auch hinuntergegangen zum Hannes in das Torhaus."

Ursa schüttelte den Kopf. „So ist es doch nicht ganz gewesen. Aber gleichviel. Ich wollte dir nur sagen: Du hast recht gehabt. Was du schildertest, das ist Liebe. Das andre ist abscheulich."

Sie hielt die Hände vor das Gesicht.

„So sprichts du, Ursa?"

„Oh, hättest du mich deine Liebe gelehrt!"

„Ursa, Ursa, du täuschest dich!" rief der Jüngling leidenschaftlich. „Was du meine Liebe nennst, das war verbrannt in deiner Glut, noch ehe dein Schritt verhallt war. Du hattest recht, Ursa, du! Jene ganze Nacht habe ich nach dir gerufen und mich nach dir gesehnt. Du hast mich liebeskrank gemacht."

Ursa zitterte, ihre Augen wurden größer und größer, und es leuchtete daraus eine triumphierende Freude. Aber sie bezwang sich und sagte:

„Es ist besser so. Ich bin zu schlecht für dich. Ich hätte dich schlecht gemacht."

„Das weiß ich nicht, aber —" Er vollendete nicht. Rasch trat er vom Fenster, holte einen Stuhl und sagte: „Setze dich! Hast du noch ein wenig Zeit?"

„So lang du willst.“

Er setzte sich neben sie und sah sie an.

„Ich kann dich nimmer sehen“, sagte er, „es ist zu finster geworden.“ Er schlug Feuer und entzündete eine Kerze, die auf dem Tische stand. „Du bist schöner geworden seit damals“, sagte er bewundernd, „weicher und milder, und deine Augen brennen nimmer so.“

„Das kommt von den Tränen her.“

„Wann hast du geweint? Heute? An deinem Hochzeitstage?“

„Jede Nacht seit jener Nacht. Heute noch nicht. Aber ich glaube, die Tränen kommen auch heute noch.“

„Wo ist dein Bräutigam?“

„Drunten in der Kammer.“

„Das Warten wird ihm lange werden. Warum hast du ihn nicht mitgebracht?“

Ursa schwieg.

Auch Hans schwieg. Sie sahen in Gedanken vor sich nieder. Endlich hob der Jüngling das Haupt und sah die Braut lächelnd an.

„Und nun?“

Aber das Mädchen stand nicht zum Gehen auf, wie er erwartet hatte.

„Hans, ich bitte dich!“

„Was möchtest du?“

„Küsse auch mir nur die Fingerspitzen, wie du den Mädchen in Heidelberg getan hast, und streife mit deinen Lippen auch mir einmal leise die Stirne, wie du deiner — wie heißt sie doch —?“

„Du meinst Giulietta.“

Ursa versuchte den Namen nachzusprechen, brachte es aber nicht fertig.

„Wie du der getan hast“, vollendete sie.

„Wozu solch Gaukelspiel?“

„Gaukelspiel!“ wiederholte sie schmerzlich. „Ich möchte ein einzigesmal erleben, wie es ist, schön geliebt zu werden. Das andre kenne ich.“ Sie schüttelte sich.

„Ursa, Ursa!“ rief Hans und rückte von ihr weg. „Weil ich das andre nicht kenne, darf ich das eine nicht tun. Denn ich fühle es. Deine Liebe ist nicht tot. Ich höre sie atmen. Und wenn sie nicht von sich selber aufwacht, ich fürchte, ich fürchte, dann wecke ich sie auf, und wenn sie in uns beiden lebendig ist, dann ist es geschehen. Du bist eines andern Weib. Gehe jetzt. — Oh Ursa, du weißt nicht, wie ich mich nach dir gesehnt habe!“

„Ich gehe sogleich“, sagte sie, und Tränen traten in ihre Augen. „Aber ein einzigesmal in meinem Leben möchte ich die edle Liebe erfahren. Auch ich habe mich nach dir gesehnt, und am innigsten in jener Nacht. Meine Sehnsucht war besser als die deine. Ich will ja nur, daß du mir die Fingerspitzen küssest und ich dir die Locken streichle.“

„Das läßt sich so nicht machen, liebe arme Ursa.“

„Du hast recht, es muß w e r d e n . Aber es soll jetzt werden. Siehe, ich sitze geduldig da und warte. Fange an!“

„Zu reden?“

„Natürlich.“

„Nun denn, in Gottes Namen“, sagte er gehalten. Er nahm den Stuhl, trug ihn an die entgegengesetzte Seite des Tisches, setzte sich ihr ritterlich gegenüber und sah sie freundlich an.

„Ursa, warum ist doch die Flamme auf deiner Stirne so blaß geworden?“

„Sie wird noch blässer werden“, sagte sie leise, „und schließlich werde ich einen todweißen Flecken da oben haben. Die Leute werden sagen: ‚Pfui, das häßliche Mal!‘“

„Das glaube ich nicht! Ursa, alles, was dir von innen heraus kommt, kann dich nur schöner machen. Nur was man dir von außen zufügt, kann dich häßlich machen. Wenn du die Frau Vögtin in Oppenheim bist, darfst du keine Haube tragen wie die anderen Vögtinnen meines Vaters. Du mußt die Haare immer wie ein Dirnlein tragen, nichts andres darauf als einen Kranz, versprich mir das!“

„Ja, glaubst du denn, daß ich immer jung bleibe?“

„Solange ich lebe, sollst du es. Ach, mein Vater ist so furchtbar alt!“
Ursa lächelte.

„Das glaubt deine Mutter nicht. Was schaust du mich so an?“

„Ich muß immer daran denken, daß dort auf dem blassen Mal dereinst eine flammende Flamme zu schauen war. Wer ist daran schuld, daß sie nimmer da ist? Ich oder — der andre, der auf dich so geduldig wartet in der Kammer?“

„Ihr beide miteinander. Vor dem andern ist die Flamme plötzlich erschrocken und hat zurückgeschlagen und hat sich verkrochen. Und vor dir schämt und scheut sie sich und traut sich nicht hervor.“

„Glaubst du nicht, daß ich sie locken kann mit meinen Augen?“

„Mit zarten Blicken, ja; vor heißen fürchtet sie sich.“

„Oh du Feuerflämmlein, komme aus deinem Schlupfwinkel heraus! Oh siehe, es kommt!“

Ursa errötete. Ihre Augen verdunkelten sich, wie wenn ihr Licht unterginge in einer aufquellenden Flut.

„Vielleicht geht es so noch ein wenig rascher?"

Er erhob sich und näherte ihrem Haupte seine Lippen.

Sie neigte sich ihm zu.

„Aber nur leise, oben drüber hin", flüsterte sie; „so wie der Morgenglockenklang die Lindenblüten küßt."

Hans hauchte einen Kuß auf ihre Stirne und setzte sich wieder.

„Oh wehe!" rief er. „Jetzt bist du wieder ganz bleich geworden!"

Sie richtete sich ein wenig auf.

„Die Flamme fürchtet sich vor sich selber. Laß sie nur, sie kommt von selber wieder. Du mußt ein wenig wegschauen. Ich tue es auch."

Sie wendeten ihre Augen voneinander ab und ließen sie im dämmerigen Gemach umschweifen. Aber bald hielten die Blicke wieder still.

„Ich sehe deinen Schatten an, wie er sich so freundlich zu mir neigt. So werde ich immer tun, immer."

„Und ich sehe über deine Haare hin, die ganz dunkel sind; meine Blicke streifen gerade drüber hin und verlieren sich an der trüben Wand. Ach, wie schön wäre es!"

„Was meinst du?"

„Wenn wir jetzt im Freien wären, ganz allein, am Waldsaum. Buchenwipfel über uns und blauer Himmel. Und die Morgensonne käme von der andern Seite über den Berg und schüttete ihre Strahlen in dein Haar! Und es schimmerte, leuchtete, sprühte Feuer. Oh, das möcht' ich sehen, vom Rosse herunter! Zwischen Morgenrot und Reitertod! Das wäre schön! Oh, dann würde ich dich umfassen!"

„Ich würde in den Bügel steigen."

„Wir würden uns küssen, aber anders als vorhin."

„Doch nur einen Augenblick lang!"

„Ade! Und dann rasseln wir, die Kameraden und ich, den Berg hinunter und hauen ein und brechen durch die Piken. Ein Stoß in die Brust. Noch ist dein Kuß nicht kalt geworden. Das entströmende Leben nimmt ihn mit. Und es wächst aus meinem Blut eine rote Rose mitten im Kornfeld. Das ist dein Kuß, Ursa."

„Oh, schau mich doch wieder an!"

Schatten huschten über die Wand.

„Wie du befiehlst, Herrin! Oh siehe, das Flämmchen zuckt!"

„Beschrei es nicht!"

„Was suchen deine Augen im Zimmer umher?"

„Du hast mir ein Geschenk zugesagt. Du hast es getan höhnisch und grimmig. Du warst ein törichter, trotziger Knabe. Aber ich nehme dich beim Wort und suche nach einem Angebinde. Ich habe gefunden, was mir lieb ist. Dort das Blatt Papier, falls es auch auf der andern Seite unbeschrieben ist."

Sie stand auf und holte das Blättlein von der Fensterbank.

„Es ist ganz rein, nur hier ein Flecken. Ist das Blut? Von deinem lieben Blut?"

„Als ich vorhin dort im Fenster stand und zielte, hat mir der Hahnen auf den Finger geschlagen und die Haut zerrissen. Ich achtete der Sache nicht und ließ das Blut rieseln. Ich sah einem fallenden Tropfen zu und dachte: er besudelt den dunklen Fensterteppich, und freute mich, daß er auf das Blatt fiel, das du jetzt in Händen hast."

„Oh, sieh doch, wie die Liebe findig ist, und wie ein großes Geschick sich nicht schämt, ganz klein zu werden, einen fallenden Tropfen zu regieren und auf ein fliegendes Blatt zu legen. Aber, weißt du, nur für die Liebenden ist es so. Du hast das Blatt für mich gesiegelt. Ach, und wie die Liebe findig ist!"

„Ursa!" rief Hans und sah die Dirne voll Erstaunen an. „Wer hat dich also reden gelehrt?"

„Du!" sagte sie und wurde über und über rot in holder Freude.

Sinnend fügte sie hinzu: „Aber es war etwas in mir, was lernen konnte. Ganz schnell habe ich es gelernt, als ich in den Armen des andern lag und an deine Liebe dachte."

„Oh, schweig!" rief er schmerzlich und hielt sich die Hände vors Gesicht.

„Hier!" sagte sie und schob ihm Tinte und Feder hin. „Schreibe mir etwas Großes und Zartes über die Liebe auf dies Blatt."

„Die Stunde ist eine heilige Stunde für dich und für mich. Da soll uns die Bibel das Wort geben."

Er langte die Heilige Schrift vom Schaft herunter und setzte sich vor sie hin. Zuerst schlug er des Apostels Paulus hohes Lied von der Liebe auf und las es halblaut vor sich hin.

„So weit sind wir noch nicht", sagte er und lächelte. „Wir gehören noch ins Alte Testament hinein". Er suchte eine Weile, dann ergriff er die Feder und schrieb in festen, klaren Zügen aus dem Hohen Liede des Salomo, dem letzten Kapitel:

„Liebe ist stark wie der Tod, und Eifer ist fast wie die Hölle. Ihre Glut ist feurig und eine Flamme des Herrn, daß auch viele Wasser nicht mögen die Liebe auslöschen, noch die Ströme sie ersäufen. Wenn einer alles Gut in seinem Hause um die Liebe geben wollte, so gälte es alles nichts.

Hans von Hirschhorn."

Ursa hatte ihm über die Schultern gesehen, während er schrieb. Auch er stand auf. Sie berührten sich nicht, aber sahen mit tränenden Augen auf die schimmernden Schriftzüge, lange, lange, bis die Schrift getrocknet war.

„Halt!" sagte sie und zog das Blatt hinweg. „Es dürfen keine Tränen darauf fallen. Sie würden dein Blut verwischen. Aber nun, wie soll ich es aufbewahren?"

Hans besann sich, dann eilte er an seine Truhe, hob den Deckel und kramte darinnen. Er kam an den Tisch zurück und hielt ein kleines Ding in der Hand.

„Hier ist ein hölzernes Osterei, das mir einmal meine liebe Mutter aus Miltenberg mitbrachte. Man kann es aufschrauben."

Er tat es. Ursa faltete das Blatt, legte es in das Ei, schraubte den Deckel darauf und schob die Gabe in ihr Kleid.

„Ich danke dir", sagte sie. „Und nun will auch ich dir etwas schenken."

Sie griff in ihren Busen und holte ein Ringlein heraus, das sie an einer seidenen Schnur um den Hals getragen hatte. Sie hob die Schlinge über ihr Haupt, nestelte den Goldreif heraus und hielt ihn ins Licht.

„Er gehörte meiner Mutter. Aber sie hat ihn nie getragen. Er fand sich bei ihren Sachen, als sie zum Kriegsvolk entwich. Sie hat ihn wohl von meinem Vater erhalten in jener Nacht, die für ihn —"

Sie stockte.

„So süß und so groß war, voller Liebe, voller Feuer — und nichts mehr."

Sie beugten sich über das Licht und betrachteten ihn miteinander. Es war ein breiter Reif von edelster Kunst. Er trug einen mattweißen Stein, über den eine rote Flamme zuckte. Um die Fassung herum stand eine Schrift.

„Ich verstehe sie nicht", sagte Ursa. „Kannst du sie lesen?"

„Es ist italienisch", erwiderte Hans. Er las und wurde erschüttert.

„Wie heißt es doch?"

„L'amore dolce e la morte, zu deutsch: die süße Liebe und der Tod."

Sie sahen sich mit großen Augen an, fast erschrocken über die Stimme aus den Flammen und aus der Nacht. Es wurde ihnen feierlich zumut.

Ursa riß sich aus den Empfindungen los.

„Erlaube!“ sagte sie schüchtern. „Gib mir deine linke Hand. Wenn du einmal deine Frau herzest, dann soll die linke Hand nicht wissen, was die rechte tut.“

Sie steckte ihm den Ring an den Goldfinger und betrachtete seine Hand mit seligem Lächeln.

„Nun gestatte, daß ich dir danke“, sagte er, ergriff ihre beiden Hände über dem Knöchel und dem Rücken, führte zuerst die Linke und dann die Rechte an seine Lippen und küßte mit zartestem Kuß die rosigen Fingerspitzen.

Ursas Angesicht leuchtete verklärt.

„Oh, wie ist diese Liebe so einzig schön!“ flüsterte sie.

„Nun aber wollen wir Abschied nehmen. Wozu anders sind wir vorhin aufgestanden?“

Sie lächelte wehmütig.

Hans sah sie an mit einem großen Blick. Zuerst sah er ihr in die Augen, dann maß er sie vom Scheitel bis zur Zehe.

„Oh, daß wir uns im Kriegslager träfen! Auf einmal stehst du da, lachend, mit dem gefüllten Becher. Und ich sage: ‚Ursa, es ging heute heiß her! Gib mir zu trinken.‘ Was frag' ich dann nach deiner Vergangenheit? Wenn ich dich nur habe!“

Er ergriff ihre Hand und spielte mit ihren Fingern.

„Oder“, fuhr sie fort, und es blitzte aus ihren Augen, „ich stehe in der finsteren Nacht am Weg, du reitest vorbei und siehst mich nicht. Aber ich erkenne dich und rufe dir zu: ‚Hans, ich bin's!‘ Du wirfst das Pferd herum und nimmst mich zu dir in den Sattel.“

Hans sah sie an mit trunkenen Augen.

„Die süße Liebe und der Tod!“ Er wollte die Arme nach ihr strecken.

„Nicht so, Hans“, sagte sie beschwichtigend. „Nur die zarte Liebe ist süß; die wilde Minne“ — sie flüsterte — „soll aus der zarten aufsteigen, übermächtig, so daß alles schweigt und zittert, und wie sie kommt, soll sie gehen, als ob sie ein Sturm wäre aus Gottes Fingern. Aber die zarte Liebe bleibt zurück, schüchtern, verwundert, aber bald wieder fröhlich und getrost; oh, die ist süß!“

„Du Wissende!“ sagte Hans und sah sie bewundernd an.

„Ich hab' alles rasch gelernt. Weißt du, ich bin ein Kind der Liebe, und für die Liebe bin ich da. Nun aber lebe wohl!“

Sie faßten sich an den Händen und standen wie ein Paar, das im Reigen geht.

Ursa sagte in singendem Ton:

„Wir standen auf einem Lindenblatt,
Einem maiengrünen Lindenblatt,
Ein Engelein hat es gebrochen.
Ein Wind, der hat es hergeweht,
Ein Wind, der hat es fortgeweht.
Wo bleiben wir beide, ich und du?“

Sie schwiegen und sahen einander an in Todestraurigkeit.

Da tat sich die Türe auf. Drei Menschen standen auf der Schwelle und schauten herein.

Ursulas erster Blick flog angstvoll nach der Stelle, wo das Lager stand. Das Bett war unberührt. Die beiden standen nebeneinander, unverwirrt, ruhigen Blicks. Auf dem Tisch das brennende Licht und daneben die aufgeschlagene Bibel.

„Was soll das?“ fragte Hans.

„Die bei dir ist, ist eine Ehefrau“, sagte Friedrich mit zitternder Stimme. „Sie stand heute vor dem Altar. Sie gehört ihrem Gatten.“

„Das wissen wir beide“, sagte Hans.

„Was hat sie bei dir zu schaffen?“

„Wir sind zusammen Kinder gewesen und sind miteinander aufgewachsen“, sagte Hans, seine Stimme brach, und er hatte zu kämpfen gegen die aufsteigende Rührung. „Wir haben Abschied genommen.“

„Hast du ein gutes Gewissen, mein Sohn?“

„Er hat es!“ rief Ursula.

„Der gegenüber?“ sagte Hans bitter und wies auf Ursa. „Ein besseres als du, Vater!“

Friedrich erbleichte.

Ursula wandte sich zu der aufhorchenden Barbara und schickte sie in den Hof, damit sie die wartenden Burschen fortschicke und dem Hochzeiter melde, die Braut sei bei der Herrschaft gewesen.

Friedrich hatte sich gefaßt.

„Geh jetzt, Ursa, zu deinem Manne.“

„Erlaube, ich geleite sie“, sagte Hans und schritt mit der Braut zur Stube hinaus.

Ein Klafter weit von der Tür lag die Hundspeitsche auf dem Boden. Ursa trat darauf und glitt aus. Hans hielt sie und schaute zu Boden.

„Ach, die Hundspeitsche!“ sagte er bitter. „Die hat wohl die alte Barbara mit dem Licht hinter euch hertragen müssen.“

„Die Hundspeitsche, weiß nicht, wie sie hierher kommt“, sagte Ursula, hob das Ding auf und barg es hinter ihrem Kleide.

„Gestatte, Vater", sagte Hans und schaute über die Schulter zurück, „daß ich morgen fortreite."

Friedrich blieb stehen und rief dem Vorwärtsschreitenden nach: „Halt! Wohin willst du?"

Alle waren stehengeblieben mitten auf der Wendeltreppe. Ursula, die die hinterste war, hob das Licht über den steinernen Stiegenbaum.

„Wohin ist einerlei, nur fort von hier. Ich halte es nimmer länger daheim aus."

„Nun gut, du sollst gehen, aber nicht nach Böhmen und nicht in die Niederlande und nicht nach Italien. Kriegsdienste nimmst du nirgends, Hans. Im übrigen steht dir die Welt offen."

„Was soll mir die offene Welt, wenn ich hinausgehen soll ohne Schwert? Ich will nicht weit. Ich will zu einem deiner Freunde, um einmal in andern Wäldern zu jagen und an einem andern Tisch zu sitzen."

„So gehe zu Philipp von Helmstatt nach Laufen."

„Damit mich meine Patin Margarete erziehe? Lieber nicht!"

„Zu Reinhard von Gemmingen nach Guttenberg? Oder zu Alexander von Helmstatt nach Bischofsheim."

„Das eine ist mir so lieb wie das andre, Vater. Entscheide! Nur laß mich morgen fort!"

Sie gingen die Treppe vollends hinunter und standen im oberen Hof. Ursa reichte dem Herrn und der Frau zum Abschied die Hand und dankte ihnen für Heimat, Erziehung und Fürsorge. Dann wandte sie sich zum Gehen.

„Gibst du deinem jungen Herrn nicht auch die Hand?" fragte Ursula.

„Ich geleite sie zu ihrem Gatten", sagte Hans und ging neben der Braut über den Hof.

Die Eltern schauten dem Paare nach.

„Geh hinauf", sagte Ursula, „ich will mit Hans allein reden, wenn er zurückkommt. Warte auf uns! Will's Gott, so bringe ich ihn zu dir."

Hans ging stumm neben Ursa durch das Tor und über den Hof nach dem Wärterhäuschen zu. Sie berührten sich nicht, und jedes schaute starr vor sich hin.

Hannes stand unter dem Torbogen vor der Tür zu seiner Behausung.

„Da bin ich", sagte Ursa.

„Du bist lange fortgeblieben. Wer ist bei dir?"

„Ich bin es, Hannes!"

„Der junge Herr?"

„Deine Frau hat von mir Abschied genommen."

„Das hat lange gedauert."
„Wir hatten uns viel zu sagen."
„Ich fürcht', ich fürcht', junger Herr, Ihr seid mein Hagel worden."
„Ich bringe sie dir, wie sie zu mir kam."
„Ich, wenn ich die junge Herrschaft wär' —"
„Dann stünde es damit anders? Siehst du, Hannes, ich bin bräver als du. Und nun, behüt dich Gott!"
„Gebt Ihr meiner Frauen nicht auch noch die Hand?"
Aber Ursa war schon zur Türe eingetreten, und Hans kehrte sich kurz um und ging über den dunkeln, schweigenden Hof zum Herrenhaus zurück.
„Du bist noch da, Mutter?"
„Komm mit zum Vater und sag ihm ein freundliches Wort."
„Wofür? Ich war nicht unehrerbietig gegen ihn."
„Nein, aber kalt und herb. Er hat Gram deinetwegen."
„Ich habe auch Gram."
„Du weißt es nicht, wie lieb er dich hat."
„Ich glaub' es wohl, aber was nutzt es mich, daß er mich liebhat, wenn er mich zwischen Tür und Angel zuschanden martert?"
„Er hat dir zu reisen erlaubt."
„Von einem Tisch zum andern! Was nutzt mich die Welt? Überall klirren die Schwerter, und ich soll keines tragen!"
„Du weißt nicht —"
„Ich weiß —"
„Du bist du selbst und weiter nichts. Er aber trägt den Namen seines Geschlechts in vorsichtigen Händen durch eine wilde Zeit."
„Er soll ihn tragen und soll mich lassen."
„Er trägt ihn für dich."
„Für mich? Oh Mutter, ich will das Erbe nicht! Die süße Liebe und der Tod."
„Hans, der Abschied geht dir zu Herzen. So sei auch gegen deinen Vater gut. Warum willst du ihm nicht gute Nacht sagen?"
„Heute nicht, Mutter! Die Hundspeitsche schaut noch hinter deinem Rücken vor."
„Das begegnet Vätern oft, daß sie meinen, ihre großen Söhne seien kleine Buben."
„Wahrhaftig, auch mir kommt es vor, als lägen zwischen ihm und mir unzählige Jahre. Der Vater ist sehr alt."
„Da muß ich doch lachen! Dein Vater alt? Ich weiß, wie jung er ist."

Ursula wurde rot.

„Ja, Mutter, dich dünkt er jung, mich dünkt er alt. Grüß ihn von mir. Gute Nacht."

Friedrich stand unter der Tür des Schlafgemachs und lauschte. Als er nur einen Schritt hörte, wurde er traurig.

„Hans läßt dich grüßen", sagte Ursula.

„Er wollte nimmer kommen?"

„Er läßt dich grüßen."

Die Gatten lagen zu Bett. Die Stube war finster. Da fing Friedrich an: „Ich hätte ihn an mein Herz gezogen und hätte ihn auf den Mund geküßt. Das ist jetzt vorbei."

„Morgen?"

„Nein. Solche Stunden kommen niemals zweimal. Gute Nacht."

„Gute Nacht! Friedrich, wir beide lieben uns!"

„Gott Lob und Dank! Gute Nacht!"

19

Der Herbst kam ins Land. Das Jahr war gut gewesen. Schon lange waren die Kirchweihen nicht so üppig gefeiert worden wie heuer. Die Zehntscheuern und Kellereien füllten sich, daß sie strotzten, und die Bauern spürten es kaum: so viel hatten ihre Felder, Weinberge und Gärten getragen. Als Martini vor der Türe war, saß der Junker vergnüglich bei seiner Ursula und stellte zusammen, was ihm nach den Berichten seiner Vögte und Zehntmeister zuteil geworden, und als er damit fertig war, sagte er zu seiner Frau: „Ursula, unser Wesen blüht. Wohlan, wir reisen nach Heilbronn und kaufen uns dort ein schönes Haus. Ich weiß eines, das feil ist. Es liegt am Markt und ist stolz und warm."

„Möchtest du dir nicht lieber Äcker und Weinberge kaufen, oder das Geld ausleihen gegen Pfand an Land und Leute?"

„Nein, liebe Hausfrau", sagte Friedrich lächelnd. „Aller Grund und Boden und was daraus erzielt wird, ist teuer, denn noch ist der Friede üppig. Aber ich trau' diesem Frieden nicht. Ich fürchte, das böhmische Wesen bringt uns den Spanier ins Land. Dann gute Nacht, Zehnten und Gülten! Wer am meisten Land und Leute hat, wird dann am meisten Schererei und Schaden haben. Aber die Häuser in den Städten werden im Wert steigen; auch bieten sie die sicherste Zuflucht. Wir haben solche Nester in fast allen Städten zwischen Oppenheim und Heilbronn, nur in dieser braven Stadt selber noch nicht. Morgen gehen wir hin, du und ich und drei Knechte und der Notarius, und kaufen uns Jost Schreibers Haus am Markt. Willst du dich mit dem Notar in deine Kutsche setzen?"

„Um Gottes willen nicht! Der Notar soll auf einem Wägelein fahren. Ich reite."

So wurde denn alles Nötige zur Reise gerüstet. Als sich die Gatten bei diesen Geschäften in der Kleiderkammer begegneten, sagte Ursula: „Wie ist es schade, daß Hans nicht bei uns ist! Vielleicht treffen wir ihn unterwegs. Wo wird er sich wohl jetzt aufhalten?"

„Er wird bei meinem Vetter Neipperg in Schwaigern sein oder bei Gemmingen auf dem Guttenberg. Ich würde mich freuen, ihn wiederzusehen. Bei Gott, er fehlt mir."

Ursula seufzte. Sie hatte den ganzen Tag an den Sohn gedacht.

Es war am Montag, dem 9. November des Jahres 1620, des Abends um die Zeit des Vesperimbisses, als Hirschhorn mit seiner Frau und den Knechten in die Reichsstadt einritt. Um dieselbe Stunde des vorigen Tages hatte König Friedrich von Böhmen die Flucht begonnen, die erst mit seinem Tod ihr Ende nehmen sollte. Europas Schicksalsschlag war vorüber. Mit jeder Stunde erfuhren es weitere Städte und Dörfer, daß die Prager Krone vom Tisch gefallen und die Treppe hinuntergerollt sei, dem Kaiser in die Hände. Denn während Friedrich und seine Frau in der Kleiderkammer hantierten, wurde vor Prag eine von den vielen Schlachten geschlagen, die das Schicksal der Welt entscheiden halfen. Als Friedrich zu seiner Gattin sagte: „Nun haben wir treffliche Mittagsruhe gehalten, so wollen wir nun die Reise rüsten", da fing die Schlacht an. Und als sie die Gerüstkammer zuschlossen, um den Imbiß zu nehmen, da war die Schlacht entschieden.

Aber so schnell auch das Gerücht flog, dem Neckar war es noch fern. Auf dem Marktplatze zu Heilbronn und an drei andern Orten der Stadt wurde für die siegreichen Waffen des Pfalzgrafen geworben, und viele Adlige aus Schwaben und Franken waren hier zusammengekommen, um miteinander in fröhlicher Fahrt zum schönen, jungen Königspaar zu reiten und ihre ritterlichen Schwerter in den böhmischen Krieg zu tragen. Auch am Morgen des zehnten November, als schon in der Reichsstadt Hall die Kirchenglocken zusammenschlugen und die bestürzten Einwohner zum Gebet riefen, und die Schatten der ausgebreiteten schwarzen Flügel über die grünen, sonnigen Wiesen des Hohenloher Landes flogen nach Westen zu, war man zu Heilbronn noch guter Dinge, verkaufte

Pferde und Waffen, und Juden borgten den jungen Herren vom Adel gegen gutes Pfand bares Geld.

Friedrich und Ursula hatten ihr Geschäft vollendet und besaßen eines der behaglichsten und stattlichsten Häuser der Stadt. Von den Fenstern des Gasthofs hatten sie einige Stunden dem bunten Treiben zugeschaut, hatten manchen Bekannten in der Menge erkannt und wollten noch ein wenig durch die Straßen schlendern, bis die Diener zum Aufbruch gerüstet hätten.

Wie sie der Kilianskirche zugingen, sahen sie einen hochgewachsenen Menschen in ritterlicher Kleidung unter andern auf der Straße stehen. Er kehrte ihnen den Rücken und sah den Werbern zu, wie sie schwadronierten und Handgeld zahlten.

„Ist es nicht Hans?“ fragte Friedrich.

„Er ist es.“

Sie schoben sich durch die Menge, traten hinter ihren Sohn, und Friedrich legte ihm die Hand auf die Schulter.

Hans fuhr herum. Als er seine Eltern erkannte, fuhr er zusammen und wurde bleich. Er war offenbar nicht sehr erfreut.

„Was tust du hier?“

„Ich gaffe. Es ist doch einerlei, ob ich in Heilbronn Maulaffen feilhalte oder anderswo.“

„Bist du allein hier oder in Gesellschaft?“

„Ich habe zu Schwaigern Urlaub genommen und bin vorgestern hierhergeritten.“

„Hans?“

„Was willst du, Vater?“

„Hast du dich gebunden?“

„Noch nicht, leider.“

„Ich wollte es dir geraten haben!“

Die Ader schwoll auf Friedrichs Stirn, und seine Stimme hob sich. Die Umstehenden schauten her. Ursula legte beschwichtigend ihre Hand auf Friedrichs Arm.

„Du reitest mit uns heim“, sagte der Vater leiser und ruhiger. Er hatte sich gefaßt.

Hans schaute unter sich.

„Sogleich?“

„Jetzt sogleich.“

Der Sohn schaute zögernd auf.

„Ich habe im ‚Goldenen Pfauen‘ eingestellt.“

„Wir geleiten dich."
„Ihr seid sehr gütig und sehr mißtrauisch."
Ursula faßte ihn an der Hand.
„Ich möchte sehen, wo du wohnst."
„So kommt."
Hans ging voraus, ohne sich umzusehen. Die Eltern schritten hinterdrein. Wer die drei dahingehen sah, dachte nicht, daß sie zusammengehörten. Hans empfing manchen vertraulichen Gruß, den er jeweils kurzab erwiderte.
Sie gelangten an das Wirtshaus. Hans wartete vor der Einfahrt und ließ die Eltern vorausgehen. Der dicke, runde Wirt tat sein Käpplein ab und eilte diensteifrig herbei. Friedrich verlangte zu wissen, was der junge Junker Hirschhorn schuldig sei. Hans tat Einsprache: „Das sind meine Sachen, Vater." Der Wirt ging an den Schenktisch und rechnete. Vater und Sohn standen schweigend und warteten. Ursula betrachtete die Bilder, die über den Türen in die Wand eingelassen waren.
„Soll auch die Zeche für das gestrige Gastmahl dazu?" fragte der Wirt.
„Nein", rief Hans, „das geht besonders."
„Doch", sagte Friedrich. „Alles, was mein Sohn schuldig ist — in einer Summe."
Der Wirt kam herbei und wandte sich verlegen von dem einen zum andern.
„Wie hoch beläuft sich die Zeche?"
Da warf Hans einen gefüllten Beutel auf den Schenktisch und rief: „Nehmt Euch heraus, was ich schuldig bin, und verteilt den Rest unter Euern Leuten."
„Nicht anrühren!" rief Friedrich. Dann wandte er sich an seinen Sohn. „Wo hast du das Geld her?"
„Geliehen."
„Von wem?"
Hans schwieg.
Ursula trat zwischen die beiden und redete Hans zu: „Sage es dem Vater!"
„Von dem Juden Levi Pfeffer in der Salzgasse."
Friedrich wurde rot im Gesicht.
„Das ist ein ehrlicher Jude", sagte der Wirt. „Er wohnt gleich in der nächsten Gasse."
Der Vater ergriff den Beutel und gab ihn Ursula.
„Das Geld ist mein", sagte er. „Zahle die Zeche. Ich gehe zum Juden."

Hans erbleichte. Er trat seinem Vater in den Weg. Sie maßen sich mit feindseligen Blicken.

„Vater!" rief Hans.

Friedrich ging auf die Tür zu. Hans trat auf die Seite. Es arbeitete in seiner Brust.

Unterdessen zahlte Ursula die Zeche. Sie war erstaunt über die Höhe der Summe, aber sie sagte nichts. Der Wirt schob ihr ein Täfelein hin, wo die Posten mit Kreide aufgeschrieben waren. Ursula überschaute flüchtig und wies mit dem Finger auf einen Posten, der das Zwanzigfache betrug vom übrigen.

„Was ist das?"

„Das Gastmahl von gestern. Hier ist alles einzeln aufgeschrieben."

Er drehte das Täfelchen um.

Ursula prüfte aufmerksam. „So viel Marzipan?"

„Die Weiber essen gerne Süßes."

„Woher waren die Weiber?"

Der Wirt schwieg verlegen und sah auf Hans, der mit übereinandergeschlagenen Armen an der Wand lehnte und finster vor sich hinschaute.

Ursula wandte sich zu ihrem Sohne und fragte: „Wen hattest du zu Gast?"

„Vier Freunde und —"

„Fünf", sagte der Wirt. Es entstand eine Pause. Der Wirt entfernte sich.

„Woher waren die Weiber?" fragte Ursula von neuem.

„Aus dem Frauenhaus, wenn du es wissen willst."

Da erschrak die Mutter, daß ihr das Herz zitterte. Ihre Augen füllten sich langsam. Sie standen weit offen, das Gesicht war regungslos, der Mund geschlossen und stumm, aber Tränen und Tränen rannen über die Wangen wie überfließende Wasser.

„Ihr seid daran schuld", sagte Hans leise und heftig. „Ihr zwingt mich zum Luderleben. Ihr habt mir das Schwert versagt und habt mir die Ursa genommen."

In diesem Augenblick trat Friedrich herein. Er war verdrießlich und aufgeregt.

„Hier ist der Schein, den ich eingelöst habe. Sieh, Ursula — was ist geschehen?"

„Nachher, Friedrich."

„Allerdings, es ist zum Weinen. Fünf Jahre gestattet mir der Bube noch Lebensfrist! Der Schein ist auf fünf Jahre ausgestellt von dem

Erben des Hauses Hirschhorn. Dann soll die Schuld mit Zins und Zinseszins aus den und den Gefällen —"

Die Stimme versagte ihm.

„So war das nicht gemeint, Vater", brauste Hans auf. „Der Jude wollte nicht anders —"

„Und dann habt ihr euch zusammengesetzt und meine Lebensdauer abgeschätzt und mir noch fünf Jahre bewilligt. Hans, in fünf Jahren halt' ich den letzten Heller und jedes Hühnerei noch in Händen und dich dazu, so Gott will!"

„Reg dich nicht auf, Vater", sagte Hans dumpf und warf sich auf die Bank. „Du überlebst mich lang."

Friedrich ging, sich zu beschwichtigen, im Zimmer auf und nieder, Ursula sah durch die Scheiben in den trüben Hof und schluckte ihre Tränen, Hans sah störrisch vor sich nieder.

„Mutter", sagte Friedrich mit matter Stimme. Er stand hinter seiner Frau und streichelte liebkosend ihre Wange und ihr Haar. „Komm, wir wollen gehen. Hans, wir gehen! Packe deine Sachen!"

„Sie liegen im Mantelsack."

„Wo willst du hin? In den Stall? Ich schicke einen Knecht, der uns dein Pferd bringt. Hier hast du einen Goldgulden für die Dienstleute."

Hans wandte seinem Vater den Rücken.

„Du hast das andre besorgt, besorge auch dies."

Als die drei durch die Gassen und Straßen der Reichsstadt gingen, fanden sie überall ein aufgeregtes Wesen. Die Leute standen beieinander und redeten in hastigen Worten. Immer mehr kamen aus den Häusern und Werkstätten. Die Dirnen gingen lachend ihres Wegs, schauten herüber und riefen hinüber, Gruß und Scherz, als ob all dies Treiben zu ihrer Lustbarkeit vorhanden wäre.

Die dreie gingen nebeneinander in der Mitte der Straße. Die Eltern hatten ihren Sohn zwischen sich genommen. Sie redeten nichts zusammen, blieben nirgends stehen, fragten niemand, jedes hütete sich, aus dem tauben Bann der Stille hinauszutreten. Aber sie lauschten begierig auf all die schwirrenden Reden.

„Eine große Schlacht ist geschlagen worden", rief ein dahinspringender Bursche seinem Kameraden zu.

„Wo?"

„Bei Prag."

„Wer hat gesiegt?"

Keine Antwort.

„Hoffentlich hat meiner gewonnen", lachte eine Dirne, „er ist Fähnrich beim Grafen Thurn."

„König Friedrich hat gesiegt, General Tilly ist gefangen", versicherte ein Handwerksmeister, der in einer Gruppe von Bürgern das große Wort führte.

„Was? Tilly gefangen?" sagte ein alter Korporal, der vorüberging. „Ich hab' unter ihm in Flandern gedient, der beißt sich durch sieben Eisen durch."

Ein Ratsherr ging vorbei. Seine Miene war besorgt.

„Wie steht es, Nachbar?"

„Der König Friedrich hat verspielt. Prag ist erobert."

„Von wem?"

„Vom Kaiser."

„Das glaube, wer mag!"

Man hörte Trommeln und Pfeifen.

„Die Landsknechte ziehen ab nach Öhringen."

Alles lief dem Getöse zu.

Die Eltern und ihr Sohn blieben stehen und ließen die Leute an sich vorüberrennen.

Sie waren am Ausgang einer Gasse angelangt. Die kriegerische Musik entfernte sich. Die Gasse war fast menschenleer geworden.

Da hörte man Pferdegetrapp.

Friedrich machte eine Gebärde. Er wollte nicht dem Reitertrupp begegnen. Die beiden andern verstanden ihn. Sie begehrten das gleiche. So stellten sie sich in den Schatten des Eckhauses, der die Hälfte der Gasse füllte, und warteten.

Da kam eine schwatzende Schar auffällig oder frech gekleideter Dirnen. Sie sprangen einander lachend nach, faßten sich an den Kleidern und Zöpfen und stellten sich dann quer über den Ausgang der Gasse in den grellen Sonnenschein. Die Mädchen waren meist hübsch, hatten kecke, blitzende Augen und sahen suchend und herausfordernd um sich.

Jetzt nahten die Reiter. Es waren etwa dreißig junge Edelleute mit ihren Knechten. Es war eine stolze Schar. Blühendes Leben mit lachenden Augen, Schwert an der Seite, toller Wagemut im Herzen. Ein älterer Edelmann, der in gemessener Entfernung hinter den Dirnen stand und von den jungen Reitern gegrüßt wurde, rief zur Schar hinüber: „Wohin?"

„Das Jagsttal hinauf. Mit dem König von Böhmen ist es aus. Wir reiten zum Mansfeld. Bei dem geht's lustig und frisch zu."

„Wo steht Graf Mansfeld?"
„Wir wissen es nicht."
„Irgendwo in der Welt."
„Er wird zu erreiten sein."
„Viel Fortun! Ehre und Beute!"
„Danke! Danke!"
„Behüt dich Gott, Elslein!"
„Oh du süßer Dieter, ade! Bring mir etwas mit! Eine güldene Kette!"
„Der Herzogin in Bayern ihr Gebetbuch."
„Das ist brav! Danach sehn' ich mich schon lang."
„Oh, wie werd' ich leben können ohne dich, Fritz!"
„Du mußt es versuchen!"
„Denk an mich!"
„Sicherlich! Wenn ich wieder so eine Wilde im Arm hab'!"
„Ade!"
„Ade! Ade!"

Der Reitertrupp war vorbei. Die Dirnen faßten sich an den Händen und liefen lachend und kreischend hintennach und dem Zuge zur Seite.

Gasse und Straße waren wie ausgestorben.

Die drei setzten ihren Weg fort. Hans hatte sich, als die Reiter vorüberzogen, hinter seine Eltern gestellt, und als die Dirnen vor der Gasse ihr Wesen hatten, sein Haupt gesenkt. Seine Mutter verdeckte ihn, so gut sie konnte. Es klopfte ihr das Herz, und sie dankte Gott, daß er unerkannt blieb.

„Ein glückseliger Auszug!" meinte Friedrich. „Sie wissen nicht, wohin sie wollen, und die Huren geben ihnen das Geleite."

„Gott sei Dank, daß wir dich haben!" sagte Ursula leise und sah ihren Sohn mit suchenden, fragenden, mütterlichen Augen an.

In wunderlicher Stimmung ritten die dreie der Heimat zu. Derweilen die Knechte hinter ihnen plauderten und sangen, waren sie einsilbig und hingen ihren Gedanken nach. Die Eltern suchten ihren Sohn zwischen sich zu behalten. Hans aber bemühte sich, loszukommen und allein zu reiten. Vater und Mutter bemerkten es und ließen ihn gewähren. So ritt er allein seines Wegs. Er empfand es wohl, wie unwürdig und wie gedankenlos die Ausfahrt der jungen Abenteurer war, aber sein Trotz wollte es nicht wahr haben, und sein Ärger über des Vaters Eingriff ließ die vernünftige Gegenrede seines Gewissens nicht aufkommen. Die Eltern freuten sich ihres Sohnes wie eines vom Abgrund Gerissenen. Aber Vater und Mutter fragten sich, ob sie wohl wie seinen Leib auch seine Seele wiedergewinnen könnten.

In der Deutschherrenburg Hornegg brachten sie die Nacht zu. Die ritterlichen Wirte bemühten sich, ihren Triumph über den Sieg der katholischen Waffen zu verbergen, da sie die Niedergeschlagenheit ihrer evangelischen Gäste auf Grund ihrer eignen Gefühle auslegten. Als sie nach dem Abendtrunk auseinandergingen, legte der gutherzige Landkomtur dem Junker die Hand auf die Schulter und sagte: „Fasset Euch, lieber Herr! Ab und auf, so ist des Krieges Lauf. Wer weiß, ob nicht einmal eine Zeit kommt, wo Ihr mich zu trösten habt, wenn ich auf Burg Hirschhorn als Euer Gast nächtige."

„Gott führe Euch bald zu mir mit der Friedensbotschaft", sagte Friedrich.

Ursula schüttelte dem alten Herrn herzlich die Hand.

„Wie es auch gehe, Ihr und wir bleiben getreue Nachbarn und gute Freunde."

„Getreue Nachbarn, gute Freunde, das rechnet euer Luther zum täglichen Brot. In dem Stück gebe ich ihm recht. — Was hat der junge Herr? Hat wohl in der üppigen Stadt der Mutter vergessen? Wie alt?"

„Ich bin siebzehn Jahre, lieber Herr."

Der Komtur hob lächelnd den Finger:

„Jugend, Jugend, spar deine Kraft! Wir brauchen Männer, die Mark in den Knochen haben."

Am andern Morgen ritten sie weiter. Aus der Kirche zu Bettingen klang Orgelton und Gesang. Die Gemeinde war zum Dankgottesdienst vereinigt wegen der Prager Schlacht. Dagegen standen in dem Nachbardörflein Steinbach, das gemmingisch war, die Leute verstört vor den Häusern, und ein Lehrer trat auf den Junker zu und bat ihn um Auskunft, ob die Unglücksbotschaft wahr sei. So war alles Volk am unteren Neckar und im Odenwald durch Flugschriften und Predigten aufs tiefste erregt. Überall in dieser Gegend empfand man es deutlich, daß der erste Schlag eines fürchterlichen Wetters, das auch über die eignen Köpfe ziehen werde, zerschmetternd niedergegangen sei.

Sie waren an Burg Hornberg vorübergeritten und hatten das Dörflein Zimmern im Rücken, vor ihnen lag die breite Wiesenfläche des Elzbaches und dahinter stiegen die heimatlichen Berge in die Höhe: da kam ihnen eine wunderliche Gesellschaft entgegen. Voraus ritt ein fremdländisch aussehender Kavalier in spanischer Hoftracht. Hinter ihm fuhr eine weitbäuchige und hochgetürmte Kutsche, die von vier Rossen gezogen wurde. Zwei berittene Knechte, die bis an die Zähne bewaffnet waren, bildeten den Beschluß.

Ursula wollte rufen: „Das ist ja meine Kutsche!“ Da sah sie, wie ihr Gatte den Hut zog und damit sein Angesicht bedeckte. Gesenkten Hauptes ritt er vorbei. Aus dem Wagen beugte sich eine vornehm gekleidete Frau und musterte scharf die Vorüberreitenden. Ursula grüßte ehrfurchtsvoll. Die Dame dankte mit leisem Nicken des Kopfes. Sie mußte groß und stattlich sein. Schneeweißes Haar umrahmte das immer noch volle Angesicht. Die Züge waren edel und zeugten von einem ungewöhnlichen Wesen. Die schwarzen Augen waren von unergründlicher Tiefe.

Im Vorüberreiten empfand Ursula dies alles und bekam den Eindruck, daß etwas Machtvolles an ihr vorüberziehe. Darum neigte sie sich tief im Sattel.

„Ist es eine der Pfalzgräfinnen?“ fragte sie Friedrich. Der hatte noch immer den Hut vor dem Gesicht, das er auf den Hals des Pferdes niederbeugte. Sie lenkte ihren Zelter dicht heran und sah dem Gatten ins Gesicht. Da sah sie, daß er aschfahl war und zitterte.

„Um Gottes willen, Friedrich, wer ist es?“ — „Die Beußerin.“

Unwillkürlich sah Ursula zurück.

Die Frau hatte sich weit aus dem Wagen gebeugt und schaute den Gatten nach. Da kam Hans herangeritten. Er verbeugte sich ritterlich. Die Dame sah ihn scharf an, befahl dem Kutscher zu halten und winkte den Jüngling zu sich heran. Hans ritt gezogenen Hutes an den Kutschenschlag. Der Kavalier, der vorausgeritten war, ritt zurück, um die Kutsche herum und hielt mit den beiden Knechten zwischen den hinteren Rädern und dem Straßenrand. Er grüßte hochmütig; die Knechte, schwarzhaarige Gesellen mit stechenden Augen, lockerten ihre Waffen. Der eine hielt die Hand an der Pistole, der andre faßte den Schwertgriff.

Jetzt kamen die drei Hirschhornschen Knechte herangeritten. Sie machten große, neugierige Augen, aber ritten gleichmütig hinter der Kutsche auf die Wiese, da die Straße keinen Raum bot, und in einem Bogen auf den Weg zurück. Ursula wäre gerne halten geblieben, aber sie wollte auch ihren Gatten nicht lassen. Friedrich ritt ohne umzuschauen vorwärts. Ursula winkte die über die Wiese reitenden Knechte zu sich heran und befahl dem einen, den Junker einzuholen und ihn zu bitten, daß er warte. Den andern Knecht hieß sie im Schritt zur Kutsche zurückreiten. Sie selbst wandte ihr Pferd und beobachtete, was vor sich ging.

Die fremde Frau zog ihren Kopf in die Kutsche zurück. Sie schaute auf das Wappen auf der Schabracke, betrachtete den jungen Reiter und heftete dann ihre schwarzen Augen wieder auf das fünfzackige Geweih. Sie winkte ihn zu sich heran.

„Hirschhorn?"

„Hans von Hirschhorn."

Sie schwieg eine Weile. Plötzlich rief sie:

„Gott im Himmel! Er hat einen Sohn! Aber hüte dich, du! Du Milch und Blut! Der Tod kommt auch an die Jungen. Ich weiß es, ich hoff' es."

„Wünschet Ihr mir den Tod, edle Frau?"

„Täglich, stündlich! In jedem Vaterunser."

„Was hab' ich Euch zuleid getan?"

„Dein Vater hat mir beide Söhne getötet. Meinen Johann hat er mir gemeuchelt, und meinen Angelo hat er mir verbrannt."

„Ihr seid — von Eurer Lüge nachher! Gestattet, daß ich Euch ehrfurchtsvoll die Hand küsse. Ihr seid meine Urgroßmutter."

Er stieg vom Pferd, hielt es mit der rechten Hand am Halfter, ergriff die auf dem Kutschenschlag ruhende Hand der Greisin mit der Linken und führte sie an die Lippen.

„Halt!" sagte die Frau und ergriff seine Hand. „Laß mich den Ring sehen! Er ist's! L'amore dolce e la morte! Wo hast du ihn her? Den hat mein süßer Angelo getragen."

„Ich erhielt ihn von einem Mädchen."

„Von seiner Tochter! Von meiner Enkelin! Oh, ich weiß! Ich komme von Zwingenberg und von Hirschhorn. Dein Vater hat sie mit einem Blöden vermählt."

„Sie wollte selbst."

„Glaubst du? Oh, ich glaube, sie wollte dich."

Die Greisin lachte irr.

„Hat sie sich dir hingegeben? War sie süß?"

„Sie war die Frau eines andern."

„Aber sie hat dich doch geküßt. Ihr hattet eine Schäferstunde, da hat sie dir den Ring geschenkt. Oh, ich glaub' es wohl, denn du bist schön! Oh, daß ihr Kuß dich vergiftet hätte! Daß sie dir das Mark verbrannt hätte!"

„Auch in meinem Mark ist Euer Blut, ehrwürdige Frau."

„Verflucht sei jeder Tropfen in dir, der von mir herrührt. Verflucht der Mutterschoß meiner Tochter, aus dem die Brut der Meuchler und Mordbrenner —"

„Ihr lügt in Euern Hals."

Der dienende Kavalier zog den Degen, der eine Knecht trieb sein Pferd dicht an Hans heran. Hans zog das Schwert und schaute wild um sich.

Der Hirschhornsche Knecht bog in die Wiese und gab seinem Roß die Sporen.

„Schlagt ihn nieder!“ rief die wütende Frau in italienischer Sprache. Der eine der Knechte drückte sein Pistol los, aber es versagte, und im nächsten Augenblick hieb ihn der Hirschhornsche mit dem Schwert über die Achsel, daß er laut aufschreiend vom Pferde sank. Hans und der

Kavalier kreuzten die Klingen, aber beim zweiten Hieb flog dem Italiener die Waffe aus der Faust. Die beiden Knechte hatten sich mit drohenden Augen und geschwungenen Schwertern gemessen. Plötzlich riß der Fremde sein Pferd herum und entfloh, der Kutscher hieb auf die Rosse, der Wagen eilte davon. Die Beußerin ballte die Faust wider die heransprengende Ursula, dann fiel sie schluchzend in die Kissen zurück.

20

Was keine Aussprache hätte erreichen können und was wohl auch durch keinerlei andersartige Lebensgefahr bewirkt worden wäre — das Abenteuer auf der Landstraße vollendete es in einem Nu: Mutter und Sohn hatten sich wiedergefunden. Als Ursula ihren Sohn so trutzig in der Gefahr erschaute, warf sie unwillkürlich trotz aller Todesangst die Arme in die Höhe; aber auch Hans hätte aufjauchzen mögen über seine Mutter, als er sie ohne Wehr und Schutz zum blutigen Austrag heranreiten sah. Die beiden hatten sich wieder, und so, wie sie sich nie besessen hatten: sie waren Kameraden geworden. Kein Wort herüber und hinüber. Sie sagten sich's mit ihren leuchtenden Blicken.

Eine übermütige Laune war über Ursula gekommen.

„Wir wollen die Halunken verfolgen", rief sie und schaute die Straße hin. „Jost soll hinter ihnen her reiten; du und ich jagen auf der Wiese an ihnen vorüber und fassen sie von vorne."

Diesmal war Jost der Gescheiteste von den dreien. „Man weiß nicht, wie's ausgeht", sagte er und kratzte sich hinter den Ohren. „Sie haben Pistolen, und in der Kutsche sitzt der Teufel. — Ein feiner Fuchs!" fügte er hinzu und stieg von seinem Gaule ab. „Den wollen wir in Sicherheit bringen!"

Jost schwang sich auf das Pferd des Italieners und führte das seine an der Trense neben sich.

Unter Geplauder und Lachen ritten sie in scharfem Trab den beiden Genossen nach. Herbold war hinter seinem Herrn zurückgeblieben und hielt auf der Straße. Was machte er Augen, als er die drei mit vier Pferden herankommen sah! Er ritt ihnen entgegen, hörte, was sich zugetragen hatte, und fluchte, daß er nicht dabei gewesen war. Sie trabten nun um so lustiger dahin und als sie den Junker vor sich sahen, nahmen sie die letzte Strecke im Galopp.

Friedrich war all die Weile her vor sich hingeritten. Er grübelte darüber nach, wozu ihm die Frau, vor der er sich fürchtete und der er so gern die Hand geküßt hätte, begegnet sei, ob zum Guten oder zum Schlimmen. Er wehrte sich mit allen Kräften seines herzhaften Glaubens wider die Anfechtungen heidnischer Schicksalsfurcht und sagte sich gerade tapfere Bibelsprüche in das lauschende Herz, als die viere hinter ihm hersprengten.

Ursula und Hans nahmen ihn in die Mitte, und Ursula erzählte. Die beiden Knechte, die dicht hinter ihnen ritten, warfen ihre Ergänzungen hinein. Friedrich hörte schweigend zu. Er erschrak innerlich, denn er sah in dem feindlichen Zusammenstoß die Antwort auf seine Grübelfrage. Für die Erzähler war es eine Enttäuschung, daß der, auf dessen Freude sie sich gefreut hatten, weder als Gatte noch als Vater noch als Herr Anteil nehmen wollte.

Endlich gab er ein Zeichen, daß er überhaupt gehört hatte: er seufzte tief auf. Dann wandte er scharf den Kopf gegen den Sohn und fragte, ob er ehrerbietig gegen seine Urgroßmutter gewesen sei. Hierauf erkundigte er sich nach dem Verwundeten. Daß dieser in der Kutsche geborgen worden war, schien ihn mehr zu freuen als des eigenen Sohnes

Rettung. Schließlich hielt er sein Pferd an, rief die Knechte zurück, die an der Herrschaft vorübergeritten waren, und befahl ihnen, umzukehren und in den Dörfern zu erfragen, wo die Dame Herberge genommen habe; dann sollten sie alsogleich die Dame oder ihren Hofmeister aufsuchen, das erbeutete Pferd zurückerstatten, der Dame die schuldige Ehrfurcht der beiden Herren von Hirschhorn vermelden und sie in deren Namen um Vergebung bitten, wenn ihr ein Schrecken oder Schaden widerfahren sei.

Ursula wollte aufbegehren, Hans bekam einen roten Kopf, die Knechte sahen störrisch drein. Als sie aber in Friedrichs Antlitz sahen, schwiegen alle. Die Knechte trabten, den ledigen Fuchs zwischen sich, die Straße zurück, und die drei anderen Gäule vollendeten rüstig die wohlbekannte Strecke bis zu dem Stall auf Burg Zwingenberg; sie waren hierbei vergnügter als die Menschen, die auf ihnen saßen.

Die Nacht brach ein, als Hans seine Mutter vom Pferde hob. Er war abgesprungen, um seinem Vater mit diesem Ritterdienst zuvorzukommen. Während die Knechte die Gäule in Empfang nahmen, eilte der Schloßhüter mit einem Lichte die Treppe herunter. Er stand unter der Tür und schützte mit der hohlen Hand die Flamme vor dem Zug.

„Was ist geschehen?" fragte Ursula erschrocken. „Du siehst ja ganz verstört aus."

„Schlimme Post!" erwiderte de alte Mann, und Tränen traten ihm in die Augen.

Friedrich machte eine abwehrende Gebärde und fragte: „War jemand hier?"

„Heute, ja. Eine reisende Frau war drunten im Dorf. Sie kam heran in einer Kutsche, die aussah wie der Zwilling von der Herrin ihrer, und fuhr gegen Gundelsheim weiter. Ihr müßt ihr begegnet sein. Kaum war sie fort, so kam der Bote mit der bösen Nachricht. Er wartet drinnen."

„Hat sich die Dame aufgehalten?"

„Drunten im Dorfe, ja. Aber wißt Ihr denn schon, was der Bote gebracht hat? Er hat es doch niemand gesagt als uns."

„Was hat die Frau drunten im Dorf getan?"

„Sie hat nachgefragt nach —"

„Nicht weiter! Komm! Ich will dich allein sprechen."

„Aber wißt Ihr denn —"

Friedrich ging rasch voraus. Der alte Mann folgte vorsichtig mit dem flackernden Licht.

„Ich versteh' den Herrn nicht", murrte er. „Was geht ihn dem fremden Weibsbild ihr Sohn an? Wär' er nicht ins Heu, so wär' er nicht verbrannt. Aber warum hat sie nicht ihren Mordswagen umgedreht dem Rheine zu, um ihre Enkeltochter zu suchen, die Ursa? Ich glaube, daß sie weiß, was dort geschehen ist."

„So weiß sie von Ursa?" fragte Hans.

Der Haushalter blieb stehen und wollte antworten. Da kam Ursula die Treppe herauf. Sie hatte gehört, was der Alte vor sich hingebrummt hatte, und fragte ahnungsvoll:

„Ja, meinst du mit deiner bösen Post nicht die Schlacht, die bei Prag geschehen ist!"

„Ach, was geht Euch Prag an? Dort habt Ihr keinen Lehenshof und keinen Hausvogt. Aber in Oppenheim —"

„Was ist dort geschehen?" rief Hans.

Da erscholl von oben Friedrichs scharfe Stimme: „Daniel!"

Der Verwalter eilte geschwind vollends hinaus. Unter der Tür zum Gemach des Herrn blieb er stehen und leuchtete den beiden andern, bis sie in das Eßzimmer getreten waren. Dann folgte er seinem Herrn.

Ursula und Hans fanden den Boten am Tische sitzend. Er schob Teller und Glas zurück, stand auf, kaute und schluckte eine Weile, dann trat er der Herrin ein paar Schritte entgegen und sagte mit der Miene und im Tone eines Leichenbitters seinen Bericht her.

Spanisches Fußvolk war mit vielen Stücken vor Oppenheim gezogen. Die Bürger hatten sich einige Tage gewehrt, da sie hofften, durch die evangelischen Bundestruppen entsetzt zu werden. Als aber die ersten feurigen Kugeln in die Stadt fielen, verglich sich der Rat mit dem Feinde. Spinola sagte der Stadt Sicherheit der Person, des Eigentums und der Religion zu und verbürgte die Gerechtsame der Bürgerschaft; darauf huldigte der Rat dem Kaiser und nahm eine spanische Besatzung in die Stadt auf. Die Welschen seien zuerst manierlich gewesen. Bald aber seien Klagen an den Rat gekommen. Am häufigsten und lautesten habe der Vogt im Hirschhornschen Lehenshof lamentiert und Beschwerde über Beschwerde auf der Kanzlei vorgetragen. Er sei dadurch dem Rate überlästig geworden. Den welschen Offizieren aber, die seinetwegen viel Unmuß gehabt, sich aber trotzdem, und zwar um seiner Frau willen, täglich im Lehenshof herumgetrieben hätten, sei er verhaßt gewesen. In einer Nacht sei ein Trupp in sein Haus eingebrochen; ob es die Soldaten auf Geld und Kostbarkeiten oder auf das Weib des Vogts abgesehen gehabt hätten, wisse man nicht gewiß. Hannes habe sich ihnen männlich gegenübergestellt und habe den wilden Burschen den Eintritt in seines Herrn Eigentum mit einer langen Rede und einem langen Spieß gewehrt. Die Eindringlinge hätten sich weder um das eine noch um das andre gekümmert. Da seien die einquartierten Soldaten von Ursa zu Hilfe gerufen worden. Sie hätten ihrem Hauswirt wacker beigestanden, und es sei zu einem Kampf in den Stuben und im Hof gekommen. Die Räuber seien hinausgedrängt worden, aber unter dem Hoftor habe sich ein Offizier umgedreht und dem Vogt, der allen voran gestanden hätte, die Hellebarde in die Brust gestoßen, so daß er tot hintenübergefallen sei.

„Und Ursa?"

„Die Welschen sind auf sie toll wie auf alle weißen und blonden Weiber. Die Kompanie, der die Übeltäter angehörten — es sind Neapolitaner, und die Spanier mögen sie nicht leiden —, sind zur Strafe aus der Stadt in das Lager, das auf dem andern Rheinufer aufgeschlagen ist, gelegt worden. Mit ihr ist des toten Burgvogts Weib verschwunden. Ob sie gewaltsam mitgeführt worden oder ob sie freiwillig mitgegangen ist, das weiß man nicht gewiß."

Friedrich, der während der Erzählung des Boten eingetreten war, erkundigte sich noch, wie es mit seinem Eigentum stehe. Als er beruhigenden Bescheid empfangen hatte, winkte er dem Boten, er solle verschwinden, und trat ans Fenster.

Jedes der drei hing seinen Gedanken nach. Hans schaute in das Licht und dachte an Ursa. Mit der ganzen Selbstsucht der Jugend ordnete er das Gehörte um den Mittelpunkt seines Verlangens. Ursa im Heerlager zu wissen, war ihm weniger bitter, als sie sich als Frau des früheren Torwarts zu denken. ‚Ich gönne sie lieber einem tapferen Soldaten als dem Knollfinken', sagte er zu sich und nagte an der schmalen Unterlippe. ‚Wenn es auch an jedem Tag ein andrer wäre! Nun weiß ich doch, wie ich sie ehrlich finden und gewinnen kann: im Bezirk des Trommelschlags und unter der wehenden Fahne.'

Auch Ursula dachte an die Witwe des Vogtes. Sie konnte sich eines Gefühls der Erleichterung nicht erwehren, so aufrichtig sie sich dessen schämte. Sie hatte bisher mit Sorgen daran gedacht, wie leicht es ihrem Sohne sei, sich in das Hirschhornsche Haus zu Oppenheim einzulegen, und es grauste ihr bei der Vorstellung, wieviel Häßliches und Sündliches daraus entspringen würde. Jetzt ist sie geworden, wozu ihre Natur sie bestimmt hat. Finden sie sich einmal irgendwo in der Welt, dann ist ihr Wille frei. Sie verweilte einen Augenblick bei diesem Gedanken. Aber sofort errötete sie und schalt sich schlecht, und es quollen ihr die Tränen auf über Ursas Geschick, und sie klagte sich an, daß sich in ihren Gedanken und Wünschen diese Wendung von Ursas Leben vorausgebildet habe.

Friedrich dagegen drückte sein Gesicht an die schwarzen Scheiben und weinte im verborgenen um seinen Knecht. ‚Nikolaus ist für mich gestorben. Hannes ist für mich gestorben. Ich bin all dieser Treue nicht wert!' Und er gelobte, seinen Untertanen und seinen Dienstleuten Treue zu halten und da es ihm unmöglich war, in dem vergangenen Kampfe Partei zu ergreifen, sein Leben daranzusetzen, daß denen, die Gott ihm befohlen habe, Schutz und Schirm nicht fehle.

Am zweiten Tage nach der Rückkehr, in der zweiten Hälfte des Vormittags, klopfte es an der Tür zu der Stube des jungen Herrn. Hans öffnete, und es begegnete dem erstaunten Blick des Sohnes der entschlossene und doch ziemlich verlegene Blick des Vaters. Friedrich reichte seinem Sohne die Hand. Er fühlte, wie teilnahmslos die ergriffene Rechte in der seinen lag und wie rasch sie ihm entschlüpfte. Seine Freundlichkeit wurde gedrückt, und er wich den fragenden Augen des Sohnes aus. Hans schob den Sessel zurecht; der Vater setzte sich und ließ seine Augen umherschweifen, als ob er etwas suche, damit seine Rede an einen gemütlichen Gegenstand anknüpfe.

„Was liesest du da?" fragte er den Sohn und ergriff das offen liegende Buch.

„Es ist ein italienisches Hirtenstück", sagte Hans.

„Das freut mich."

„Das glaub' ich wohl. Es gibt darinnen keinen andern Krieg als um Blumenkränze und um weiße Lämmer. Aber schließlich küssen sie sich immer."

„Das ist hübsch", sagte Friedrich gepreßt.

„Nicht wahr, Vater? Aber das sag' ich dir im voraus, du bringst mich doch nicht dazu, daß ich dir die Schweine auf die Weide treibe."

„Höre, Hans!" sagte der Vater. Er hatte sich gefunden und redete mit Nachdruck. „Wären deine kleinen Brüder am Leben geblieben, so würde ich dir sagen: Trage dein Schwert in die Welt hinaus und hole dir Ehre und Freude. Nur nicht wider den Kaiser und nicht wider Kurmainz, aber auch nicht wider die evangelische Religion! Ich würde dir sagen: Geh zu Gustavus Adolphus von Schweden und kämpfe gegen die Polen, oder zu den Niederländern oder zum König von Frankreich und ficht wider die spanischen Wölfe. Nun aber bist du mein Einziger."

„Wills Gott, so bleib' ich es nicht, Vater!"

„Das hoffe ich auch. Aber noch bist du's."

„Gott segne meine Mutter!" rief Hans, und die Tränen traten ihm in die Augen.

Friedrich griff nach des Sohnes Hand und drückte sie.

Nach einer Weile fuhr er fort: „Du hast nicht nur dein ritterlich Herz und dein Schwert, du hast auch deinen Namen und dein Erbe. Der Name Hirschhorn ist eine schwere Last. Ich habe sie getragen mit Herzbrechen, Gott weiß es. Hilf mir tragen, Hans, mit deinen jungen Händen und starken Schultern."

Hans zuckte die Achsel. „Was soll ich tun, ich versteh' dich nicht."

„Der Name Hirschhorn verlangt von seinem Träger, daß der jetzt stille sitze, sich kostbar mache, Treue halte und auf seinen Vorteil denke."

„Das soll der Hirschhorn tun, der so alt ist wie du, Vater! Aber wenn ich mich in solche Rolle denke, muß ich lachen."

„Drum will ich es dir erleichtern, Hans."

„Wie?"

„Du wirst es hören. Laß dich noch vorher an dein Erbe erinnern. Alle Hirschhorn, auch die bösartigen unter ihnen, sind gute Haushalter gewesen. So hat sich der Besitz gemehrt von Jahrhundert zu Jahrhundert. ‚So reich wie die Hirschhorn', ist ein Sprichwort hierzulande."

„Das hat mir der Jude in Heilbronn gesagt."

„Der Jude soll es sagen als unser Makler, aber nicht als unser Gläubiger. Auch ich, Hans, habe hinzugetan und noch mehr, ich habe für Land und Leute gesorgt. Meine Bauern sitzen fröhlich auf ihrem Mist, und meine Müller werden rund und gehen wie die Herren. All dies blühende Leben, — ist kein Hirschhorn mehr da, dann soll es in Gottes Namen zerfahren, ist aber ein Hirschhorn vorhanden, dann soll er mein Erbe behutsam mir aus den Händen nehmen und soll es mit meinen Augen anschauen und in meiner Weise pflegen. Er soll nicht das Schwert ziehen, es gehe denn um Hab und Gut, um Weib und Kind oder auf des Reiches Geheiß und in der Pflicht unsrer Lehensherrschaft. Kein andrer Krieg geziemt dem Hirschhornschen Erben."

„Ach, Vater", rief Hans schmerzlich, „ich will nicht dein Erbe sein. Gib mir tausend Goldgulden. So reite ich in die Welt hinaus und jage das Glück mit des Schwertes Spitze. Das Hirschhornsche Wesen in all seiner Blüte lass' ich mit Freuden den Erben, die hinter mir kommen."

„Du sprichst wie der Sohn im Evangelium, den man den verlorenen Sohn nennt", sagte Friedrich bitter.

„Sein Vater hat ihn ziehen lassen", warf Hans ein.

„Was hat er draußen getan? Er hat sein Gut mit Huren verschlungen."

„So hat er doch seinen Willen gehabt."

„Was hast du gesagt?"

Hans schwieg.

Friedrich seufzte. „Du vergissest", sagte er, „daß jener Vater noch einen Sohn hatte; du aber bist mein Einziger."

Da faßte der Sohn seines Vaters Hand und sagte leise: „Gib mir einen Bruder und laß mich ziehen."

„Hast du einen Bruder, so bist du frei. Aber bis dorthin — Hans — um es dir zu erleichtern — schau mich an, Hans ... du bist mein Gefangener. — Deine Ritterlichkeit ist dein Hüter. Geh, wohin du willst, aber nicht über den Bann des Hirschhornschen Stammlehens. Treibe, was du willst, nur gebrauche nicht die Waffen, wenn sich dieser Krieg in unsre Gegend schlägt. Du nächtigst nirgends anders als auf Burg Hirschhorn. Verreise ich, so begleitest du mich. Im übrigen bist du frei, und in allem soll nichts dich binden als die Ehre."

Friedrich wartete eine Weile. Hans gab keine Antwort. Auch der Druck seiner Hand erhielt keine Antwort. Da stand Friedrich auf und ging ohne umzuschauen zur Tür hinaus.

Hans sah hinter ihm drein und schaute die Tür an, hinter der der Vater verschwunden war. Breitbeinig stand er da, die Arme in die Seiten gestemmt und schaute, wie wenn seine Blicke das Brett durchstoßen müßten.

„So?" rief er endlich und brach in Lachen aus. —

Friedrich suchte alsbald seine Gattin auf und erzählte ihr den Verlauf der Unterredung.

Ursula erschrak. „Hättest du mich gefragt, so hätte ich dir abgeraten", sagte sie.

„Das wußte ich, denn du hältst zu ihm, drum hab' ich dir vorher nichts davon gesagt."

„Ich fürchte, es entsteht übel Ding daraus. Du hättest ihn nicht an der ritterlichen Ehre anbinden sollen. Das Füllen ist zu jung für einen so kostbaren Zaum."

„Geschehen ist geschehen!" sagte Friedrich. Seine Stimme klang schier verzagt. „Hilf ihm, Ursula! Du vermagst viel über ihn."

Dann schlang er seinen Arm um ihren Nacken und sagte leise: „Es liegt nur an dir, so ist er frei."

„An mir? Was muß ich tun?"

„Gib ihm einen Bruder!“

„Ach, so meinst du?“ sagte Ursula und wurde rot.

Kaum war Friedrich weggegangen, so schlenderte Hans herbei. Er holte sich einen Schemel, setzte sich zu seiner Mutter Füßen und sah in ihr Gesicht.

„Kann aber der Vater predigen!“ fing er an. „An dem ist ein Pfarrer verloren gegangen!“

„Wie kommst du darauf?“

„Ach, ich meine nur! Predigt er dir auch so schön?“

„Es gibt keinen, der ritterlicher gegen seine Frau ist als dein Vater.“

„Ja, ja; mit der Ritterlichkeit steht er gut. Drum hat er sie auch zu meinem Hüter bestellt.“

„Er wollte dich dir selber in die Hände geben.“

„Das hast du schön gesagt, Mutter. Das hast du von ihm gelernt. Ich möcht' ihn nur einmal sehen, wenn er zärtlich gegen dich ist. Geht es da auch erstens, zweitens?“

Ursula wurde unwillig, aber sie bezwang sich.

„Es gibt niemand, der liebreicher wäre als er.“

„Das sagst du, erstens, weil du ein Weib bist, zweitens, weil du sein Weib bist. Siehst du, als würdiger Erbe habe auch ich von ihm gelernt.“

„Du bist unartig“, sagte Ursula entrüstet und wollte sich erheben. Hans hielt sie an beiden Händen und zwang sie auf ihren Sessel nieder.

„Mutter, ich bitte dich, bleibe. Mutter, ich habe noch nie eine schönere Frau gesehen als dich. Du bist tausendmal schöner als Giulietta, und hundertmal schöner als Ursa. Bei Gott, wärst du nicht meine Mutter, ich verliebte mich in dich.“

Trotz ihres Kummers mußte Ursula lächeln.

„Gott sei Dank, daß ich deine Mutter bin!“

Ursula war es nicht wohl bei diesen Scherzen.

„Wie hab' ich mich heute nach den beiden Mädchen gesehnt.“

„Ursa ist eine Ehefrau, sogar eine Witwe.“

„Ach was, jetzt ist sie wieder ein Mädchen.“

„Wo sie wohl sein mag?“

„An einem lustigen Fleck, Mutter. Weißt du auch, warum ich zu dir gekommen bin? Ich wollte eine Frauenhand fassen und eine Frauenstimme hören. Weißt du auch, Mutter, daß du mir helfen kannst?“

Ursula wurde verlegen. Sie wollte ablenken.

„Ich will mit deinem Vater reden. Kommt Zeit, kommt Rat.“

Hans lächelte.

„Ach ja, kommt Zeit, kommt ein kleiner dicker, runder Rat. Ich bitte dich, Mutter, liebste Mutter! Schenke mir einen Bruder, dann läßt mich der Vater los."

„Jetzt hab' ich's aber genug", sagte Ursula, stand auf und verließ zürnend das Zimmer.

21

Die aufregenden Nachrichten ließen nicht mehr ab. Sie kamen vom Osten und sie kamen vom Westen. Die kleinen Botschaften wurden von den großen, die tröstlichen von den unseligen überholt.

Ursula, die voll Mitleids gegen den geächteten Pfalzgrafen war und die in die rheinischen Gebiete einrückenden Bayern und Spanier von Grund der Seele haßte, schöpfte immer wieder neue Hoffnung aus den kleinen Schlappen der Feinde; Friedrich dagegen verdachte es dem flüchtigen Kurfürsten, daß er nicht durch Unterwerfung unter das Gericht des Kaisers dem Blutvergießen ein Ende mache, und wenn Ursula über das von Mansfeld erbeutete Butterfäßlein frohlockte, worinnen der feindliche Kriegsschatz versteckt war, oder den Handstreich rühmte, durch den sich der Volksheld Obentraut eines Städtleins am Rhein bemächtigte, dann lächelte der Junker und sagte: „Das sind die Traubenbeeren, die sich die Spatzen holen, deswegen keltert Tilly doch seinen Wein."

Hans aber schwieg. In seinem Herzen war er für die pfalzgräfliche Familie, weil seine Heidelberger Freundinnen dort drüben waren, und wenn er sich vorstellte, daß die Kurfürstin durch Weinen ihre schönen Augen trübe, wurde er ingrimmig auf den Herzog von Bayern. Die Traurigkeit aber, die ihn lähmte und ihm jede Stunde vergällte, hatte keine andere Ursache als die eine, daß er daheim sitzen mußte und nicht dabei war, wo die Rosse wieherten und die Kartaunen krachten. War sein Vater in Hörweite, so redete Hans kein Wort über die Begebenheiten, die aller Herzen erfüllten. Wenn er bei seiner Mutter in der Stube saß oder mit ihr durch den hohen Wald wandelte, sprach er von nichts anderm, aber er tat es in einem höhnischen Ton, der Ursula schmerzte, und setzte etwas darein, gefühllos zu erscheinen, wobei er dann zuletzt immer in irgendeiner Weise die Mutter durch den Vorwurf empörte und zugleich demütigte, daß er sich nicht beklagen würde, wenn man ihm die Ursa gelassen hätte. Nur bei den Jägern und Knechten gab er sich, wie er war, ließ sich von denen erzählen, die einmal dem Kalbfell gefolgt waren, und schwelgte in der Vorstellung, daß er auf die Feldwacht reite und den Überfall eines feindlichen Fähnleins im Schilde führe.

Die Mutter dachte an ihren Sohn mit Sorge bei Tag und Nacht. Friedrich dagegen glaubte, daß Hans in der Ehrenhaft der Ritterlichkeit so sicher verwahrt sei, wie wenn er hinter sieben Mauern in Abrahams Schoß säße. Ursula hütete sich wohl, einen Zweifel in ihrem Gatten zu erregen, sie selbst aber kümmerte sich, so oft Hans ausritt, ob er auch wiederkehren möge.

Der Junker hatte eine Beschäftigung, die ihn völlig in Anspruch nahm: er war daran, den verewigten Hannes in einen Cherub mit flammendem Schwert zu verwandeln. Er schrieb eine Beschwerdeschrift an den General Spinola, worinnen er dem hergelaufenen Welschen den Stolz des einheimischen Edelmanns zu fühlen gab. Er berichtete mit den beweglichsten Worten den ihm zugefügten Schimpf und Schaden an seinen Lehensherrn, den Kurfürsten von Mainz. Er beklagte sich bitter und entrüstet bei dem Herzog von Bayern als dem Haupte des katholischen Fürstenbundes, und mit Salz und Pfeffer rieb er der kaiserlichen Majestät unter die Nase, daß ihre Helfer, die Spanier, den kaiserlichen Namen stinkend machten. Verfaßt wurden die Schriftstücke von Friedrich selbst. Er hatte dabei ein vergnüglich schlaues Lächeln auf den Lippen.

In diesen Beschwerdeschriften wurde Hannes als ein Urbild aller Tugenden gepriesen, und zwar überbot sich der Verfasser im Lobpreis des Erschlagenen in jedem folgenden Schriftstück. Es machte ihm Freude, immer neue Eigenschaften an seinem Vogte zu entdecken und sie in immer neuen Wendungen herauszustreichen.

Die Wirkungen zeigten sich bald. Hannes, der Vogt von Oppenheim, wurde zu einer mystischen Größe in der Diplomatie jenes Jahres. Der spanische Gesandte in Wien bekam spitzige Bemerkungen zu hören und schrieb einen großen Bericht nach Madrid; der Kurfürst von Mainz beschwerte sich in groben Worten bei Spinola, höflich, aber giftig beim Herzog von Bayern. Durch das bayrische wie durch das spanische Heerlager wandelte Hannes der Vogt wie ein rächendes Gespenst. Aber er stellte sich auch als himmlischer Herold vor die Häuser und Ställe derer, die Hirschhornisch waren. Der Kaiser, der König von Spanien, der Kurfürst von Mainz und der Herzog von Bayern machten ihren Truppenführern die Schonung alles Hirschhornschen Gebietes zur Pflicht. Kein Hahn, der zugunsten des Herrn von Hirschhorn unter seinen Hennen waltete, kam um seinen Kragen, kein Bauer, der an seine Stalltüre den von den Vögten gelieferten Zettel mit dem fünfzackigen Geweih zu heften das Recht hatte, wurde zu einer Kriegsfuhr gezwungen. — Wenn Friedrich und Ursula über diese Dinge redeten, dann segneten sie ihren entschlafenen Diener.

„Er hat doch ein schönes Leben gehabt", sagte Ursula. „Des Gerechten Weg gehet überwärts. Wie oft hat er gesagt: ‚Ich, wenn ich die Herrschaft wär'!' Und nun ist er viel mehr geworden, ihr Schutzpatron. Wie wird er sich freuen in der Ewigkeit, wenn er seiner Großmutter, der gescheitesten Frau von Ursenbach, erzählt, wie weit er's gebracht hat: vom Gänsejungen zum Knecht des Torwärters, dann zum Torwärter selbst, dann zum Ehemann einer schönen jungen Frau, zum Vogt von Oppenheim, zum Helden, zum Märtyrer, zum Schutzengel."

Im Frühjahr 1621 war eine Ruhepause im Kriege eingetreten. Die Diplomaten waren an der Arbeit. Manch einer von den Agenten der evangelischen wie der katholischen Partei kehrte auf Burg Hirschhorn ein, um Rast zu halten bei einem zuverlässigen Mann, von dem wenigstens allgemein bekannt war, was er nicht wollte und was er nicht liebte. Friedrich erfuhr mancherlei, was er in seinem Busen vergrub.

Eine große Freude war es für die Gatten, als Philipp von Helmstatt auf einer solchen Fahrt bei ihnen einkehrte. Der Geschäftsführer des Hauses Württemberg ruhte sich wohlig aus. Es war ihm aber auch ein Bedürfnis, von all den Sorgen zu reden, die ihm auf der Seele lasteten. Als Friedrich seinen Freund in das schmale Kämmerlein führte, wo er für sich allein zu arbeiten pflegte, zeigte er ihm einen ledernen Sessel, drückte ihn auf den weichen Sitz nieder und sagte: „Vor vierzehn Tagen ist ein römischer Prälat drinnen gesessen."

„Wer?"

„Sag, Lieber, wenn heut über vierzehn Tagen der Prälat wieder kommt, soll ich ihm dann sagen: ‚Philipp von Helmstatt war hier, auf der Reise von Stuttgart nach' — sagen wir einmal nach Kassel?"

„Es wäre mir schon lieber, du verschwiegest es." — „Nun also!"

„Gut. — Wenn du die Macht hättest, du könntest einen gerechten Frieden gebieten. Sage, was würdest du dem Pfalzgrafen raten, das er jetzt tun soll?"

„Ich würde ihm sagen: ‚Reise schleunigst zum Kaiser, tu einen Fußfall und bitt ihn um Gnade. So rettest du Land und Würde.' Denn wenn ihm der Kaiser nicht vergibt, so wird er was erleben!" —

„Das sicherste wäre es vielleicht", sagte Helmstatt nachdenklich. „Aber es gibt noch einen andern Weg. Was glaubst du vom Bund der Evangelischen?"

„Er geht in die Brüche."

„Ist es schon! Die Reichsstädter sind schon heimgegangen, die andern folgen nach. Es steht keine Bundesarmee mehr im Felde."

„Gott sei Dank! Jetzt muß der Kurfürst sich unterwerfen."

„Seine Sache ist noch nie so günstig gestanden."

„Auf euerm Papier!"

„Höre! Ich will dir sagen, wer für ihn das Schwert zu ziehen bereit ist."

„— bereit ist", wiederholte Friedrich und lächelte.

„Herzog Christian von Braunschweig."

„Der Halberstadter?"

„Eben der."

„Der ist toll."

„Graf von Mansfeld."

„Ein tüchtiger Führer. Aber sorget dafür, daß ihm kein fettes Kloster im Weg liegt, wenn er gegen den Feind marschieren soll."

„Holländisches Geld."

„Das läßt sich hören."

„Englischer Sukkurs."

„In guten Worten."

„Markgraf Georg Friedrich von Baden."

„Ein frommer und tapferer Herr, aber eigensinnig."

„Mein gnädiger Fürst, der Herzog von Württemberg."

Friedrich nickte mit dem Kopf.

„Der Landgraf von Hessen-Kassel."

Friedrich zog die Wimpern in die Höhe.

„Der König von Frankreich, der König von Dänemark, der König von Schweden, der Herzog von Savoyen."

Friedrich lächelte.

„Und nun, was meinst du?"

„Wenn eure Minen alle auf einmal springen, habt ihr gewonnen, wenn sie aber nacheinander losgehen, verpufft euer Pulver umsonst."

„Siehst du? Eben deswegen reise ich. Mach dich darauf gefaßt! Im nächsten Herbst, vielleicht auch erst im Frühjahr, riecht es hier nach Pulver. Im Rheintal wird's losgehen. Geht es gut, dann fällt dort die Entscheidung. Geht es schlimm, dann wälzt sich der Krieg ins Neckartal und in den Odenwald."

Als die beiden Freunde sich zum Abschied die Hand drückten, sah Philipp seinem Wirte tief in die Augen. „Gott bewahre dies Tal vor Kriegsgeschrei, das wünsche ich euch und uns."

Auch im Jahre 1621 trugen die Felder und die Weinberge überreichlich. Aber keine Erntefreude wollte aufkommen im Pfälzerland. Die Leute hatten das Gefühl, als ob unsichtbare Wesen, die bisher freundlich unter ihnen gehaust hatten, den Abzug rüsteten. Dafür kamen Gäste, die niemand gerne sieht.

Noch im Spätsommer führte Tilly seine siegestrunkenen Scharen das Maintal hinunter zum Rheinstrom und vereinigte sich mit Spinola. Jetzt saßen zwei graue, gewiegte Meister beieinander und ratschlagten, wie sie den ermatteten Pfälzer Löwen, dessen Gebrüll zum Gewinsel geworden war, aus seinem heimatlichen Lager aufstöbern könnten. Auch die Helfer stellten sich ein, aber sie kamen nacheinander, wie Friedrich gefürchtet hatte, und ihre Hilfe zerflatterte. Zuerst kam Graf Mansfeld auf den Plan mit seiner zuchtlosen, tollkühnen Schar. Aber er war wie er war: gestern voll von Umsicht und Tatkraft, heute ein trunkener Bauernbursche, der nichts andres begehrt als ein Bett. Nach einem meisterhaften Anmarsch legte er sich in die geistlichen Stifter am Rhein. Er wußte nicht das Wohlleben im Fluge mitzunehmen, um es in der Nacht zwischen zwei Schlachttagen zu genießen, sondern er mußte sich ihm Wochen hindurch hingeben. In solch deutscher Unmäßigkeit zerrann ihm sein Heldentum. So versäumte er auch jetzt die Gelegenheit zu glücklichen Schlägen, weil es ihm fröhlicher dünkte, Klöster zu plündern und fette Ratsherren zu drangsalieren.

Der letzte glückliche Winter des Pfälzerlandes ging dahin, zum letztenmal für lange Zeit kam die Martinsgans auf den Tisch, zog am Fastnachtstag der Küchleinsduft durch die Dorfgassen, spannen sich die Dirnen an den Winterabenden ihr Kirchweihhemd. Als die Buchen im April ihre Blättlein entfalteten, sahen die Jäger und Hirten mit Grausen, daß das heurige Laub von Blutstropfen bespritzt war. Tilly zog die Bergstraße hinauf, und die Westabhänge des Odenwalds röteten sich von dem Feuerschein brennender Dörfer. Noch zögerte Mansfeld, den Rhein zu überschreiten. Die pfälzischen Truppen allein, unter ihnen die geworbenen englischen und Niederländer Regimenter, verteidigten das Land. Tilly zog im Bogen um Heidelberg herum und verdrängte die Pfälzer aus den Burgen und festen Orten des Kraichgaus. So war der Krieg mitten in den Hirschhornschen Gebieten, und der heilige Hannes hatte über die Maßen viel zu tun, um das Eigentum und die Untertanen seines Herrn zu schützen.

Von Süden her brach Tilly ins Neckartal. Zwei Stunden oberhalb von Heidelberg und drei Stunden unterhalb von Hirschhorn bemächtigte er sich des Stromes. Das Städtlein Neckargemünd, vier Tage lang tapfer verteidigt, wurde im Sturm genommen. Der Feldherr wehrte der Flamme, aber nicht dem Mordstahl. „Das Volk war in der Furie“, berichtete Tilly an den zürnenden Bayernherzog. Jetzt streiften die Truppen das Neckartal hinauf und hinab, in die Seitentäler hinein. Bald vor dieser Mühle, bald vor jenem Hof erschienen Reitertrupps und nahmen, was sie brauchten, oft auch solche Dinge, die nicht die Not, sondern die Raubsucht begehrte. Oft waren die Soldaten gutherzige Gesellen, mit denen die Bauern bei ehrlichem Willen leicht fertig wurden; nicht selten aber waren verwilderte bösartige Burschen darunter, denen es eine Freude machte, Wehrlose zu ängstigen und gar zu quälen. Noch gefürchteter als die Reitertrupps waren die Streifpartien der Musketiere und der Lanzenknechte, denn die Fußgänger machten es gründlicher, auch blieben sie länger.

Die Stadt Hirschhorn war wohlgerüstet. Auf den Mauern standen Feldschlangen und grobe Stücke. Die Geschützmeister waren in die Tore verteilt. Der Wachtdienst der Bürger, der Späh- und Nachrichtendienst der Bauern war umsichtig eingerichtet und bewährte sich vortrefflich. In der Stadt lagen hundert geübte Kriegsknechte, in der Burg zwanzig. Nur wenig geworbene waren darunter, die meisten waren durchaus zuverlässige Untertanen. Die Zahl der geharnischten Reiter betrug fünfundzwanzig. Davon lagen sieben in der Burg.

Friedrich war allen Ernstes auf einen Angriff gefaßt, entweder von einer streifenden Schar, die Beute machen wollte, oder von einer der kriegführenden Parteien, denn Stadt und Schloß Hirschhorn beherrschten eine von den wenigen Straßen, die aus dem Neckartal ins Maintal führten. Der Junker war gesonnen, sich aufs äußerste zu wehren, gegen wen es auch immer sei, und fast freute er sich darauf. Auch ihn juckte das Schwert an der Seite, und wenn die Späher auf den Bergen eine größere Schar meldeten, die das Neckartal heraufziehe, war es dem Junker mehr leid als lieb, daß jedesmal die Truppen, sei es aus Scheu vor dem Wunderzeichen des fünfzackigen Hirschhorn, sei es aus Ehrfurcht vor Schanzen und Wehr, vor den Mauern umkehrten oder durch einen Trompeter um die Erlaubnis baten, mit umgekehrten Waffen an der Burg vorüberziehen zu dürfen.

Es war den Verteidigern eine Erquickung, daß sie wenigstens einmal etwas wie eine Kriegstat verrichten durften. Drei große Nachen fuhren den Neckar herab. Sie waren mit Beute beladen, worunter auch lebendes Vieh, und waren mit Truppen aus Tillys Heer bemannt. Als die Nachen durch Zeichen der Späher gemeldet wurden, ließ Friedrich den Neckar mit eisernen Ketten sperren, erwartete die Nachen mit zwei Feldschlangen und zwanzig Hakenschützen am Strand und forderte die Bemannung auf, ans Land zu gehen. Auf die Beute legte Friedrich Beschlag, denn sie war zum Teil aus Dörfern, in denen auch Hirschhornsche Hörige saßen. Die Soldaten schickte er mit ihren Waffen zu Tilly zurück und gab ihnen ein Schreiben mit, worinnen er sich bitter beklagte über die Ungebühr, die ihm widerfahren sei. Tilly gab eine höfliche Antwort, worinnen er schrieb, daß er gerne bereit sei, sich zu entschuldigen, wenn er nur wüßte, weshalb. Friedrich schickte dem Feldherrn hierauf ein Fäßchen Malvasiers. Schrieb ihm Tilly hinwiederum, daß es ihm Vergnügen machen werde, ihn in angenehmeren Zeitläuften auf Schloß Hirschhorn zu besuchen. So endete dies Kriegstücklein zwar förderlich, aber ohne Heldentat.

Ursula stand in diesen Tagen ihrem Gatten zur Seite wie ein frischer, braver Kamerad. Von ihren geheimen Sorgen um des Sohnes willen redete sie kein Wort, Kriegsangst hegte sie nicht, das Fürsorgen und Einrichten machte ihr Freude, und wenn etwas wie eine Gefahr aufstieg, dann blitzten ihre Augen. Dem Schloßherrn kam es vor, als ob sein Weib noch nie so schön, so liebenswert und so zärtlich gewesen sei wie in diesen Tagen. Oft wandte er sich mitten im Anordnen um, sah seine Frau an und staunte über die Pracht ihres Wuchses und über die Lieblichkeit ihres Antlitzes. Dann zog eine stille, freudige Wärme durch sein Herz und machte ihn mutig.

Eines Morgens begegneten sie sich auf dem Treppenweg zwischen der Burg und dem Karmeliterhaus. Sie sahen sich mit strahlenden Augen an und blieben voreinander stehen. Ihre Herzen waren übervoll. Sie konnten nicht aneinander vorübergehen, und sie konnten sich doch auch nichts sagen. So standen sie eine Weile und schauten sich an, bis Ursula gerufen wurde.

Eine Weile später stießen sie vor dem Würzgärtlein wiederum aufeinander. Wie auf Verabredung schlüpften sie hintereinander hinein. Er ergriff sie an beiden Oberarmen, zog ihren Leib zu sich her und fragte sie: „Was hast du mir heute morgen verschwiegen?"

„Wo?"

„Auf dem Treppenweg, über dem Kloster."

„Was hast du mir ebendort heute morgen nicht gesagt?"

„Nun denn, höre: Kraft und Schöne sind dein Gewand, und du lachst des kommenden Tages. — Das habe ich heute früh gedacht und nicht gesagt. — Und nun, was hast du mir verschwiegen?"

Ursula senkte ihr errötendes Gesicht und sagte: „Wenn es ein Knabe ist, soll er Siegfried heißen."

Die Gatten küßten sich, und ein jedes ging dankbar und sinnend seines Weges.

Auf dem Schloßhof fand Ursula ihren Sohn. Er war im Begriff auszureiten. Eine jähe Angst kam über das Herz der Mutter.

Hans hatte sich bisher um alles, was beraten und vollbracht wurde, nicht gekümmert. Friedrich hatte versucht, ihn beizuziehen und mit ihm die nötigen Maßregeln zu besprechen. Aber bald merkte der Vater, daß solche Beschäftigung seinem Sohne eine Last sei, und er ließ ihn laufen. Auf der Mutter Zureden hatte er einen zweiten Versuch gemacht; er übergab dem Sohne den Befehl über die in der Stadt liegenden Wehrleute. Jedoch ließ Hans am ersten Tage schon merken, wie widerwärtig ihm solches Amt sei, so daß ihn der Vater gerne davon befreite. Als ihn Ursula zur Rede stellte, sagte er ihr, er wolle nicht seines Vaters Gänseställe verteidigen, er wolle über das Feld reiten und sein Schwert sausen lassen für Ehre und Beute. So war er denn ganz sich selber überlassen. Von Jägerjungen und Reitersknaben begleitet, streifte er durch Wald und Feld. Sie sangen frische Reiterlieder, redeten von Überfall und Gegenwehr, von der Feldschlacht und der Verfolgung, und wenn sie unten im Tal auf der Landstraße Soldaten erblickten, dann versteckten sie sich in die Büsche und schauten gierig hinunter mit funkelnden Augen.

Als Hans seine Mutter schaute, wie sie so schön und stattlich, hochgehobenen Hauptes in den Schloßhof trat, schaute er sie mit langem Blicke an, legte seinen Hut vor sich auf den Sattel und grüßte die Mutter mit beiden Händen. Dann rief er:

„Der Krieg ist uns um eine Stunde nähergekommen. Tilly belagert den Dilsberg."

„Der wackere Schmidt wird ihm zu schaffen machen. Wo willst du hin?"

„Noch ein wenig in den Wald."

„Allein?"

„Ja."

Die Ahnung von einem Unheil wurde immer deutlicher in der Mutter Herz. Es schimmerte in den Augen des Sohnes, seine Stimme war bewegt.

„Behüt dich Gott, Mutter!"

Ursula trat an das Pferd und legte die Hand auf seine Hand.

„Hans", sagte sie leise, „tue nichts Törichtes. Ehe der Winter kommt, gibt dich der Vater frei. Ein Erbe kommt."

Ursula sah zu Boden. Wie gerne hätte sie des Sohnes Blick geschaut. Mit Zittern wartete sie auf seine Stimme.

„Du foppst mich, Mutter", sagte er; „es ist ein Mädchen."

Er trieb sein Roß an, Ursula trat auf die Seite. Noch ein voller, überquellender Blick herüber und hinüber.

„Lebe wohl", murmelte die Mutter und sah dem Davoneilenden nach. Sie wußte, daß sie ihren Sohn niemals wiedersehen werde.

Friedrich fragte in der Nacht bei wiederholtem Erwachen: „Warum schläfst du nicht?" Aber er fragte nicht nach seinem Sohn.

Erst am andern Mittag, als ihm auffiel, wie vergrämt seine Frau aussah, gedachte er an Hans.

„Warum siehst du so blaß aus und wo ist —?"

Sie sah ihn schmerzlich an und gab keine Antwort.

„Er wird heute abend kommen", sagte er und wischte sich über die Stirn.

Ohne weiter etwas zu reden, ging er durch die Räume und Gehöfte der Burg und fragte die Leute nach seinem Sohn. Er bildete sich ein, daß seine Fragen ganz unauffällig wären; fragte er doch nur, was Hans gestern hier getrieben habe, ob er dies oder das besorgt habe, wann er zum letztenmal an diesem oder jenem Ort gewesen sei. Auch glaubte er dabei die gleichgültigste Miene von der Welt zu machen. Aber die Leute merkten, wo er hinauswollte. Ihre Antworten waren befangen, und sie schauten zur Seite.

Als Friedrich seinen Rundgang vollendet hatte, wußte er, daß Hans nach einem überlegten Plan entronnen war. Schweigend hörte er die Botschaft, daß auch zwei Reitersknaben und ein Jägerbursche im Laufe des Tages auf den besten Rossen entwichen seien. Klopfenden Herzens, mit aufeinandergebissenen Zähnen ging er in die Kammer, wo in eisernen Kästen die Urkunden, das bare Geld und die Kleinodien des Hauses aufbewahrt waren. Der Schlüssel hing an einem Ort, den niemand sonst kannte außer seinem Weibe und seinem Sohn. Es fehlte nichts, wohl aber war etwas da, was vorher nicht vorhanden gewesen war. Es war die Abschrift eines Schuldscheins, den Junker Hans an den Juden Levi in Heilbronn ausgestellt hatte für genau dieselbe Summe, die er bei diesem Gläubiger schon einmal erhoben hatte. Der Unterschied war der, daß die Summe nicht für eine bestimmte Zeit vorgestreckt war und daß sie der junge Edelmann nicht durch das künftige Hirschhornsche Erbe verbürgt sein ließ, sondern durch den Anteil der Güter, der ihm gehöre.

Friedrich starrte lange auf das Schriftstück, bis seine Hände zitterten und sich seine Augen mit Tränen füllten. Er würgte hinunter, was aufsteigen wollte, legte das Blatt zusammen und schob es in seinen Wams. ‚Ich will es am Herzen bergen, bis mein Herz mürbe geworden ist', dachte er bitter.

Seiner Frau sagte er kein Wort. Am Abend dieses Tages hörte sie ihn laut reden in seinem Gemache. Sie lauschte hinter der Türe und hörte die Worte:

„Herrgott, ein ehrloser Sohn soll mein Geschlecht nicht fortpflanzen. Da hast du ihn wieder; ich mag ihn nicht. Mach mit ihm, was du willst!"

Erschüttert schlich Ursula davon.

Als sie zu Bette lagen, faßte sie sich ein Herz und fing an: „Ehrlos hat Hans nicht gehandelt."

„Er hat die Ritterlichkeit für nichts geachtet."

„Hast du ihn durch sein Wort verpflichtet? Du hast es nicht getan."

„Weißt du, warum nicht? Ich glaubte ihn zu kränken, wenn ich von ihm sein ritterliches Wort verlange. Um so tiefer hat er mich jetzt gekränkt."

„Stell ihn vor ein Rittergericht; es wird ihn freisprechen."

„Das weiß ich. Aber ich stelle ihn vor das Gericht meines getäuschten Vertrauens, das grenzenlos war."

„Daß es grenzenlos war, ist eine Schuld von dir. Du hast seine Jugend vergessen."

„Ursula, er hat sein Blut von dir und von mir. Darum durfte ich ihm ins Grenzenlose vertrauen."

„Er trägt seinen Maßstab in sich selbst."

„Mag sein; aber was mein ist, das mess' ich mit dem meinigen. Und noch ist mein Sohn mein eigen."

„Was hast du vor?"

„Er soll mir Rede stehen, warum er mir mein Eigentum entwendet hat, dann lass' ich ihn fahren."

„Friedrich, sieh zu deinen Worten! Er hat dir nichts entwendet. Auch ich habe nachgesehen."

„Er hat meine Diener verleitet, meine Rosse entführt und hat verfügt über den Teil meiner Güter, der, wie der Knabe wähnt, ihm gehört. Nichts gehört ihm; keine Feder eines Hirschhornschen Huhnes."

„Oh Gott, hilf du!", jammerte Ursula, „ich weiß keinen Rat!"

Da ergriff Friedrich seiner Frau Hand und hielt sie fest, jene ganze Nacht hindurch.

In der kurzen Frist, in der die Gatten noch beieinander waren, wurde niemals mehr zwischen ihnen der Name ihres Sohnes genannt. Um so öfter scholl er von draußen herein. Das ganze Neckartal war erfüllt von dem Gerücht, daß Hans Hirschhorn von seines Vaters Burg entwichen und mit einigen Knechten auf die Feste Dilsberg geritten sei. Befehlshaber des Schlosses war Sebastian Schmidt von Soden, ein erfahrener und tapferer Kriegsmann, auf den Friedrich Hirschhorn hohe Stücke hielt. Die Fenster im Schlosse zu Hirschhorn erzitterten von der Beschießung der Feste.

Atemlos lauschten die Eltern und dachten an Hans. Am andern Tag brachten die Knechte freudestrahlend die Nachricht von Tillys vergeblichen und verlustreichen Stürmen gegen die zerschossenen Mauern. Oder es kam Nachricht von einem glänzenden Ausfall der Belagerten, bei dem eine Batterie zerstört oder ein Zug Ochsen erbeutet wurde. Jedesmal wurde von den Leuten mit hohem Stolz der Name des Hans Hirschhorn genannt, daß er dabei gewesen sei und das Beste getan habe. Als der letzte Sturm abgeschlagen wurde, war Hans es gewesen, der den ersten Bienenkorb einem heraufstürmenden Korporal an den Kopf warf. Die andern folgten seinem Beispiel. Unter Gebrüll rannten die von den Bienen verfolgten Soldaten den steilen Abhang hinunter und rissen die Nachstürmenden mit sich. Die Belagerten feuerten nach, und die Zahl der vor der Festung Gebliebenen schwoll auf über zwölfhundert. Da warf der alte Tilly von dem Gemünder Schloßberg noch einen grimmigen Blick auf die leuchtende Feste, stieß einen französischen Fluch aus und befahl, die Belagerung aufzuheben. Die Niederlage zwang den Feldherrn, den Anschlag auf Heidelberg aufzugeben. Zudem erhielt er beunruhigende Nachrichten aus dem Rheintal. Mansfeld hatte den Strom überschritten und sich mit dem Markgrafen Georg Friedrich vereinigt. Da verließ Tilly schleunigst den Neckar, er zog die Elsenz hinauf und quer über die Täler und Hügelzüge des Kraichgaus nach dem Rheintale zu, dessen östlicher Bergsaum, dem alten Speyer gegenüber, von ihm besetzt und befestigt wurde.

Im unteren Neckartale atmete man auf. Man glaubte sich gerettet. Mit hoher Freude erzählte man von pfälzischen Heldentaten im Kleinkrieg, und zu den beiden gefeierten Namen Johann Obertraut und Sebastian Schmidt fügte man den Namen des jugendlichen Hans von Hirschhorn.

Wenn die Leute dem Vater den Sohn priesen, dann sagte er: „Daß er tapfer ist, ist selbstverständlich, doch hat er das vierte Gebot übertreten, und das wird an ihm gerochen werden.“ Doch sah er bei solchen Worten befriedigt drein.

Gleich nach der Aufhebung der Belagerung schickte Friedrich einen vertrauten Knecht auf die Feste. Dieser übergab dem jungen Hirschhorn einen Brief des Vaters, worinnen der gemessene Befehl stand, der Sohn solle zurückkehren. Hans wurde rot, als ihm der Brief überreicht wurde, er las, steckte das Papier in die Tasche und sagte dem wartenden Knecht, er solle die Mutter grüßen und den Eltern sagen, daß er bleibe. Tags darauf ritt er mit einer Kompanie pfälzischer Truppen über Heidelberg nach Walldorf im Rheintal, wo Mansfeld mit seiner Armee lagerte.

An demselben Tage, an dem der ausgesandte Knecht zu Junker Friedrich zurückkehrte, überbrachten zwei Tillysche Pikeniere den Jägerburschen, der einen Tag später als Hans aus der Burg entwichen war. Er war den Feinden in die Hände gefallen, und da er sich weigerte, bei ihnen Dienste zu nehmen, wurde er gefangengehalten. Zur Auswechslung bestimmt, wurde er dem Feldherrn vorgeführt, er bekannte, daß er von Schloß Hirschhorn entronnen sei, und wurde vom General an seinen Herrn zurückgeschickt. Tilly gab ein höfliches Schreiben mit, worinnen er des Hans Hirschhorn mit keinem Wort erwähnte. Friedrich ließ sich von dem Knecht erzählen, lobte ihn wegen seiner Tapferkeit, schalt ihn, daß er sich habe gefangennehmen lassen, labte ihn mit einem Becher seines besten Weines, stieß mit ihm an auf das Wohl Sebastian Schmidt und ließ ihn dann als Ausreißer aufhängen. Nach seinem Sohne fragte er nicht, und als der Bursche von ihm erzählen wollte, winkte er ihm ab mit einer heftigen Gebärde.

„Auch diese Seele kommt auf die Rechnung meines Geschlechtes", sagte Friedrich düster, als das Armsünderglöcklein erscholl.

Vom Rheintale her kamen aufregende Nachrichten, und sie versetzten das leichtbewegliche Volk in die freudigste Spannung. Zu der Botschaft, daß Mansfeld und die Badener sich vereinigt hätten, kam auch das falsche Gerücht, daß auch die Schwaben und die Hessen im Anzug seien. Friedrich horchte auf. Sollte sich das ganze evangelische Südwestdeutschland vereinigen, ohne Bund, durch die besser schmiedende Not der Zeit, dann müßte die Macht Tillys erliegen. Aber bald schüttelte er wieder den Kopf und sagte zu Ursula:

„Was wird es sein? Wenn die Herren beieinander sind, wird jeder tun, was alle andern nicht wollen, dann kriegen sie rote Köpfe und gehen im Zorn auseinander."

Doch es schien, als ob er diesmal ein schlechter Prophet sei. Wie ein Frühlingssturm allen Schnee von den Bergen nimmt, so schwanden alle Sorgen hin, als die Kunde kam von dem Treffen bei Wiesloch, das für

Tilly zu einer schweren Niederlage ausschlug. Es war das erstemal, daß der sieggewohnte General gründlich geschlagen wurde. Zwei Tage darauf kam die Nachricht, daß Sinsheim von den Badenern erobert, daß Ladenburg mit stürmender Hand von Mansfeld genommen worden sei. Und wieder wurde mit Glorie der Name Hans Hirschhorn genannt. Er hatte durch eine Petarde das Stadttor von Ladenburg gesprengt und war als erster eingedrungen. In der Schlacht bei Wiesloch aber hatte ihm Mansfeld ein Reiterfähnlein, dessen Führer gefallen war, anvertraut, und Hans war mit dabei gewesen bei dem Angriff der Reitergeschwader, die das bayrische Fußvolk über den Haufen warfen. Wie leuchteten Ursulas Augen, als man ihr solches erzählte!

Friedrich teilte den allgemeinen Siegesjubel nicht. Daß sich Tilly nach Wimpfen am Neckar zurückgezogen hatte, war ihm ein Beweis dafür, daß der Alte mit Zähigkeit an seinem Plane, sich der Neckarmündung zu bemächtigen, festhielt. „Erst eine zweite siegreiche Schlacht wird ihn aus unserer Gegend vertreiben", sagte er. Als er nun aber hörte, daß Mansfeld im Ärger sich vom Markgrafen getrennt habe und wieder über den Rhein zurückgegangen sei, um seine Plünderungen zu vollenden, schüttelte er den Kopf und meinte: „Das ist die echte deutsche Libertät!" Und als ihm tags darauf berichtet wurde, daß in Eilmärschen ein spanisches Heer unter General Cordoba von Miltenberg her über Amorbach und Buchen an den Neckar gelangt sei und eine ganze Nacht hindurch in Hunderten von mitgeführten Kähnen bei Neckarelz über den Neckar gesetzt sei, da wußte er, daß der Pfalzgraf verspielt habe.

Einige Tage darauf dröhnten wieder die Fenster des Schlosses. Diesmal kam der Kanonendonner von Südosten her. In dumpfem Schweigen wartete man auf Nachricht. Noch am Abend erfuhr man, daß die Armee des Markgrafen von Baden vernichtet, sein Lager mit allen Geschützen erobert, Herzog Magnus von Württemberg gefallen und der Markgraf selbst nur mit knapper Not entronnen sei.

‚Gott sei Dank, Hans ist nicht dabei!' dachte Ursula. Friedrich aber sah düster vor sich hin. Er erkannte, daß die evangelische Sache für das Neckartal verloren sei.

Es folgten bange Tage der Stille. Man erwartete die siegestrunkenen Truppen. Aber sie entfernten sich. Tilly zog über den Kraichgau in das Rheintal zurück und nach Norden, dem heranrückenden Halberstadter entgegen. Einige Wochen hindurch schwebte man in banger Erwartung. Da brachten Flugblätter die Nachricht von der Schlacht bei Höchst, in der die letzte Armee, die für den Pfälzer ins Feld getreten war, zersprengt wurde. Nun war das Schicksal des Odenwalds und des Neckartals entschieden. Tilly zog zum zweitenmal vor Heidelberg. Die Stadt wurde eingeschlossen. Die Belagerung begann. Auch Hans war unter den Verteidigern der Stadt. Viele Landleute, die Lebensmittel dorthin fahren mußten, hatten ihn dort gesehen.

Nun aber zeigten sich auch die Folgen von dem eigenmächtigen Schritte des jungen Hirschhorn. Aus allen Gegenden kamen Klagen über eine ganz andre Behandlung Hirschhornschen Eigentums, als sie bisher üblich gewesen war. Das fünfzackige Wappen hatte keine Zaubermacht mehr. Als sich Friedrich bei Tilly und beim Kurfürsten beschwerte, erhielt er zur Antwort, daß das Hirschhornsche Eigentum auf keine Schonung rechnen dürfe, solange ein Herr von Hirschhorn für die Gegenpartei kämpfe. Auf Friedrichs Versicherung hin, daß ihm selber dies ein großes Herzeleid sei, bekam er von seinem Lehensherrn in ungewohnt barschem Tone den Befehl, er solle mit seiner väterlichen Gewalt den Sohn zurückhalten. Tilly aber schrieb ihm, daß er, soviel als möglich sei, auch fürderhin die Hirschhornschen Dörfer und Lehenshöfe schonen werde, wenn der Ritter von Hirschhorn seinen Sohn, der dem Heere viel Schaden zugefügt habe, aus dem Kampfe zurückbringe.

„Der Bube verdirbt mir mein ganzes Werk“, knirschte Friedrich.

Am Abend dieses Tages kramte er viel in seinem Zimmer, und der Notar mußte schreiben und siegeln. Als er zu seiner Frau in die Kemenate trat, es war schon späte Nacht, sagte er: „Du mußt mir morgen früh die besten Sachen richten, denn ich reite nach Heidelberg.“

Da wußte sie, was dies zu bedeuten habe.

‚Er bringt Hans zurück‘, sagte sie zu sich. Aber sie konnte sich nicht freuen. Auf einmal fuhr sie mit der Hand nach ihrem Herzen.

„Was hast du?“ fragte ihr Gemahl.

Sie wußte nichts zu sagen, aber sie war bis in den Tod erschrocken.

22

Es war am 7. September des Jahres 1622, zehn Tage, bevor Generalleutnant Czerclaes von Tilly die Stadt Heidelberg mit stürmender Hand eroberte. Es hatte in der Nacht ein wenig geregnet. Der alte Sommerstaub der Hundstage war gedämpft, und die Matten waren erquickt. Die hohen Wolken sahen schattenhaft und dunkel aus. Aber sie waren zerrissen, und zwischen hindurch leuchtete der tiefblaue Himmel.

„Du hast gutes Wetter", sagte Ursula, hob sich auf die Zehen und gab ihrem Manne einen letzten Kuß. Sie sah schon etwas schwerfällig aus. Ihr Gatte bemerkte es, segnete mit der Rechten ihr blondes Haupt, nickte ihr noch einmal freundlich zu und ritt zum Tore hinaus.

Er fuhr über den Neckar und trabte auf dem linken Ufer am Strom hin. Ursula hatte ihren Gatten herausgeputzt, denn er wollte Eindruck machen. Wenn sich der leichte Mantel verschob, den er über sein Prachtkleid gehüllt hatte, blitzte die goldene Kette, ein Geschenk des früheren Kurfürsten von Mainz. Auch die vier Diener, die hinter ihm drein ritten, waren in neuer und stattlicher Gewandung. Einer hielt ein weißes Fähnlein am Steigbügel, zum Zeugnis dafür, daß die Reiter keiner der beiden kriegführenden Parteien angehörten.

Hinter dem Neckarhäuser Hof stießen die Reisenden auf die erste Tillysche Feldwache. Sie gehörte zu den Truppen, die den unbezwungenen Dilsberg eingeschlossen hielten. Höflich wurde Friedrich begrüßt, ehrerbietig durch die Reihen der Soldaten geleitet, die rechts und links auf dem Boden saßen, mit Schustern und Schneidern oder mit Kochen beschäftigt. Als sie am Ende angelangt waren, sagte der Offizier: „Andre müssen sich's gefallen lassen, daß ihnen die Augen verbunden werden. Ihr seid Friedrich Hirschhorn, Gott befohlen!"

Als sie um den Dilsberger Kegel herumgekommen waren und die Feste im Rücken hatten, krachte über ihnen ein Schuß, und ein zweiter und ein dritter. Eine schwere Kugel, wie ein Kindskopf groß, flog über sie hinweg und grub sich in den Neckarkies am Rande des Wassers, so daß die Steinchen hoch aufspritzten.

„Das gilt uns!" rief Hirschhorn. „Sie schießen von der Festung. Auseinander!"

Die Reiter sprengten im Galopp dahin, einer dicht am Fluß, einer an der Bergseite, die beiden übrigen hintereinander. Es wurde noch immer geschossen.

Sie näherten sich dem Städtlein Neckargemünd. Die Gefahr war vorüber. Sie trabten hintereinander auf dem Leinpfad, der sich zwischen der Stadtmauer und dem Flusse hinzog. Wie sie um die Ecke bogen, hielten vor ihnen fünf Reiter und sperrten den Weg.

Friedrich, der vorausritt, schaute zurück, rief „Halt!" und ließ dicht vor dem vordersten der fünfe sein Pferd stehen.

Es war ein etwa sechzigjähriger kleiner Mann. In sich versunken hielt er auf seinem Gaul. Ein ungeheurer Hut beschattete sein wetterbraunes

Gesicht. Ein langer grauer Knebelbart hing über sein verschlissenes Koller. Unter buschigen Brauen blickten scharfe graue Augen.

„General Tilly?“ rief Friedrich unwillkürlich und zog seinen Hut.

„Der bin ich“, sagte der Reiter mit fremdländischer Aussprache und lüpfte seinen Filz. „Wer seid Ihr?“ —„Friedrich von Hirschhorn.“

„Ach!“ sagte Tilly und ergriff die dargebotene Rechte. „Ist auf Euch geschossen worden?“

„Nach der Kugel zu schließen, die vor uns in den Neckar rollte, ja.“

„Dann dürft Ihr Euch Glück wünschen. Sie haben gute Stückmeister droben auf Dilsberg. Was ist Euer Begehr?“

Hirschhorn brachte sein Anliegen vor. Tilly sah ihn durchdringend an.

„Daß Euer Sohn nicht daheimsitzen will, lobe ich, daß er Euch entwichen ist, begreife ich. Ich bedaure, daß er nicht zu mir gekommen ist. Ich gäbe ihn Euch nicht zurück. Wenn er bei mir in Dienste tritt, hat er eine Leutnantsstelle in meinem wallonischen Regiment.“

Friedrich wurde rot.

„Urteilet selbst, Herr, ob es billig gegen Eure Feinde wäre, wenn ich ihn dort holte, um ihn hierherzubringen.“

Tilly schwieg und sah den Ritter aufmerksam an.

„Man nennt Euch das deutsche Herz?“

„Freunde nennen mich zuweilen so, wenn sie scherzen.“

„Es ist ein wunderliches Ding um das deutsche Herz. Wir Welsche sind gewöhnlich betrogen, wenn wir's mit dem deutschen Herzen zu tun haben. Halten wir's für schlau, so ist es bloß redlich; halten wir's für redlich, so ist es überaus schlau. Ich glaube, Ihr seid beides.“

Friedrich lächelte. „Woraus schließt Ihr dies?“

„Ehe ich Euch kennenlernte, habe ich Euch für schlau und weiter nichts gehalten. Was habt Ihr uns für Schererei gemacht! Wegen Eurer Freiheiten habe ich einen Tagemarsch verloren.“

„Würdet Ihr an meiner Stelle anders handeln? In so bösen Zeiten muß jeder zu dem Seinen stehen.“

„Aber Euern Sohn behaltet Ihr deswegen doch nicht. Er bleibt Euch nicht hinter dem Ofen sitzen.“

„Er ist mein Einziger, Herr! Und außer ihm und mir ist keiner mehr unsers Namens.“

„Das kümmert Euch; ihn wird's nicht kümmern. Nun denn, der Weg ist Euch offen. Ich geb' Euch zwei Reiter und einen Trompeter mit bis zu den feindlichen Posten. Aber den Rückweg nehmt auf dem andern Ufer! Gott mit Euch!“

„Ich danke Euch!"

Tilly bog zur Seite, und die Hirschhornschen ritten vorüber.

„Hirschhorn!" rief Tilly ihnen nach.

Friedrich wandte sich im Sattel und schaute zurück.

„Ich danke Euch für den Malvasier. Ich selber trinke keinen Wein, aber meinen Kranken und Verwundeten hat er fürtrefflich geschmeckt."

Sie winkten sich noch einen Gruß zu, dann ritten sie nach den entgegengesetzten Seiten.

Die beiden Tillyschen Reiter nahmen den Hirschhornschen Fähnleinträger in die Mitte. Voraus ritt der Trompeter. So ritten sie in vorsichtigem Trab der belagerten Stadt zu, an marschierenden Truppen, an Fuhrwerken, an Schlachttieren vorbei. Je näher sie der Stadt kamen, desto reicher an buntestem Leben war der schmale Weg zwischen den Felsen und dem Neckar.

Eine Viertelstunde vor dem oberen Tor, unweit von einer Schlucht des abstürzenden Berges, blies der Trompeter, das Fähnlein hielt. Aus der Schlucht kam Antwort, und dem Trompetensignal folgte ein Kommandowort. Zwei Musketiere traten heraus. Ein Offizier folgte ihnen. Die Tillyschen grüßten und ritten zurück.

Als Friedrich seinen Namen nannte, leuchtete das Gesicht des jungen Leutnants.

„Euer Sohn ist gesund", sagte er. „Gestern hab' ich mit ihm die Klinge gekreuzt. Das hat er mir gegeben."

Er hob den Hut, und es zeigte sich ein breiter Verband auf dem Hinterkopf.

„Das war schon ein bißchen ernst", sagte Friedrich bedächtig. „War die Ursach' danach?"

„Er hielt dafür", sagte der Leutnant und wurde verlegen. „Und er hat recht gehabt. Euer Sohn ist ein braver Kamerad."

„Das will ich hoffen", sagte Friedrich, gab dem Offizier die Hand und ritt vorbei. Im Vorübergehen sah er die Schanze, die von der Seite her die Landstraße und den Neckar beherrschte.

Nur langsam kam er vorwärts. Die Straße war voll von ausgespannten Wagen, die, ineinander geschoben, nur einen schmalen Pfad an der Gebirgsseite offen ließen. Vor dem Tore gab's noch einen Aufenthalt. Wieder strahlte das Gesicht des Fragenden, als der Junker seinen Namen nannte. Es war diesmal ein alter Korporal. „Euer Sohn ist ein braves Soldatenherz", sagte er. „Er ging freiwillig mit, als wir dort drüben über dem Neckar die Bayern aus den Weinbergen trieben; er stellte sich unter mein

Kommando, und wir saßen nebeneinander im Busch oben auf der Höh' und pfefferten auf die Flüchtigen ins Mühlental hinunter."

„Das will ich hoffen, daß mein Sohn ein braver Soldat ist", sagte Friedrich. Seine Stimme war trocken, seine Kehle war ihm wie zugeschnürt.

Nun ritt er durch die Straßen. Alles war voll von Soldaten. Von den Bürgern war wenig zu sehen. Aus den Schanzen über dem Schloß wurde geschossen. Von der Ebene her und vom Heiligenberg kam Antwort.

Der Hirschhornsche Hof war von oben bis unten mit Einquartierung belegt. Es waren Offiziere und Mannschaften der Landschadschen Kompanie. Auch Hans wohnte hier. Ein Soldat zeigte ihm sein Zimmer. Es sah kunterbunt darinnen aus. Waffen und Kleider lagen auf dem Boden umher. Das Bett war ungemacht.

„Wo ist mein Sohn?" fragte Friedrich.

„Er ist seit Morgengrauen auf eine Streife gegen Wieblingen geritten; es wird dort täglich scharmuziert."

Einer der Knechte kam die Stiege heraufgestolpert und meldete, daß der Stall voll fremder Pferde sei, so daß die fünfe, auf denen sie hergeritten, keinen Platz mehr fänden.

„Stelle fünf fremde in den Hof und die unsrigen hinein."

Der Knecht zögerte.

„Willst du wohl?" herrschte ihn der Junker an.

Kaum war der Knecht verschwunden, so erhob sich ein großer Lärm im Hof. Friedrich eilte hinunter. Die Soldaten fielen über seine Leute her, die sich wehrten und um Hilfe schrien. Friedrich zog sein Schwert und gebot Ruhe, auch die andern zogen die Waffen, die im Hofe stehenden Pferde wurden unruhig und stiegen in die Höhe.

Da kam ein weißbärtiger Profos von der Straße herein, durch den Hausgang auf den Hof, stieß mit seinem Stab auf den Boden, und es ward still.

Die Soldaten klagten die Knechte an. Die Knechte wiesen auf ihren Herrn. „Wer seid Ihr?" fragte der Profos.

„Ich bin der Herr dieses Hauses."

Da beugte sich der alte Mann vornüber, so mußte er lachen.

„Herren dieses Hauses sind jetzt wir. Wenn der Tilly die Stadt erobert hat, sind es die Tillyschen. Lieber Mann, sputet Euch, daß Ihr aus unserm Eigentum kommt."

In Friedrich stieg der Grimm auf, aber er faßte sich.

„Hier ist das Hirschhornsche Wappen", sagte er und wies auf das eingehauene Geweih über der Türe. „Ich bin der Ritter von Hirschhorn."

‚Er ist der Vater des Hans von Hirschhorn', sagten sich die Soldaten, und ihre Gesichter wurden freundlicher. „Wenn Ihr der Vater von unserm Hirschhorn seid, dann seid Ihr willkommen", sagte ein alter Soldat. „Das ist ein tapferer Herr, und keiner ist da, der nicht für ihn durchs Feuer ginge."

„Mein Haus ist neutral", sagte Friedrich. „Ich bin von allen Kriegslasten befreit. Ich hab' es hier schwarz auf weiß" — er schlug an seine Brust — „auch vom pfälzischen Kommando."

„Hier gilt kein ander Schwarz auf Weiß als das schwarze Pulver auf der weißen Pfanne", antwortete der Profos. „Lasset Euer Papier nur stecken. Nun Gott befohlen, ihr Herren, es ist nun wieder Ruh' und Fried'. Zuerst kommen die Soldatenpferde, dann erst die andern. Dabei bleibt's."

„In einer Stunde ist mein Haus von Einquartierung befreit", sagte Friedrich, befahl den Knechten, die Pferde im Hof zu füttern, und verließ erregt sein Haus.

Er ging lauter wohlbekannte Wege: auf die Kanzlei hinter dem Barfüßerkloster, auf die Schreibstube in der Neckarfeste am Lauer, zum ehemaligen Kurfürstlichen Geheimrat in der Hirschstraße, auf das Rathaus und endlich auf das Schloß. Aber wie anders sahen diese Wege aus! Soldaten und nichts als Soldaten. Sie marschierten ab und zu, geleiteten vollgepackte Bauernwagen oder kleine Kriegskarren oder brachten Verwundete. Sie waren alle guter Dinge und sahen kühn und verwegen aus.

Mit Friedrich von Hirschhorn wurden wenig Umstände gemacht. Er wurde auf die Seite geschoben und mußte warten. Es trafen ihn auch manche bedenkliche Blicke. Die güldene Kette über seinem Wams zog die Augen der Kriegsknechte an. „Du, Kamerad", sagte ihm einer und griff danach, „du hast eine Kette zuviel an!" Ein andrer, der unter einer Haustüre saß, stellte ihm ein Bein. Der Junker fiel auf das Pflaster. Da liefen zwei Soldaten her und sagten: „Wir ziehen ihm die Stiefel aus!" Friedrich sprang auf die Füße und sah die wilden Kerle drohend an. Die hielten es für geraten, vorüberzugehen.

Von den Bürgersleuten war kaum jemand zu sehen. Die Männer arbeiteten in den Schanzen, die Frauen kochten für die Soldaten. Auf den Straßen und Plätzen fielen zuweilen Kugeln nieder. Ängstlich huschte dahin, wer etwas draußen zu schaffen hatte, und ohne Not hielt sich niemand im Freien auf.

‚Ich bin ein Fremdling in dieser Welt', dachte Friedrich, ‚wie in diesen Straßen, so auf allen Gängen und unter allen Türen der heutigen Zeit.'

Überverdrießlich durch das Stehen, Warten, Auskunftgeben, Hinundhergeschicktwerden, stand er endlich vor den Leuten, welche die Verteilung der Truppen unter sich hatten. Halb kriegerisch, halb schreiberlich sahen sie aus, junge, bartlose Gesichter, spitzbübisch und keck. Als Hirschhorn seine Beschwer vorbrachte, lachten sie ihm ins Gesicht, und als er die Urkunden vorlegte, die seinem Eigentum Freiheit verhießen, sah der Mann, der sie ihm abnahm, belustigt in das Papier, gab es weiter und fragte seine Kameraden: „Was wollen wir damit machen?" — „Gib mir's", sagte einer, „ich kann's gebrauchen." Er machte ein komischernsthaftes Gesicht, tat, als ob er irgendwo unten Schmerzen hätte, und wollte mit dem Schriftstück zur Türe hinaus.

„Halt!" rief ihm Friedrich zu, so gebietend, daß der Mann stillstand wie unter dem Kommando. „Gib mir die Schrift zurück!"

In diesem Augenblick trat ein höherer Offizier in die Stube. Die jungen Gesellen wurden still und waren ganz in Arbeit. Als der Offizier — es war ein Niederländer — Friedrichs Namen hörte, begrüßte er ihn herzlich und beglückwünschte ihn zu seinem wackeren Sohn. Als er aber des Junkers Beschwerde vernahm und sein Begehren, daß sein Haus geräumt werde, sah er Friedrich verwundert an und sagte: „Krieg ist Krieg", und als Friedrich noch einmal sein Schriftstück entfaltete und auf die Unterschrift der kurfürstlichen Verwaltung hinwies, zog der andre die Augenbrauen hoch und sagte: „Wo ist die kurfürstliche Verwaltung? Unter dem Tisch? Oder in dem Mauseloch dort? Ich weiß es nicht." Dann klopfte er, dem kaum der Flaum auf der Oberlippe sproßte, seinem stattlichen Besuch väterlich auf die Achsel und sagte: „Es handelt sich heute um Kronen und Kurhüte, da können wir uns doch nicht um Eure Stallbesen und Kochlöffel bekümmern? Übrigens" — er griff sich an die Stirne und fragte: „Liegt nicht Euer Hof in der Kettengasse?"

„Am Eck der Zwingerstraße."

„Wir haben Euer Eigentum auf ausdrücklichen Befehl des Pfalzgrafen von Zweibrücken freigehalten, auch dann noch, als unsre Soldaten Mangel an Raum litten. Da kam Euer Sohn hierher und sagte: ‚Die Kompanie Landschad ist übel untergebracht; es sind Leute krank geworden. Ich biete mein Haus an in der Kettengasse.' Seitdem ist . . ."

„Hat er gesagt ‚m e i n H a u s'?" fuhr Friedrich auf in höchstem Zorn.

Der Offizier zuckte die Achsel und sah den ergrimmten Mann von der Seite an.

„Von seinem Herrn Vater hat er nichts gesagt."

„Es gehört ihm kein Ziegel und kein Nagel im Hause. Ich bin der Herr."

„Was geht das uns an?"

„Ich verlange, daß das Haus sofort geräumt werde."

„Was könnt denn Ihr verlangen?" fragte der Offizier und deutete mit dem Finger auf die Stirne.

„Nun, so bitte ich und berufe mich auf die Würde der Unterschrift hier."

Da maß der Krieger den Friedensmenschen mit einem großen Blick von oben bis unten und sagte: „Kommt in vierzehn Tagen wieder! Wenn dann der Wisch noch etwas bedeutet und wenn ich noch am Leben bin, wollen wir weiterreden."

Friedrich ging. Er sah weder rechts noch links und hatte einen großen Zorn. Und wie er so dahinstapfte in all seinem Putz, sah er aus wie ein böser, eigensinniger alter Mann.

Er ging in sein Haus zurück. Die Pferde fand er im Stalle untergebracht. Auf gütliches Zureden hin wurden die Soldatengäule zusammengeschoben; „dem jungen Herrn zulieb", sagten die Reiter. Friedrich befahl seinen Knechten, im Hause zu bleiben und soviel wie möglich nach dem Rechten zu sehen. Er selbst wollte nicht an einer Stätte nächtigen, wo ihn alles, was er sah und hörte, an seine Ohnmacht erinnerte. Er hinterließ den Befehl, daß ihn Hans, wenn er zurückkehre, hier erwarten möge, und verließ das Haus, sich eine Stube für die Nacht zu suchen.

Er ging von Gasthaus zu Gasthaus. Alle waren voll Soldaten bis unter die Ziegel. Zuletzt ging er noch in den „Goldenen Hirschen" am Marktplatz. Er hatte ihn nicht mehr betreten seit jener Nacht vor zweiundzwanzig Jahren, wo er mit einem Bäckergesellen den todwunden Johann von Handschuhsheim hier hereingetragen hatte. Die Erinnerung hatte ihn bisher diesen Fleck vermeiden lassen; heute aber, wo er so vieles dulden mußte, was gegen seinen Willen war, überwand er schließlich auch den Widerwillen vor jenem Hause. Zuerst ging er an ihm vorbei und die finstere Hirschstraße entlang. Aber sie war damals eine Sackgasse, so mußte er umkehren; und als er wieder an den Torweg kam, der durch eine im Gewölbe hängende Laterne erleuchtet war, bog er rasch um und trat ein.

Der Gastwirt kam gerade aus der Wirtsstube. Er begrüßte den vornehmen Gast höflich, aber eilfertig, fing trotz der Versicherung, daß er nicht wisse, wo ihm der Kopf stehe, ein Breites an über den großen Verkehr in seinem Hause und gab auf des Junkers Frage den Bescheid, daß gerade an diesem Morgen ein Edelmann mit seiner Tochter abgereist und dadurch das schönste Zimmer freigeworden sei. Er führte den Junker in den Hof, die Treppe hinauf in die Laube und von hier in den oberen Flur und in das Zimmer.

Es war ein großes, dunkelgetäfeltes Gemach, dessen Fenster auf den Marktplatz schauten. Das Zimmer lag gerade über der Wirtsstube. Vor dem Erker war ein Loch im Stubenboden, das durch einen Schieber verschlossen werden konnte. Durch das Loch konnte man in die Wirtsstube hinunterschauen, und alles Geräusch von unten drang herauf. Der Wirt zeigte ihm die Vorrichtung. Der Schieber war zurückgeschoben. „Ist es Euch recht so?" fragte der Wirt. — „Jawohl, lasset nur!" war des Ritters Bescheid.

Nachdem sich Friedrich in dem Gemache umgesehen hatte, verließ er den Gasthof, wand sich durch das immer größer werdende Getümmel nach seinem Hause, nahm seinen Mantelsack unter den Arm, befahl den Knechten, dem jungen Herrn bei seiner Rückkunft zu sagen, daß ihn sein Vater im „Goldenen Hirschen" erwarte, und ging langsam auf den Marktplatz zu.

Die Truppen kehren aus den Schanzen zurück, andere ziehen zum Nachtdienst hinaus. An allen Brunnen stehen Bürger und füllen unzählige Kübel und Bütten, die von allen Seiten herbeigebracht werden, mit Wasser. Alles ist still. Kein Lied ertönt, keine lauten Gespräche werden geführt. Die Läden der Häuser werden geschlossen, durch die Ritzen schimmert Licht. Zuweilen kracht ein Schuß.

Als Friedrich in den Gasthof trat, wurden gerade die hohen Fenster der Wirtsstube mit Brettern von außen zugedeckt. Der Aufwärter fragte Friedrich, ob er Licht in seiner Stube wünsche, dann müßten die Läden geschlossen werden. Friedrich verbat es sich, nahm in einem Winkel der Gaststube einen Imbiß und stieg dann die knarrende Treppe hinauf. Als er in sein Zimmer trat, fand er es erfüllt von einem milden Schimmer, der aus dem Loche in dem Boden quoll. Das Dämmerlicht tat seinen müden Augen wohl. Er setzte sich in den Erker ans offene Fenster und sah auf den Marktplatz hinaus.

Dort auf jenem Striche ungefähr, wo jetzt der Schatten der Kirche aufhört, sind sie damals fechtend und scheltend heruntergekommen, und an der Stelle dort, wo jetzt die beiden verspäteten Tauben Körner picken, muß es geschehen sein. Der Vollmond stand damals am Himmel. Friedrich erinnerte sich noch genau, wie die Zieraten dort über der Türe des Bäckerhauses schimmerten, als er zum Tod erschrocken von seinem gefällten Freunde aufblickte und nach Hilfe schaute. Aus diesem Hause hat er dann den Gesellen geholt, der den Verwundeten mit ihm in den

„Hirschen" trug. Ob wohl der Mann noch lebte? Vielleicht ist es dort der behäbige Bäckermeister, der gerade die Läden seines Ladens schließt.

Friedrich ging nach seiner Gewohnheit im Zimmer auf und nieder. Er war durch die vielen Gänge, durch das Warten, Stehen und Abgefertigtwerden so müde geworden wie von keiner Pirschjagd. Mit Behagen entkleidete er sich, nachdem er dem Aufwärter befohlen hatte, seinen Sohn ungesäumt zu ihm zu führen. Es tat ihm unendlich wohl, den Dunst der Soldatenschreibstuben von sich abzuwaschen. Mit Ingrimm dachte er dabei, während er sich die Wangen und den Nacken rieb, was er sich heute hatte gefallen lassen müssen, wie ihm die Leutnants auf die Achsel klopften und gute Ratschläge gaben, und wie die Soldaten zwischen ihm und einem Biersieder, der mit ihm zugleich in die Ratsstube trat, auch nicht den geringsten Unterschied machten. Mit einem Gemisch von Vergnügen und Ärger betrachtete er sein Staatskleid, das er über einen Stuhl gehängt hatte, und die güldene Kette, die wunderlich gleißte auf dem halslosen Kragen. Mit breiten Beinen, wie das die Art der Hirschhorne war, stellte er sich vor den Stuhl, betrachtete seine Schlangenhaut und lachte.

„Wenn das Ursula wüßte, welchen Eindruck ich als Kunstwerk ihrer Hände gemacht habe! Schade, daß sie nicht da ist!"

Er schaute auf das zweite Bett.

Freilich müßte dann dies Schwert, das ein Schmiedemeister in der Bussemergasse geschmiedet hat, gänzlich weichen.

Er klopfte an die bretterne spanische Wand, die die beiden Betten voneinander schied.

„Was für ein Siegfried ist denn wohl so behutsam gewesen?"

Da fiel ihm ein, daß vor ihm Vater und Tochter in diesem Zimmer geschlafen hatten.

„Welches wird denn wohl die Ruhestatt des Töchterleins gewesen sein? Ich denke, die hintere. So will ich mich da vornen hineinlegen."

Friedrich legte sich zu Bett und streckte sich behaglich aus. Nach seiner Gewohnheit schob er die rechte Hand am Ohr vorüber über den Kopf hinaus und griff unter das Kissen. Da faßte er ein Tüchlein. Er fühlte, daß es im Winkel mit einer Stickerei versehen war. Neugierig stieg er aus dem Bette und betrachtete im Schimmer des Lichtes, das aus dem Stubenboden quoll, die Bildnerei. Es war ein Wappen: ein schreitender Rabe, darunter die Buchstaben M. v. H.

„Philipp war hier!" rief er erfreut, „und Margarete hat ihn begleitet. Wie gut für sie, daß sie aus der Falle entwischt sind! Und dabei sind sie gegen mich liebenswürdig gewesen wie immer! Sie haben mir den Platz, beides zugleich, geräumt und gewärmt. Jetzt kann ich aber nimmer in dies Lager zurückkehren. Jetzt leg' ich mich zu meinem lieben alten Kameraden Philipp Helmstatt."

Er legte sich nieder, die Bettstatt krachte.

‚So sind wir schon einmal beieinander gelegen, Phips, damals als ich Edelknabe bei Johann Kasimir in Neustadt war. Da hast du mich Wahrsagen gelehrt und hast mir die Stallbubengeschichte erzählt, die so wüst ist, daß nur Pagen sie nacherzählen können, wüst und doch wunderschön!'

Mit Urbehagen dachte Friedrich an die wüste, schöne Geschichte von den beiden Stallbuben und mußte so herzlich lachen, daß das Bett erschüttert wurde.

‚Hab' ich doch all mein Lebtag nimmer daran gedacht, und gerade jetzt muß sie mir einfallen!'

Da hörte er den Namen Hirschhorn unten in der Gaststube.

‚Mein Sohn ist gekommen!' dachte er. ‚Nein, sie reden von ihm.'

Er lauschte.

Soldaten waren eingetreten, die erzählten von einer glücklichen Reiterstreife, von der sie gerade zurückkehrten. Hans von Hirschhorn habe sie geführt, verwegen und vorsichtig wie immer. Sie hätten einen Wagen voll Weinfässer erbeutet und einen ligistischen Offizier gefangengenommen.

Friedrich horchte auf. Es war ihm zumute wie einem Vater, dessen Söhnlein von den Lehrern gelobt wird, und der vor sich und andern dergleichen tut, als ob des Knaben Vortrefflichkeit eine selbstverständliche Sache wäre, um die man nicht mit den Augen zwinkerte.

Bald aber blies der Wind aus einem andern Loch. Von dem Sohn kamen sie auf den Vater zu reden.

„Sonst heißt es doch, der Apfel fällt nicht weit vom Stamm", sagte eine dünne, breite Stimme, — ‚das könnte der Biersieder sein, den ich auf der Schreibstube getroffen habe', dachte Friedrich. „Ja, nicht weit vom Stamm. Diesmal aber ist's doch geschehen, der Alte ist vom Jungen verschieden wie ein Engerling vom Maikäfer."

‚Ich bin der Engerling', dachte Friedrich.

„Ich bin dabei gewesen, wie er den Hans von Handschuhsheim erschlagen hat."

„Er hat den Knaben gestochen, wie man ein Schwein metzget", sagte eine andere Stimme.

„Das kann ich bezeugen", rief der erste. „Ich bin so nah dabeigestanden, wie ihr neben dem Ofen steht. Der wilde Hirschhorn hat im Schatten gelauert, der Vollmond stand am Himmel, und es war schwarz und hell auf dem Platze. Wie der Handschuhsheim vorbeigeht, springt der Hirschhorn herzu und stößt ihn mit dem Schwert in den Schenkel. Der Junge will sich die Waffe herausziehen, bringt es aber nicht fertig. Da ruft er: ‚Fritz, zieh mir das Eisen heraus.' Was tut der Hirschhorn? Er dreht ihm das Schwert in der Wunde herum, läßt es stecken und läuft davon. Ich und der Eckbäcker selig, dem jetzigen sein Bruder, haben ihn da hereingetragen."

„Gerade so wird es auch im Lied erzählt", sagte ein Soldat:

„Wohlan, wir heben wiederum an
Vom Herrn von Handschuhsheim."

„Laß dir's nur nicht einfallen, dies Lied zu singen, wenn der junge Hirschhorn in der Nähe ist. Wie wir vom Dilsberg hierher marschiert sind, haben ein paar im vordersten Glied angefangen; wie's Wetter ist er herbeigesprengt und hat mit seiner Fuchtel auf die Leute eingehauen, daß die Offiziere haben wehren müssen, er hätte sie totgeschlagen."

„Er hat gestern mit einem Offizier von den Niederländern ein Duell gehabt wegen seines Vaters und hat ihm eine über den Hinterkopf gegeben, daß er genug hatte. Sie haben sich dann versöhnt."

Neue Gäste traten herzu.

„Wovon habt ihr's?" fragten sie.

„Vom alten und vom jungen Hirschhorn."

„Der alte muß ein edler Herr sein, reich und wohltätig."

„Der?" rief die Biersiederstimme. „Knauseriger hat noch keiner in den Neckar gespuckt. Eh' der sich ein paar Stiefel sohlen läßt, verträgt er seinem Stallknecht seine."

„Wunderlich; der junge gibt doch her mit vollen Händen."

„Das hat er auf der Straße aufgelesen oder wer weiß in welchem Busch."

„Wie ist es doch gewesen mit dem wilden Hirschhorn und dem Handschuhsheim?"

„Ich, ich bin dabeigewesen. Ich und der Eckbäcker selig, wir zwei beide kamen gerade miteinander aus der Apothekergasse, wo wir dabei waren, wie ein Student einem Schlossergesellen mit einem Scheitholz den Schädel eingeschlagen hat. Ist im Rausch geschehen, ohne Vorsatz. Wir haben den Schlossergesellen — er hat Peter Wurz geheißen und war aus dem Hohenlohischen — in den ‚Welschen Hahn' getragen und sind miteinander auf den Marktplatz. Da geht der Hans von Handschuhsheim an uns vorbei und singt ein Liedchen vor sich hin. Ich sag' zu meinem Kameraden: ‚Für den sollten nicht vierzehn Schutzengel wachen, sondern achtundzwanzig, denn auf dem seinen zwei Augen steht das älteste Geschlecht der Pfalz.' Auf einmal springt einer aus dem tiefen Schatten vor der Heiliggeistkirche her und stößt dem Handschuhsheim das Schwert in den Leib.

Wir beide stehen erstarrt, und keiner bringt einen Ton heraus. ‚Du', sag' ich zum Eckbäcker selig, ‚das ist der wilde Hirschhorn'."

„Pfui", rief einer der Soldaten, „das ist feig und grausam."

Der Erzähler fuhr dann prahlerisch in seiner Geschichte fort, und von neuen Ankömmlingen unterbrochen, fing er ein drittes Mal an mit neuen Ausschmückungen.

Eine Zeitlang hörte Friedrich ruhig zu. Dann sagte er zu sich: „Es geziemt sich, daß ich bekleidet sei, wenn ich gerichtet werde."

Er zog sich langsam an.

„Komm, du Ehrenlumpen, bedecke meine Blöße", sagte er, als er seinen Staatsrock anzog. Dann hing er sich die goldene Kette um und brummte vor sich hin:

„Ei du schönes Kleinod,
Wie stehst du mir so gut,
Als ein guter hänfner Strick
Dem armen Sünder tut."

Jetzt war er gestiefelt und bis auf die Halskrause in der anständigsten Verfassung.

„Sie ist zerknittert, Ursula", sagte er, während drunten der Erzähler ihn zum drittenmal die Waffe in der Wunde herumdrehen ließ.

Nun holte er sich einen Schemel, setzte sich neben das Schandloch und hörte die Lästerungen an. Der helle Schein fiel in sein Gesicht. Ein wunderlicher Kampf von Neugier, Mißbehagen und guter Laune spielte sich in den Zügen ab.

„Ursula", sagte er, wie wenn sie da wäre, „ich hab' dir versprochen, nie mehr zu beten: Der Herr hat sie's geheißen; du bist der Sünde schuldig, wenn ich fluche: Lüget, daß euch die Kehlen bersten."

In diesem Augenblick wurde unten die Türe aufgeworfen, so daß der Schanktisch klirrte, und eine scharfe, helle Stimme rief: „Wer meinen Vater tückisch schilt, ist ein Lotterbube!"

Es wurde totenstill.

„Dort ist's gewesen, dort an diesem Tisch. Einer von den dreien dort! Wenn er sich nicht meldet, so ist er nicht wert, daß ihn ein Hund an ..."

„Ich war's."
„Kavalier?"
„Enzberg."
„Kommt mit heraus auf den Marktplatz und beweiset mir meines Vaters Tücke mit dem Schwert."
Nun traten die andern ins Mittel. Ein Wirrwarr von Stimmen klang herauf, durch das aber immer wieder Hansens zornige Rede die Übermacht gewann.
‚Das Hirschhorn klingt hell', dachte Friedrich. Er war vom Schemel aufgestanden und hatte sich den Hut aufs Haupt gedrückt.
Jetzt hörte er eine ältere, bedächtige Stimme, die ein Ansehen zu besitzen schien, denn obgleich sie nicht stark war, schwiegen die andern.
„Schon zwei Offiziere hast du uns deines Vaters wegen verwundet. Dein Zorn ehrt dich; aber sage selbst, hat es dein Vater um dich verdient, daß . . ."
‚Das ist mein Freund Landschad', dachte Friedrich und lächelte bitter.
„Ob er's um mich verdient hat oder nicht, wer meinen Vater tückisch schilt, der lügt in seinen Hals, und er soll mir seine Lüge mit Blut herausspucken."
„Ich bin bereit", sagte die Stimme, die sich vorhin bekannt hatte.
‚Jetzt wird es ernst', dachte Friedrich. Er verließ das Gemach, eilte die Treppe hinunter, durch den Hof in die Einfahrt und öffnete die Türe zur Gaststube in dem Augenblick, als die beiden Jünglinge hinausstürmen wollten.
„Vater!" rief Hans und prallte zurück.
„Wurde dir nicht zu Hause gesagt, daß ich dich hier erwarte?"
„Ich komme nicht von daheim."
„Du hier, Hirschhorn?" rief Landschad und machte eine halbe Bewegung zu ihm hin.
„Ja, ich!" sagte Friedrich und sah ihn scharf an.
Er war in die Mitte der Stube getreten. Alle waren von ihren Sitzen aufgesprungen und sahen in der größten Erregung auf den Vater und den Sohn.
„Vater, was willst du hier?" fragte Hans. Seine Augen schauten unsicher aus dem verwilderten Gesicht und seine Hand spielte am Wehrgehenke.
„Hast du meine Briefe bekommen?"
„Ja."
„Warum hast du mir nicht gehorcht?"

„Weil ich es satt habe." Seine Stimme schrillte.
„So! Darum komme ich selber, dich zu holen."
Von allen Seiten erhoben sich jetzt Stimmen und Hände.
„Das darf nicht sein! Er soll hierbleiben! Mit ihm geht unser Glück."
Die zusammengewürfelten Krieger, Holländer, Engländer, Franzosen, Deutsche aus allen Gauen, die, von keinem großen Gedanken getragen, von keinem bedeutenden Führer beseelt waren, die für eine Sache fochten, die sie verloren wußten und die ihrem Herzen gleichgültig war, schätzten um so höher, was in verworrener Zeit den einzelnen Mann für andre zum Hort macht: den persönlichen Mut und die ehrliche Kameradschaftlichkeit. Darum wollten sie diesen Jüngling, der von Habsucht und Neid nichts wußte, tapfer voranritt und immer austeilte und mitlachte, bei sich behalten.
Nur die bürgerlichen Stammgäste saßen teilnahmslos; was aber zur Armee gehörte, hatte eine Stimme: „Laß ihn bei uns."
Friedrich schaute sich ringsum und schüttelte langsam das Haupt.
Da trat Hans Landschad auf ihn zu, legte ihm vertraulich die Hand auf die Schulter und sagte:
„Dein Sohn hat sich mir angeschlossen, und wenn er auch Freiheit hatte, bei jedem sonstigen Unternehmen dabei zu sein, so zählte ich ihn doch zu den Offizieren meiner Kompanie. Ich geb' ihn frei von diesem Augenblick an. Aber du mußt mir eine Bitte erfüllen: Verzeih ihm seinen Ungehorsam und entschuldige mit seiner Jugend, daß er die Ehrenpflicht der Ritterschaft verletzt hat."
„Wie?" rief Hans empört.
Landschad hob beschwichtigend die Hand.
„Laß mich nur machen, Hans!" Dann wandte er sich wieder an Friedrich, sah ihn mit Augen, deren Feuchte von Herzlichkeit blinkte, an und rief:
„Vergib ihm! Und nimm den guten Rat eines alten Freundes: Gestatte ihm, freiwillig zu tun, wozu ihn adliges Blut treibt: laß ihn bei der Fahne!"
„Ich glaube dir, Landschad, daß du es jetzt geradeso redlich mit mir meinst wie all die Zeit her, und ich will mir all deine guten Ratschläge überlegen. Aber das eine sag' ich dir sogleich: Hans reitet mit mir morgen auf mein Haus und hängt sein Schwert neben mein Schwert an die Mauer und stellt seinen Gaul neben meinen Gaul in den Stall."
„Nimmermehr! Das wäre jammerschade!" riefen die Soldaten und Offiziere.

Ein alter Wachtmeister drängte sich durch, stellte sich dicht vor den Junker, deutete sich mit dem Finger auf die Stirne, als ob der andre nicht gescheit wäre, und sagte inständig: „So nicht, Herr, so nicht!"

„Urteilet selbst, ihr alle!" rief Friedrich. „Ich habe meinem gnädigen Herrn, dem Kurfürsten von Mainz, mein ritterliches Wort gegeben, daß kein hirschhornisch Schwert gegen den Teil kämpft, dem er selber zugetan ist."

„Das ist freilich etwas andres!" sagte Landschad mit einem Ton, als ob er verwundert wäre. Er kehrte Friedrich den Rücken und sagte zu den Nächststehenden halblaut: „Er hält es mit unsern Feinden."

„Hans gehorch ihm nicht! Sag ihm auf! Wir werfen den Alten hinaus!"

So schwirrte es rings um die beiden.

„Komm auf meine Stube! Dort sag' ich dir das Weitere!"

Hans zögerte.

Friedrich war vorangetreten. Er schaute zurück. Vater und Sohn maßen sich mit den Augen.

„Wo bist du zur Herberge, Vater?"

„Hier in diesem Hause. Wird es bald?"

Hans kämpfte mit sich. Er sah einen Augenblick zu Boden, die Locken fielen ihm über die Stirne. Dann blickte er auf. Seine Brust wogte, und über sein Gesicht huschten die Lichter wechselnder Empfindungen.

Er trat einen Schritt zurück und sagte: „Ich bleibe."

„Wenn du mir nicht gutwillig folgst, so erkläre ich dich vor allen diesen Zeugen für meinen Gefangenen!" sagte Friedrich. Seine Stirn schwoll, und die Augen loderten drohend.

„Mein Schwert gebe ich dir nicht", sagte Hans und drückte die Waffe an seine Brust. „Ich rate dir, rühre mein Schwert nicht an."

Es fuhr ein Schreck durch die Versammlung. Da trat einer der Offiziere rasch vom hintersten Tisch herbei, verbeugte sich vor Friedrich und sagte: „Gestattet, Herr, daß ich meinen Anspruch geltend mache. Er ist sein Schwert mir schuldig. Er hat mich zum Zweikampf gefordert, und ich will mein Recht."

„Wer seid Ihr?"

„Konrad von Enzberg."

Friedrich betrachtete den jungen Mann mit Wohlgefallen. Seine Stirne bekam die alte Farbe; sein Auge wurde ruhig.

„Habt Ihr ihn beleidigt?"

Enzberg wurde rot.

„Ich glaube wohl; aber mit Wissen nicht."

„So wird Euch mein Sohn vergeben."

„Vater, was mutest du mir zu!" rief Hans in schmerzlichem Zorn.

Enzberg zuckte die Achsel.

„Jawohl, du wirst ihm vergeben, denn er wird dich um Vergebung bitten."

Enzberg trat entrüstet zurück und sah Friedrich mit großen Augen an.

„Ihr habt gesagt: ‚Tückisch wie ein Hirschhorn'."

„Ja, wenn Ihr gehorcht habt, dann sag' ich: ‚Ehrlos wie . . .'"

Friedrich hob gebietend die Hand.

„Nicht weiter! Dort schaut hinauf!"

Er wies nach dem Loch in der Decke.

„Dort oben lag ich zu Bett, und wohl oder übel mußte ich zuhören . . . Halt! Guter Freund dort hinten! Sitzengeblieben! Du bist der, der dabei gewesen ist, als der wilde Hirschhorn den Hans von Handschuhsheim stach. Erzähle doch deine Geschichte noch einmal! Ich war nämlich auch dabei!"

Der Mann suchte zu entweichen, aber eine kräftige Faust hielt ihn am Kragen fest. Und nun stand er da, schlotternd am ganzen Leib, ein Bild zum Erbarmen.

„Wenn ich nicht wüßte, was ihr alle miteinander für Lügenbeutel seid hinter dem Biertisch, dann müßtest du mir deine Lügen mit Leder und Tropfbier hinunterschlingen. Du bist ein Biersieder?"

„Nein, ein Wachszieher."

„Weil du nicht schlimmer bist als die andern, so setz dich wieder an deinen Tisch! So ist's recht! Bestell dir eine neue Kanne Bier! Hast du sie? Jetzt stehe auf! Trink auf das Wohl aller Großmäuler und Aufschneider in Heidelberg von nun an bis in alle Ewigkeit!"

Der Wachszieher erhob sich, hielt die Kanne in die Höhe, rief den geforderten Trinkspruch und leerte sein Glas.

„Wohl bekomm's!" sagte Friedrich. „Und nun gib acht! Obgleich es mir nicht ums Geschichtenerzählen ist, will ich euch all miteinander sagen, wie sich jene Sache zugetragen hat. Aber ich will mich setzen! Eine Kanne Weines, Wirt, und meinem Sohne eine. Wo ist Platz für uns?"

„Hier, hier!"

„Danke euch. Du sitzest lieber dort, Hans? Wie du willst. Und jetzt auf das Wohl aller ehrlichen Leute! Ihr Landsknechte dort hinten, passet auf! Ihr könnt euer Lied vom Handschuhsheimer weidlich verbessern!"

„Gestatte, Vater, daß ich gehe", sagte Hans.

Man sah seinen zuckenden Mienen an, wie unleidlich ihm seines Vaters Gebaren war.

„Du bleibst", sagte Friedrich kalt. Hans setzte sich mit dem Ausdruck höchster Ungeduld auf seinen Stuhl.

„Und Ihr, Junker Enzberg", sagte Friedrich und nickte dem jungen Kavalier zu, der sich auf einen Schemel vor dem Ofen gesetzt hatte, „wenn Ihr meine Erzählung gehört habt, werdet Ihr zurücknehmen, was Ihr wider mein Haus und mich selber gesagt habt, und meines Sohnes Schwert wird frei sein von Euretwegen. —

Wenn Ihr mich fraget, wer die Schuld daran trägt, daß das edle Haus Handschuhsheim tot ist, so ist freilich auch diese Hand hier mit im Spiel gewesen, aber nicht anders als eure Hände, ihr jungen Herren, wenn ihr mit den Jungfrauen im Kreise steht und die Schnur mit dem Goldreif durch eure Finger läuft.

Die Häuser Handschuhsheim und Hirschhorn waren die ältesten im vorderen Odenwald, seit Jahrhunderten miteinander verschwägert, aber ebensolang miteinander in Eifersucht. Die Hirschhorn waren von jeher die Truchsessen gewesen am Hofe der Pfalzgrafen; die Handschuhsheimer glaubten das größere Recht für diese Würde zu haben. Jeder Hirschhorn und jeder Handschuhsheim wußte von beidem, von der Blutsgemeinschaft der zwei Geschlechter und von ihrem alten Zwist, und sie schauten sich einander an, wie man Leute anschaut, die zu einem gehören, die man aber nicht leiden mag. Mit solchen Gesinnungen wuchsen auch wir beide auf, Hans von Handschuhsheim und ich. Wir sahen uns oft, denn kein Fest wurde gefeiert in dem einen Hause oder in dem andern, wo sich nicht beide Familien zusammenfanden zu gemeinsamem Tun und zu dem üblichen Zank. Wir hatten uns lieb wie Hund und Katz und hielten doch zusammen wie die Kletten."

Die Soldaten lachten. Friedrich wurde aufgeräumt. Er tat einen tiefen Zug, und dann nahm er den Faden der Erzählung wieder auf.

„Hans und ich ahmten dem Vorbild unsrer Häuser nach. Wir waren unzertrennlich, aber so, daß wir uns dabei in den Haaren lagen. Er war jünger als ich, wir nannten uns Vettern, aber er war mein Oheim. Seine Mutter war meine Großmutter."

„Die Beußerin von Ingelheim", sagte ein Bürger.

Friedrich sah den Sprecher an und sagte nach einer Pause: „Eben die."

„Er kann den Namen nicht aussprechen", flüsterte der Bürger seinem Nachbarn ins Ohr.

„Er kann ihn aussprechen", sagte Friedrich, „die Beußerin von Ingelheim."

Er erbleichte dabei und sah nach der Tür.

„Sie wohnt wieder in Handschuhsheim", sagte jemand am Ofen.

„Nicht mehr!" warf ein alter Korporal ein. „Die Spanier haben sie vertrieben. Wir haben vom Krähennest ihren großen Wagen gesehen."

„Wann?"

„Heute."

„So schweigt doch still!"

Friedrich hatte derweilen wie geistesabwesend nach dem Fenster geblickt. Hans war an seinen Vater herangetreten und flüsterte ihm zu: „Vater, wir wollen gehen." Enzberg trat zu ihm. Hans sagte ihm leise: „Ich bleibe Euch mit dem Schwert verpflichtet. Aber helfet mir jetzt, daß dies hier aufhöre."

„Gerne", flüsterte Enzberg.

Da kehrte Friedrich zu sich zurück. Er deutete auf den Stuhl des Sohnes und sagte: „Setze dich und laß mich vollenden.

Hansens Mutter war meine Großmutter. Ich fürchtete mich vor ihr, solange ich denken kann. Wenn ich in Zwingenberg mit den Dorfkindern in der Wolfsschlucht Blumen suchte, haben wir oft das Lied gesungen von der Großmutter, die ihrem Enkeltöchterlein gebackene Ottern vorsetzt und sagt: ‚Sieh, das sind Fischlein, die hab' ich für dich im Krautgarten gefangen.' Verzeih mir's Gott, da hab' ich immer an meine Großmutter in Handschuhsheim denken müssen und an ihren verwilderten Garten neben den Wassergräben ihrer Burg."

Ein Landsknecht hinten in der Ecke fing an zu singen:

„Wo bist du denn zur Stube gewesen,
 Marie, mein einziges Kind?"
„Ich bin bei meiner Großmutter gewesen.
 Wie weh, lieb Mutter, wie weh!"
„Was hat sie dir denn zu essen gegeben,
 Marie, mein einziges Kind?"
„Sie hat mir gebackene Fischlein gegeben.
 Wie weh, lieb Mutter, wie weh!"
„Wie hat sie denn die Fischlein gefangen,
 Marie, mein einziges Kind?"
„Sie hat sie mit Stecken und Stangen gefangen.
 Wie weh, lieb Mutter, wie weh!"

„So schweiget doch still!" riefen dieselben Leute, Bürger und Soldaten, die vorhin Ruhe geboten hatten. „Lasset doch den Junker zu Ende erzählen."

Friedrich, der dem Liede zugehört und in Erinnerung alter Zeiten die Lippen bewegt hatte, fuhr fort:

„Noch seh' ich meine Großmutter vor Augen, wie sie durch das breitblättrige, üppige Kraut- und Buschwerk ihres Gartens huscht mit einer langen Stange und die Schlangen jagt.

Nun wurden damals in Heidelberg zwei Hoffräulein der Kurfürstin vermählt. Sie waren beide Waisen, und Friedrich der Vierte und die Oranierin, seine Gattin, richteten die Hochzeit aus mit unerhörter Pracht. Der ganze pfälzische Adel war zum Beilager entboten. Die wenigen Geschlechtsgenossen von mir, die damals noch am Leben waren, weilten entweder siech in diesem oder jenem Heilbad, oder sie waren in Ungnade und durften sich nicht zeigen. Auch ich sandte dem Kurfürsten einen Brief, mich zu entschuldigen, denn ich lag im Wundfieber. Eine große Narbe am linken Oberarm erinnert mich noch daran."

„Woher kam die Wunde?" fragte einer von den Offizieren.

„Ich suchte einen getroffenen Rehbock, der mir entkommen war, und fand ihn in der Dämmerung oben in der Wolfsschlucht mitten zwischen den Eiszapfen des gefrorenen Bachs über einem Felsblock liegen. Aber kaum hatte ich ihn gefunden, so kamen drei Wölfe die Schlucht herunter und machten mir die Beute streitig. Ich hätte sie ihnen gern gelassen, aber ich konnte nicht mehr entrinnen. Ich hatte keine andre Waffe als mein Waidmesser. Nun gab's einen Kampf, einer gegen drei. Den Rehbock gewann ich, aber ich büßte fast meinen Arm ein. An der Wunde lag ich krank, als die Ladung kam. Aber es wurmte mich, daß ein anderer des Truchsessenamtes walten sollte: das verhalf mir zu meiner Genesung. Und so ritt ich denn schließlich doch noch zu Hof. Ich kam verspätet an, es war schon alles ausgerichtet; aber der große Umzug war noch nicht geschehen, ich war gerade noch zu rechter Zeit gekommen.

Als ich den Kurfürsten begrüßte, freute er sich, denn er mochte mich wohl leiden und war meines Lebens besorgt gewesen. Aber alsbald wurde er verlegen und sagte, zur Seite gewendet: ‚Jetzt ist der wahre Truchseß da, und eines andern bedürfen wir nicht. Wenn Fritz Hirschhorn nicht freiwillig Euern Sohn daran läßt, nötigen können wir ihn nicht dazu.'

Ich sah auf. Neben dem Kurfürsten stand meine Großmutter. Ich begrüßte sie. ‚Du hast dich gesputet, gesund zu werden', sagte sie. — ‚Die Freude darüber steht dir auf dem Gesicht geschrieben', erwiderte ich. Mein junger Oheim kam auf mich zu. ‚Niemand hat dich erwartet, Fritz', sagte er. — ‚Doch', erwiderte ich, ‚das Truchseßschwert.' Da wurde er bleich vor Ärger und schnitt mir eine Grimasse.

Wir ordneten uns zum Zug. Ein Edelknabe brachte mir das alte Schwert.

‚Wo ist der Gurt und das Wehrgehenke?' fragte ich.

Er wußte es nicht zu sagen.

Der Kurfürst und die Kurfürstin erschienen. Jeder trat an seinen Platz. Ich griff das Schwert und hielt es hoch. Da eilte ein Waffenschmiedgeselle durch den Saal und trug ein funkelndes Gehenke mit dem Gürtel. Er stand verlegen da und wußte nicht, wohin damit. Da rief ihm Johann von Handschuhsheim zu: ‚Mir ist es!'

‚Es gehört zum Truchsessenschwert', sagte der Geselle.

‚Dann her damit!' rief ich.

‚Mir hat es der Kurfürst versprochen!' brauste Johann auf.

Der Fürst wandte sich um. Er sah mißmutig und verlegen aus.

‚Ich glaubte, er wäre heute mein Truchseß', sagte er mir.

Er schaute wieder zurück, und als er sah, wie Johann seinen Gürtel einem Diener gab und den neuen Gurt mit seinen Zieraten umband, sagte er so laut, daß es die Umstehenden hörten: ‚So war es nicht gemeint!' Dann wandte er sich zu mir und sagte: ‚Schweiget, denn er ist jähzornig. Mein Gemahl und ich hassen den Streit.'

So schwieg ich. Aber ich trug einen tiefen Groll gegen meinen Ohm in meinem Herzen.

Abends hub ein scharfes Zechen an. Der Wein weckte meinen Groll auf, und ihm geschah das gleiche. Er zürnte mir wegen des Schwertes, ich ihm wegen des Gehenkes. Wir waren beide jung, ungezähmt und leidenschaftlichen Geblüts. Wie sich der Streit entsponnen hat, weiß ich nicht mehr, und als ich später vor dem Rittergerichte stand, wußte es niemand zu entscheiden. Ich weigere mich nicht der Hälfte Schuld. Aber das ist gewiß, daß, als ich gegen Mitternacht aufbrach und allein gehen wollte, mir den Kopf zu verkühlen, sich Johann an mich kettete und nicht abließ, mich zu schelten und zu reizen. Ich wollte über die Brücke und bat ihn, mich allein zu lassen. Er ging spottend hinter mir her. Mit einem Male standen wir uns mit entblößten Schwertern gegenüber. Es war auf dem Marktplatz, im hellen Mondschein, ein paar Schritte vom Schatten der Kirche. Das hat der Lichtzieher richtig gesehen, wenn er es gesehen hat. Dann, als mir Hans zurief: ‚Zwingenberger, du hast mich gestochen!' schaute ich um Hilfe um. Kein Mensch war auf dem Marktplatz. Ich holte einen Bäcker aus der Backstube, und wir trugen ihn hierher. Seine Wunde war tief, aber nicht tödlich, und die beiden Ärzte, die ich holte, gaben ihm und mir allen guten Mut. Ich blieb bei ihm, bis seine Mutter kam. Als der Wirt meldete, daß sie im Hause sei, gab mir Johann die Hand und sagte: ‚Weich meiner Mutter aus! Ich danke dir, Zwingenberger! Auf Wiedersehen bei unsrer Auerhahnenbalz!' Ich habe ihn nimmer lebendig gesehen. Seine Mutter schickte die Ärzte fort und trieb ihren Hokuspokus. Mein Oheim, der tolle Hans, half ihr dabei. Nach vierzehn Tagen starb der letzte Handschuhsheimer an vergiftetem Blut."

„Ich hab' ihn oft auf den Armen getragen", sagte ein graubärtiger pfälzischer Korporal. „Ich war damals im Stalldienst im Schlosse Handschuhsheim."

Friedrich sah ihn an. „Bist du der Stephan Apfel aus der Mühlgasse?"

„Der bin ich. Auch Euch hab' ich oft in die Höhe gehoben; aber Ihr wolltet immer aufs Pferd hinauf. Ich hab Euch zum letztenmal gesehen, als Ihr zur Leiche kamt und die Alte so garstig gegen Euch war. Das ganze Dorf war wild."

„Ja", sagte Friedrich, „das war eine böse Stunde. Sie hat mich aus dem Sattel gehoben und für lange Zeit zu einem taumelnden Menschen gemacht. Zu dem Grauen dieser Stunde braucht niemand etwas hinzuzudichten; es ist noch immer größer, als jemand sagen und sich vorstellen kann. All die Flüche, von denen ihr vorhin gesungen habt, hat sie über mich gerufen, und noch andre, nur mit dem Unterschied, daß ihr sie so breit dahergeplärrt habt, als seien sie ein Kochrezept; sie hat sie herausgesprudelt wie ein Drache, der Feuer speit."

„Aber ein schöner Drache", sagte ein Bürger. Die andern lachten.

„Lachet nicht", sagte Friedrich, „er meint es im Ernst und hat recht. Wie eine Frau aus einer andern Welt stand sie da, schöner als die Weiber dieser Erde und gewaltiger als sie, eine von denen, die man mit Staunen und Furcht ansieht, wenn sie vorübergehen, entzückt und doch voller Angst, sie möchte stehen und uns anschauen. So stand sie auf den Stufen des Altars, und ihre sprühenden Augen schauten auf mich, und sie schüttete über die Leiche des Sohnes hinweg auf mich alle Flüche, welche die Hölle hat."

Ein Soldat fing leise an:

„Verflucht sei deiner Frauen Schoß,
Eine Otter soll sie gebären."

„Stille doch!" riefen die andern.

„Sechs Wochen später wurde ich vor das Gericht gestellt. Davon sagt das Lied nichts. Einer ist hier, der war dabei und hätte euch vorhin Lügen strafen können. Er hat es nicht getan. Das bist du, Landschad."

Landschad rückte unruhig auf seinem Stuhl hin und her und fing in seiner Verlegenheit an, etwas vor sich hin zu stottern.

„Du meinst das Rittergericht?" fragte er endlich, als aller Augen auf ihn gerichtet waren.

„Das meine ich. Der Kurfürst bestellte ein Ehrengericht, das aus einem Löwenstein, einem Helmstatt und einem Göler bestand. Es nahm seine Sache ernst und untersuchte genau. Ich selber war mein gefährlichster Ankläger. Auf einem Hoftag wurde das Urteil gefällt und vom Kurfürsten bestätigt. Ich wurde freigesprochen."

„Das heißt . ." sagte Landschad.

Friedrich sah ihn an, da schwieg er still.

„Das Gericht kam zu der Überzeugung, daß der Handschuhsheimer zuerst das Schwert gezogen habe. Das Gericht, nicht ich. Ich wußte nichts andres zu sagen, als daß wir beide plötzlich die offenen Schwerter in den Händen hielten; und es währte drei Augenblicke, so war es geschehen."

„Aber die Auflage", fing Landschad an.

„Du meinst die Sühne. Sie wurde mir nicht auferlegt, sie wurde mit mir vereinbart. Da Johann von Handschuhsheim Studiosus an der Hochschule war, machte ich eine Stiftung für adlige und eine solche für bürgerliche Studenten. Es sitzt vielleicht jemand hier, welcher der einen oder der andern genossen hat."

„Der Lichtzieher hier", sagte ein Bürger, stand auf und wies über den Tisch. „Sein Sohn hat das Hirschhornsche Stipendium."

„Drum hat er vorhin so schändlich wider den Stifter gelogen!" rief ein andrer.

Der Lichtzieher sah beschämt vor sich nieder.

„Aber die Urfehde", erinnerte Landschad.

„Beruhige dich, ich unterschlage nichts. Der Kurfürst hatte das Bedürfnis, etwas zu tun, um die Beußerin zu stillen. Darum legte er mir, als der Lehensherr des Verstorbenen, einen Eid auf, daß ich meiner Großmutter nie mehr unter die Augen trete, daß ich jeden Ort verlasse, den sie betritt und daß ich niemals in demselben Frieden nächtige, in dessen Schutz sie weilt. Unsers Herrgotts Friede ist nicht damit gemeint", sagte er nach einer Pause und sah sich im Kreise um, „sondern nur der armselige Friede, den die Menschen aufrichten."

In diesem Augenblick hörte man das dumpfe Rollen eines Wagens, der sich dem Hause näherte. Der Wagen hielt, und Stimmen wurden laut. Jemand sagte: „Das ist die Beußerin von Ingelheim. Es gibt keinen andern Wagen, der so rollt."

Der Wirt kam erregt zur Türe herein.

„Meinetwegen soll sie bleiben, wo sie will. Ich habe keinen Raum für sie zur Herberge."

Ein Kavalier folgte ihm nach. In gebrochenem Deutsch redete er auf den Wirt ein. Die Versuche, nach Speyer und nach Bruchsal zu entkommen, seien gescheitert; sie hätten zurückkehren müssen, da außerhalb der Truppenlinien die Wege unsicher seien durch streifende Parteien. Die Herrin sei müde und bedürfe der Ruhe.

„Ich trete der Frau mein Zimmer ab. Wer ist es denn?"

„Die edle Frau von Ebersbach, die Herrin von Handschuhsheim. Hier kommt sie selber."

„Die Beußerin, die Beußerin!" ging es von Mund zu Mund. Alle waren aufgestanden, und es wurde wohl kaum je eine Fürstin mit solchem

Staunen und solcher Ergriffenheit empfangen. Die hohe Gestalt, immer noch aufrecht, voll und stattlich, immer noch schönen Angesichtes, trat langsam herein und schaute sich mit leisem Neigen des vom schönsten weißen Haar umrahmten Kopfes im Zimmer umher.

„Wer ist der gütige Herr, der mir sein Zimmer gibt?“ fragte sie.

Niemand antwortete. Friedrich hielt den Hut vor sein Gesicht und ging gesenkten Hauptes an ihr vorüber zur Tür hinaus.

Die Beußerin sah ihm nach. „Du bist's?“ flüsterte sie. „Hab' ich dich gescheucht? Das wird meinen Schlaf süß machen.“

Ihre Augen funkelten.

Noch standen alle regungslos und schauten auf die Frau wie auf ein Wunder.

„Wo ist mein Zimmer?“ fragte sie ihren Kavalier.

Da fiel ihr Auge auf Hans. Er stand an der Türe, im peinvollsten Zwiespalte, ob er seinem Vater folgen oder zurückbleiben solle.

„Du hier?“ sagte sie freundlich und reichte ihm die Hand zum Kusse. „L'amore dolce e la morte! Zeig mir den Ring! Er ist bei Mutter und Tochter und Enkelin Zeuge gewesen der süßesten Stunden; aber es liegt in der Kraft des Steines, daß die Liebe vom Tod umlauert ist. Fürchtest du dich deshalb vor ihr? Morgen erzähl' ich dir von deiner Ursa; sie ist nicht weit von hier, nicht weit! Gute Nacht!“

Sie ging hinaus und ließ den Jüngling zurück im Kampfe widersprechender Empfindungen. Grauen mischte sich mit aufgeweckter Begier, und zugleich gedachte er des Vaters, der jetzt wie ein Geächteter seinen Nachtweg dahinging.

Da trat der Ritter von Enzberg zu ihm.

„Ich bitt' Euch um Vergebung“, sagte er. „Ich nehme alles zurück, was ich wider das Haus Hirschhorn gesagt habe. Wir beide haben von jetzt an, will's Gott, nichts mehr andres miteinander zu schaffen als Freundliches und Liebliches. Grüßet Euern Vater.“

Hans sah ihn an, wie aus einem Traume erwacht.

„Meinen Vater?“

Enzberg trat erstaunt zurück und schaute Hans mit großen Augen an.

„Ja, folgt Ihr Euerm armen Vater nicht?“

„Doch, doch!“ sagte Hans und reichte dem neuen Freunde die Hand. „Ich danke Euch!“

Und er eilte aus dem Hause und durch die schwarzen Straßen nach dem Hirschhorner Hof.

Er fand den Vater vor dem Stalle, im Begriffe, sein Pferd zu satteln.

„Wo sind die Knechte?“ fragte er. „Laß mich es tun, lieber Vater.“

Friedrich sah nicht auf.

„Dein lieber Vater bin ich nicht“, sagte er. „Du hast deine ritterliche Pflicht zerbrochen, und ich gehöre zu denen, die da meinen, daß mit der Pflicht die Ehre verwachsen ist. Nicht mein Sohn bist du jetzt, sondern mein Gefangener.“

Hans biß sich auf die Lippen.

„Wo willst du hin?“ rief ihm Friedrich nach.

„Die Knechte suchen.“

„Laß es! Dreie nächtigen woanders, niemand weiß, wo, und der vierte, der im Hause ist, ist betrunken.“

Das Pferd war gesattelt.

Hans ging in den Stall, um sein Pferd herauszuholen.

„Nimm den Grauschimmel, den der Michel geritten hat.“

„Warum soll ich nicht mein Pferd nehmen?“

„Es wird ermüdet sein, und der Grauschimmel ist von Haus aus kräftiger. Wir tun einen weiten Ritt. Auf Burg Hirschhorn halten wir nur kurze Rast, dann geht es weiter, nach Heilbronn.“

„Nach Heilbronn?“

„Ja, zum Juden Levi. Sind wir mit dem fertig geworden, dann ist deine zweite Ausfahrt glücklich vorbei, und du darfst von deinen Heldentaten ausruhen.“

„Vater!“

„Was willst du? . . .“

Und nun schwiegen sie beide ein langes Schweigen.

Sie saßen auf den Gäulen und ritten langsam durch die Gassen der Stadt. Eine kurze Unterredung am Neckartor mit dem befehlenden Offizier. Mit dem Vater wurde kühl und geschäftsmäßig, mit dem Sohne leise und herzlich gesprochen. „Auf Wiedersehen im freien Feld!“ sagte der Leutnant. Hans drückte ihm die Hand. Das Tor tat sich auf. Die hölzerne Brücke dröhnte unter den Hufschlägen. Noch ein kurzer Aufenthalt an der Neckarschanze, die Pferde wendeten sich gen Osten, wo gerade die schmale Sichel des Mondes ihre Spitze über die Ziegelhäuser Berge streckte, und die beiden Reiter ritten am rauschenden Neckar die schattenschwarze Straße hintan.

23

Sie ritten schweigend durch die schwarze Nacht. Zweimal hatte es Hans versucht, des Vaters linke Seite zu gewinnen. Kaum aber, daß sich die Gäule gesellt hatten, lenkte Friedrich den seinen an den Rand der Straße und hielt ihn zurück, um hinter seinem Sohne zu reiten. Doch tat es auch so nicht gut. Das Tier, das Hans ritt, war als Dienerpferd daran gewöhnt, ein andres vor sich zu haben. Darum wurde es unruhig, sobald Hans an der Spitze ritt; es schüttelte sich, schaute um und wollte keinen steten Gang halten, bis ihm der andre Gaul voraustrabte. Schließlich blieb es dabei, daß Hans hinter seinem Vater ritt.

Durch sein verschmähtes Suchen nach des Vaters versagter Nähe war die weiche Stimmung, die über Hans gekommen war, in Bitterkeit und Groll verwandelt worden. Und durch die gescheiterte Absicht, den Gefangenen im Auge zu behalten, deren er sich schämte, indem er sie hegte, war ein fremdes Mißtrauen in der Seele des Vaters lebendig geworden. Er horchte zurück und lauerte auf die Hufschläge, wie eine Mutter in die Kammer lauscht auf die Atemzüge ihrer nachtläufigen Tochter.

Das Tal wurde finsterer, je weiter sie sich von der Ebene entfernten. Blauschwarz stiegen die Berge empor. Auf der still ziehenden Flut des Neckars schwebte ein träumerisches Spiel von einem letzten Lichthauch und von schlafenden Wellen. Ein scharfer Wind blies das Tal herab, und wo zur Linken eine Schlucht sich öffnete, stürzte er sich brausend über den Wald auf den Strom. Die Wolken flogen über den Himmel. Der Mond stieg hoch, zuweilen völlig zugedeckt, so daß nur ferne Wolkenränder von dem Lichtquell dahinter zeugten, und dann wieder leicht verhüllt von fliehendem Flor, dessen silberner Schimmer zerflatternd und zerfließend, kaum erschaut, in der Finternis vergangen war.

Sie ritten dahin, jeder allein und jeder beim andern, in düsteren Gedanken.

Woher kam dem, der auf dem hinteren Pferde ritt, immer und immer wieder das Bild von jenem alten verwitterten Kreuz, das oberhalb von Hirschhorn am Wiesenpfade stand? Er wollte das Bild verscheuchen, er dachte an die bunten und wilden Dinge des Krieges, er dachte an Ursa und an die schönen Fräulein von Heilbronn: aber unter den Hufschlägen versanken diese Bilder, und vor den Augen stand deutlich das graue, schiefe steinerne Kreuz. Er sah es und gedachte an die Geschichte, die es erzählte, und es dünkte ihn, als ob es keine Geschichte wäre aus alten Tagen, sondern etwas Lebendiges, das neben ihm herliefe, bald näher, bald ferner, dann wieder ganz nah, und sich verschmelzen wollte mit seiner eignen Wirklichkeit. Bist du ein Traum? Oder bist du ein Stück von mir? Wer bist du? — Er sah hinüber, er schaute sie hintereinander reiten, aber er bekam keine Antwort. Die daneben am Rande der Wiese jenseits des Straßengrabens schweigend hintereinander herritten, waren die beiden, von denen jener Hirtenknabe wußte, denn das steinerne Kreuz in den Wiesen erzählte von ihnen. Sie waren ein Hirschhorner und ein andrer. Sie ritten den Neckar entlang auf schwarzem Weg durch die Sturmnacht. Sie ritten der Burg Hirschhorn zu. Aber nur einer kam dort an, der Sohn des Hauses. Den andern hatte er unterwegs erschlagen. Grollend waren sie aus der Stadt geritten, kein Wort hatten sie miteinander gewechselt des ganzen Weges. Einigemale hatte es der Hirschhorner versucht, mit dem andern Gemeinschaft zu halten, aber der andre hatte nicht gewollt. So ritt der Hirschhorner hinten, der andre voraus.

Was geschah, ist allbekannt. Aber wie ist es geschehen?

Hans duckte sich auf dem Pferd und sah scheu hinüber auf die Wiesen am Ufer, über die der Nebel zog.

Ob wohl der Hirschhorner mit einem plötzlichen Schwertschlag den Ahnungslosen gefällt hat? Man kann es ihm nicht ansehen, was er im Schilde führt. Man muß abwarten, was er tut. — Ob der Hirschhorner wohl mit einem Ruck das Schwert gezogen und gezückt hat? Oder ob er sein Schwert eine Weile entblößt getragen und darauf gelauert hat, es dem andern in den Nacken zu stoßen?

Hans schaute hinüber und sah den Hirschhorner mit nacktem Schwert, ein wenig vornübergebeugt; er sah, wie er das Pferd antrieb, dicht hinter den andern zu kommen.

Ob der Erschlagene seinen Mörder noch vorher angeschaut hat, und was er für Augen dabei gemacht haben mag? —

In diesem Augenblick wandte sich der Vater um; er wandte sich noch einmal um, beugte sich vor, öffnete die Augen weit: er sah seinen Sohn mit entblößtem Schwert dicht hinter sich. Die Wolken zerrissen im Sturm, ein greller Mondblick irrte über das blanke Eisen. Hans sah in die erstarrten Augen seines Vaters. Die Pferde hielten und schauerten. Eine kleine Weile, solange der Mond frei war, sahen sich Vater und Sohn an mit entsetzensvollen Blicken. Dann warf Hans sein Pferd herum und floh zurück. Der Vater rief ihm nach: „Reite in den Tod! ... In den Tod! ...“

Er hielt beide Hände vor den Mund und schrie mit überlauter Stimme dem Fliehenden nach: „In den ... Tod! ...“

Das Echo der Bergwände gab das letzte Wort weiter von Fels zu Fels, über den Fluß hinüber und wieder herüber, bis es mit dem letzten Klang der fernen Hufschläge in der schweigenden Nacht erstarb.

Da wandte Friedrich sein Roß, und laut vor sich hinweinend ritt er langsam seiner Burg zu.

In derselben Nacht saß die Beußerin von Ingelheim an einem der beiden Lager ihres Gemachs. Sie streichelte die rotgoldenen Haare ihrer Enkelin, küßte das Flammenzeichen auf der weißen Stirn und sagte: „Gedulde dich, Täubchen, morgen kommt er zu dir. Er hat dich nicht vergessen. Dein Ring funkelt an seinem Finger."

„Warum hast du ihn mir heute nicht gebracht, Großmutter?"

„Er sah garstig aus, voll Schweiß und Staub. Er war den ganzen Tag auf dem Roß im Feld. Er muß gebadet haben, wenn er zu meinem Kinde kommt, geruht haben, und das wilde Haar muß gekämmt sein."

„Ach nein, Großmutter", sagte das junge Weib und dehnte die Glieder im weichen Lager, „so, wie er ist, staubig und müd, sollst du mir ihn bringen; ich will ihn erquicken."

„Warte bis morgen abend, mein liebes Kind! Dann räum' ich ihm mein Bette, wie sein Vater mir sein Gemach geräumt hat, und" — sie flüsterte der unwillig Errötenden ins Ohr — „dies Brett hier wird herausgezogen und auf den Speicher getragen."

„Ach nein, Großmutter", sagte Ursa. „Wenn ich nur seine Hände halte und seine Stimme höre. Die zarte Liebe ist süß, oh so süß!"

Die Greisin legte sich zu Bett und entschlummerte. Ursa lag noch lange wach. Mitternacht war vorüber, als auch sie einschlief. Aber auf einmal fuhr sie aus wirrem Traum und lauschte angstvoll. Jenseits des Neckars hatten Schüsse gekracht. Es wurde wieder still, und sie legte den müden Kopf auf das Kissen zurück. —

Jene Schüsse rührten von der bayrischen Feldwache her, die oberhalb des Brückenkopfes auf der Straße lag. Wie eine Sturmbraut war ein einzelner Reiter über sie hereingebrochen, hatte die Schildwache niedergerissen und einen Pikenier zuschanden gehauen. Ehe die Leute zu sich kamen, war er verschwunden.

„Zwei Tote und ein Verwundeter", meldete ein Soldat dem Offizier.

Wer mag es nur gewesen sein? — Es war der Teufel.

Der Offizier schaute die Straße entlang in die schimmernde Rheinebene und sagte:

„So reitet nur einer, der den Tod erreiten will."

24

Friedrichs Pferd ging im Schritt vor sich hin und horchte auf die wunderlichen Laute, die über seinem Kopfe ihr Wesen hatten. Einen fluchenden und wetternden Reiter hatte es schon oft getragen, aber noch nie einen schluchzenden. Zuweilen blieb es stehen, dann klangen die Töne weit in die Nacht hinaus und verwehten angstvoll im Wind. Dann fing das Pferd wieder zu laufen an; sein Trab ward aber bald wieder zum Schritt, und dann horchte der Gaul auf die schütternde Weise, die mit ihm zog, und es schauerte ihn.

So war er auch wieder einmal stehengeblieben und hatte die Ohren gespitzt. Da war es, wie wenn aus der schwarzen Nacht da vornen eine Antwort käme, ein leises, helles Weinen. Der Gaul fing zu traben an. Es kam ihm aus der Finsternis etwas entgegen. Pferde schnaubten, Räder knarrten, und dunkle Gestalten bewegten sich im Dunkel. Jetzt war es nahe; und siehe, alles stand still wie erstarrt, kein Laut wurde gehört, aber wunderliche, mächtige Schatten ragten ins Düstere. Jetzt trabte das Roß an den Nachtwesen vorbei, und eins wäre hinter dem andern verschwunden gewesen, wenn nicht zu gleicher Zeit hier und dort das Stöhnen und Wimmern sich gerufen und geantwortet hätten. Das Pferd wurde zurückgerissen und stand.

„Ursula!"

„Friedrich!"

Sie hatten sich am Weinen erkannt.

„Wo ist Hans?"

„Verloren."

Im nächsten Augenblick war der Junker von sieben Soldaten umringt. Es waren kleine, schmächtige Gestalten, sie trugen Eisenhauben, die wunderlich flimmerten, und fünf von ihnen hatten ungeheure Piken.

Die Gesellen redeten in fremder Sprache durcheinander; sie waren offenbar verschiedener Ansicht, was mit dem Reiter anzufangen sei.

Ursula benutzte diese Frist und rief:

„Spanier sind's. Sie haben mich im Laxbachtal, wo ich angeln ging, überrascht und mitgenommen. Ich mußte zu Fuß mit ihnen das Tal hinauf und zusehen, wie sie unsre Bauernhöfe plünderten und unsre armen Leute drangsalierten. Schließlich luden sie ihren Raub auf einen Karren, vor den sie des Brombacher Müllers Pferde spannten; mich setzten sie darauf. Sie wollen mich in ihr Lager führen in Hoffnung auf ein gutes Lösegeld."

„Haben sie dir eine Unehre angetan?"

„Nein, denn Geld geht ihnen über alles. Sie wissen, daß sie um so mehr bekommen werden, je ehrlicher sie mich halten. Gegen die andern waren sie über die Maßen schändlich. Was meine Augen haben sehen müssen, hat mir das Herz erstarrt."

Die Kerle schienen sich jetzt geeint zu haben. Zwei, die ihr Piken niedergelegt hatten, faßten ihn am Bein, um ihn vom Pferde zu ziehen.

Da stieß Friedrich einen spanischen Ruf aus, den er am Hofe zu Mainz und auf seiner Reise durch das flämische Land oft vernommen hatte. Er enthielt die Anrufung des spanischen Nationalheiligen. Da ließen die Soldaten von ihm ab und traten zurück.

In jenen Tagen war an den süddeutschen Höfen die Kenntnis der spanischen und der italienischen Sprache verbreiteter als die der französischen. So vermochte sich Friedrich zur Not den Soldaten verständlich zu machen.

Er sagte ihnen, daß er der Gatte der gefangenen Dame sei. Er komme von Tilly, mit dem er freundschaftlich verkehrt habe, und Tilly habe ihm seinen Besuch versprochen. Er hielt einem, der der Anführer schien, Tillys Brief unter die Augen, obschon es zu finster war, auch nur einen Buchstaben zu unterscheiden.

Durch all dies verloren die Soldaten ihre Sicherheit und wurden wieder unentschlossen, was sie tun sollten.

Den tiefsten Eindruck machte es aber, als Friedrich ihnen vorhielt, daß er der erste Ritter und der genaue Freund des Erzbischofs von Mainz sei. Die Soldaten schlugen das Kreuz und wurden kriechend wie getretene Hunde. Friedrich glaubte alles gewonnen, aber bald bemerkte er zu seinem Schrecken, daß der Umschwung für Ursula und ihn die äußerste Lebensgefahr bedeutete. Die Soldaten waren voll Sorge, daß ihnen ihre Tat übel belohnt werde. Sie redeten untereinander, rasch und aufgeregt, so daß Friedrich sie nicht verstehen konnte. Aber er erriet aus einzelnen Worten und aus ihren Blicken den Inhalt ihres Gespräches. Sie redeten davon, ob es nicht das sicherste wäre, die beiden zu töten und in den Strom zu werfen.

Friedrich erkannte, daß jetzt alles Heil in der Habsucht der Welschen liege, und versuchte ihre Geldgier so zu reizen, daß sie stärker werde als ihre Angst. Er zeigte ihnen seine goldene Kette, sie sei außer ein paar Münzen alles, was er an Wert bei sich habe. Die Kette aber sei ein persönliches Geschenk des Erzbischofs — die Soldaten bekreuzigten sich — und als solches jedem Goldschmied bekannt. Er würde gern dem Anführer der Truppe die Kette verehren, wenn er nicht befürchten müßte, daß das Geschenk seinen Besitzer an den Galgen brächte. Dagegen werde er der Truppe für die ritterliche Behandlung seiner Gemahlin hundert Dukaten bezahlen, wenn diese jetzt sogleich freigegeben werde und man ihn mit ihr friedlich ziehen lasse.

Die Soldaten lachten und sagten, da wollten sie doch lieber die Frau als Pfand mit sich nehmen und im Gewahrsam behalten, bis er das Geld bringe oder schicke. Friedrich aber wollte Ursula nicht verlassen. Er lud nun die ganze Truppe ein, ihn auf seine Burg zu begleiten; er werde sie dort als seine Gäste bewirten und sie mit Lösegeld entlassen. Aber nach kurzer Besprechung entschieden die Soldaten, daß der Ritter sie in die Falle locken wolle. Sie verlangten, daß er am folgenden Tag das Geld ins Lager nach Handschuhsheim bringe, widrigenfalls das Pfand ihnen verfallen sei. „Gut", sagte er, „so schließe ich mich euch an als euer Reisebegleiter und Gast und reite über Handschuhsheim nach Ladenburg; dort wohnt der Amtskeller des Erzbischofs, der leiht mir die hundert Dukaten, und ihr und wir sind des Geschäftes quitt." Die Soldaten hätten es offenbar lieber gesehen, wenn er fortgeritten wäre. Mit mißtrauischen Augen sahen sie den Ritter an und waren eine Weile unentschieden. Einer kam auf den Plan zurück, beide zu beseitigen. Da gab der Anführer den Ausschlag. Friedrich hatte ihm durch Zeichen und geflüsterte Worte ein besonderes Geschenk von zehn Dukaten zugesagt. Er entschied nach dem Wunsche des Junkers. Die andern fügten sich, und jetzt endlich, nachdem sie über eine halbe Stunde auf demselben Fleck verhandelt hatten, setzte sich der Zug in Bewegung, neckarabwärts.

Während des Gespräches hatte der Wind zugenommen, er hatte die Wolken vertrieben, die Sterne leuchteten, und die schmale goldene Sichel des Mondes stand hoch am Himmel. Friedrich hüllte seinen Mantel um Ursulas Gestalt. Sie saß zwischen zwei Bündeln leidlich bequem. Die Soldaten schauten mit Ehrerbietung und in Hoffnung reichen Gewinns auf Friedrichs prächtiges Gewand und seine gleißende Kette.

Der Junker ritt neben dem Wagen und erzählte von Hans. Kummervoll, seufzend zogen sie dahin inmitten der lachenden und plaudernden Soldaten. Dann und wann reichten sie sich die Hand und hielten sie sich fest. Da waren sie dankbar und glücklich, beieinander zu sein.

Friedrich erfuhr von dem Anführer, daß die Soldaten zu einer Kompanie gehörten, die General Cordoba dem Tilly abgegeben hatte, weil die Spanier im Belagerungskrieg erfahrener waren als die Deutschen. Die Kompanie lag in Handschuhsheim, sollte aber andern Tags den Neckar überschreiten, um von der Ebene her die Laufgräben gegen die Stadt zu ziehen. Die Offiziere hatten sich ins Schloß einquartiert.

Als der Trupp an die Hirschgasse gelangt war, bog er in die Schlucht hinein. Auf holprigem Wege fuhr der Wagen zur Engelswiese hinauf und dann quer durch die Weinberge. Unter ihnen lag in schwarzer Tiefe die Stadt Heidelberg, gegenüber das Schloß und die Bergschanzen. Auf der Höhe des Gaisbergs und des Königstuhls und draußen in der Ebene brannten Tillys Wachtfeuer. Der Heiligenberg selber, über dessen Abhang der Weg sich hinzog, lag still und verlassen da. Aus dem Brückenkopf, der dicht unter ihnen lag, hörte man die Kommandoworte der pfälzischen Truppen. In der Ebene loderten die Flammen aus einem Dorf. „Es ist Edingen", sagte Friedrich zur Ursula.

Es mochte zwei oder drei Stunden nach Mitternacht sein, als die Soldaten mit ihrer Beute vom Berg herab durch die Schatten der Kastanienhaine sich dem Dörflein Handschuhsheim näherten.

Da wurde es vor ihnen lebendig. Soldaten traten aus dem Gebüsch. Es waren Spanier. Losung und Feldgeschrei wurden ausgetauscht. Dann verkündigte die Wache eine Botschaft, bei der der Anführer vor Schrekken in die Knie sank und die Soldaten zu schlottern anfingen. Friedrich aber wurde voller Hoffnung.

General Cordoba war selber in der Nacht angekommen. Er war im Schloß. Friedrich begehrte ihn zu sprechen. Ursula wurde vom Wagen gehoben. Den Räubern wurden die Waffen abgenommen und jetzt waren sie die Gefangenen. Der Junker und seine Gattin wurden ins Schloß geführt. Im Hofe trat ihnen Cordoba entgegen. Er und Friedrich kannten sich von einem Hoftage des Statthalters in Brüssel. Cordoba hatte den Truppen den erneuten Befehl mitgebracht, das Hirschhornsche Eigentum zu schonen, und der Erzbischof Anselm Casimir hatte ihm einen freundlichen Gruß an Friedrich aufgetragen.

Als der General erfuhr, was der Gattin des Herrn von Hirschhorn zugefügt worden war, zischte er auf wie grünes Feuer. Er befahl, daß dem Anführer der Kopf vor die Füße gelegt werde, und die Soldaten schickte er in den Stock. Er entschuldigte sich und die spanische Armee mit den höflichsten Worten. Ehrerbietig wurde das Paar in das Haus geleitet. Die beiden schönsten Gemächer wurden von den Offizieren geräumt und den beiden übergeben. Als sie sich darinnen eingerichtet hatten, ließ der General anfragen, ob er sich nach dem Befinden der Dame erkundigen dürfe, und stellte sich ihren Befehlen zur Verfügung. Lichter, Wein, Gebäck und Braten wurden aufgetragen, Soldaten vor die Türe gestellt, zur Bedienung, wie es hieß, und eine halbe Stunde später saß Friedrich mit seiner

Gattin in eben dem Raume, wo die Wände widerhallt hatten von den ihm gewidmeten Flüchen der Schloßherrin.

Man hatte auf den Tisch eine Kerze gestellt und auf eine Tür gewiesen, die zum Schlafgemach führte. Das Zimmer war mit geschnitztem Eichenholz bekleidet, in den dunkelgebeizten Wandtafeln waren zwölf Ölgemälde, drei auf jeder Seite: sie stellten die Sternbilder dar, durch die die Sonne läuft. Friedrich erinnerte sich, sie als Knabe gesehen zu haben. Er sah seine schöne Großmutter vor Augen, wie sie groß und prächtig geschmückt aus der Türe hereinkam, die zum Schlafzimmer führte, und ihrem Enkel die Bilder erklärte und von der Kraft der Gestirne sprach.

Friedrich schüttelte die Erinnerung von sich ab, und als er sein Weib im Lichte der Kerze schärfer ins Auge faßte, erschrak er, so verändert und gealtert sah sie aus.

‚Entweder ist es das Licht, das sie entstellt', dachte er bei sich, ‚oder es ergeht ihr sehr übel'.

Er nahm sie in seine Arme, fragte sie, ob sie eines Arztes oder sonst einer Hilfe begehrte, er nötigte sie, Speise und Trank zu nehmen, er erinnerte sie liebreich an ihre Hoffnung und erkundigte sich, ob sie Veränderung spüre. Ursula begehrte nichts als Ruhe. Er wollte sie in das Schlafgemach geleiten. Als sie ihn aber fragte, ob auch er sich dann legen werde, versicherte er sie, daß er in den Kleidern bleiben und bei ihr wachen wolle. Da er sich nicht davon abbringen ließ, wollte auch sie sich nicht entkleiden. Ohne es zu sagen, war Friedrich über diesen Entschluß erfreut. Denn es war unruhig geworden im Dorfe und auf dem Feld gegen den Neckar. Man hörte Getrommel und Trompetenrufe. Alarmschüsse und Kartaunenschläge erdröhnten in nächster Nähe, und nach seiner Kenntnis des Geländes schien es Friedrich nicht unmöglich, daß bei einem kraftvollen Ausfall der Belagerten aus dem Brückenkopf die Handschuhsheimer Gärten und Häuser zum Schauplatze eines Gefechtes würden.

In dem Gemache lag ein bequemes Lotterbett. Ursula legte sich darauf nieder. Friedrich öffnete ihre Kleider, so daß sie leicht atmen konnte. Er legte segnend seine Hand auf ihren Leib, küßte ihr die Augen zu, und noch unter seinen Lippen vollendete sich ihr Schlummer. Er war zum tiefen Schlaf geworden. Friedrich stellte das Licht in einen Winkel, so daß sie ganz im Schatten lag. Ergriffen stand er neben ihrem Lager, sah erbarmungsvoll auf die Erschöpfte nieder, gedachte an all die Schrecken und Leiden, die dieser Tag für sie gebracht hatte, und in ihre tiefen Atemzüge verwebte sich sein Gebet.

Friedrich ging ans Fenster, öffnete es leise und beugte sich hinaus. Der Morgen graute. Die Berge lagen klar im Dämmerlicht, aber von der Ebene her zog sich der Herbstnebel dem Gebirge zu und schlüpfte an den Abhängen hin und die Schluchten hinauf.

Er sah über den verwilderten Zwinger hinweg, aus dem Bäume emporwuchsen, so daß ihre Wipfel sich bis zu den Fenstern des Herrenhauses emporstreckten. Jenseits der niederen Umfassungsmauern lagen die Häuser des Dorfes, zwischen Obstbäumen versteckt, in der Mitte ihrer Flucht der dicke Kirchturm, der eher zu einem Bollwerk als zu einem Gotteshause zu gehören schien. Von dem übrigen Kirchengebäu war nichts zu sehen, es war vom Turme und von breitwipfligen Nußbäumen verdeckt. Jenseits der Kirche aber in ihrer nächsten Nähe mußte ein Feuer brennen, wohl im Pfarrgarten. Der Schein leuchtete über den unsichtbaren Dachfirst in die Baumwipfel hinein.

Dort war es laut bewegt, dazwischen wieder Stille. Man hörte Leute ab und zu gehen; abgerissene Gesprächsfetzen flatterten herüber. Dann und wann, wenn es ganz still war, ein durchdringendes Stöhnen. ‚Dort arbeitet der Feldscher', dachte Friedrich bei sich.

Von den Grenzen des Dorfes her und vom andern Neckarufer schollen vereinzelte Schüsse. „Sie schießen aufeinander über den Fluß", sagte zu sich der Mann am Fenster. „Ob ihm eine Kugel oder ein Pikenstoß oder ein Schwerthieb das Letzte gegeben hat?"

Er gedachte an seinen Sohn als an einen Toten.

Und dann trat vor seine Seele die Gestalt eines andern Jünglings, des letzten Handschuhsheimers.

Wie oft mochte er hier im Fenster gelegen und hinübergeschaut haben nach der Kirche, so wie er jetzt, freilich mit welch andern Gedanken!

Friedrich erinnerte sich deutlich, daß Johann bei ihrem letzten Zusammensein im Kreise der Kameraden auf dem Heidelberger Schlosse erzählt hatte, wie er an den Wintertagen — es waren die letzten seines Lebens — aus den Fenstern der Burg die Tauben und Dohlen vom Kirchendache herunterschoß. Das mußten diese Fenster gewesen sein, denn es gab keine, die höher gelegen waren, und wenn die Bäume entlaubt waren, mußte der First des Kirchendaches sichtbar sein.

Da wurde Friedrich von dem unbezwinglichen Verlangen ergriffen, in die Kirche hinüberzugehen, um an dem Grabe Johanns zu stehen, die Hand auf den Stein zu legen und zu sagen: „Gott mit dir, Gott mit mir in Ewigkeit". Hatte er doch ein gutes Recht, als ein entsühnter Mann die Stätte zu betreten, aus der ihn die Flüche der Großmutter hinausgejagt hatten. „Auch ich habe jetzt einen toten Sohn irgendwo auf dem Erdboden liegen und fluche nicht“, sagte er. „Ich danke Gott, daß er nicht jetzt als Vatermörder über die Erde irrt.“

Friedrich wandte sich um und schaute über die Bilder der Gestirne an den Wänden des Gemaches.

„Wenn ihr mir das Recht versagt, ihr ewigen Mächte, auf jenen Boden zu treten, so gibt es mir der Meister Werner in Heilbronn. Ich habe ihm das Denkmal des Johann von Handschuhsheim auf Heller und Pfennig bezahlt, nun steht es mir zu, daß ich beschaue, was ich gestiftet habe.“

Er trat zu seiner Gattin, schlug über sie das Zeichen des Kreuzes und verließ die Stube. Er schloß die Türe von außen ab und steckte den Schlüssel in die Tasche. Im Gange standen zwei Hellebardenträger. Sie präsentierten ihre Waffen, als er vorüberschritt. Er sagte ihnen auf spanisch, daß er in die Kirche gehe und nach kurzer Frist wiederkehren werde. Einer der Soldaten folgte ihm nach in angemessener Entfernung. ‚Wir sind Gefangene‘, dachte der Junker, aber kümmerte sich nicht weiter darum.

Friedrich verließ das Schloß und den Burghof, von Offizieren und Kriegsknechten soldatisch begrüßt, als ob er ein hoher Vorgesetzter wäre, und von dem Hellebardenträger gefolgt.

Niemand wehrte ihm den Austritt aus der Burg. Er ging über die Dorfgasse nach dem Kirchplatz zu. Als er um die Turmecke bog, sah er den Pfarrgarten voller Soldaten. Etliche lagen um das Wachtfeuer, andre saßen auf gefällten Bäumen und auf Reisighaufen. Vor der geöffneten Kirchtüre stand eine Gruppe Offiziere. Sie redeten italienisch und so laut, daß der langsam dahinschreitende Mann jedes Wort verstand.

„Warum habt ihr ihn nicht geschont?“ fragte einer.

„Er wollte kein Quartier und hat um sich gehauen wie ein Rasender. Wir mußten ihn vom Pferde stechen.“

‚Sie reden von meinem Sohne‘, dachte Friedrich und hob das Haupt höher.

Einer der Offiziere sagte leise, als er vorüber war: „Das ist der Vater, der alte Hirschhorn.“

Die Offiziere schwiegen und folgten dem Eintretenden langsam nach.

In der Kirche brannten Holzfackeln, der Rauch wälzte sich an den Gewölben hin. An Stelle des Gestühles waren Strohlager ausgebreitet, auf denen Verwundete lagen.

Friedrich ging durch ihre Reihen bis in den Chor der Kirche. Er schaute dem steinernen Jüngling in das von Locken umwallte, schwermütig gesenkte Angesicht. Er betrachtete das Kunstwerk mit prüfenden Augen,

nickte zufrieden mit dem Kopf und sagte leise: „Der einzige Hirschhorn grüßt den letzten Handschuhsheim".

Dann senkte er die Augen und sah vor sich die Leiche seines Sohnes. Sie lag auf dem Rücken, quer vor dem Altar, eine breite, tiefe Wunde mitten auf der Brust.

Friedrich zitterte, aber er wankte nicht. Er stand festgewurzelt, gebeugten Nackens, mit gefalteten Händen.

25

Ursula schlief derweilen, und es träumte ihr. Sie war auf Schloß Hirschhorn und stand in dem Gange zwischen der Kemenate und dem Schlafgemach und schaute das Bild des Gekreuzigten an. Wie sie so stand und schaute, wich die Mauer zurück und sie sah in eine geöffnete Pforte.

Das Bild des Heilands hatte sich nach rückwärts in die Höhe geschlagen und in die Wölbung geschmiegt, so daß sein Antlitz von der Decke herunterschaute. Sie trat unter das Gewölbe in einen kurzen Gang und sah vor sich eine angelehnte Türe. Sie machte sie auf und sah in einem hellen freundlichen Stübchen eine Frau sitzen. Das Stübchen hatte keine Fenster und war doch voller Sonnenschein. Die Frau war wunderschön, strahlend von Jugend, mit hohen stolzen Brauen und leuchtenden Sternenaugen und war ihre Mutter. Wie Ursula hereintrat, sah die Mutter auf und sagte: „Gut, daß du kommst, Kind. Mein Fingerhut ist hinuntergefallen. Er ist dort in den Winkel gerollt. Bring mir ihn doch her."

Der Fingerhut lag im Winkel. Er war von Gold. Ursula hob ihn auf, gab ihn der schönen jungen Frau und fragte: „Mutter, was nähst du denn?"

Die Frau sah ein wenig von der Arbeit auf und sagte: „Ein Totenhemd. Noch ein paar Stiche, und es ist fertig."

Ursula hätte gerne gefragt, für wen es bestimmt sei, aber sie scheute sich und schwieg darum.

„So", sagte die schöne Frau und hielt die Arbeit von sich, aber sie rollte das Linnen nicht auf. „Nun ist dies auch vollendet. Heute war ich fleißig. Drei Hemden an einem Tag, ein Mannshemd, ein Kinderhemdchen und ein Frauenhemd. Komm jetzt, wir wollen zum Vater gehen. Leonhard wartet draußen, er geht auch mit."

Und sie stand auf und faßte Ursula an der Hand.

„Aber mein Gott, Kind", rief sie ganz erschrocken, „wie bist du so alt geworden und hast ja graue Haare — sieh, meine sind noch gold und duftend —, und wie viele Furchen! Und deine Augen, wie sind die so matt!"

„Ja, weißt du, Mutter, ich habe auch viel länger gelebt als du."

Die Mutter nickte mit dem Kopfe: „Freilich, freilich; je mehr gelebt, je mehr geweint."

In diesem Augenblick erwachte Ursula. Sie glaubte, sie sei auf Burg Hirschhorn. Vom Fenster her klang dasselbe Raunen, Rauschen, Seufzen und Klagen, wie sie es in der Hochzeitsnacht aus dem Hirschhorner Burggraben vernommen hatte.

„Friedrich", rief sie voller Angst und voller Freude, „Leonhard ist da!"

Sie bekam keine Antwort. Sie hob den Kopf und schaute sich verwirrt um in dem fremden, dunkeln Gemach mit seinen blinden Bildern und seinen grauen Fenstern.

Da fiel ihr ein, wo sie war. Aber Friedrich war nicht da.

Ihr Kopf war schwer und schlaftrunken, sie legte ihn auf die Kissen zurück und suchte neuen Schlummer.

Da hörte sie aus der Tiefe vor dem Fenster eben das Jammern und Flehen, das sie für ein Stück ihres Traumes gehalten hatte.

„Herrin, wo ist meines Vaters Grab? Oh, gebt meiner Seele den Frieden! Nichts andres will ich wissen. Verschweigt Eure Schuld bis an den jüngsten Tag. Ich klage Euch nicht an. Ich vergebe Euch und will Euch segnen. Nur saget mir, wo modert meines Vaters Gebein: Damit ich der Schwester rufe und wir kommen und miteinander beten bei seinem Staub."

Ursula horchte atemlos, dann eilte sie ans Fenster, riß es auf, beugte sich hinaus und rief: „Leonhard!"

Der Einsiedler stand unten im Burggraben, lang und hager, in der schlotternden Kutte, barhäuptig, mit wildem, hangendem Haar.

Auf den Ruf hielt er sich die Hand über die Augen, spähte herauf und sagte unsicher vor sich hin: „Welche Stimme! Sehe ich recht? Ursula? Schwester, du bist hier?"

Und er rief hinauf: „Ursula, bist du ihr Gast?"

„Sie weilt nicht hier, sie ist entflohen. Wir sind Gäste oder Gefangene der Spanier."

„Weißt du, daß du in unsers Vaters Grab geschlafen hast?"

„Ich höre es von dir! Oh, komm doch zu mir herauf, daß ich deine Augen schaue und deine Hände fasse!"

„Ich komme!" rief er zurück. „Die Beußerin hat ihre Hunde auf mich gehetzt, und man hat nach mir geschossen; jetzt sind andre Flinten lebendig, und die Hunde haben sich verkrochen. Ich komme!"

Er ging den Graben entlang und verschwand hinter einem der Ecktürme. Ursula horchte.

Sie wartete eine geraume Weile; ihr Bruder kam nicht. Da hörte sie vom Graben herauf ihren Namen rufen und eilte ans Fenster. Leonhard stand unten und schaute herauf.

„Ursula! Ich kann nicht zu dir kommen. Die Soldaten tun mir zwar nichts zuleid, denn sie halten mich für einen Heiligen und bekreuzigen sich vor mir, aber sie lassen niemand aus noch ein."

„Bruder, wo weiltest du all die Zeit?"

„Ich habe den Vater gesucht. Seit drei Tagen bin ich auf sicherster Spur. Ich erzähle dir alles später. Ursula, sieh dich in dem Gemache um; es muß gerade so gebaut sein, wie deine Kemenate auf Schloß Hirschhorn."

Ursula schaute zurück, maß das Zimmer mit den Augen und gab zur Antwort: „Ganz anders."

„Du täuschest dich, Ursula! Oh, daß ich nur einen Augenblick dort oben wäre! Die Fenster sind anders, da hast du recht. Aber schau doch, ob nicht die Türen geradeso liegen wie auf Schloß Hirschhorn."

„Die Türen, ja."

„So denke dir, du wärest in deinem Gemach. Ist die Türe da, die zu euerm Schlafzimmer führen würde?"

„Die Türe ist da."

„Gott sei Dank! Öffne die Tür!"

„Leonhard, wo führt die Türe hin?"

„In einen Gang. Wahrscheinlich in einen Gang. Warum zögerst du?"

„Oh, wäre doch Friedrich hier!"

„Warte nicht länger! Wenn man uns entdeckt, wird man mich fortjagen."

„Oh, gehe und suche meinen Gatten. Er kann nicht weit sein. Oh, hole ihn zu mir!"

„Ich gehe nicht von der Stätte, bis du meinen Willen getan hast. Öffne die Türe! Wieviel hab' ich für unsre Eltern gelitten, und du willst nicht einmal dies tun?"

„Nein, ich habe noch nichts gelitten!" sagte Ursula und verließ das Fenster.

Sie stand vor der Türe. Der Schlüssel stak. Sie faßte die Klinke. Die Türe war unverschlossen. Sie überwand das Grauen, drückte auf die Klinke und zog die Türe auf. Sie sah in einen Gang, der gerade so hoch, so lang und so breit war wie der zum Schlafgemach führende Gang in der heimatlichen Burg. Auch hier kam das düstere Licht von einem Fenster her, auf das der Gang stieß, und auch hier war zur linken Hand hinten, dem Fenster nah, die Türe, die auf Burg Hirschhorn zum Schlafgemach führte.

Eine Bangigkeit kam über ihr Herz, daß ihr der Atem stockte.

„Hier ist des Vaters Sterbekammer und sein Grab", sagte sie laut.

Sie wollte zurück, aber die Knie wankten.

Eine modrige Luft schlug ihr entgegen, und das Grauen des Todes und der Verwesung überzog ihre Sinne, gleich einem Nebel, der bis ins innerste Mark des Lebens frostet.

Sie schaute rechts hinüber an die Stelle der weißgetünchten Wand, die der Grabesstelle der Mutter entsprach.

‚Hier, hinter diesem Mauerstück, steht er zwischen den Steinen. Hier hat man ihn hineingeschoben und hat die Öffnung vermauert. Hier ist er verkommen und vermodert, und was von ihm noch übrig ist, Knochen und Staub, liegt in seiner Rüstung, in seinem Panzer, unter seinen Beinschienen, in seiner Halsberge, bis diese Mauer in Trümmer fällt.'

Ursulas Augen wurden todesstarr, sie zitterte und wankte. Sie fiel vornüber, aber sie hielt sich an der Wand und richtete sich mühsam wieder auf.

„Wenn ich recht habe, dann muß hier unten ein schwarzes Kreuz sein, wie wir es in Hirschhorn gefunden haben."

Sie beugte sich nieder, tastete und schaute und hatte zu gleicher Zeit mit den Fingern und mit den Augen das Kreuz gefunden. Da stieß sie einen Schrei aus und schlug mit der Stirne wider die Wand.

Leonhard, der im Graben gewartet und gehorcht hatte, hörte den Schreckensruf seiner Schwester. Er sah an den Bäumen empor, die aus dem Graben dem Fenster zuwuchsen. Dort der Holunder war höher und reichte bis an das geöffnete Fenster. Aber Holunderzweige brechen leicht. Hier der Ahorn bot den sichereren Aufstieg. Er kletterte daran empor bis in den obersten Wipfel, brachte den Wipfel in Schwung, daß er sich dem Fenster näherte, griff nach dem Fensterkreuz und hing einen Augenblick daran. Das Holz krachte, aber schon hatte er sich hinaufgeschwungen und fiel mitsamt den nachklirrenden Scheiben ins Gemach. Er raffte sich auf, eilte durch die Türe in den Gang und kniete schluchzend vor Jammer und vor Freude neben seiner Schwester. Er umschlang sie heftig und fragte: „Ist auch hier das schwarze Kreuz?"

„Hier ist es, Leonhard."

Da brach er zusammen. Das Herz wollte ihm zerspringen. Der Traum seines verlorenen Lebens war nun völlig erfüllt.

„Vater, Vater, lieber Vater, da sind wir, deine beiden Kinder. Das dritte, das du nie gesehen hast, kann nicht kommen, denn es ist tot. Aber es läßt dich grüßen. Findebusch hieß dein drittes Kind. Er war über die Maßen hold. Auch für dich hat er geblasen:

Wer weiß, wie nahe mir mein Ende,
Hin geht die Zeit, her kommt der Tod;
Wie plötzlich, ach, und wie behende
Kann kommen meine Todesnot!

Ich höre den Klang seiner Trompete. Ursula, hörst du ihn nicht?"

„Ich höre ihn wohl, diesmal gilt er mir."

Ursula war aufgestanden und trat ihrem Gatten entgegen, der gerade in das Gemach gekommen war.

Er sah sie traurig an und sagte: „Er ist da."

„Ja", erwiderte sie mit weitgeöffneten Augen. „Weißt du es auch schon?"

Und sie wandte sich wieder dem Gange zu und warf sich neben Leonhard nieder, der mit hochgehobenen Händen inbrünstig betete.

Bestürzt schaute Friedrich die beiden an. Er sah den Gang hin und erkannte die Ähnlichkeit, er schaute das Fenster, die Schlafzimmertüre, die kahle Wand, das schwarze Kreuz, und er begriff alles.

Erschüttert trat er hinter Leonhard, legte ihm die Hände auf die Schultern und sagte zu ihm leise:

„Du suchtest nach Leichen. Heute wird dein Hunger gestillt. Hier ist euer Vater; in der Kirche liegt unser Sohn."

Dann wandte er sich an Ursula, hob ihr stilles Angesicht und sah sie ergriffen an; die Augen standen weit offen, der Mund war geschlossen, und lautlos und unaufhaltsam rannen die Tränen über die Wangen.

„Ursula", sagte er mit versagender Stimme, „willst du ihn sehen?"

„Nimmermehr!" antwortete sie und schüttelte den Kopf. „Er soll in seiner Ruhe bleiben. So wie ihn die Steine gefaßt haben, als man ihn begraben hat, so sollen sie ihn halten, bis die letzte Posaune ruft. Aber laß mich zu Ende weinen vor seiner Grabmauer. Es werden meine letzten Tränen sein, ich spüre es."

„Spare deine letzten Tränen! Du hast noch anderswo zu weinen."

„Gott sei Dank, nein, nirgends anders mehr als hier." —

„Ursula, dein Sohn ist gekommen."

„Wo ist er?"

„Er erwartet dich drüben in der Kirche."

„Gefangen?" — „Frei."

„So ist er tot?"

„Gefallen als ein Held, mit einer breiten Wunde vorne in der Brust."

„Oh", sagte sie wie geistesabwesend, „die langen Spieße! Das gibt breite, tiefe Wunden vorn in der Brust."

Sie schüttelte sich und murmelte: „Ich will ihn sehen, aber hier. Bringt ihn zu seinem Großvater, daß ich zwischen beiden knie. Mit der einen Hand fasse ich des Sohnes Locke, mit der andern taste ich nach des Vaters Füßen."

Friedrich versuchte sie aufzurichten, aber sie widerstrebte. Ihre Zähne knirschten. Todesblässe überzog ihr erstarrtes Gesicht. Da ließ sie der Gatte. Leonhard nahm sie in den Arm, und Friedrich ging, ihren Wunsch zu erfüllen.

Das Zimmer hatte sich mit Offizieren und Soldaten angefüllt. Die Empfindung, daß etwas Herzzerbrechendes vor sich gehe, hatte die Gemüter überwältigt. Nicht Neugierde, sondern Teilnahme und Ergriffenheit malte sich auf den Gesichtern. Als stumme Zeugen von der Vollendung eines schweren Geschicks standen die Krieger da, mit gereckten Hälsen sich über die Schulter blickend, aber auch bereit zum Dienen und zum Helfen.

Kaum hatte Friedrich den Wunsch seiner Frau kundgegeben, so eilten ein Offizier und vier Soldaten nach der Kirche, und bald darauf wurde die Leiche ins Schloß getragen. Friedrich ging ihr entgegen bis unter das Tor und schritt ihr voraus durch die ehrerbietig zurückweichenden und kriegerisch grüßenden Soldaten. Sie wurde im Gange niedergelegt, so wie es die Mutter begehrt hatte. Ursula warf sich über ihren Sohn und bedeckte sein Gesicht mit Küssen.

Als sie ihren Gatten stöhnen hörte, schaute sie zu ihm auf und sagte: „Friedrich, wir wollen sterben. Unser Haus ist verflucht."

„Sprich nicht so, Ursula. In dir lebt meines Hauses Hoffnung. Um dieser Hoffnug willen mußt auch du leben."

„Gott wird mir noch einen toten Sohn bescheren, und dann ist es auch mit mir vorbei. Mehr kann ich nicht tragen."

Es wurde nach Ärzten geschickt; aber niemand war da als ein Feldscher. Dann rannten die Soldaten und suchten Wehmütter. Die aus dem Dorf hatten sich geflüchtet; aber es kamen drei Soldatenweiber und erklärten, sie seien zur Hilfe geschickt und bereit. Die eine war eine Zigeunerin mit schlaff herabhängendem Haar und gefletschten Zähnen, die andre war eine flämische Dirne und selber hochschwanger. Die dritte war ein Hunsrücker Bauernweib mit sanften, freundlichen Zügen.

Ursula wurde in das Schlafgemach getragen und auf das Bett gelegt. Sie murmelte vor sich hin: „Lauter tote Kinder! Lauter tote Kinder!"

Sie genas einen sterbenden Knaben. Kein Schrei, sondern ein Wimmern war der erste Laut des Kindes.

Sie lag und lauschte. Sobald das Kind gestorben war, fragte sie: „Ist er tot?"

„Tot."

„So ist es recht. Ich danke dir, Gott! Nun nimm auch mich, denn ich kann's nicht mehr . . ."

Ihr Gesicht sah hart und bitter aus.

Friedrich legte sein Ohr an ihren Mund und lauschte.

„Was kannst du nicht mehr, Ursula?"

„Kinder gebären“, flüsterte sie.

Sein Gesicht verfinsterte sich.

Da griff sie nach seiner Hand, streichelte sie zärtlich und suchte das Gesicht zu ihm zu erheben; aber ihr Haupt fiel kraftlos auf die Kissen zurück. Er kniete an ihrem Bette nieder und legte seine Wange an die ihre.

„Aber du?“ flüsterte sie und sah ihn fragend an. Ihr Gesicht erhellte sich. „Du bleibst zurück! Immer aufrecht und treu. Und immer voll Hoffnung. Nicht wahr, du?“

Friedrich schwieg.

„Gott schenke dir einen lebendigen Sohn, und dein Geschlecht wachse in viel tausendmal tausend! Leonhard, das Haus Sternenfels geht mit uns zu Ende! Bleibe bei ihm! Trage seine Kinder an mein Grab, daß ich sie segne!“

Sie sprach hinfort nichts mehr, und um eine Stunde später war sie tot.

Die kriegführenden Parteien hielten den Vormittag über Waffenruhe, um sich über das Trauergeleite zu verständigen. Die Spanier ließen es sich nicht nehmen, sechs Soldaten mit einem Korporal zu stellen, die Belagerten entsandten vier Krieger, die Bayern zwei. Die Leichen wurden in einen Bauernwagen in Tannenreis und Blumen eingebettet. Die Mutter lag rechts, der Sohn links, zwischen beiden, in ein Linnen geschlagen, das Kindchen und Brüderchen. Die spanische und die pfälzische Flagge deckten die Leichen zu. Voraus marschierten die Spanier, hinter dem Wagen die Bayern und die Pfälzer. Friedrich ritt neben seinem Sohn, Leonhard wandelte neben seiner Schwester. Aus den Schanzen dröhnten die Geschütze, und in den Kirchen, an denen der Zug vorüberging, wurde mit Glocken geläutet.

So wurden die Leichen nach dem Schlosse Hirschhorn gebracht. Zwei Tage darauf versenkte Friedrich sein Weib und seine beiden Söhne in die Gruft des Ersheimer Kirchleins.

DRITTER TEIL

26

Ungebrochen und ungebeugt hauste Friedrich von Hirschhorn auf der Stammburg seines Geschlechtes. Von Tag zu Tag war die Zeit gefährlicher geworden, und war es bisher eine Lust gewesen, dem vielgestaltigen Hirschhornschen Wesen vorzustehen, so wurde das Regiment jetzt ein schweres Amt, das seinem Inhaber viel Kopfzerbrechen, Mühsal und Einbuße brachte. Zwar kehrte nach der Eroberung von Heidelberg und Mannheim der Friede zurück in die Täler des Odenwaldes. Die Spanier verschwanden für immer aus dem Neckarlande, das bayrische Kriegsvolk legte sich in die Städte und Plätze der eroberten Pfalz, und die Gegenpartei war für ein Jahrzehnt aus dem Felde geschlagen. Das Kriegswetter hatte sich in ferne Gegenden des Reiches gezogen, und um Hirschhorn und Zwingenberg lebten die Leute in tiefem Frieden.

Und doch herrschte überall Betrübnis. Denn das alteingewurzelte, frohgemute, hochstrebende Fürstengeschlecht zu Heidelberg war nicht mehr da. Der Herzog zu Bayern war Kurfürst von der Pfalz geworden. Aber er zeigte sich nicht in seinem neuerworbenen Lande; Heidelberg war zu einer Provinzstadt geworden. Aller Glanz, alles Lachen, aller Leichtsinn war dahin. Ein barsches und mürrisches Militärregiment hatte sein Wesen. Die Verwaltung war sorgfältig, gerecht und kurz, aber sie war fremdartig und höchst unliebenswürdig. Das alles aber hätte man samt der Münzverschlechterung und dem unsteten Markt willig ertragen, hätte man nur nicht die Religion wechseln müssen. Aber nach dem grausamen Rechte jener Zeit, daß, wes das Land ist, des auch die Religion der Untertanen sei, sah es jedermann als eine selbstverständliche Sache an, daß die katholische Herrschaft an Stelle des reformierten Glaubens ihren eignen setzen werde, niemand erkannte darinnen ein Unrecht, man beugte sich darunter widerwilligsten Herzens als unter ein großes Unglück. Die wunderlichen Gestalten der Jesuiten, Kapuziner, Franziskaner und Karmeliter, die durch alle Gassen und Wege schlüpften, wurden mißtrauisch angeschaut, mit denselben Augen, mit denen die Bauern zu ungünstigen Wetterzeichen am Himmel hinaufschauen. Der freundliche Gruß der Patres blieb unerwidert, und wenn sie den Kindlein riefen, um ihnen Bilder zu schenken, liefen die Buben und Mägdlein heulend in die Häuser.

Die Priester und Mönche blieben sanftmütig und bescheiden und waren nicht im geringsten aufdringlich gegen die Leute, und viele verwunderten sich, was diese Gäste denn eigentlich zu schaffen hätten. Bald aber kam ein Befehl der Obrigkeit, den alle Einsichtigen schon längst erwartet hatten. Allen reformierten Pfarrern und Schullehrern wurde auf einen bestimmten Tag abgesagt, da mußten sie Amt und Brot verlassen und aus dem Lande wandern. Bei der großen Zahl der Pfarr- und Schulstellen und dem blühenden pfälzischen Kirchenwesen gab es einen unerhörten Auszug mit Weinen und Wehklagen. Auf allen Landstraßen, die nach der Schweiz oder ins Hessische führten, sah man Pfarrer- und Lehrerfamilien, die ins Elend zogen. Auf einen Karren war der dürftige Hausrat geladen; in den Betten saß die Mutter mit den kleinen Kindern, der Vater ging mit den größeren nebenher.

Nun wurden die Städte und Städtlein, namentlich die Reichsstädte und Fürstenhöfe überschwemmt von Predigern, die irgendwo ihre Familie sitzen hatten und um eine Stelle bettelten. Gottes Wort und Schulweisheit waren damals billig zu haben in deutschen Landen.

Die Priester und Mönche aber zogen in die leer gebliebenen Pfarr- und Schulhäuser, bestiegen die Kanzeln und verkündeten liebreich, daß sie Boten des Friedens seien, die gekommen wären, das Heil zu verkündigen.

Seufzend hörten die Leute dies an und gewöhnten sich allgemach an die Messe.

Widerstand war unmöglich. Das einzige, was man zu leisten vermochte, war, falsch zu hören, mißzuverstehen, vergeßlich zu sein, saumselig bis an die äußersten Grenzen, um Zeit zu gewinnen; denn noch nicht war aller Tage Abend, und der bayrischen Herrschaft war es nicht verbürgt, daß sie unsterblich sei in diesen so überaus mit Sterblichkeit behafteten Zeitläuften.

Nachdem die Pfarrer und Lehrer vertrieben waren, hatte die Bevölkerung keine anderen Führer und Beschützer mehr als ihre adligen Herren. Diese aber waren zu allermeist, dem Drange der Not folgend, außer Landes gewichen. Auf ihren Schlössern und Gütern waren sie hundert Scherereien ausgesetzt, hatten tausend Klagen anzuhören und konnten nicht helfen. Ein neuer Adel siedelte sich im Lande an, dem neuen Regiment von Herzen ergeben, und wurde, weil er durchaus zuverlässig war, bevorzugt.

Unter diesen eingedrungenen Standesgenossen fühlten sich die angesessenen Edelleute fremd; sie mieden den Verkehr. Dies alles wirkte zusammen, sie zu bestimmen, die Heimat zu verlassen. Die Familien übersiedelten in Reichsstädte, die kriegstüchtigen Männer nahmen Dienst bei einer der evangelischen Kriegsmächte, andre suchten Hof- und Verwaltungsämter bei einem evangelischen Fürsten. Die Dinge in der Heimat ließen sie gehen, wie sie gingen.

Einer aber blieb, der einzige weit und breit. Er schalt nicht über die, welche wichen; aber wenn man ihn aufforderte, das gleiche zu tun, sagte er: „Draußen weiß ich nicht, was ich zu tun habe, hier weiß ich's."

Er war tätig vom frühen Morgen bis zum späten Abend. Kaum daß er sich dann und wann die Zeit gönnte zu der geliebten Jagd. Mit Umsicht, Hartnäckigkeit und Nachdruck nahm er sich der Rechte seines Hauses und des Wohles seiner Untertanen an, und wenn er auch nicht alles wahren konnte, so konnte er doch vieles schützen und retten und bei andern Dingen wenigstens mildern und lindern.

Er hatte seinen Sitz auf Burg Hirschhorn, war aber viel im Sattel, seine ausgedehnten Besitzungen zu besehen und überall zum Rechten zu helfen. Es gab wohl keines der hundertsieben Hirschhornschen Dörfer, das ihn in diesen Jahren nicht zwischen seinen Gartenzäunen gesehen hätte. Sehr oft war er in Heidelberg bei der Regierung. Er wußte seine freundlichen Beziehungen zu Cordoba und zu Tilly weidlich auszunutzen und verstand es, mit Kurmainz vortrefflich zu schalten, so daß er für seine Untertanen eine Menge von Vergünstigungen, Bewilligungen, Milderungen und Schonungen herausschlug. Kein einziger Hirschhornscher Pfarrer und Lehrer wurde vertrieben, auch wenn er reformierten Glaubens war, und mitten in den katholisch gewordenen Gegenden war der Hirschhornsche Besitz eine Zuflucht derer, die nach evangelischer Predigt und Sakramentsverwaltung begehrten. So war er ein Hort und wurde als ein solcher verehrt und geliebt, beargwöhnt und verdächtigt. Unbekümmert um seine Gegner, aber auch innerlich frei seinen Freunden und Schutzbefohlenen gegenüber, ging er seinen sicheren Weg. Er begehrte nichts, als was er zu erreichen und zu behaupten vermochte, und verstand es, im rechten Augenblick nachzugeben, auch wo er bisher festgehalten hatte, um einen größeren Schaden zu vermeiden oder einen gewichtigeren Vorteil zu gewinnen. Andre Dinge wieder ließ er nicht fahren und wußte sich dabei zu drehen und zu winden und doch mit unvergleichlicher Zähigkeit die Faust geschlossen zu halten, so daß die Rechtsgelehrten zu Heidelberg das Sprichwort hatten: „Freilich wohl, aber doch, sagt Friedrich von Hirschhorn." Dabei aber hatte jedermann den Eindruck, es mit einem ehrlichen Manne zu tun zu haben, der nichts Unrechtes wolle und frei sei von Ehrsucht, Neid und Geiz. „Er ist ein braver Mann", sagten die Heidelberger Jesuiten zueinander, und die Leute von der Regierung schrieben, um sich eine Freude zu bereiten, nicht selten am Schluß eines Reskriptes: „was wir bei freundwilliger mündlicher Unterredung leichtlich zu beider Wohlgefallen auszurichten uns wohl zutrauen." Die freundwillige Unterredung fand dann auch jeweils statt, und gewöhnlich war das deutsche Herz derjenige Teil, der zwar nicht das größere Vergnügen, wohl aber den größeren Gewinn davontrug. Im Odenwald und im Neckartal wurde infolge dieser Dinge eine gemeine Redensart: „Ihr habt es gut, denn ihr seid hirschhornisch."

Wenn Friedrich von solchen Besuchen wieder heimwärts ritt, sann er darüber nach, was er weiteres zu tun habe, damit, wenn er abgehe, seines Hauses Wesen ehrbar, wohlverwahrt und stattlich dastehe. Viel Sorge und Überlegung kosteten ihn der Prozeß mit dem Karmeliterorden wegen der Klosterstiftung zu Hirschhorn. Das höchste Gericht des Reiches hatte wider ihn entschieden, er hatte aber bisher im Vertrauen auf die Ohnmacht von Kaiser und Reich die Ausführung des Entscheids durch kluge Ausflüchte hingehalten. Als Tilly endgültig Sieger geworden war in der Pfalz, erkannte Friedrich, daß er diesen Posten verloren geben müsse, aber er überlegte hin und her, damit der Verlust sich teuer verwerte. An demselben Tag, an dem er die Nachricht von der Eroberung Heidelbergs erhielt, verfaßte er eine lange künstliche Verwahrung seiner Rechte und verlangte Wiederaufnahme der Verfahrens. Er selber überbrachte das Schriftstück dem kaiserlichen Notarius in Heilbronn. Der empfing es mit höhnischem Lächeln, denn jetzt stand hinter der gerichtlichen Erkenntnis der waffengewaltige katholische Fürstenbund und die aufgerichtete Macht des Kaisers. Das wußte Hirschhorn so gut wie der Notarius; aber er hatte Zeit gewonnen und konnte sich dem schon ernannten Ordensprior der Karmeliter gegenüber auf seine Verwahrung berufen, um dann im günstigsten Augenblick zu jedermanns Verwunderung seine Einsprache zurückzuziehen, dem Orden alle Dienstwilligkeit anzubieten, den Prior auf seine Burg zu Gast zu laden und sich so gefällig zu erweisen, daß bei der Regierung große Freude war, des ärgerlichen Handels los zu sein. Als Gegengabe erwirkte der Junker vom Orden die Zusage, daß er, solange ein Hirschhorn regiere, sich jeden Versuchs, die Bevölkerung katholisch zu machen, enthalten werde, und von der bayrischen Regierung die Vergünstigung, daß in den Hirschhornschen Dörfern die reformierten Pfarrer und Lehrer unbehelligt blieben. So waren beide Teile wohl zufrieden.

Was er zugesagt hatte, hielt er, ohne Rückhalt und ohne Gefährde. Nicht allein das Klostergebäude, auch die Kirche, die Pfarrkirche des Städtleins geworden war, und das weite Klostergut mit allen Zehnten und sonstigen Gefällen wurden dem Prior bei seinem Besuch urkundlich übergeben, und mit einer Art von freudigem Eifer suchte Friedrich nach versprengten und verschollenen Gerechtsamen des Klosters, um sie dem überraschten Mönch als Angebinde darzubringen.

Am Samstag vor Pfingsten des Jahres 1626 zogen die Karmeliter in ihr altes Haus zurück. Es waren fünf Priester und zwei Laienbrüder. Friedrich zog ihnen entgegen, zu Fuß, im bequemen Hauskleid, und begrüßte den Prior wie einen alten guten Kameraden. Die Kapuziner von Eberbach, die den Weißkutten das Ehrengeleite gegeben hatten, schauten verwundert zu, wie vertraut der Oberhirte vom Berge Karmel mit dem lutherischen Junker war. Sie wurden verabschiedet, und dem Prior war es sichtlich behaglicher, den Rest des Weges ohne die bärtigen Brüder zurückzulegen. In freundschaftlichem Gespräch ging der Ritter zwischen den Mönchen und war so liebenswürdig und aufmerksam und munter, daß die Väter und Brüder nicht wußten, wie ihnen geschah. Er erzählte lustige Stücklein, und sie dienten mit alten Mönchsschnurren; und sie zogen so aufgeräumt dahin, wie wenn es eine Jagdgesellschaft wäre, die vom Burgherrn zu fröhlichem Tagewerk eingeholt wurde.

Als sie vor das untere Stadttor kamen, ordneten sich die Mönche zum Zug, zündeten den Weihrauch im Kessel an und wollten einen Gesang beginnen. Da bedeutete sie der Junker, daß sie die Wahl hätten, entweder durch die Stadt zu ziehen oder um die Stadt herum.

„Natürlich wollen wir durch die Stadt“, sagte der Prior.

„Ist mir auch das liebste; aber dann, bitte, ohne Weihrauch und ohne Psalmodei.“

So geschah es dann auch. Das Feuer im Fasse wurde mit Neckarwasser gelöscht. Die Ordnung des Zuges löste sich auf und so führte der Junker die Mönche durch die Stadt. Die Leute standen in dichten Reihen an den Häusern und schauten schweigend zu. Friedrich aber plauderte so fröhlich und scherzte mit den Mägdlein im Vorübergehen, so daß sich die finsteren Mienen der Einwohner aufhellten. „So schlimm wird's nicht werden“, sagten die Leute zueinander; „der Alte wäre sonst nicht so lustig.“

Als die Mönche vor das obere Stadttor kamen, sagte Friedrich zu ihnen: „Seht, das ist von jetzt an unsre Kirche. Morgen, am heiligen

Pfingsten, wird sie eingeweiht, und die Herren sind alle eingeladen, herzhaft mitzufeiern." Als die Mönche wunderliche Gesichter machten, erklärte ihnen Friedrich, wie hier die Aufgabe gelöst worden sei, aus einem alten Torturm eine Kirche zu bauen. Er lud sie zur Besichtigung ein, und als der Prior für diesmal dankte, versicherte Friedrich, daß sie vom Festbraten und Festwein schmecken müßten.

„Ihr habt künftighin einen weiteren Weg zur Kirche", sagte der Prior.

„Aber die Leute aus der Stadt haben's um so bequemer", antwortete Friedrich. „Sie sind siebzehnhundert, und ich bin bloß einer. Also ist für uns nur Vorteil da."

Der Prior schaute nach den Augen des Junkers; die blinkten ganz ehrlich und unbefangen.

Friedrich geleitete die Mönche bis an die Pforte ihres Klosters. Sie forderten ihn auf, mit einzutreten; Friedrich sagte mit feinem Lächeln:

„Wer gute Nachbarschaft will han,
Der fang allein sein Sachen an
Und lass' den andern für sich gan.

Behüt' euch Gott, ihr Herren! Morgen komme ich im Vorübergehen und schaue, wie ihr hauset."

Friedrich stieg vollends zu seiner Burg hinan, ging in das Wohngemach und trat auf den Erker. Sorgenvoll schaute er auf das Kloster und die Stadt hernieder. Endlich seufzte er aus der Tiefe und sagte vor sich hin: „Ursula, Ursula, stündest du bei mir, so wäre alles gut."

Die Beziehungen zwischen den Mönchen und dem Schloßherrn blieben ehrlich und freundlich. Mit Späheraugen wachte Friedrich darüber, daß die Klosterleute keinen seelsorgerischen Verkehr mit seinen evangelischen Untertanen hatten, und seine beiden Hirschhorner Pfarrherren unterstützten ihn dabei mit höchstem Standeseifer. Keine Amtspflicht übten sie treulicher als die, darüber zu wachen, daß ihnen die weißen Stiefbrüder nicht ins Gehege kamen. Keine Unterredung eines Mönchs mit irgendeinem Menschenkind der Gemeinde blieb ungeprüft. Hatten sie ein Weiblein gefragt, wie teuer es seine Eier verkaufe, oder sich bei einem Knäblein erkundigt, wo der Weg nach Igelsbach hingehe, so blieben die Sachen unberührt; hatte aber ein Mönch einem Mägdlein ein Heiligenbildchen geschenkt oder war er bei einem alten Mann stehen geblieben, ihn wegen seines schweren Atems zu trösten, so wurden solche Übergriffe dem Junker hinterbracht. Der ließ passieren, was ihm unerheblich schien.

Was ihm bedenklich vorkam, wurde bei Gelegenheit dem Prior aufgemutzt; mit lachendem Mund und in freundschaftlichen Worten geschah's, aber es lauerte hinter dem Scherz ein scharfer Ernst. Der Prior verfehlte nie, für seine Mönche einzutreten und das gerügte Ereignis als harmlos und unverfänglich hinzustellen, aber er versprach schließlich, auf strengste Einhaltung der gegebenen Zusage bedacht zu sein. Einige Hasen, eine Hirschkeule oder ein paar Salmen stellten dann den Frieden vollends her. Auf diese Weise erreichte es Friedrich, daß die frommen Mönche von Hirschhorn lediglich dem eignen Seelenheile lebten.

Zu diesen Brüdern gesellte sich bald des Ritters Schwager, Leonhard von Sternenfels. Nach der Bestattung der drei Leichen des Hauses Hirschhorn war er wieder nach Handschuhsheim zurückgekehrt und hatte mitten in dem Kriegstreiben, unbehelligt von den ab und zu gehenden Soldaten, jene Wand des Ganges, die des Vaters Gebeine umschloß, mit kunstlosen Gemälden bedeckt. Farben und Pinsel waren in seiner Hütte auf dem Heiligenberg, wo er gehaust hatte, solange er des Vaters Grab suchte, in reichlicher Menge aufbewahrt. Denn durch das Beschauen der Bilder auf der Grabwand der Mutter und durch die Erinnerung daran war in ihm das Verlangen lebendig geworden, Bilder zu malen, und er hatte seitdem zuerst die Innenseite der Sargbretter, die er schnitt, dann aber auch ihre Außenseite mit phantastischen Gemälden aus dem jenseitigen Leben bedeckt. Die erschrecklichen und drohenden überstrich er wieder und lächelte tückisch, wenn er die Särge ablieferte, denn sie waren ja immerhin noch drinnen. Die tröstlichen und himmlischen malte er grell und breit auf die äußeren Wände der Särge.

So holte er denn, was er brauchte, aus seiner Hütte und begann das Werk. Die Soldaten schauten ehrfürchtig zu, wie Figuren unter seinem Pinsel entstanden, und auch die Offiziere, die nacheinander in dem Zimmer hinter dem Gange schliefen, gingen ausweichend an ihm vorbei, damit er nicht gestört werde, und blieben auch wohl eine Weile stehen und betrachteten, was er gemacht hatte. Die einen sahen ihn für einen heiligen Mann an und beugten im Vorübergehen vor ihm das Knie, andre für einen frommen Narren, den man gewähren lassen müsse; was er tat, betrachteten die einen wie die andern für etwas Löbliches, woran jeder, der nicht einen bösen Geist in sich habe, sein Wohlgefallen haben müsse. Das wunderliche Aussehen des Künstlers, seine Kutte, sein langes, wirres Haar und die inbrünstige Vertiefung in seine Arbeit wetteiferte mit dem Werke selbst, ihn zu einem merkwürdigen, unantastbaren Menschen zu machen; seine scheuen Augen und sein Schweigen vollendeten den Eindruck.

Als seine Arbeit vollendet war, legte er den Pinsel auf ein Brettlein zu seinen Füßen, lehnte sich an die gegenüberliegende Wand, schlug die Arme übereinander und betrachtete, was er gemacht hatte. An die Fläche, die seines Vaters Grab zudeckte, hatte er ein Bild des gekreuzigten Heilandes gemalt, so gut er konnte, nach dem Erinnerungsbild von der Mutter Grab. Daneben stellte er die Gefangennahme des Herrn dar. Sieben Geharnischte umringten ihn, durch die Büsche entlief ein Büblein, und in der Ferne sah man einen Reiter, der ein Kind im Arm trug, davonsprengen. Der ganze Vorgang spielte sich im deutschen Jungbuchenwald ab. Das dritte Bild stellte die Pforte des Paradieses dar. Sie war weit aufgetan. Man sah in ein blumiges Rasenland hinein, das sich unter herrlichen Bäumen verlor. Mitten auf dem Rasen standen ein junger Ritter und seine Gemahlin, innig aneinander gelehnt; sie trugen Kränze im Haar und hielten Blumen in der Hand und schauten wartend zur Pforte hinaus, denen entgegen, die herankamen. Auf der Schwelle stand ein Geselle, halb Knabe, halb Jüngling, barhäuptig, im kurzen Wams; Wasserrosen waren in seine triefenden Haare geflochten. In triumphierender Haltung stand er da, schaute zurück, hielt die Trompete an den Mund und rief denen, die ihm folgten, einen ehernen Weck- und Lockruf zu. Nicht weit von ihm kam eine vor Gram gebeugte Frau mit grauem Haar, aber lieblichem Angesicht; sie hatte die Höhe erklommen und wandelte still und leicht wie traumverloren der Pforte zu. In ihren Armen trug sie viele Kindlein, die hintereinander verschwanden, in ihren Busen schlüpften oder die müden Köpflein auf die Achseln der Frau legten. Ein halbwüchsiger Bursche hielt sich an ihren Kleidern fest. Er sah scheu und beschämt vor sich nieder, und wie ein müder Junge, dem der Weg zu lang wird, so ließ er sein entblößtes Schwert hinter sich herschleifen auf dem Boden. Hinter dieser Gruppe war ein steiler Absturz zu sehen, an dem ein vielfach gewundener Treppenweg emporführte. Ganz unten war der Einsiedler selber zu sehen. In seiner langen geflickten Kutte stieg er in der Haltung eines Büßers den Berg hinauf. Auf seinen wirren Haaren trug er eine Fuchspelzmütze. Im Gürtel stak Säge und Richtmaß. Er hielt den Rosenkranz in den Händen und betete. Auf seiner rechten Schulter saß ein Rabe, der hatte den Schnabel dem gesenkten Ohr zugeneigt. Der Vogel sah klug vor sich hin, als habe er gerade ahnungsvolle Kunde und geheimnisvolle Weisheit geraunt.

Nachdem Leonhard in solcher Weise die Geschichte vom Untergang seines Geschlechtes erzählt hatte, gab er den Schlüssel zu seiner Hütte einem armen blöden Mann, sagte zu ihm: „Alles, was dort ist, ist dein", und wanderte über das Gebirg dem Schloß Hirschhorn zu.

„Gott sei Dank!“ rief Friedrich, als Leonhard zur Tür hereintrat. „Nun habe ich doch eine Seele!“

Sein Schwager reichte ihm die Hand und sagte: „Ich bleibe bei dir!“

Aber verlief schon der erste Abend, an dem sie beieinander saßen, einsilbig, so verstummten die folgenden völlig. Dem armen, verwahrlosten Menschen war es wind und weh in einem durch Sitte und Geselligkeit geordneten Leben. Er war nicht zu bewegen, seine Kutte abzulegen, und zu andern Beschäftigungen, als zu leichten Handarbeiten, wie er sie gewohnt war, war er nicht zu gebrauchen. Sein Geist war zerrüttet, und durch das lange Schweigen in der Einsamkeit war der Quell der Rede eingetrocknet. Friedrich bat ihn, die Gänge des Schlosses und die Wände des Treppenhauses zu bemalen; aber er griff keinen Pinsel mehr an. Säge und Hobel waren die einzigen Dinge, wozu er noch einige Lust hegte. Nachdem die eine große Sehnsucht seines Lebens erfüllt war, zerfiel seine Seele in sich selbst; sie hatte keine Ursache mehr, auf Erden zu sein. So schuf er seinem Schwager keine Erquickung, sondern wurde für ihn ein Gegenstand der Sorge.

Die Ankunft der Mönche belebte den Erstorbenen etwas. Er hatte bisher als einziger Katholik unter lauter Protestanten geweilt und war glücklich, Glaubensgenossen zu haben und den seither schmerzlich vermißten Gottesdienst seiner Kirche täglich besuchen zu dürfen. Alles, was bei ihm von innerem Leben noch vorhanden war, drängte sich zusammen in den Übungen der Frömmigkeit. Er war das einzige Beichtkind der Väter vom Berge Karmel, aber dafür um so ergebener und williger.

Friedrich bemerkte dies mit Wohlgefallen. Eines Tages besuchte er den Prior, erzählte ihm die Lebensgeschichte seines Schwagers und bat ihn, den Unglücklichen als dienenden Bruder in das Kloster aufzunehmen. Der Prior willfahrte der Bitte mit Freuden. Es schien ihm nützlich zu sein, den mächtigen Burgherrn sich zu verpflichten; aber es tat auch seinem Herzen wohl, dem Manne, den er hochhielt, eine Liebe zu tun, und er hatte Mitleid mit dem armen Zerrütteten. Leonhard hörte mit Bestürzung und Freude den Vorschlag, ins Kloster zu ziehen. Er verging fast vor Scham und Glück, daß er nun immerdar bei so heiligen Leuten werde leben dürfen; auf den Zehen, wie ein Kind, das sich dem Christbaum naht, trat er über die Schwelle des Klosters.

Der Prior war so klug, ihn gewähren zu lassen, wie er sich einrichten wollte. So stellte sich Leonhard im Klostergarten eine Art von Einsiedelei her mit einer Schreinerwerkstätte, und er zimmerte wieder wie vorzeiten die Särge für die Bewohner des Tales. Das Kloster zog davon einen kleinen

Gewinn. An Arme wurden die Särge umsonst hergegeben. Es war dies eine Wohltat, gegen die auch die beiden lutherischen Pfarrherren nichts einzuwenden hatten, und da sich die Mönche durch diese Schenkungen immerhin Dank und Freundschaft erwarben, so war es Leonhard, durch den sie den ersten Zugang zum Herzen des Volkes gewannen.

Auf die Burg kam der Einsiedler nur, um vor der Mutter Grab zu beten. Er trat ein und ging wieder weg, wie wenn seines Schwagers Haus nichts andres wäre als eine Gruftkapelle. Friedrich besuchte ihn oft, sah seiner Arbeit zu und stellte dabei den Schemel, den ihm jeweils ein Bruder brachte, also, daß er dem Sägenden in die Augen sehen konnte. Denn so verwittert das Gesicht des Einsiedlers war, in den Augen war immer noch etwas, das an Ursulas Sterne erinnerte.

Als er auch einmal, etwa drei Jahre, nachdem Leonhard ins Kloster getreten war, auf dem Schemel saß und die Augen seiner Frau suchte, richtete sich der Schreiner auf einmal auf, sah Friedrich scharf und mißtrauisch an und sagte: „Du, sie hat gesagt, ich soll deine Kinder zu ihrem Grabe tragen, damit sie sie segne; das ist auch eines von den Dingen, aus denen nichts wird!"

Friedrich gab keine Antwort. Er stand auf und wandte dem Mahner den Rücken.

27

Friedrich trug um Ursula Leid, Jahr für Jahr. Der Gedanke an eine Wiedervermählung wurde ihm nahegetragen und stellte sich von selber ein, aber er schob ihn wieder beiseite oder wenigstens hinaus in eine unbestimmte Ferne, weil er sich nicht denken konnte, wie er mit einer andern Frau zusammen leben könne. Wenn sich ihm die Vorstellung aufdrängte, welche Zerrüttung seinem Gebiete drohe, falls er ohne Hirschhornschen Erben abgehe, dann reckte er sich in die Höhe und sagte zu sich mit Laune: „Dazu ist noch lang Zeit, ich bin noch ein junger Mann." Schließlich sah er die Vermählung als eine Sache an, die sein müsse, vor der er sich aber mit Fug und Recht fürchte. Darum hielt er auch keine Umschau unter den Töchtern des Landes. Mitunter kam ihm Margarte von Helmstatt in den Sinn, namentlich dann, wenn er sich fragte, was für eine Nachfolgerin Ursula selber sich ausgewählt hätte; aber auch dieses Bild verschwand immer bald wieder; hatte er doch schon lange nichts mehr von Philipp und seiner Tochter gehört! Er wußte, daß sein Freund als Landhofmeister zu Stuttgart hauste, und konnte sich Margarete nicht anders als vermählt vorstellen; ‚die Schwaben müßten sonst Kamele sein', dachte er.

Durch unausgesetzte Arbeit vertrieb er sich die schweren Gedanken. Hatte er die Akten und Rechtsbücher beiseite getan und das Tintenfaß mit den Federn ins Wandschränkchen gestellt, dann holte er seine geliebten Bücher und las, gedankenvoll die Stirn in die Hand gestützt, bis tief in die Nacht hinein. Zu seinen alten bewährten Freunden, nämlich der Bibel, den Schriften Martin Luthers und den Heldenbüchern und Minneliedern aus der Ritterzeit, gesellte sich ein neuer wundersamer, adliger Gesell, der ihm bald über die Maßen teuer wurde. Das war ein Büchlein des großen Florentiners Dante. Es war eine deutsche Übersetzung seiner Schrift über die Monarchie, worinnen der große Freund von Kaiser und Reich die Notwendigkeit nachwies, daß e i n Herr die Welt regiere, der Nachfolger Cäsars und Karls des Großen. Aus diesem Büchlein saugte Friedrich neue Begeisterung für das alte Reich und neuen Widerwillen gegen die zerfahrene Gegenwart, und wenn ihm der Kopf müde geworden war von den Beweisführungen des wunderlich verstiegenen Denkers, dann schloß er die Augen und träumte, er begleite mit seinen Lehnsleuten und mit berittenen Knechten den Kaiser Barbarossa nach Italien, und er, ein wenig verspätet durch einen kaiserlichen Auftrag, komme gerade noch recht, um die Schlacht bei Legnano für den Kaiser zu entscheiden. Zurückgekehrt von der lustigen Verfolgung, senke er vor dem Rotbart das Schwert. Der halte auf einem Hügelein und rufe ihm lachend zu: „Hirschhorn, fünf Zacken in Euerm Wappen sind zu wenig; Euer Geweih soll von heute an sieben tragen." „Ach", seufzte er, wenn er von solchen Träumen die Augen öffnete, „ach nur ein einziges Mal mit meinem Kaiser nach Italien in einem großen Dienst für des Reiches Herrlichkeit, und dann bei einem siegreichen Kampf ein Stoß in die Brust von einem welschen Spieß, und über meine Leiche hinwegstürmend ein halb Dutzend Söhne, die des Vaters Tod an den Feinden rächen! Leg dich in dein Grab, Hirschhorn, zum mindesten in dein Bett! Deine Zeit ist aus; sie ist übervorbei wie dieser Tag!" Und er nahm das Licht und flüchtete in seine Schlafkammer.

Bei der Beurteilung der gegenwärtigen Zeitläufte war aber Friedrich nichts weniger als ein Träumer. Er beobachtete scharf und klug. Die Niederlage der protestantischen Waffen in Norddeutschland regte ihn nicht auf, denn er hatte sie vorausgesehen. Als aber die Nachricht kam, daß der Kaiser die Herausgabe all der unzähligen geistlichen Stiftungen verlange, die seit siebzig Jahren von den Protestanten eingezogen worden waren, wurde Friedrich außer sich vor Erregung. „Das gibt ein Blutvergießen ohne Ende!“ rief er.

Er ging alsbald hinunter zum Prior. Er bemerkte wohl die triumphierenden Blicke der Mönche, aber er tat, als sähe er sie nicht. Der Prior war verlegen; es tat ihm weh, sich einer Sache freuen zu sollen, die seinen Freund mit Kummer erfüllte. Wie erstaunt war er, als ihm Friedrich entgegenrief: „Wer Eures Glaubens ist, soll einen Bußtag halten, denn solcher Hochmut stellt sich niemals zu andrer Frist ein als vor dem Fall.“

„Ich kann nichts dafür“, sagte der Prior. „Ich bin des Kaisers Ratgeber nicht gewesen.“

„Wollte Gott, er hätte Euch gefragt!“

Nun saßen die beiden Männer beieinander und beredeten die Folgen der verhängnisvollen Maßregel.

„Ich hätte, wenn der Beschluß durchgeführt wird, nichts herauszugeben als meinen Hof zu Bruchsal und mein Gut zu Odenheim. Aber was gilt's, ich behalte das eine wie das andre! Den fettesten Brocken hab' ich bereits freiwillig dargegeben: Euer Kloster mit all seinem Gut. Freut Euch, daß Ihr es habt; denn bei Gott, jetzt gäbe ich es nimmermehr heraus! Was schert mich Kaiser und Reich, wenn sie mein Hab und Gut wollen? Ja, die schönen weißen Kutten der Brüder vom Berge Karmel und ihr kluger, milder Prior — das ist etwas andres! Denen tut man gern etwas zulieb und schenkte ihnen Häuser, Weinberge —“

„Erstattet zurück“, unterbrach der Prior.

„Meinetwegen, restituiert ihnen Wiesen, Gärten, Zehnten in Hülle und Fülle —“

„Nun, nun“, beschwichtigte der Prior.

„Aber Kaiser und Reich? Die können mir gestohlen werden!“

So wetterte der Ritter, und der Mönch lächelte, und die beiden schieden als Freunde.

Bald sollte ihr gutes Einvernehmen auf eine harte Probe gestellt werden.

Die bayrische Regierung zu Heidelberg war durch die Nachricht, die Friedrich von Hirschhorn so tief erschüttert hatte, siegestrunken geworden, und sie entschloß sich, alle bisher geübte Schonung zu unterlassen; sie dachte dabei besonders an die Verwilligungen, die dem Ritter von Hirschhorn zuteil geworden waren; die Gelegenheit, die veränderte Gesinnung kundzugeben, stellte sich bald ein. Der Pfarrer in Rothenberg war gestorben, und Friedrich hatte alsbald wieder einen lutherischen Geistlichen dorthin geschickt. Die Heidelberger Regierung aber beanspruchte das Recht der Pfarrbesetzung, da Rothenberg Reichslehen sei, der Pfalzgraf der Stellvertreter des Kaisers und der Herzog in Bayern der Nachfolger des Pfalzgrafen. Friedrich erklärte, daß seinem kurzen Sinn der bayrische Anspruch zu weitschweifig sei und daß er seinen Pfarrer nicht zurückziehen werde Die Regierung drohte mit Gewalt. Friedrich berichtete nach Kurmainz, erhielt aber zu seiner schmerzlichen Überraschung den Bescheid, daß der Erzbischof zu seinem Leidwesen dem Ritter in diesem Handel nicht beistehen könne. Nun bekam der Prior den Befehl, einen seiner Mönche nach Rothenberg als Priester zu schicken. Mit kummervoller Miene teilte der Prior dem Junker diesen Auftrag mit. Friedrich lachte. „Darum keine Feindschaft nicht. Euer Mönchlein wird bald wieder heimbegehren." So geschah es denn auch. Der lutherische Pfarrer wohnte im oberen Stock des Pfarrhauses, der Mönch im unteren. Zu seinem Schutz hausten zwei Hatschiere mit ihm in seinen Stuben. Wenn für den Mönch seine Kriegsknechte in die Kirche läuteten, erschien kein Mensch; der Mönch las eine stille Messe und ging dann wieder nach Hause. Dagegen lief alles, was gehen konnte, dem Pfarrer in den Gottesdienst. War die Bevölkerung nicht in der Kirche versammelt, so wetteiferten die Gemeindeglieder in Erfindungen, die den Zweck hatten, dem Mönch zu Gemüt zu führen, daß er in Rothenberg überflüssig sei. Durch Worte, Gebärden und Handlungen, die sich mehr durch Deutlichkeit und Kraft, als durch Gesittung und Anstand auszeichneten, wurde der Mönch aufs tiefste überzeugt, daß seine Abwesenheit gewünscht werde. So erschien er denn eines Tages im Kloster zu Hirschhorn und bat flehentlich, abberufen zu werden. Der Prior berichtete nach Heidelberg. Von dort kam der zornige Befehl, der Mönch habe sofort wieder auf seinen Posten zu gehen, und die Versicherung, man werde ihn nicht im Stich lassen.

Als am nächsten Sonntag der Mönch mit seiner Besatzung im Zimmer saß — die Kriegsknechte spielten Würfel, und der Priester saß schwermütig am Fenster und horchte auf den volltönigen Gesang der Gemeinde —, kam eine Kompanie bayrischer Musketiere, die Kirche wurde umzingelt, die Türen besetzt, der Pfarrer von der Kanzel heruntergeholt, der Mönch, der fast geradeso erschrocken war wie der Pfarrer, auf die noch warme Kanzel geführt, und der entsetzten Gemeinde wurde verkündigt, daß die Soldaten so lange bleiben würden, bis sich die Rothenberger zum katholischen Gottesdienst bequemt hätten.

Durch die Nachricht von dieser Gewalttat wurde Friedrich aufs Krankenlager geworfen. Er war in seiner innersten Ehre getroffen und sah zugleich, wie sein ganzes kunstvolles Gebäude ins Wanken kam. In der stillen Nacht weinte er so laut, so daß sich seine Diener im Vorzimmer fürchteten. Andern Tages trafen sich der Pfarrer von Hirschhorn und der Prior des Klosters an Friedrichs Krankenbett, saßen nebeneinander und trösteten, jeder in seiner Weise, den niedergeschmetterten Freund. Als sie sich zusammengefunden hatten, grüßten sie sich stumm und kalt; als sie voneinander gingen, reichten sie einander die Hand: sie empfanden beide, daß ihnen der Ritter ein gemeinsames unersetzliches Gut sei, und fühlten sich durch die Gefährdung ihres einen Freundes zu gleicher Sorge zusammengeführt. Andern Tages ritt der Prior nach Heidelberg, hatte mit dem Statthalter eine lange Unterredung unter vier Augen, und als er am folgenden Morgen den Kranken wieder besuchte, sah er ihn mit seinen hellen blauen Augen zuversichtlich an, und seine Tröstungen waren um vieles mutiger als die des lutherischen Pfarrers. Die Regierung tat denn auch keine weiteren Schritte auf dem begonnenen Weg. Allerdings, der Mönch blieb in Rothenberg, und die Dorfleute fügten sich allmählich zum römischen Glauben.

Den Eindruck jenes Ereignisses hat Friedrich niemals verwunden. Bei der Regierung zu Heidelberg sprach er nimmer vor, die sich bald wieder einstellenden Aufforderungen zu freundwilliger mündlicher Besprechung ließ er unbeachtet. Als er seinem Lehnsherrn, dem Kurfürsten von Mainz, zu seinem Geburtstage schrieb, flocht er in die Glückwünsche eine bittere Betrachtung darüber ein, daß in dieser heillosen Zeit die Treue von oben nach unten wanke und dadurch die Treue, die er in der Tiefe trage, erschüttert werde. Er las nun wieder viel in der Offenbarung Johannis, und die unheimlichen Gesichte und dräuenden Stimmen, von denen er lange Jahre hindurch verschont geblieben war, stellten sich wieder ein und schreckten ihn auf einsamen Ritten oder wenn er auf dem Erker stand und in das verglühende Abendrot schaute. Geradeso wie ihn vor zehn Jahren der fahrige Leichtsinn, mit dem die Pfälzer in das böhmische Abenteuer gerannt waren, mit Grauen erfüllt hatte, so wurde er jetzt durch den frevelhaften Übermut der spanischen Partei am Kaiserhof mit Staunen und Entsetzen gesättigt, und er witterte große und furchtbare Dinge.

In solcher Stimmung dachte er mehr als sonst an sein Ende und beschäftigte sich viele Winternächte hindurch mit seinem Testament. Stellte er sich den heillosen Wirrwarr vor, worinnen sein Besitztum zerbröckelt und zerfasert würde, so lachte er bitter auf und sah zu den Sternen hinauf und sagte zum alten Herrgott: „Du willst es ja so haben; du hast mir meine Knaben getötet, und mein fruchtbares Weib hast du mir genommen." Der Zersplitterung konnte er durch seinen letzten Willen nicht wehren. Die Hauptteile fielen an das Reich, an Mainz und an die Pfalz zurück. Frei verfügen konnte er nur über die Gebiete, die Eigenbesitz seines Hauses waren. Er verteilte sie in strenger Gerechtigkeit unter seine zahlreichen Verwandten und verknüpfte damit die Verpflichtung, für Kirchen und Schulen und für die Armen zu sorgen und die Lasten des gemeinen Mannes nicht schwerer zu machen. Alsdann ging er mit liebevoller Umsicht an die Verteilung der fahrenden Habe. Seine Diener und Knechte, seine Pfarrherren und Schulmeister, seine Schultheißen und Vögte wurden bedacht und all seinen Freunden und den Freundinnen seiner Frau Angebinde und Andenken zugewendet.

Lange überlegte er, wem er sein Lieblingsroß, den schwarzen Berberhengst, verehren solle. In seinen wachen Träumen, wenn er dem Kaiser Barbarossa die Schlacht bei Legnano rettete, ritt er diesen Gaul, und wenn ihm der Rotbart zur Belohnung zwei weitere Geweihzacken in das Wappen schenkte, wieherte das kluge Roß in zitterndem Stolz. Wem sollte er seinen Berber schenken?

Da fiel ihm jener junge Enzberg ein, den sein Sohn zum Zweikampf gefordert hatte, weil er die Hirschhorn tückisch gescholten. Die Haltung des jungen Mannes hatte ihm wohlgefallen. ‚Wenn er noch lebt, soll er meinen Hengst haben‘, sagte er zu sich und schrieb also; ‚ist er tot oder verdorben, so gehört der Hengst Philipp von Helmstatts Sohn, dem jungen Albert, dem Bruder meiner Margarete‘.

Friedrich stutzte. Er besah das Papier. Richtig; er hatte geschrieben: m e i n e r Margarete. Er strich das kleine Wörtchen aus, so lange, bis kein Buchstabe mehr zu erkennen war; dann ging er an die Verteilung seiner Wertstücke und seiner Kleinodien.

Es bot ihm ein wehmütiges Vergnügen, den Schmuck, den seine Gattin getragen hatte, vor sich auszubreiten und aus jedem Ring, aus jeder Kette, aus jeder Spange die Erinnerung herauszuspinnen. Einen ganzen Abend saß er so, nahm ein Stück ums andre in die Hand, hielt es ins Licht, lächelte, ließ die Hand sinken und sah ins knisternde Kaminfeuer. Weiter kam er diesmal nicht.

Am folgenden Abend holte er die funkelnden Dinger von neuem herbei und verteilte sie auf dem großen eichenen Tisch in elf Häuflein für die elf Muhmen, Basen, Nifteln und Freundinnen, die er bedenken wollte. Zehne von diesen Häuflein waren unter sich gleich, das elfte aber war größer als die halbe Zahl aller übrigen zusammengenommen. Als er Überschau hielt, lächelte er und dachte: ‚Margarete von Helmstatt wird von mir behandelt wie Benjamin von Joseph; steht doch geschrieben: dem Benjamin ward fünfmal mehr gegeben als den andern.'

Er bedeckte die andern Häuflein mit Tüchlein, so daß er nur die Kleinodien sah, die er für die Tochter seines liebsten Freundes bestimmt hatte. Es waren all die Sachen dabei, die seine Frau zu tragen pflegte. Er ging sie noch einmal durch und sagte dann laut:

„Nun, Ursula, was sagst denn du dazu?"

Er sah sich im leeren Zimmer um, als müsse irgendwo seine Frau stehen oder sitzen.

Die andern Kleinodien ließ er im verschlossenen Zimmer auf dem Tische liegen. Was für Margarete bestimmt war, nahm er mit ins Schlafgemach, legte es oben auf das Bett seiner Frau, und vor dem Einschlafen hob er halb den Kopf vom Kissen und wiederholte: „Ursula, was sagst du dazu?"

In dieser Nacht träumte ihm, er stünde auf dem unteren Hof und schelte einen Knecht aus; da komme Ursula nach ihrer Weise eilfertig an ihm vorüber und sagte zu ihm: „Du, vergiß nicht, ihr zu sagen, daß sie den Ring mit dem Onyx nicht an die Lippen führe, es ist Gift unter dem Stein verborgen." Damit verschwand sie, und sein Traum ging ins Gestaltenlose.

Am andern Morgen nahm er das Papier in die Hand, auf dem er über die Juwelen verfügt hatte. Hinter die Worte: „item einen Ring mit schwarzem Stein, so Onyx genennet wird" wollte er schreiben: merke, ist ein Giftring; er hatte schon die Feder eingetaucht, aber er legte sie wieder hin und dachte: sie hat gesprochen: vergiß es nicht, ihr zu s a g e n, mündlich soll sie's erfahren. Das Testament erhielt keinen Zusatz.

Es kam Weihnachten heran. Es war ein stilles, erinnerungsreiches Fest für den Schloßherrn zu Hirschhorn.

Am zweiten Feiertag war der Junker vortrefflich aufgelegt, denn er erwartete die Weihnachtsgabe vom Stift Odenheim. Die bestand nach uralter Satzung aus zwei gleichgroßen Kuchen von feinstem Weizenmehl und vorgeschriebenem Gewicht. Zu bestimmter Stunde mußte der Bote eintreffen. Er ritt denn auch nachmittags um drei Uhr den Schloßberg hinan. Friedrich stand unter dem Tor. Der Gaul war ein Schimmel, wie es Rechtens war. Der Schimmel war einäugig; hätte er ein ander Auge noch gehabt, so wäre die Spende zurückgeschickt worden. Friedrich ging neben dem schweigenden Boten einher bis in den inneren Hof. Das gesamte Burggesinde war hier versammelt. Die Schaffnerin empfing den Sack mit den beiden Kuchen, um sie zu wägen und den Gehalt zu prüfen. Der Schultheiß von Hirschhorn empfing eine Urkunde vom Ortsgericht zu

Eschelbach, das auf Pflicht und Gewissen bezeugte, daß die beiden Kuchen beschaffen seien, wie die Schrift gebiete. Der Junker aber führte den abgestiegenen Knecht aus dem Schatten in das helle Licht und sah ihm ins Gesicht. „Er ist einäugig!" sagte er, „er wird angenommen."

Nachdem nun alles, der Gaul, der Knecht, die beiden Kuchen und die Urkunde in Ordnung befunden worden, wurde der einäugige Schimmel in den Stall gestellt, und es wurde goldgelber Hafer über ihn geschüttet, Maltersack um Maltersack, bis der Gaul über die Sattelgurt in den köstlichen Körnern stand. Der einäugige Bote schaute zu, bis dem Schimmel sein Recht widerfahren war. Dann wurde er in die Gesindestube geführt, allwo für ihn allein der Tisch gedeckt war. Auf zinnernem Geschirr wurde ihm aufgetragen und vorgelegt alles, was die Herrschaft an diesem Tage speiste, und zwar Frühstück, Mittagsmahl und Abendessen hintereinander in einem Zuge. Dazu bekam er drei Maß Wein, wie ihn die Herrschaft trank.

Das Gesinde stand herum, sah ihn speisen und zechen und geleitete ihn schließlich in die Kammer, wo ihm ein Federnbett aufgebaut war, wie es die Satzung verlangte.

Als Friedrich sich an diesem Tag zur Ruhe begab, dachte er bei sich: ‚Es ist doch ein schönes Ding, Herr auf Hirschhorn zu sein!'

Er ging ans Fenster, sah zu den glitzernden Sternen empor, dachte an die beiden Kuchen, die er empfangen hatte, und sagte wie dereinst der Erzvater Abraham: „Herr, Herr, was willst du mir geben? Ich gehe dahin ohne Kinder."

Am andern Morgen schrieb er an seinen Freund, den Landhofmeister Philipp von Helmstatt in Stuttgart, und lud ihn ein, wenn er wieder über den Neckar reise, um etwas an- oder abzubändeln, auf seiner Burg anzukehren. Er schickte einen Reitenden mit dem Briefe nach Stuttgart. Fünf Tage darauf kam der Bote zurück mit einem Briefe, worin sich Philipp ankündigte. Auf dem Weg nach Weimar und Anhalt werde er in kurzer Zeit eintreffen, um über die Fastnacht zu bleiben. „Da wollen wir fein lustig sein", schrieb er. „Aber du mußt mir erlauben, daß ich die Margarete mitbringe; denn ich bin an sie gewöhnt und kann ohne sie weder reisen noch bleiben."

„Das wollen wir abwarten", sagte Friedrich, als er den Brief gelesen hatte.

28

Dem hohen schlanken Turm auf der Feste Hirschhorn widerfuhr in den Februartagen des Jahres 1630 eine unverhoffte Ehre: aus seinem Kamin qualmte Rauch. Das oberste Stüblein wurde geheizt, und ein Wächter hauste darinnen. „Im Turme brennt's!“ sagten sich der Hirte und der Bauer; zuerst waren sie ganz erschrocken und überlegten, ob sie nicht zur Hilfe laufen sollten, bald aber kamen sie zu der Erkenntnis, daß es nur im Ofen brenne. Der Hirte stützte sich auf seinen Stab und sann darüber nach, was dies bedeute, der Bauer aber rief: „Oha!“ denn er war an seinem Acker angelangt, sprang von seinem Sitz, stieß mit der Gabel

in den stattlich gewölbten Wagen und fing an, den würzigen Stallmist abzuladen. Derweilen schob der Turmwärtel ein dickes Stück Buchenholz in den Kachelofen, nahm das Horn von der Wand, stieg das Leiterchen hinauf bis zur Plattform und schaute nach Osten, den Weg nach Schwaben hin, von wo der Neckar herkommt. Auf der Straße war nichts zu sehen als ein leerer Wagen, ein fahrender Geselle und der Ritterbote mit seiner großen Tasche. Der Wärtel kam wieder in das Stüblein und tat wie der Pfarrer, wenn er auf die Kanzel stieg: er kehrte die Sanduhr um, so daß das leere Gläslein unten war. Dann flickte er sich sein Wams und brockte sich Brot zu einer Rahmsuppe in ein Schüsselchen; nachdem er noch ein dickes Stück Buchenholz in den Ofen geschoben hatte, schaute er nach der Uhr. Die Zeit war da. Er stieg hinauf und schaute nach Osten. „Das Wetter wird schlecht, denn die Schwaben lachen", brummte er vor sich hin und besah die Landstraße. Es war nichts darauf zu sehen als der Schultheiß von Wimmersbach, der herzukam, und die Wecklene, die mit einem Korb Waren auf dem Kopfe hinauslief. Der Wärtel sah zu, wie sich die beiden begegneten, ein bißchen beieinander stehenblieben und ein Schwätzchen hielten. Als die Besprechung zu Ende war, gingen die beiden auseinander, der Wärtel aber stieg in sein Stübchen und schaute nach, ob das Wasser im Ofen koche; aber es war noch nicht so weit.

Eines Tages aber, es war am Fastnachtdienstag zwischen neun und zehn Uhr, ertönte das Horn auf dem Turm. Es klang verquollen und heiser, die Klänge wußten offenbar nicht, wo sie hinauswollten. Der Junker, der all die Tage her, obgleich es draußen weidlich rauh war, immer das Fenster halb offen hatte, sprang auf, läutete das Schloßglöcklein und warf sich in stattliche Gewandung. Jetzt erklang das zweite Zeichen vom Turm; die Gäste waren an der Neckarschleife angelangt. Im Schloß rannten alle hin und her. Im Stall, in der Küche, in den Gaststuben, im Hühnerhof, auf der Kellertreppe und in den Wohngemächern wurde es lebendig. Der Junker sprengte mit zwei Knechten zum Tor hinaus. Die Mönche sprangen in den Garten und schauten neugierig über die Klostermauern.

Jetzt ertönte der dritte und letzte Hornruf. Er sprang in die Lüfte wie ein Held, der zerplatzt. Die Gäste näherten sich dem Stadttor. Die Kartaunen donnerten von den Wällen, rotweiße Hirschhornsche Fähnlein und schwarzweiße Helmstattsche Wimpel schlüpften aus den Luken und Fenstern heraus und flatterten lustig im Regenwind. Die Leute traten aus den Häusern und grüßten die Vorrüberreitenden, die Mönche standen vor dem Kloster, und der Prior zog sein Käpplein, unter der Schloßlinde wartete die neugegründete Musika von Hirschhorn und blies einen braven Landsknechtsmarsch. So zogen Philipp von Helmstatt und seine Tochter in die Burg ein.

Im oberen Schloßhofe erst hielten die Gäule. Friedrich sprang vom Pferd, und jetzt zum ersten Male sah er Margareten unter den Hut. Sein erster Gedanke war: sie ist kein heuriges Häslein mehr. Als er sie vom Pferde hob, dachte er: sie hat ihr gutes Gewicht. Dann schüttelte er seinem alten Freunde die Hand.

Die drei waren über die Maßen vergnügt. Junge Leute können gar nicht so lustig sein wie drei gestandene Menschen, die sich gerne haben und sich wiedersehen. Sie kamen aus dem Lachen nicht heraus. Alles, was sie sahen, kam ihnen drollig vor, und was sie zueinander sagten, geriet in einen mutwilligen Rhythmus. Ursache war, daß sie sich unsäglich aufeinander gefreut hatten.

Das Mittagsmahl, das nach Hausmannsart zusammengesetzt war, war fast vorüber. Es waren noch einmal frische Zinnteller vorgestellt worden, ohne Messer und Löffel, aber es kam nichts und es kam nichts. Die drei merkten es nicht, denn sie schauten einander in die Augen und auf die Lippen. Auf einmal fuhr die Schaffnerin wie ein Sturmwind zur Türe herein und rief: „Sie werden nichts, sie werden nichts!"

„Wer wird nichts?" fragte Friedrich verwundert.

„Die Fastnachtsküchlein! Ihr wolltet sie in Öl gebacken, und ich hab's in Schweinefett gelernt! Sie riechen wie der Teufel!"

„Ihr werdet Rapsöl genommen haben; da werden sie freilich rauh und schmecken übel", sagte Margarete, und ohne ein Wort zu sagen, stand sie auf und verließ mit der Schaffnerin das Zimmer.

Die beiden Männer blieben schweigend am Tische sitzen. Jeder hing seinen Gedanken nach. Es war eigentümlich, wie es auf einmal so still im Zimmer geworden war. Philipp leerte während des Sinnens in kurzen Zügen seinen Becher, wobei er ihn oft absetzte und zwischenhinein mit dem Rand seines Tellers spielte. Friedrich dagegen sah vergnüglich vor sich hin, wie wenn er alles um sich her vergessen hätte. Als es gar zu lange dauerte, fingen sie eine gleichgültige Unterhaltung an, die sich aber bald wieder verlor. Dann traten sie auf den Balkon und tauschten Bemerkungen über die Rindviehzucht im Neckartal. Sie kehrten dann wieder ins Zimmer zurück, setzten sich auf ihre Stühle und schwiegen. Endlich kehrte Margarete zurück. Ihr Vater sah ihr ins Gesicht und trank mit einer gewissen Feierlichkeit den Rest seines Bechers aus. Friedrich aber brauchte nicht den Kopf zu drehen oder zu heben, denn er hatte all die Zeit her nach der Türe gesehen.

Margarete sah weder rechts noch links, sondern mit flimmernden Augen, denn der Rauch beizte sie, schaute sie zurückgebeugten Nackens über eine hochgehäufte, dampfende Schüssel voll Fastnachtsküchlein hinweg, die sie vor sich hertrug und auf den Tisch niedersetzte.

„Nußöl muß es sein", sagte sie. „Lasset sie euch schmecken!"

Ach, und wie gut schmeckten sie! Und wie sprudelte die Laune wieder los! Und wie wurde Margaretchen geneckt, weil sie Buchelöl und Nußöl verwechselt hatte, und wegen ihres Appetits und wegen ihrer geröteten Nase! Und wie lachten die Herren, als Margarete die Küchlein in Besitz nahm und nach Gunst oder Verdienst austeilte.

Philipp wurde ungestüm und rief:

„Küchlein raus!
Küchlein raus!
Oder ich schlag' dir ein Loch ins Haus!"

„Du bekommst nichts!" sagte Margarete. „Du hast überhaupt zuviel gegessen!"

Friedrich aber machte bitte! bitte! und flehte:

„Nuß oder Büchel,
Gut sind Eure Küchel!
Büchel oder Nuß,
Ich möchte einen Kuß!"

Margarete wurde ein bißchen rot und sagte: „Einen Kuß kriegt Ihr nicht; aber weil Ihr so schön bitte! bitte! macht, kriegt Ihr ein großes Küchlein."

Da bettelte Friedrich von neuem und sagte:

„Zerrupft's mit Euern Fingerlein,
Dann wird es noch viel besser sein."

„Meinetwegen", sagte Margarete und wurde wieder ein wenig rot. Sie nahm das Küchlein, pflückte mit ihren schmalen weißen Fingern ein Stückchen ums andre ab und fütterte ihren braven Friedrich. Derweilen bemächtigte sich Philipp der Kuchenschüssel und machte sich darüber her. Die beiden kümmerten sich nicht darum, ließen sich in ihrem Spiel nicht stören.

Nach Tisch zogen sie sich in ihre Zimmer zurück, denn alle drei, Margarete mit eingeschlossen, wußten ein Schläfchen nach der Mahlzeit zu schätzen.

Als sie sich am späten Nachmittag wieder zusammenfanden, waren sie gesetzte, behäbige Leute. Sie redeten vom Wetter, von der Überwinterung der Reben und von den Gewürzpreisen in Stuttgart und beschlossen, einen Gang in den Wald zu tun.

„Aber beileibe nicht bis auf die Berggipfel", sagte Philipp, „wir zwei sind mäßige Menschen und haben mit der halben Höhe genug."

„Ein bißchen steigen müßt ihr schon", sagte Friedrich, „aber nicht über die Grenzen der Demut. Wisset ihr auch, daß es regnen kann?"

„Das wissen wir wohl, denn wir leben auf der Erde und haben Februar", antwortete Philipp.

Margarete aber sagte: „Wenn es regnet, hört's auch wieder auf."

Und so machten sie sich auf den Weg.

Kaum waren sie auf der Straße, so fing es zu regnen an. Aber sie ließen sich das nicht anfechten. Sie zogen die Mützen über die Nacken hinunter und nestelten ihre Mäntel zu. So waren sie inwendig wohlverwahrt, und da auch ihr Schuhwerk derb war, tat ihnen der Regen nichts zuleide. Sie gingen auf der Straße, die nach Langenthal führt, den Lauf des Ulfenbachs hinauf und ergötzten sich an den Wiesen, durch deren mattes Wintergrün schon ein neuer, leuchtender, voller Schein aus dem Boden schimmerte, und an dem Wellenzug der Buchenwälder, über deren Wölbungen die frühlingsgläubigen Augen schon den rötlichen Duft, den die Millionen von rötlichen Knösplein hauchten, zu entdecken meinten. Als es gar zu sumpfig wurde, schlug Friedrich vor, über den Bach hinüberzugehen — das Brücklein lag gerade vor ihnen — und sich in den Wald hineinzuschlagen. Sie fanden denn auch bald einen Pfad, der über glitschige Wurzelknorren und über rieselnde Felsstücke in schiefer Richtung den Abhang hinaufführte. Sie gingen hintereinander hinan, Friedrich voraus, Margarete in der Mitte. Es regnete dreifach unter den buschigen Bäumchen, denn es war nicht möglich, sich durch die Zweige zu winden, ohne sie zu erschüttern, und tat man ihnen solches an, so spendeten sie allen aufgesammelten Regen auf einmal. Da nun gerade die Wolken von unsichtbaren Händen gedrückt und geschüttelt wurden, ward es des Guten etwas zuviel, alles, was der Leib berührte und der Blick bestrich, war mit strömendem Wasser überzogen oder damit angefüllt, und da bei der Anstrengung des Steigens in der warmen Luft und bei der verschlossenen Kleidung auch noch der inwendige Mensch zu fließen begann, fing der hinterste der drei Bergsteiger zu seufzen an, und dem Seufzer folgten die Worte: „Also dazu sind wir nach Hirschhorn gekommen, um in einem Buchenwald zu ersaufen."

„Sollt ihr nicht!" sagte Friedrich und ging seitab vom Pfad an einem Felsen hin, der eine durch den Wald ziehende Stufe des Berges bildete.

„Wo führst du uns denn hin? Das wird wie im Märchen von der Genoveva!“ fragte Philipp.

Friedrich antwortete nicht. Sie gingen auf weichem, trockenem Moose unter überhangenden Felsen hin. Es wurde düster. Hochstämmige Bäume standen wie Pfeiler zur Rechten, und was von Luft und Himmel hereindrang, mußte sich durch ein Gitterwerk unzähliger, sich übereinander wölbender Baumkronen hindurchbequemen oder anschauen lassen. Die Felsstufe wich nach rückwärts zurück, die Wanderer kamen in eine Schlucht, und auf einmal standen sie vor einer in den Felsen hineingebauten Hütte. Die Türe war angelehnt. Friedrich stieß sie zurück und lud zum Eintreten ein. Es war darinnen eine frische, würzige Luft, denn da die Fenster herausgenommen waren, strich der Wind Tag und Nacht durch den Raum, und der Boden war hoch bedeckt mit frisch gebrochenem Tannenreis.

Die Gäste sahen sich mit neugierigen Augen darinnen um.

„Wird sie noch bewohnt?“ fragte Margarete.

„Dann und wann nächtigt darinnen ein Wilddieb“, sagte Friedrich. „Kommet und setzet euch.“

Sie stiegen über die Tannenzweige und setzten sich auf die Holzblöcke, die zu diesem Zwecke von den Schlafgästen hereingewälzt waren.

„Nun gebet acht“, sagte Friedrich, „nun will ich euch von ihrem Bewohner eine Geschichte erzählen. Lustig ist sie nicht.“

Und er erzählte ihnen die Geschichte von Leonhard und seinen Geschwistern, von Leonhards Eltern und dem Untergang des Hauses Sternenfels

Als er zu Ende gekommen war, wurde es still unter den dreien. Man hörte das Murmeln eines Wassers; es war der Bach, der in der Schlucht herunterlief.

„Wenn es euch recht ist, wollen wir weitergehen“, sagte Friedrich und stand auf.

Margarete sah ihn mit träumerischen Augen an und schüttelte leise den Kopf. Philipp sagte: „Was du uns erzählt hast, hat uns das Herz ergriffen; nicht nur, weil auch in unseren Adern so manch ein Tropfen Sternenfelsisches Blut rinnt, sondern weil deine Geschichte sehr traurig und sehr wunderlich ist und voll von einem schwarzen Rätsel. Die Beußerin ...“

Da hob Friedrich abwehrend die Hand. „Ich bitte dich, sprich nicht von ihr. Wollen wir gehen?“

Seine Gäste rührten sich nicht.

„Wir wollen nicht alsogleich wieder in den grauen Regen hinaus. Wir wollen noch eine Weile bleiben und sinnen.“

Margarete sah scharf zu Friedrich hinüber und sagte: „Das ist ein trauriges Geschäft, das Sinnen über vergangene Dinge. Davon bekommt man tiefe Furchen zwischen den Augen. Ich schlage vor, daß wir fortfahren im Geschichtenerzählen. Unser Wirt hat angefangen. Jetzt bist du an der Reihe, Vater! Bitte, erzähle eine von deinen Stallbubengeschichten."

„Erzählt er die immer noch?" rief Friedrich.

„Freilich! Und dann erzähle ich, wenn es euch recht ist. Und zum Schlusse, ich meine auf dem Heimweg, tun wir's miteinander. Der eine fängt an, der andre macht die Mitte, und der letzte macht den Schluß."

„Meinetwegen", sagte Philipp. „Nun paßt auf. Meine Geschichte ist kurz, schön und belehrend. Was wollt ihr mehr?

Es waren einmal zwei Stallbuben, die schliefen auf einer Streu, gehörten aber zwei verschiedenen Herren, und jeder hatte eines Gaules zu warten. Die Gäule standen beieinander in einem Stall. Jeder Bub bekam von dem Stallmeister sein Maß Hafer für den Gaul und vom Küchenmeister seinen Topf Essen für sich selber. Nun aber hatte einer von den beiden Stallbuben einen sehr großen Appetit, ungefähr wie du, Margarete —" — „Ich danke für die gute Meinung, Vater!"

„Er hatte im Nu seinen Topf ausgegessen und sah nach mehr in die Welt hinaus, aber mehr gab es nicht."

„Der arme Bub!" seufzte Margarete.

„Der andere Stallbub aber war das Fasten gewöhnt oder das schnelle Sattwerden und hatte noch seinen halben Topf voll, wenn der andre herumguckte.

Eines Tages gab es Linsen. Die aß der hungrige Stallbub über die Maßen gern. Er war denn auch schon ganz fertig, als der andre den vierten Teil verzehrt hatte.

‚Gib mir den Rest von deinen Linsen, dann kriegst du die Hälfte von meinem Hafer.'

‚Mir auch recht', sagte der satte Stallbub und schob seinem Kameraden seinen Topf hin, der noch zu drei Vierteilen voller Linsen war.

Der hungrige Stallbub nahm und aß und — hast du mich gesehen?— war der zweite Topf auch leer.

Dann faßten sie ihren Hafer und teilten, und der Gaul des satten Stallbuben bekam anderthalbmal soviel als der Gaul des hungrigen und fraß immer noch, während der andre Gaul nicht wußte, was dies bedeuten sollte, daß er selber so schnell fertig war und sein Kamerad immer noch fort und fort fraß.

Des Nachts lagen die Stallbuben nebeneinander. Der eine schlief sehr gut, der andre aber wachte, denn er hatte zu viel Linsen gegessen."

„Pfui!" rief Margarete.

„Merke dir's. Bei den Gäulen war es umgekehrt. Der eine schlief sehr gut, nämlich der des andern sein halbes Teil zu dem seinen bekommen hatte, der andre aber wachte, denn der Hunger guckte aus seinen Augen heraus in den leeren Trog hinein. Zwischen zwölf und ein Uhr erschien ein Geist, der lief ganz zipfelsinnig im Stall herum, kratzte sich hinter den Ohren und jammerte kläglich.

‚Was fehlt dir denn?' fragte der Stallbub mit dem überfüllten Magen, ‚hast du zuviel Linsen gegessen?'

‚Oder hast du zu wenig Hafer gekriegt?' fragte der Gaul mit dem leeren Magen.

‚Weder das eine noch das andere', jammerte der Geist, ‚sondern ich habe mein goldenes Korn verloren. Ich hab's entweder in den Hafer oder in die Linsen fallen lassen, aber ich weiß nicht wohin.'

‚Was hat es denn mit dem goldenen Korn für eine Bewandtnis' fragte der Stallbub.

‚Wer's im Leib hat, dem bringt es entweder viel Gutes oder viel Böses; dem Glückskind viel Glück, dem Pechvogel viel Unglück.'

‚Was du nicht sagst!' rief der Stallbub halb erschrocken und halb erfreut. ‚Woran merkt man denn, ob man ein Glückskind ist oder ein Pechvogel?'

Der Geist antwortete: ‚Daß man ein Pechvogel ist, merkt man am Pech, und daß man ein Glückskind ist, merkt man am Glück.'

Darauf fing er wieder zu jammern an wegen seines goldenen Korns und stellte sich vor den schlafenden Gaul und fragte ihn: ‚Hast du Linsen oder Hafer gefressen?'

‚Hafer hat er gefressen', antwortete der wache Gaul, ‚und was für eine Portion! Ich war schon lange fertig, da war er noch mitten drin.'

‚Hast du mein goldenes Korn gefressen?'

Da schüttelte sich der Gaul im Schlaf und pustete.

‚Er hat nein gesagt!' sprach der Geist und wandte sich nun an den wachen Gaul.

‚Hast du mein goldenes Korn gefressen?'

‚Ach nein, ich habe jedes Korn angeguckt, ob es nicht zwei wären; ein goldenes war ganz gewiß nicht dabei.'

Darauf fragte der Geist den wachen Stallbuben: ‚Hast du Hafer oder Linsen gefressen?'

‚Linsen!'

‚Ist mein goldenes Korn dabei gewesen?'

‚Ich weiß es nicht.'

‚Wie, du weißt es nicht, die Linsen sind doch schwarz, und mein Korn ist von Gold, das hättest du doch sehen müssen.'

‚Ach nein, ich habe nicht in den Löffel geguckt. Ich habe immer nur drauflos gegessen!'

Da sah der Geist den Stallbuben durchdringend an und sagte: ‚Ich glaube, ich glaube, du hast mein goldenes Korn gefressen! Doch fragen wir erst noch den vierten. ‚Hast du mein goldenes Korn gefressen?'

Der schlafende Stallbub seufzte im Traum und lächelte dazu.

‚Der hat es nicht gefressen', sagte der Geist, ‚denn er hat geseufzt, also ist er kein Glückskind, und er hat gelächelt, also ist er kein Pechvogel. So bleibt nichts andres übrig: du bist es, du hast mein goldenes Korn gefressen.'

Da fragte der Stallbub: ‚Ja, bin ich denn jetzt ein Glückskind oder ein Pechvogel?'

‚Das weiß ich nicht!' schrie der Geist mit fürchterlicher Stimme und verschwand, denn auf dem Kirchturm schlug es ein Uhr.

Der Stallbub aber besann sich die ganze Nacht hindurch, ob er ein Glückskind oder ein Pechvogel sei. Am Morgen ließ er den Kopf hängen. Er dachte nichts andres mehr und hintersinnte sich und wurde ein armer Tropf. Den ganzen Tag trottelte er im Stall herum, kratzte sich hinter den Ohren und grübelte darüber nach, ob er ein Glückskind oder ein Pechvogel sei. Des Nachts löste ihn der Geist ab und lief melancholisch am Futtergang hin und her, ließ den Kopf hängen und jammerte wegen seines goldenen Kornes. Als der Stallbub gestorben war, gingen zwei Gespenster im Stalle um, die schrien einander an: ‚Hast du mein goldenes Korn gefressen?' — ‚Bin ich ein Glückskind oder ein Pechvogel?' — ‚Ich weiß es nicht! Ich weiß es nicht!' — Meine Geschichte ist aus."

„Du", sagte Friedrich nach einer Weile, „früher waren deine Stallbubengeschichten schöner, denn sie waren wüster."

„Ja, weißt du", erwiderte Philipp. „sie haben sich ausgereift und sind lehrhaftig geworden; darüber haben sie alles Wüste —"

„Schöne, meinst du."

„— abgestoßen. Meine Geschichte ist sehr erbaulich; nicht wahr, Margarete? Man soll nicht darüber grübeln, ob man ein Pechvogel sei."

Margarete sah vor sich hin; auf ihrem Antlitz lag ein eigentümlicher Ernst.

„Ach, da willst du hinaus!“ rief sie mit erzwungenem Scherz. „Ich habe gemeint, die Moral deiner Geschichte sei: Du sollst nicht zuviel Linsen essen.“

„Nun aber kommt Eure Geschichte, Margarete!“ rief Friedrich. „Der Regen platscht ärger als je. Erzählet!“

„Es war einmal ein Buchbaum“, fing Margarete an, „der war uralt und schaute über den ganzen Wald. Vor alters wurde er hohl und bekam einen Riß vom untersten Ast bis zur Wurzel. Aber seine Äste blieben alle frisch, und wenn der Frühling kam, standen seine vielen Zweige voll von Blättern.

Eines Tages kam ein Räuber, der hatte einen Anschlag auf einen Bauernhof. Er trieb sich den ganzen Tag im Walde herum, und als es Nacht wurde, versteckte er sich in die hohle Buche. Der Baum konnte es nicht wehren. Aber es rauschte und brauste in seinem Wipfel, und er schütterte und zitterte bis zur Wurzel, so daß der Räuber vor Angst kein Auge schloß und noch vor Tag aus dem Baume schlüpfte.

Ein andermal hatten sich zwei Kinder im Walde verirrt, und als der Abend kam, fürchteten sie sich und weinten sehr. Da kamen sie an den Baum und schlüpften hinein; der Baum aber rauschte sie in Schlaf, und als sie am Morgen aufwachten, warf er ihnen viele Buchecken ins tauige Gras, und er sagte ihnen den Weg und schaute ihnen nach und freute sich, als er sah, wie sie ihrem Vater entgegenliefen.

Nun geschah es an einem Maitag, daß ein sehr schönes Mädchen von einem Jäger verfolgt wurde. Sie floh zu dem Baum schlüpfte hinein und bat: ‚Verbirg mich!‘ Gleich darauf kam der Jäger, sie zu suchen. ‚Sie ist nicht da!‘ rief ihm der Baum zu. ‚Doch, sie muß da sein; ich habe sie herlaufen sehen!‘ — ‚Nein, sie ist nicht da‘, sagte der Baum. ‚Wenn du's nicht glaubst, nehme ich meinen dicksten Ast und schlag dich tot.‘ — Da glaubte es der Jäger und ging davon.

Nach einer Weile sagte das Mädchen: ‚Ich danke dir, lieber Baum!‘ und wollte herausschlüpfen.

‚Bleib noch ein bißchen da, die Gegend ist noch unsicher.‘

Nach einer Stunde sagte das Mädchen: ‚Aber jetzt will ich gehen, ich habe weit heim.‘

‚Ach bleib noch ein bißchen, der Tag ist noch lang.‘

Das Mädchen blieb noch ein gutes Stück, dann sagte es: ‚Jetzt muß ich mich sputen‘, und es machte Anstalten, herauszusteigen.

‚Ach, jetzt ist es schon zu spät‘, sagte der Baum; ‚du wirst noch mitten im Walde sein, wenn die Nacht kommt.‘

Das Mädchen spähte durch die Ritze und sah, daß es schon ganz düster war. Da entschloß es sich zu bleiben, und da es ein reines Herz hatte, war es bald eingeschlafen.

Die Wahrheit aber war, daß sich der Baum, seit das schöne Mädchen in seinem Kern steckte, so wohl und wonnig fühlte wie noch nie in seinem Leben. Die Freude rieselte ihm bis in die letzten Würzelchen und Blättchen. Darum wollte er das Mädchen für immer behalten.

Auf den Maitag folgte eine wunderschöne Mainacht. Die Nachtigallen sangen, und der grüne Boden duftete, und der ganze Wald war voller Wonne. Über den Baum aber kam ein Sprießen, Grünen und Wachsen, seine zerrissene Rinde wurde weich und wellig, sie streckte und dehnte sich, sie wurde voller Saft und wuchs und wuchs, und siehe, als das Mädchen aufwachte, war es stockfinster, denn die Rinde war zugewachsen. Da meinte das Mädchen, es sei stockfinstere Nacht und schlief wieder ein.

Der Baum aber wuchs immer größer und schöner, seine Äste streckten sich weit hinaus. Viele Vögelein nisteten in seiner Krone, die selber war wie ein großer Wald. Bald schaute der Baum über das ganze Gebirge hinaus, so daß man von vielen Stunden her nach dem Wipfel wies und sagte: ‚Dort ist die Wunderbuche!'

Das kam alles von dem roten Blut und von dem Atem des schönen Mädchens her, das in seinem Mark lebte.

So vergingen siebenhundert Jahre, und an dem Baume war keine Spur des Alters zu merken.

Indessen wurde aber auch das Mädchen immer größer, blühender und schöner. Seine Haare wuchsen zu einem goldenen Mantel, und sie wuchsen durch das Holz und durch die Rinde hindurch, und oft fanden die Leute, wenn sie im Wald gingen, goldenes Frauenhaar; es wehte im Winde her und blieb am Kleide hängen, oder es flatterte am Ginster. Die Leute konnten sich nicht denken, wo die Haare herkämen, darum sagten sie zueinander: ‚Es sind Haare der wilden Weiber im wütenden Heer.'

Eines Tages kamen drei Burschen des Weges daher, die wußten von dem allen nichts, hatten auch noch nichts von der Buche gehört. Der Tag war der allerschönste Sommertag. Oh, wie schauten und staunten sie, als sie die Buche erblickten. Sie umgingen sie in der Runde und blickten hinauf und jubelten. Dann warfen sie sich ins grüne Moos, aßen, tranken aus einem Quell, der daneben sprudelte und entschliefen. Als sie sich so erquickt hatten, wollten zwei weitergehen; der dritte aber zog sein Dolchmesser aus dem Gürtel und sagte: ‚Ich muß zuerst mein Zeichen in den Baum schneiden.' Und er fing an, ein großes Herz in die Rinde zu graben.

Aber wie verwunderte er sich, als ihm auf einmal goldene Haarspitzen entgegenleuchteten. Wo er in die Rinde geschnitten hatte, sproßten sie heraus, und man sah sie wachsen und wachsen. Er rief seine Gesellen und zeigte ihnen das Wunder. Da erschraken sie dergestalt, daß sie entsprangen und erst in weiter Ferne stehen blieben. ‚Komm!' riefen sie ihrem Gesellen zu. ‚Die Rinde bewegt sich und zittert, es ist eine greuliche Schlange im Baum, die wird herausbrechen und dich fressen.'

‚Schlangen haben keine goldenen Haare!' rief er zurück und lachte. ‚Gehet ihr nur, ich bleibe!'

Da gingen sie davon, blieben aber in einiger Entfernung, um zu sehen, was ihrem Gesellen widerführe.

Der schnitt sorgsam in die Rinde hinein, von oben nach unten, damit er die goldenen Haare nicht zerschneide. Und siehe, da schwoll und drückte es von innen, und der Riß wurde von selber größer, und ein ganzes Heer von goldenen Haaren quoll heraus. Er half mit den Händen nach und schaffte Luft, und das Mädchen preßte von innen, und auf einmal zerschliß die Rinde von der Wurzel an bis über Mannesgröße, und die Jungfrau trat heraus, in den wogenden, blitzenden Mantel ihrer Haare gehüllt.

‚Ich habe lange geschlafen; ich danke dir, daß du mir geholfen hast. Nun zeige mir den Weg nach Hause.'

Und sie nannte einen Ort, den es gar nicht mehr gab. Und wie sie weiter zusammen redeten, stellte es sich heraus, daß von den Städten, Burgen, Klöstern, von denen das Mädchen redete, keine Spur mehr vorhanden war.

‚Da sind auch mein Vater und meine Mutter tot!' klagte das Mädchen. ‚Was soll ich in der Welt? Ich gehe wieder in meinen Baum.'

Der Geselle aber sagte: ‚Wenn du hineingehst, geh' ich mit dir.'

‚Ach nein', sagte das Mädchen, ‚der Platz ist viel zu klein. Für mich allein war er zu eng.'

‚Das sag' ich dir', versicherte der Geselle, ‚wenn du wieder in den Baum gehst, dann stech' ich mir mein Messer in die Brust, denn ohne dich kann ich nicht leben.'

‚So will ich noch ein wenig bei dir bleiben', sagte das Mädchen beklommen.

Sie setzten sich unter den Baum ins Moos und sahen einander freundlich an.

‚Ich will dir etwas zum Trost erzählen', sagte der Geselle. ‚Sind auch alle Leute gestorben, die zu deiner Zeit gelebt haben, ich weiß eine Frau, die lebt noch, die will sich deiner annehmen und dich pflegen.'

‚Wer ist das?' fragte das Mädchen in holder Freude.

‚Das ist die Frau Minne.'

‚Ach so!' sagte sie und schaute in die goldig flutende Wellenbucht der Haare, die sich in ihren Schoß schmiegte.

‚Jawohl', sagte er und küßte sie. Und sie küßte ihn wieder, und sie umhalsten sich.

‚Ich habe daheim ein Häuslein, das liegt an einem Bach, hat zwei große Räder, die klappern bei Tag und Nacht.'

‚Zeig mir dein Häuslein', sagte sie; ‚ist darinnen mehr Platz als in meinem Baum, so will ich immer bei dir bleiben und deine Frau sein.'

Da krachte es in dem Baume fürchterlich. Er zerbrach dicht über der Wurzel, wankte hin und her und stürzte in sich zusammen. Das ganze Land erdröhnte, und weithin wurde es totenstill im Walde.

Als die beiden Burschen, die aus der Ferne zusahen, herbeigelaufen waren, lag ein grünes Gebirge vor ihnen aufgetürmt, und unzählige Vögelein flatterten im Kreise umher und klagten um ihre Brut. Sonst hörten sie keinen Laut. Da grauste es ihnen, und sie eilten davon, ohne umzuschauen.

Das wollen wir jetzt auch tun", schloß Margarete. „Meine Geschichte ist aus, und der Abend ist gekommen."

29

Als die drei aus der Hütte traten, waren sie aus der Nacht in die Dämmerung gekommen. Schwarzgrau schauten die Wolken durch das Gegitter, und der Wildbach in der Schlucht rauschte mächtiger als vorher.

„Es regnet noch immer, aber das hilft uns nichts, wir müssen hindurch", sagte Friedrich.

Er ging voran. Sie kamen unter dem Felsendach hervor, erklommen die Stufe und stiegen durch den Wald über glattes, wässeriges Laub die Halde hinan.

Als der Pfad breiter wurde, daß sie nebeneinander gehen konnten und sich die Augen an das Dämmerlicht gewöhnt hatten, sagte Margarete: „Jetzt hat jedes von uns seine Geschichte erzählt, nun kommt zum Schlusse für den Heimweg eine, die wir miteinander machen. Wir erzählen der Reihe nach herum; wer nimmer weiter weiß, der fordert eins der beiden andern auf zum Fortfahren. Widerrede gibt's nicht. Wird die Geschichte nicht weitergehauen, so wird sie weitergestochen. Vater du fängst an!"

Der Pfad senkte sich, er ging in einer Bergfalte durch Niederholz auf das Wiesental zurück. Langgestreckt an der Straße lag vor ihnen das Dörflein Langental. Die Lichter schimmerten durch den Nebel.

„Ich fange an", sagte Helmstatt.

„Es war einmal ein König, der wohnte auf einem stolzen Schloß und hatte viele Diener und Pferde und Waffen. Auch war er gerecht und weise, und die Leute nannten ... Friedrich, fahre fort!"

Friedrich nahm das Wort. „Die Leute nannten ihn König Salomo, nicht nur weil er sehr weise war, sondern weil er so hieß. Der König Salomo hatte zuweilen Langeweile. Zwar dichtete er täglich zwölf bis fünfzehn Sprüche und legte sich nie zu Bett, ohne sie in seine große Bibel geschrieben zu haben, hinter die Psalmen seines Vaters David. Aber wenn er damit fertig war, wurde ihm die Zeit lang, und er seufzte: ‚Ach, wenn nur etwas oder jemand zu mir käme!'

Eines Tages wurde sein Wunsch erfüllt. Da kam ... Margarete, weiterfahren!"

„Da kam die Königin von Saba", erzählte Margarete. „Die war über die Maßen schön und sehr stolz. Fünf Könige hatten um sie geworben, aber sie hatte alle verschmäht, weil ihr keiner gefiel. Sie war zwar nicht so weise wie Salomo, aber viel gescheiter als er. Sie wurde begleitet von einem Haushofmeister, der war zwar sonst ein ordentlicher Mann, aber er war ein Vater von vielen ungezogenen Jungen, von denen war einer häßlicher als der andre; und es waren lauter ... Vater, du fährst fort."

Philipp spann den Faden weiter.

„Die Jungen des Haushofmeisters waren lauter Stallbuben. Aber sie waren gar nicht ungezogen, wie die Königin von Saba meinte, sondern sehr artig und verständig. Hatten sie die Pferde besorgt und den Stall gemistet, so unterwiesen sie die Königin, denn dazu hatte sie ihr Vater erzogen. Und zwar unterrichtete sie jeder nur in einer einzigen Lehre. Der erste ermahnte sie täglich:

> ‚Königin, Königin,
> Du bekommst ein Doppelkinn!'

Der zweite unterwies sie folgendermaßen:

> ‚Königin von Sabe,
> Trink nicht zuviel zur Labe!'

Der dritte aber lehrte sie die Wahrheit:

‚Lerne du
von der Kuh
Mäßigkeit vor Mittagsruh,
Dann nimmst du
Bescheiden zu!‘

Als der König Salomo solches sah, verwunderte er sich und sprach ... Friedrich, du fährst fort.“

„Und sprach: ‚Königin von Saba, gefallen dir die Stallbuben?‘ Die Königin antwortete: ‚Sie sind abscheulich.‘

Da nahm Salomo die Königin von Saba an der Hand, führte sie in seine Speisekammer —“

Da wurde der Erzähler von einem gemeinsamen Ruf seiner Gäste unterbrochen:

„Was ist das? Dort drüben auf dem Berg das aufflammende Feuer? Und ringsumher die sprühenden Feuerräder in der Luft! Und der brausende Gesang? Was ist das alles?“

„Meine Langentaler haben das Sonnenrad entzündet. So grüßen sie zur Fastnacht den kommenden Frühling.“

Mit Freude und Ergriffenheit sahen die drei Freunde das wundersame Schauspiel an. Es war schwarze Nacht geworden. Der Regen schlug mit erneuter Heftigkeit nieder. Auf der Höhe gegenüber, dicht unter dem Rande des Waldes, der sie krönte, entlohte das gewaltige Feuer. Philipp und Margarete waren nun darauf gefaßt, in Ruhe den Scheiterhaufen in Flammen verglühen zu sehen. Wie erstaunten sie, als langsam und majestätisch das gewaltige Feuer den Berg herunterrollte. ‚So mag die Sonne aussehen aus der Nähe‘, dachte Margarete. Die Flammen und die Glut bildeten eine gewaltige Kugel. Die Flammen loderten auf und schlugen vornüber und senkten sich in die Tiefe und legten sich auf den Boden und erhoben sich wieder und loderten in die Höhe wie ein ganzer Kranz von Flammen, der um den dunkelglühenden Kern gewunden war. Hinter der feurigen Kugel bezeichnete ein bis zum Waldrande reichender flammender Streifen den Weg, den die Sonne gewandelt war.

Allmählich wurde den beiden Gästen der Vorgang verständlich. Sie sahen zur Rechten und zur Linken von der Feuerlawine einen langen schwarzen Balken hinausragen, der von phantastischen dunkeln Gestalten gehalten und gemeistert wurde. Sie erkannten, daß das Sonnenrad um einen gewaltigen Hebebaum lief; daher war sein Gang so ruhig, so stet, so königlich, so sonnenhaft. Vorn und hinten und um beide Seiten sprangen Rudel von Buben, die schwangen ihre sprühenden Holzfackeln im Kreise, so daß funkensprühende Feuerräder durch die schwarze Nacht wirbelten, um dann wieder zu einem lustigen, flackernden Flämmlein zusammenzuschrumpfen. Weil die Nacht so schwarz und voller Wolken und Regen war, legte sich ein Qualm über das Feuerspiel, wurde aber immer wieder von hochauflodernden Flammen auseinandergerissen.

So wandelte das Feuer langsam den Berg herunter, selber still und in göttlicher Ruhe, aber umsprungen von wilder, funkenumwobener Lust und umjauchzt von dem Sonnenruf:

„Hollahohe!
Sonne, Sonne!
Hinan, hinab!
Glühe, sprühe!
Gib uns Laub!
Gib uns Korn!
Laß schwellen das Euter!
Laß wachsen das Horn!
Gib uns Freude und Licht!
Vergiß die Kindlein nicht
Im kalten, dunkeln Born
Schenk uns viele, viele!
Hollahohe!
Hinan, hinab!
Sonne, Sonne!
Sonne, Sonne!"

Wenn das Sonnenrad an einen Rain oder an eine Stufe des Ackerlandes gekommen war, dann fiel es wohl ein Stück hinunter, anstatt zu rollen. Hochauf schlug dann die Flamme und qualmte der glutrote Rauch. Es dauerte eine Weile, bis das Gestirn wieder seinen stillen, hoheitsvollen Gang gefunden hatte.

So rollte es den Berg herab, über die Wiese hin bis unter die Erlen des Bachs. Noch einmal loderte die Flamme mächtig empor, daß die nackten Kronen der Erlen hier und dort Feuer fingen, dann stürzte der glühende Ball in den Bach und erlosch. Im gleichen Augenblick wurden alle Fackeln gelöscht und der Gesang riß ab. Es wurde schwarze, stille, regendurchrauschte Nacht. Lautlos gingen die Dorfbewohner nach Hause. Man sah ihre huschenden Gestalten; und dann lagen das Dörflein und das Tal geradeso still und verträumt in den nachtschwarzen Nebel versenkt wie zuvor.

Bewegt hatten die drei dem Ausgange des Schauspieles zugesehen.

„Wohl dem Menschen, der also stirbt", sagte Philipp leise.

„Wohl dem Geschlechte, das also erlischt", fügte Friedrich hinzu.

„Kommet, die Straße ist nahe."

Sie sprachen nicht mehr viel auf dem Wege.

Sie hatten den Talweg wieder erreicht. Friedrich führte Margarete, da ihre Augen nicht stark waren. Philipp ging dicht hinter ihnen. Ein gemeinsames Gespräch wollte lange nicht zustande kommen. Der Junker und die Gefährtin gingen vor Philipp hin wie eine wandelnde, dunkle Masse. Zuweilen wurde ein halblautes Wort und dazwischen ein paar leise hin und her geraunt. Auf einmal klang aus der dunklen Masse unterdrücktes Lachen; sie blieb stehen, so daß auch Philipp stehenbleiben mußte, und Margarete sagte munter und doch verschämt:

„Vater, hilf du weiter, wir wissen nicht, wo hinaus."

„Mit eurer Geschichte?"

„Natürlich."

„Ja, wo seid ihr denn stehengeblieben? Seid ihr noch immer in der Speisekammer?"

Eine Pause.

Endlich sagte Friedrich: „Wir sind etwas weiter gekommen."

„Ja, wo haltet ihr denn? So sagt mir's doch, damit ich weiterfahren kann."

„Das weiterfahren besorgen wir selbst, du sollst uns nur sagen ..." Margarete stockte.

„Wann die Hochzeit sein soll", fuhr Friedrich heraus.

„Ja, heiraten sie denn? Der König Salomo hat doch schon sechzig Ehefrauen und achtzig Kebsweiber; und die Königin von Saba hat doch ewige Jungfrauschaft gelobt."

„Erstlich ist dies letztere nicht wahr", sagte Margarete, „du fälschest die Heilige Schrift, und —"

„Und zweitens", so nahm ihr Friedrich das Wort aus dem Munde, „du sollst dich in dieser Finsternis nicht dümmer stellen als du bist. Wir reden nicht vom König Salomo und der Königin von Saba, sondern von der da und von mir."

„So, so!" sagte Philipp in eigentümlichem Ton. „Macht mir einmal Platz, daß ich euch nicht umrenne in dieser ägyptischen Schwärze! Lasset mich vorausgehen und redet nicht soviel!"

Und er ging voraus, die beiden andern still hintennach. Sie ahnten, was in der Seele des Mannes vorging.

Am Fuße des Schloßberges blieb Philipp stehen, wartete auf die beiden und sagte:

„Friedrich, du weißt . . ."

Seine Stimme brach, er konnte nicht weiterreden.

„Margarete, gib mir deine Hand! Du warst eine gute Tochter; du wirst eine gute Ehefrau sein. Friedrich, wohl dem Vater, der in so wilder, böser Zeit seine einzige Tochter einem braven Mann in die Arme legen darf. Danket alle Gott mit Herzen, Mund und Händen. Was wolltet ihr doch wissen?"

„Wann die Hochzeit sein soll", sagte Margarete leise.

„Wenn wir droben im hellen Zimmer sind, will ich euch die Antwort sagen. Lasset mich unterwegs in Frieden."

Und er ging seufzend den Burgweg hinan.

Aber ehe er Bescheid sagen konnte, hielt er einen Brief in Händen, den ein reitender Eilbote von Stuttgart gebracht hatte. Der Brief enthielt den Befehl, die Reise an die mitteldeutschen Höfe zu beschleunigen und die kürzesten Wege zu wählen.

Als Philipp gelesen hatte, sagte er ernst: „Ich muß morgen früh weiterreiten und muß den Tagesweg strecken bis an den Main. Du kannst mich nicht weiter begleiten, Margarete. Nach Schweinfurt bringen, wie ich vorhatte, kann ich dich auch nicht, es führt mich zu weit ab. Wo bleibst du nur?"

Margarete sah vor sich nieder, Friedrich wollte etwas erwidern. Aber Philipp nahm das Wort vorweg und sagte:

„Ihr wolltet von mir Bescheid, wann die Hochzeit sein soll? Ich gebe ihn jetzt. Heute noch müßt ihr Mann und Frau werden. Dann bleibt Margarete hier, und ich weiß sie versorgt."

Die beiden Verlobten sahen sich betreten an.

„Wenn Margarete will", sagte Friedrich.

„Es ist eine wunderliche Sache", sagte diese, „und ich möchte nicht, daß man davon erzählte, aber wenn Friedrich will —"

„Nun denn in Gottes Namen", entschied Philipp. „Ich bin der eine Zeuge; wer ist der andre?"

„Den nehmen wir unterwegs mit; es ist mein Freund, der Karmeliterprior."

„Also wohlan!"

„Gerade so, wie wir gehen und stehen?" fragte Margarete, „in unsern schmutzigen Kleidern und mit —"

Sie brach ab.

„Mit leerem Magen hast du sagen wollen. Du brauchst dich nicht zu schämen, Töchterchen; auch ich habe heillosen Hunger. Aber jetzt geht Not an Mann und Weib. Putzen und füttern könnt ihr euch später nach Herzenslust.“

So verließen die drei zum großen Erstaunen der Dienerschaft stehenden Fußes die Burg, klopften zuerst den Prior, dann den Pfarrer aus dem Schlafe, schlüpften durch die Sakristei in die Kirche. Eine Viertelstunde lang leuchtete ein Lichtlein aus dem Gotteshaus, so daß die beiden Nachbarn zueinander sagten: „Der Mesner flickt die Orgelbälge; das verrechnet das Luder als Nachtnotwerk und bekommt doppelten Lohn.“

Ein halbes Stündlein, nachdem der Ritter mit seinen Gästen den Treppenweg hinuntergestiegen war, kamen die drei wieder herauf. Friedrich führte Margarete an der Hand, und Philipp stieg hintendrein.

„So“, sagte Helmstatt, „nun etwas zu essen und dann zur Ruhe. Ich verabschiede mich heute von euch, denn ich reite vor Tag ab.“

„Wir werden beide morgen mit dir frühstücken.“

Während der Mahlzeit saßen die drei gerade so, wie sie bei ihrem fröhlichen Mittagsmahl gesessen hatten: Philipp in der Mitte, Friedrich und Margarete sich gegenüber. Als die Schaffnerin die Suppe hereingetragen und abgestellt hatte, sagte Friedrich:

„Barbara, sieh, das ist jetzt meine Frau.“

Die alte treue Seele knickte in die Knie unter der Wucht dieser Neuigkeit und sagte nichts als:

„Wa—wa—wa—was?“

„Jawohl. Vorhin sind wir in der Kirche gewesen, und das ist unser Hochzeitsmahl.“

„Hoch—zeits—mahl?“

Die letzte Silbe verschwand in einem aus der Tiefe steigenden Abgrund von Schrecken und Schauer.

„So, jetzt geh hinaus und sag's allen andern. Aber vergiß uns nicht, wir haben Hunger.“

Als Barbara draußen war, füllte Friedrich die drei Gläser. Die Gatten schauten sich in die Augen und stießen miteinander, hierauf mit ihrem Vater an, und die drei reichten einander die Hand. Kein Wort wurde dazu gesprochen.

Das Tischgespräch hatte die Reise Philipps zum Gegenstand.

Helmstatt redete in rückhaltlosem Vertrauen von seiner Aufgabe, die protestantischen Fürsten einander näherzubringen und ihre Aufmerksamkeit auf den König von Schweden zu lenken. Friedrich konnte einen leisen Spott nicht unterdrücken, er nannte seinen Freund einmal den reitenden Leimtopf des evangelischen Bundes und zog sich damit einen verweisenden Blick Margaretens zu, den er mit einem demütigen Neigen des Hauptes erwiderte; als aber Philipp von den schwedischen Hoffnungen sprach, hob Friedrich seine Augen und sagte:

„Gustavus Adolphus ist ein weidlicher Herr. Ich habe ihn als Hauptmann Gars aus Stockholm in Heidelberg kennengelernt. Er sieht viel, spricht wenig, trinkt nichts, hört alles, und so verschleiert seine Augen sind, wenn man unversehens hineinschaut, brennt auf einmal ein Feuer drinnen."

Als sie gegessen hatten, verließ Margarete ihren Platz, setzte sich zwischen die beiden Männer, schmiegte sich an den Vater und reichte Friedrich beide Hände. Sie saßen noch eine Weile still beieinander, dann stand Philipp auf; Margarete hing an seinem Hals und schluchzte.

„Du sollst nicht unnötig weinen", sagte er, aber er kämpfte selber mit den Tränen; „wir Menschen müssen's oft genug und lang genug notgedrungen tun."

Er preßte sie an sich, riß sich los und sagte: „Morgen früh, wenn ihr denn doch kommen wollt, nichts vom Abschied, sondern nur vom Wetter und vom Gaul und ein kleiner rascher Händedruck. Und nun, in Gottes Namen, da hast du sie. Macht jetzt miteinander, was ihr wollt."

Sie geleiteten ihn nach seinem Schlafgemach.

Als er die Tür hinter sich zugezogen hatte, faßte Friedrich Margarete bei der Hand und fragte: „Willst du mit mir gehen?" Sie nickte mit dem Kopf. Da führte er sie in die Kemenate, stellte die Leuchte auf den Tisch und bat sie, sich zu setzen. Dann schloß er ein Wandschränklein auf, holte eine Geschrift heraus — es war sein letzter Wille —, schlug die Seite auf, die er im Sinne hatte, und hieß sie lesen.

Während sie las, wurde sie über und über rot, und es traten ihr Tränen in die Augen, er aber breitete all die Dinge vor ihr aus, von denen er geschrieben hatte. Als sie fertig war, legte sie die Schrift nieder und sah über den Tisch. Sie mußte die Augen schließen vor all dem Gefunkel.

„Bei uns geht alles so wunderlich zu", sagte er, „darum bekommst du die Morgengabe am Abend vorher anstatt am Morgen nachher. Erlaube, daß ich dich schmücke!"

„Ich werde aussehen wie die Mutter Gottes von Einsiedeln", sagte sie und streckte ihm den Arm hin, um den er eine Spange zog.

„Nur ein bißchen hübscher und lebendiger", meinte Friedrich und legte ihr eine Kette um den Nacken.

„Diese Ohrringe habe ich oft geküßt", sagte sie, „wenn sie ihren Mund wegbog und ich ihren Hals suchte."

„Ich auch", erwiderte er und trat, von seiner Bewegung überwältigt, ans Fenster.

Sie sah schüchtern zu ihm hin und legte sich ein Schmuckstück nach dem andern an.

Er hatte sich wieder umgedreht, schaute sie lächelnd an und sagte:

„So ist es recht."

Auf einmal trat er rasch an den Tisch.

„Halt, mit diesem Ring hat's eine besondere Bewandtnis. Unter seinem Stein ist Gift verborgen. Sie hat mir aufgetragen, es dir zu sagen."

„Wie, sie?"

„Ja, sie ist im Traum zu mir gekommen aus Sorge um dich!"

Da leuchteten Margaretens Augen, und von ihrem Herzen fiel ein Stein.

„Hat sie den Ring getragen?"

„Immer; und einmal war sie nahe daran, ihn zu gebrauchen, damals, als sie in die Hände der Spanier fiel. Einer faßte sie an, die andern wehrten, nicht aus Zucht, sondern aus Habgier. Als er die Hand an sie legte, da war der Ring schon unterwegs zu ihren Lippen."

Margarete steckte ihn an den Finger und sagte: „Ich werde ihn immer tragen."

Sie hatte nun alles angelegt; Friedrich sah wohlgefällig auf sie nieder und sagte leise: „Wenn du diese Dinge heute abend ablegst, dann denke an mich."

Sie nickte, aufhorchend und erleichtert, mit dem Kopf.

„Was ist denn dort in dem Beutelein?"

„Das da? Ach so! Das gehört nicht hierher."

Aber sie hatte schon das Beutelein ergriffen und aufgeschnürt. Sie zog ein weißes Tüchlein heraus.

„Was ist denn das?"

Sie besah es näher und erkannte ihr Eigentum. Sie hob es an einem Zipfel in die Höhe, sah ihn an und fragte: „Wie kommst denn du dazu?"

„Ach", lachte er, „das hab' ich unter deinem Kopfkissen hervorgeholt."

„Unter meinem Kopfkissen?"

Sie machte große Augen.

„Ja, weißt du", sagte er, immer noch lachend, „ich habe die Gewohnheit, wenn ich mich recht wohlig im Bett ausstrecke, dann greif' ich zugleich mit der linken Hand unters Kopfkissen. Bei solcher Gelegenheit hab' ich dein Tüchlein erwischt."

Sie sah ihn verständnislos an und wollte unmutig werden.

Da strich er ihr über die braunen Flechten und erzählte ihr, wie er angefangen habe, in dem Zimmer zu nächtigen, das sie und ihr Vater zuvor im „Goldenen Hirsch" zu Heidelberg innegehabt hatten; er sei zwar nur eine einzige Stunde am Anfang der Nacht darinnen gewesen, aber doch lange genug, um ein kleines Weilchen in dem Bette zu liegen, worin sie geschlafen habe. Er erzählte, wie er das Tüchlein gefunden, im Scheine des Lichtes, das die Gaststube ihm durch das Dielenloch schickte, ihr Wappen und ihren Namenszug entdeckt und sich den Fund angeeignet habe.

Sie wandte den Kopf, daß er im Schatten war, und fragte behutsam:

„Was hast du dann getan, nachdem du das Tüchlein erkannt hattest?"

Friedrich lächelte unmerklich.

„Ich hab mich — in das andre Bett gelegt und habe an deines Vaters Geschichten gedacht."

„Ach so! Du hast also die Stallbubengesellschaft vorgezogen!"

„Ja", sagte er und nahm das Licht; „so wollen wir uns denn auch jetzt gute Nacht sagen."

Er geleitete sie zu ihrer Kammer. Vor der Tür sagte er: „Nun gib mir einen Ehefrauenkuß."

Das tat sie denn auch, herzhaft und herzlich.

Sie schlüpfte hinein und schloß die Türe.

Friedrich aber ging in die Stube, in der seit vielen Jahrhunderten die Ritter von Hirschhorn bei ihren Frauen lagen. Der wunderliche Mann warf sich über das andre Bett und weinte bitterlich um seine Ursula.

30

Es war im April des Jahres 1632. Unbeschreiblich schön und lieblich war es im Neckartal zu Zwingenberg. Die Wälder standen im frischen Laub, das Gras auf den Wiesen war jung, dicht und kräftig, und sein Grün war unergründlich, war dunkel und leuchtend. Die Birnbäume blühten im vollen Ernst und in voller Freude, bei den Kirschbäumen war die Herrlichkeit schon vorbei, die Apfelbäume waren mit rosigen Knöspchen übersät. Die Veilchen, von denen die Raine so voll gestanden, daß sie schimmerten, waren leider schon verblüht; aber die Anemonen hatten den braunen Waldboden erobert, die Schlüsselblumen und die Himmelsschlüsselchen die Wiesenbuchten und Abhänge, jene sangen silbern, und diese klingelten golden, und die Waldbäume und die Dornhecken lauschten und freuten sich. Und wie die Vögel lustig waren! Und zwar die feinen, vornehmen, die Waldvögelein, und das ritterliche Gevögel. Die Spatzen, die waren ganze Duckmäuser geworden und hatten sich verkrochen wie die bösen Buben bei einem Kinderfest. Aber die Finken flogen einander nach, sich suchend und fliehend, mit leisem Aufschrei, mit süßem Geflüster im luftigen Liebesspiel. Und die Bachstelzen huschten und hüpften, und wer kennt all die Stimmen, die flötend, trillernd, zwitschernd, in langgezogenen, in springenden, in überquellenden und schüchternen Tönen aus dem Geheimnis des unendlichen Waldes ins Tal hinausklangen? Die Turteltauben probierten ihre englischen Hörnchen und gluckten einander zu. Man hörte es ihnen an, wie sie sich freuten, weil niemand verstand, was sie sich sagten, als sie selber. Und der Kuckuck rief unaufhörlich den ganzen Tag hindurch, bis er des Nachmittags heiser wurde und nur selten noch einen reinen Ton herausbrachte. Da gönnte er sich eine Pause, aß und trank und flog tiefer in den Wald hinein auf eine hohe Eiche, und als die Sonne unterging und das Abendgold durch die Bäume brach, da fing er mit erfrischter Stimme von neuem an. Der Specht hämmerte und schütterte die Bäume, aber sie standen fest und lachten dazu und sagten: Braver Zimmermann, du machst Holzmusik, die gefällt uns!

Im Dörflein krähten die Hähne, immer hatte einer etwas zu krähen; die Hennen aber scharrten und verbeugten sich und duckten sich und waren sehr fleißig, und ihre Eier hatten dunkelgelbe Frühlingsdotter. Die Hasen waren außer sich vor Vergnügen. Sie kollerten den Abhang hinab und saßen da wie ein Häuflein, sie spitzten in die Höhe und machten Männlein und trollten wieder den Berg hinauf. Und die Rehe sprangen hintereinander als des Waldes liebste Geschöpfe die Waldwiese hinunter nach dem rieselnden Bächlein und schlürften, und der Edelhirsch trabte durch den hochstämmigen Wald. Auf der hohen Fichte aber, auf dem Firste des Bergwaldes stand ein Reiher und schaute herunter nach dem Strom und flog seinem Blicke nach und stellte sich auf einen Stein im Wasser und schaute in die Flut als ein bedachtsamer Fischer. Der Neckar aber strömte dahin, lautlos, unaufhaltsam, graugrün und ein silbernes Flimmern darauf, wie ein unendlich Lebendiges, das in Ewigkeit sucht und sucht und nicht findet und von dessen geheimem Leben dann und wann ein gurgelnder Laut, ein leiser, klatschender Aufschlag, ein aufrauschender und verklingender Wellengesang rätselvolles Zeugnis gab.

Friedrich und Margarete hatten all diese Herrlichkeit auf einem stillen Gang eingeatmet und standen nun klopfenden Herzens auf dem Wege, der am Neckar entlang von Zwingenberg nach Gerach führt.

„Das tut dem Hause Hirschhorn gut“, sagte die Frau und legte die Hand unter die linke Brust.

„Und hat das Steigen dem Hause Hirschhorn nichts geschadet?“

„Oh nein, das Haus Hirschhorn hat sich darüber gefreut.“

Da faßte er die Hand seines gesegneten Weibes, führte sie an die Lippen und sagte: „Du Gute, Liebe, Schöne!“

„Deine Ursula war schön; ich bin es nicht.“

„Immer noch schön genug für mich; denn du mußt bedenken, daß Ursula einen jungen, stattlichen Ehemann hatte, du aber hast einen grämlichen Graubart.“

„Grämlich? Nein, aber gramvoll. Auf dem ganzen Weg warst du traurig.“

„Weißt du denn nicht, daß, wenn uns die Welt so recht warm umfängt, uns das Herz schwer wird? Zudem trau‘ ich ihr nicht im geringsten. Ich höre wieder das Wiehern in der Luft. Was wir vor zehn Jahren erlebt haben, war nur ein Vorspiel. Damals sind die Reiter über unsre Köpfe weggeritten, wir sahen ihre Hufe funkeln, aber jetzt, bald, da reiten sie aus den Wolken auf die Berge und von den Bergen in die Täler, und aus den Tälern in den verstecktesten Hof und in den entlegensten Weiler. Oh Gustavus, warum hast du mich betrogen?“

Margarete, die wie ihr Vater und wie ihr Bruder Albert, der in einem finnländischen Reiterregiment Dienst genommen hatte, gut schwedisch gesinnt war, fuhr auf:

„Er hat dich nicht betrogen. Er ist unser Gideon. Ich bete täglich für sein Leben.“

„Das tu’ ich auch, für sein Leben und um seine Heimkehr. Als er den Sieg bei Breitenfeld gewann, da war er für mich der Rächer und der Heiland, von Gott gesandt. Aber dann? Warum zog er nicht gegen den Kaiser, ihn zur Demut zu zwingen? Warum zog er dahin, wo kein Feind war, aber üppige Stifter und reiche Städte? Was haben die Schweden am Main zu schaffen: Wer gibt ihnen Recht und Grund“ — Friedrichs Stimme schrillte vor Erregung — „meinen gnädigen Herrn, den Kurfürsten von Mainz, zu verjagen, seine Städte Aschaffenburg und Miltenberg einzunehmen und sich huldigen zu lassen, als ob sie hier Herren wären und blieben? Bei Gott, der Krone Schweden huldige ich nie und nimmermehr! Gegen die evangelische Sache werde ich mich niemals wenden, aber ehe ich schwedischer Lehensmann werde, will ich mein Schwert zerbrechen und mich hinlegen und sterben.

In seinem Eifer war er ins Laufen gekommen.

„Warte doch, ich komme dir nicht nach!“ rief Margarete.

Sie waren Gerach zu gegangen. Das Dörflein lag vor ihnen in einem Kranz von blühenden Bäumen. Friedrich blieb stehen, faßte seine Gattin unter den Arm und mäßigte seinen Schritt.

„Siehst du“, fuhr er fort. „Unser Herrgott kann keinen Übermut und kein Unrecht leiden, weder bei den Jesuiten noch bei uns. Wer frech wird, dem gibt er eins. Jetzt sind wir daran. Unser Herrgott verfährt aber dabei in Bausch und Bogen. Schlägt er dem Schweden die Sturmhaube, so brummen auch uns die Bauernschädel; ach, und die armen braunen Zöpfe!“

Er fuhr seinem Weibe liebkosend über den Scheitel.

„Um deinen Schädel und um meine Zöpfe brauchst du nicht zu bangen. Wir fahren morgen nach Heilbronn und sitzen wohlgeborgen hinter den Wällen der Reichsstadt in unserm schönen Haus.“

Friedrich blieb stehen.

„Das ist es ja eben, was mich so drückt, daß wir uns retten und lassen Land und Leute im Stich.“

„Für wen tust du's? Für dich? Nein, für dein Weib, für dein Kind, will's Gott, deinen Sohn, für dein Haus und Geschlecht. Denke an Ursulas Kinder! Hätten sie die Wärme und die Sonne und die Hilfe gehabt, die wir in Heilbronn finden, sie wären nicht gestorben.“

„Und doch schäme ich mich. Das habe ich auch heute meinen Pfarrherren gesagt, als ich von ihnen Abschied nahm.“

„Wie war es denn? Du hast mir noch nichts erzählt.“

„Wunderlich war's. Du weißt, ich bin mit den katholischen Prälaten eigentlich lieber zusammen als mit unsern Pfarrern. Sie sind hablicher. Bei den unsrigen kommt es mir immer vor, als ob das Wort Gottes im Winkel laure, um mir eins auf den Mund zu geben, auch wenn ich keine Maulschelle verdiene. Und gar, wenn sie im Haufen beisammen sind! Dann reden sie sich in die Salbung hinein, oder sie kriegen sich an den Ohren. Jenes ist mir gräßlich, dieses ärgerlich. Aber das sage ich dir: Vor keinem Stand in ganz Deutschland hab' ich einen solchen Respekt als vor den Pfarrherren und den Schulmeistern. Du wirst sehen, sie halten aus, sie bleiben bei ihren Leuten und tragen das Wort Gottes unter die schnaubenden Nüstern der vier Rosse, die Gottes Würgeengel tragen, und beugen sich nieder und trösten die Niedergeworfenen und lassen sich zermalmen von den Hufen.

Siehst du, das hab' ich ihnen heute gesagt. Zuerst hab' ich dich und mich gescholten, dann hab' ich sie gelobt und habe sie herzlich gebeten, meinem Beispiel niemals zu folgen, sondern immer bei ihren Gemeinden zu bleiben."

„Und sie?"

„Sie hatten Tränen in den Augen und schüttelten mir die Hände und sagten Segenssprüche und versicherten, sie würden in ihren Gemeinden bleiben, denn das seien sie dem Erzhirten schuldig. Darauf hat einer von ihnen in ihrer aller Namen gebetet, für mich und dich und das kommende Kindlein und unser Haus, für Gustavum Adolphum und das Wort Gottes und die reinen Sakramente und daß es bald Friede werde. Es war sehr schön, aber er hat's etwas lang gemacht, suchte nach einem schönen Ende und hat darüber dem lieben Gott dieselbe Sache zwei- und dreimal gesagt. Aber gerührt waren wir doch alle; dann habe ich gebetet. Ich habe gesagt: ‚Herr Gott, sei mit den Hirten und mit den Herden.'"

„Das war kurz und gut", meinte Margarete. —

Also sich erzählend und Scherz und Ernst daherplaudernd, wie's ihnen gerade ums Herz war, kamen die Gatten nach Gerach, ließen sich übersetzen, um über die Wiesen heimzukehren.

Aber sie waren langsam und immer langsamer gegangen. Oft waren sie stehengeblieben. Margarete war müde geworden, und in der Stille hegte sie Sorge, der Gang wäre für das Haus Hirschhorn zu weit und zu anstrengend gewesen. Als sie an die Fähre kamen, war die Nacht schon hereingebrochen. Der Fährmann wollte sich gerade in sein Bett legen, als die beiden seiner Hilfe begehrten.

„Wir werden die letzten sein für heute, gute Nacht!" sagte Friedrich, als er den Schiffer entlohnt hatte.

Sie gingen über die Wiese bis an den Waldrand. Als sie da angekommen waren, mündete vor ihnen ein Fußpfad. Er führte durch den schmalen Waldkranz die kahle Höhe hinauf zu Schloß Minneburg.

Friedrich blieb stehen und sah seine Frau fragend an.

Margarete sagte:

„Wollen wir nicht hinauf und uns für heute nacht zu Gast bitten? Ich bin sehr müde und habe keinen Mantel, die Nacht wird kalt."

Friedrich machte nach seiner Gewohnheit zuerst eine Schwierigkeit.

„Zu Rüdt hinauf? Der ist so fromm, Frömmigkeit ist gut; aber allzuviel ist allzuviel. Kaum sitzen wir beieinander, so haben wir Händel, und ich will heute mit niemand mehr Streit kriegen als mit meinem Schatz."

„So wollen wir also nicht hinauf?" sagte Margarete und stellte sich, als wolle sie weitergehen.

„Natürlich wollen wir. Du sollst doch nicht krank werden."

Und so stiegen sie behaglich den Weg hinan.

Sie kamen vor die Burgpforte und klopften. Das Durchschlupftürchen tat sich auf.

„Wer ist da?"

„Freunde. Ist die Herrschaft zu Hause?"

„Ja. Es ist Besuch da."

„Wer?"

„Die Beußerin von ..."

„Gute Nacht!" rief Friedrich entsetzt und rannte den Pfad hinab.

Margarete, nicht imstande, ihm so schnell zu folgen, rief ihm nach. Dann wandte sie sich an den erstaunten Pförtner und fragte:

„Ist die Dame mit der Herrschaft verwandt?"

„Sie ist die Urgroßtante der Schloßfrau."

„Sie hat doch in Nürnberg gewohnt?"

„Aber der Krieg zieht sich in jene Gegend. Was soll ich der Herrschaft sagen?"

„Gar nichts; gute Nacht."

Margarete folgte ihrem Gatten. Als sie seine Gestalt schaute, kam ihr der Gedanke, hätte ich den Pförtner nur um einen Mantel gebeten! Aber sie wollte nimmer umkehren. Ihr Gatte bedurfte ihrer. Er stand unter einem Tannenbaum. Als sie seine Hand ergriff, merkte sie, daß er heftig zitterte.

„Komm!" sagte sie, „du Lieber, Guter. Du mußt mich führen, sonst komm' ich nimmer heim."

Da kam er zu sich und führte sie sicher und sorgsam.

Sie schlugen einen andern Pfad ein, der schräg hinabführte in der Richtung nach Zwingenberg. So sparten sie ein gut Stück des Wiesenweges.

Sie kamen auf dem Grunde an, hörten das leise Rauschen des Flusses, der von dickem Nebel bedeckt war, und spürten die feuchte, kalte Wiesenluft. Links von ihnen der schwarze Wald. Langsam gingen sie auf dem weichen Pfad. Manchmal schreckte ein großer Vogel auf, der auf dem Boden gesessen und geschlafen hatte. Da fuhren sie selber zusammen und standen still, während die schweren Flügel über ihren Köpfen rauschten. Dann wieder erklang ein leises, kurzes Vogelstimmchen aus dem grünen Laub links über ihnen. Es war, wie wenn ein Kind im Schlafe spricht. Hin und wieder klangen die Wasser und kündeten in ihrer Rätselsprache etwas Unheimliches aus der Tiefe.

So gingen sie still und gedankenvoll dahin und wechselten keine andern Worte, als wie sie durch den Weg und seine kleinen Erlebnisse veranlaßt wurden. Nur daß Friedrich, als sie aus dem Wiesenpfad auf die nach Neunkirchen führende Straße bogen, plötzlich stehenblieb, Margarete an beiden Händen faßte und angstvoll sagte: „Du wirst sehen, sie verscheucht uns aus Heilbronn!“

„Das wird sie nicht tun, verlaß dich drauf“, erwiderte Margarete.

Und nun standen sie an der Stelle des Stromes, wo der Nachen anzulegen pflegte. Vom Neckar selbst war nichts zu schauen, er war ganz von einer breiten und dicken Nebelflut bedeckt. Das gegenüberliegende Ufer wurde nicht einmal durch einen Schatten oder eine Finsternis verraten. Der Blick erstickte in dem bleichen Strom des Nebels. Aber auch Herz und Odem wollten vergehen in dieser unendlichen kalten, grauen Flut, die eine Welt schien für feindselige Wesen mit stierem Aug' und kaltem, schleimigem Blut und schleifender, schleppender Bewegung.

„Oh mein Zwingenberg, mein Zwingenberg“, sagte Friedrich, „ich seh' dich niemals wieder.“

„Natürlich siehst du's wieder. Morgen im blauen Himmelslicht. Der Nebel sinkt. Nun aber wollen wir den Fährmann rufen. Hol! Hol!“

Dem Rufe ging's wie dem Blick. Er erstickte im Nebel.

„Ich will rufen. Die Luft ist so dick. Dich hört man nicht.“

„Hol! Hol über! Hol!“

Jetzt klang ein Echo von drüben zurück.

Sie warteten eine Weile, alles blieb still.

Nun fingen sie wieder zu rufen an, bald abwechselnd, bald beide zugleich. Das Echo höhnte herüber. Jeden zornigen Ton, jeden kläglichen Klang schickte es wieder zurück, ohne Aufschub und unversehrt. Aber alles drüben ruhte still. Die Zwingenberger waren müde und schliefen einen tiefen Schlaf.

Friedrich wurde zornig. Er schalt in den Nebel hinein, so daß Margarete lachen mußte. Aber bald verging ihr das Lachen. Die Leute da drüben waren nicht zu erwecken. Was tun? Die ganze Nacht hierbleiben? Das Weinen war ihr nahe.

Nachdem sie eine Weile gerufen hatten, sagte Friedrich:

„Länger hier stehen und den Nebel anschreien hat keinen Sinn. Wir haben die Wahl, entweder hinauf nach Neunkirchen zu gehen und den Förster aus dem Schlafe zu klopfen. Bei ihm finden wir gute, reinliche Betten. Es sind fünfviertel Stunden.“

„So weit komme ich nimmer.“

„Nun gut, dann tun wir das andre. Wir gehen auf den Zwingenberger Hof. Bis dorthin ist es eine Viertelstunde. Die Leute haben zwar nur eine

Stube und ein Bett und liegen selber darinnen, aber wir finden doch dort menschliche Traulichkeit und eine Bank und Licht."

„Und Wärme", fügte Margarete fröstelnd hinzu.

Da schlug sich Friedrich vor die Stirne und rief:

„Du hast ja keinen Mantel! So sind wir Männer. Du hättest lange schon an mein Frieren gedacht!"

Er nahm seinen Mantel ab und hing ihn der Gattin um. Sie wollte ihn nicht annehmen. Und nun bekamen sie wirklich und wahrhaftig einen ernstlichen Streit, dessen Grund die Liebe war, die sich aber in all die tollen Formen des ehelichen Eigensinnes kleidete.

„Wenn du den Mantel nicht nimmst, dann werf' ich ihn auf den Boden. So, da liegt er und deckt sieben Kuhfladen zu mit seinem seidenen Futter. Du bist schuld daran."

„Mir liegt er gut."

„Nicht gut l i e g e n soll er dir, sondern gut s t e h e n! So, da nimm ihn um!"

„Ich nehme ihn nicht. Ich bin abgehärtet, aber du erkältest dich."

„Wenn du wüßtest, wie schön er dir steht, so würdest du jubeln."

„Nun gut, so will ich jubeln. Hol! Hol über! Hol!"

„Hol über! Hol! Hol!"

„Was willst du mit dem Mantel? Mir hängst du ihn um?"

„Und ich will ihn einmal nicht!"

„Weißt du, was ich jetzt tu'? Ich werf' den Mantel mitten in den Neckar."

„Das kannst du ja gar nicht!"

„Wie? Das kann ich nicht? Ich sag' dir, ich gehe mitten hinein in den Neckar. Wenn er mir bis an den Hals geht, dann laß ich den Mantel schwimmen."

„Hol! Hol über!"

„Hol über! Hol!"

„Dann komm' ich heraus, triefendnaß, und setze mich zu deinen Füßen nieder und sage: Der Wassermann will seine Liebste holen."

So stritten und scherzten sie eine Weile, der Mantel wanderte von einer Schulter auf die andre, und dazwischen riefen sie immer wieder: „Hol! Hol über! Hol!"

Endlich kam Friedrich ein helfender Gedanke, um die Mantelgeschichte zu Ende zu führen.

„Meinst du denn, mir läge etwas an dir? An dir liegt mir so wenig als an einem Hosensack voll Neckarnebel. Aber soll sich das Haus Hirschhorn erkälten? Dein Gebein ist nun einmal die lumpige Hütte, worinnen das Haus Hirschhorn wohnt. Um des Hauses Hirschhorn willen nimm den Mantel!“

Da gab sie nach.

„Und jetzt gehen wir auf den Hof, klopfen den Bauer heraus und bitten um seinen Mantel. Ach, Friedrich, wie du so stattlich darinnen aussehen wirst!“

„Ja. Und dann gehen wir wieder hierher und schreien: Hol! Hol über! Hol! Hol! Die ganze Nacht durch! Und wenn die Zwingenberger morgen früh aufwachen, dann reiß ich ihnen die Köpfe ab.“

Sie gingen unter dem Schatten der hohen Bäume hervor und schritten den Wiesenrain hinauf in den Nebel hinein; da rief eine Stimme vom jenseitigen Ufer: „Ja!“

Ach, wie sie dieser Laut erquickte!

Sie eilten ans Ufer zurück.

„Kommt jemand?“

„Ja.“

Sie hörten schon die Ruderschläge.

„Wer ist’s?“

„Ich bin’s.“

„So? Du?“

„Ja.“

„Friedrich“, sagte Margarete. „Denke daran, daß er uns rettet. Laß an ihm deinen Zorn nicht aus.“

„Gott sei Dank!“ sagte Friedrich.

Es fröstelte ihn bis ins Mark.

Der Nachen tauchte aus dem Nebel und stieß alsbald ans Land.

Margarete und Friedrich stiegen ein. Ein alter, gekrümmter Mann saß darinnen.

„Wer seid ihr denn?“ fragte er. „Die Herrschaft? — Ich hab’ euch schon lange rufen hören, aber ich habe gedacht, der Fährmann soll aufstehen. Der aber schläft wie ein Maltersack.“

„Du wirst nicht der einzige sein, den wir aufgeweckt haben. Meine lieben Zwingenberger liegen in den Betten und hören rufen, und jeder denkt, die andern sollen aufstehen.“

„Ich bin aufgestanden, euch zu holen.“

„Wer bist du denn? Ich kenne dich nicht in der Finsternis.“

„Ich bin Baltzer, der Totengräber.“

„So?“

„Ja."

„Warum gerade der?" sagte Margarete halblaut.

Den Junker aber schauderte es bis in den Kern seines Lebens.

31

Am folgenden Morgen fuhr die große Kutsche, die von Hirschhorn gekommen war und vor dem Schloßtor genächtigt hatte, die Burghöhe hinab. Die Leute traten vor die Hütten und riefen: „Lebewohl! Auf Wiedersehen." Aber nur die Herrin gab den Gruß zurück. Der Junker sah nicht hinaus, nicht weil er seinen Zwingenbergern gezürnt hätte, sondern er lag in den Kissen eingepackt und fieberte.

Als ein schwerkranker Mann kam er in Heilbronn an. Das Fieber währte vierzehn Tage. Margarete wich nicht von seinem Lager. Als ihn die Glut verließ, glaubte ihr zur Hoffnung geschaffenes Herz, nun sei alles gewonnen. Sie sah in ihm einen Genesenden, freute sich, wenn er bei ihr saß und rüstete in Eilfertigkeit und in großer Freude Haus und Wochenstube.

Der Sommer war ins Land gekommen. Die Sonnenglut flimmerte in den Gassen der alten Stadt. Diese Gassen waren voll frohen Lebens. Der Kanzler des Königs Gustav Adolf, Axel Oxenstierna, war gekommen und verhandelte mit Vertretern des schwäbischen und fränkischen Kreises über die Kriegsleistungen der evangelischen Reichsstände. Auch Philipp von Helmstatt war für einige Tage da. Er umarmte seine Tochter und saß bei seinem Freund. Von seinen schweren Sorgen um Friedrichs Leben sagte er Margarete nichts.

Der Junker war in bester Pflege. Er war glücklich, von dem schwedischen Wesen in der Reichsstadt nichts hören und sehen zu müssen. Es gab Stunden, wo er voll Trübsinn in die Zukunft schaute; wenn er das helle Lachen seines Weibes hörte, dann flackerte die Hoffnung auf. Er verbrachte Tage mit düsteren oder wehmütigen Erinnerungen. Aber wenn ein Freund bei ihm saß oder seine Margarete mit einem Süpplein kam, dann brach die Behaglichkeit wie ein breiter, warmer Sonnenschein aus seiner Seele heraus, und seine Stube war durchflattert und durchleuchtet von Scherz und Laune. In seinem Empfinden wurde er immer zarter, in seinen Worten immer derber. Manches Mal hielt sich Margarete lachend die Ohren zu. Aber leider, leider machte sie dann selber mit. Oft dachte Friedrich an ein nahes Sterben und sah auf die Welt wie einer, der entsagt hat, weil er sich zum Abschied rüstet. Und doch glühte in seiner Seele heimliche Lebenszuversicht. Alle, die ihn früher gekannt hatten, fanden, daß er rasch gealtert sei. An die Beußerin dachten Friedrich und Margarete oft. Aber sie nannten ihren Namen nicht. Auch fragten sie nicht nach ihr.

Ende Juli kam der Tag, wo seine Gattin ihm mit einem innigen „Auf frohes Wiedersehen!" die Hand reichte und in ihre Stube ging. Friedrich lag still mit gefalteten Händen. Am Abend, die Stube war ganz dämmerig, da kam jemand gelaufen und meldete: „Die Frau läßt schön grüßen, es ist alles gut gegangen, und es ist ein Söhnlein!"

Da schluchzte er auf, überwältigt von so viel Barmherzigkeit.

Als man ihm das Kind ans Bett brachte, betrachtete er es lange, sagte: „Ein echter Hirschhorn!" und legte ihm die Hand aufs Haupt.

Die Nachricht, daß dem alten Haus ein Erbe geboren, erfüllte alles, was hirschhornisch war, mit unsäglicher Freude und Dankbarkeit. Auch die Reichsstadt nahm Anteil und entbot ihren Glückwunsch.

Mit Vergnügen und Ingrimm erfüllte es Friedrich, daß auch der mächtige Axel Oxenstierna die Gelegenheit ergriff, dem Junker von Hirschhorn Artigkeiten zu erweisen. Der Schwede schickte der Wöchnerin einen Braten auf silberner Schüssel, eine silberne Kanne mit südlichem Wein und eine kostbare Haube von blauer Seide mit Goldplättchen. „Es sind die schwedischen Farben", sagte der Kavalier, der die Geschenke begleitete.

Dann suchte der junge Offizier, es war ein deutscher Edelmann, den kranken Junker auf und brachte die Glückwünsche der schwedischen Macht in wohlgesetzten Worten. Die Antwort Friedrichs war eine Mischung von Höflichkeit und Trotz, von kluger Vorsicht und von leisem Hohn. Als der Kavalier, nach dem ihm gewordenen Auftrag, davon redete, daß Gustav Adolf Freude daran habe, Taufpate von deutschen Edelmannskindern zu sein, und daß eine Bitte wohl kaum zurückgewiesen würde, richtete sich Friedrich im Bett auf und sagte: „Mein Sohn wird nur einen einzigen Taufpaten haben, und der ist schon bestimmt. Aber ich muß ihn erst suchen lassen, denn ihr habt ihn aus seinem Eigentum vertrieben."

„Wer ist das?"

„Es ist mein gnädiger Herr, der Kurfürst von Mainz."

„Der Pfaffe?" lachte der Offizier.

„Ja, der Erzbischof. Er ist mein Lehnsherr. Hirschhorn ist mainzisch."

„So ist es schwedisch geworden. Denn alles mainzische Gebiet hat der Krone Schweden gehuldigt."

„Erlaubt! Alles mainzische Gebiet, nur das meine nicht. Die Krone Schweden geht mich einen Dreck an. Ehe ich ihr huldige, will ich ein Hundsfott sein."

Der Gesandte Oxenstiernas empfahl sich schleunig.

Drei Tage später kam Nachricht vom vertriebenen Erzbischof. Er wurde zu Trier aufgefunden. Mit großer Freude nahm er die Patenwürde über das Kindlein an und schickte Grüße und gute Wünsche.

Am folgenden Morgen wurde die Taufe gehalten ohne jedes Fest. Das Söhnlein erhielt den Namen des vertriebenen Erzbischofs: Anselm Kasimir.

Margarete hatte keine rechte Freude daran. „Diese Namen kommen in deinem Geschlechte niemals vor", sagte sie.

„Drum fängt für mein Haus auch eine neue Zeit an", antwortete Friedrich.

Das Kindlein gedieh. Margarete war wieder wohlauf. Nur der Junker wollte sich nicht erholen.

Der Herbst kam über das Weinland am Neckar, strahlend und fröhlich. Die Verhandlungen zwischen dem Kanzler und den Abgesandten der evangelischen Stände waren glücklich vollendet. Man rüstete sich zum Wegreiten. Der Rat gab zu Ehren der Gäste in seinen Weinbergen ein Fest. Es war an einem warmen, sonnigen Oktobertag.

Auch Friedrich und seine Gattin wurden eingeladen. Sie lehnten ab. Aber als die Sonne so freundlich schien und die Freudenschüsse aus den Weinbergen erschallten und fröhliche Weisen herniederklangen, da bekam Margarete den Wunsch, sich die Lustbarkeiten anzusehen. Sie nahm ihr Büblein mit, damit es die Luft und den Sonnenschein genieße.

Sie nahmen von Friedrich Abschied, der sich nicht wohl fühlte. Vor der Türe wartete die Dienerin, die das Büblein tragen sollte.

„Laß das Kind nicht aus den Augen und kommet zurück, ehe es kühl wird", sagte der Kranke.

Seine Frau küßte ihn, und er winkte seinem Söhnlein zu. —

Margarete hatte sich alles zur Genüge angesehen, den Reigen, den Singsang, das Bankettieren, das Feuerwerk am hellen lichten Tag, all das tolle, fröhliche Treiben des Heilbronner Herbstes. Die Sonne ging glutrot unter, der blaue, strahlende Himmel wurde bleich und matt. Aus dem Weinsberger Tal kam die kühle Nacht. Die Frau von Hirschhorn schlug den Heimweg ein. Vor ihr ging die Dirne mit dem Kind.

Am Ende des Festplatzes gegen die Stadt zu war das prächtige Ehrengezelt aufgerichtet. Seine Vorhänge waren offen. Man hörte Gespräch, Lachen und Gläserklingen. Die Edelfrau hatte es vermieden, bei ihrem Rundgang hier vorüberzugehen, weil sie fürchtete, freundschaftlich behelligt und aufgehalten zu werden. So wollte sie auch jetzt einen Pfad suchen, der hinter dem Zelte vorbeiführte. Aber die Dienerin war mit dem Kinde vorausgegangen und schritt dicht vor der offenen Pforte vorüber und schaute neugierig hinein. Margarete wollte dem naseweisen und leichtsinnigen Ding ihr Kind keinen Augenblick allein anvertrauen, und da nun gerade schallende Musik anhub, die es unmöglich machte, dem Mädchen zu rufen, so folgte sie ihm notgedrungen nach.

Kaum war sie vor das Zelt getreten, da wurde sie vom weinseligen Bürgermeister erkannt, der mit einigen schwedischen Herren vor der Pforte plauderte. Er trat auf die Edelfrau zu und begrüßte sie. Margarete hatte noch Gelegenheit, der Dienerin zu befehlen, nicht weiterzugehen, und mußte dann dem aufdringlichen Manne Gehör geben. Der stellte ihr die Schweden vor, denen er Friedrich von Hirschhorn rühmte als reichen, hochgeehrten und geliebten Edelmann. Er prahlte mit den vornehmen Einwohnern Heilbronns, zählte die Adeligen auf, die im sicheren Frieden der Stadt ihren Wohnsitz genommen hatten, und deutete mit zusammengekniffenen Äuglein an, welcher Vorteil dem gemeinen Wesen daraus zuwachse.

Die Schweden ließen den bürgerlich-salbungsvollen Wortschwall gelangweilt über sich ergehen. Margarete hoffte auf eine Gelegenheit, zu entwischen und sah sich nach dem Kinde um. Es war dicht hinter ihr. Da aber nannte der Bürgermeister einen Namen, der ihr ins Herz schlug und sie zwang, zu bleiben.

„Ja“, sagte er mit dem Ton eines Evangelisten, „der Stadt steht ein weiterer derartiger Gewinn bevor. Frau Ammel von Eberbach, die Beußerin von Ingelheim, beabsichtigt, sich mit großem Gefolg in Heilbronn niederzulassen. Die Frau ist reich, oh, ich sage euch, reich. Alle Edelleute in Heilbronn wiegen zusammengenommen nicht so viel wie die eine Frau. Natürlich, der Ritter von Hirschhorn hat auch ein bedeutendes Gewicht, das wir sehr zu schätzen wissen. Aber die Beußerin? Wie andre Leute einen Silberschrank haben, so hat sie einen Juwelenschrank. Ja. Und sie ist an die neunzig Jahre alt! Ich habe heute mit ihr den Reigen eröffnet. Immer noch aufrecht und stattlich; und immerdar auf der Reise! Aber jetzt will sie sich zur Ruhe setzen. Sie ist in Unterhandlung mit den Deutschherren und will ihr Haus in der Salzgasse kaufen. Wer weiß, was noch geschieht?“

„Wollt Ihr sie heiraten?“ fragte einer der Edelleute.

„Ich? Nein! Wo denkt Ihr hin. Meine Frau, die Frau Bürgermeister, erfreut sich eines gesunden Wohlseins. Dort vorne sitzt sie. Habt Ihr nicht mit ihr getanzt? Oh!“

„Ich glaube, ich hatte den Vorzug“, sagte einer von den Schweden.

„Ich meine anders. Wenn die Beußerin die Stadt Heilbronn so recht liebgewinnt“, — der Bürgermeister strich sich über sein Bäuchlein — „ob sie dann nicht? Ihr versteht doch?“

„Ganz von ferne“, sagte einer von den Offizieren und schaute hochmütig in die Weite.

„Sie hat nämlich keinen leiblichen Erben. Über all das Ihre, was nicht Lehen ist, verfügt sie freihändig. Wem sie's gibt, dem gibt sie's.“

Der Bürgermeister streckte seine hohle Hand hinaus mit einer Gebärde, als ob in ihm die Stadt zum Empfangen bereit wäre.

Da ergriff Margarete, die auf Kohlen gestanden hatte, des Bürgermeisters Hand, so daß er sie verdutzt anschaute, und sie fragte ihn leise: „Wollt Ihr mir eine Gunst erweisen?“

„Gerne.“

Sie traten beiseite.

„Wo wohnt die Beußerin zurzeit?“

„In Neckarsulm.“

„Kehrt sie dahin zurück?“

„Ja. Sie ist mit ihrer Kutsche hergefahren.“

„So ist sie noch hier?“

„Ja. Der Rat hat für sie ein eignes Zelt aufgerichtet. Auch für das Haus Hirschhorn hätten wir das getan, aber ihr habt ja leider abgelehnt.“

„Weilt sie in ihrem Zelt?“

„Vor einer halben Stunde hat sie sich dahin zurückgezogen.“

„Wollt Ihr sie um eine Unterredung bitten?“

„Für Euch?“

„Ja. Saget ihr, die Frau von Hirschhorn bittet die Frau von Eberbach um freundwilliges Gehör.“

„Jetzt sogleich?“

„Sogleich.“

„Gerne tu' ich Euch diesen Dienst. Dort ist das Zelt. Ich gehe.“

Margarete befahl dem Mädchen, auf das Zelt zu achten, in das sie gehen werde, und nicht von der Stelle zu weichen.

Der Bürgermeister kam zurück und meldete: „Frau Ammel von Eberbach erwartet die Frau von Hirschhorn.“

32

Frau Ammel saß auf einem Ruhebett, schweigend, lauernd, ganz im Schatten. Sie erhob sich, immer noch anmutig in ihren Bewegungen, aber etwas geziert. Sie wies nach einem Feldstuhl. Die Hand reichte sie nicht.

„Welch Begehr führt Euch zu mir?"

„Die Liebe zu meinem Gatten und die Sorge um mein Kind."

„Euer Sohn ist hier. Ja, ja, ich habe ihn gesehen. Ihr wisset doch, daß ich seine Urgroßmutter bin. Lasset ihn hereintragen. Es ist so lange her, daß ich keinem Menschen von meinem Geschlecht mehr in die Augen geschaut habe."

„Das könntet Ihr reichlich, heute und immerdar, bis Euch dankbare Menschen Eure Augen zudrücken, wenn Ihr vergeben könntet. Löset meinen Gatten von seinem Eid, und wir werden Euch die Hände unter die Füße legen, und Eure Urenkelchen sollen Euch die Wangen streicheln."

Die Beußerin saß unbeweglich. Keine Miene bewegte sich in ihrem Gesichte. Auf einmal beugte sie sich vor und sagte schmeichlerisch:

„Reicht mir doch einmal Eure Hand! Nicht die meine ich, womit Ihr Euern Ehemann streichelt, sondern die andre, an der Ihr Eure Ringe traget."

Sie nahm Margaretens Linke zwischen ihre welken Finger und liebkoste sie.

„Ums Leben gern hab' ich die Fingerlein, an denen Ringe sind. Die hast du alle von ihm? Wann hat er sie dir gegeben? Hier den schlichten Reif am Verlobungstag? Und diesen Demantring an dem Morgen, der auf die Brautnacht folgte?"

Margarete zog entrüstet ihre Hand zurück und sah angstvoll die irren Lichter in den Augen der Greisin.

Aber Ammel hatte ihren Goldfinger gehascht, ihn zu sich hergerissen und tastete.

„Hier dieser Ring, weis doch her, der stammt von mir. Das ist ein Giftring. Den hab' ich meiner Tochter mitgegeben, seiner Mutter! Kennst du das Geheimnis? Sieh, jetzt ist die Kapsel aufgesprungen! Hier ist das Knöpfchen, auf das man drücken muß. Zeig doch her! Oh, das Gift ist eingetrocknet, es ist nichts mehr da; damit kannst du niemand weh tun, Herzchen. Aber warte! Ich versteh' mich auf solche Sächelchen. Hier hab' ich Vorrat, schönen, grünen, süßen Vorrat. Oh, wie dem Gatten das Süppchen schmeckt, weißt du, wenn er alt ist und grämlich und eifersüchtig, und man gern einen jungen haben möchte. So, jetzt hab' ich dir wieder frische Füllung hineingetan. Aber in zwei Jahren mußt du wieder zu mir kommen, da wirkt das Liebchen da drinnen nicht mehr. Ist auch die Kapsel gut verschlossen? Ja. Siehst du, ich küsse den Stein. — Oh die süßen, goldigen Dinger!"

Margarete war wie gelähmt. Das Grausen hatte sie so überwunden, daß sie willenlos alles geschehen ließ: daß die Beußerin mit ihren Fingern spielte, ihre Ringe betastete, die Kapsel öffnete, aus einer großen Brustspange, die sie trug und öffnete, eine grüne, klebrige Masse mit einem goldenen Löffelchen holte und in die Ringkapsel füllte. Die Greisin verfuhr mit einer unheimlichen Flinkigkeit und Gewandtheit und hielt dabei die linke Hand Margaretens immer fest, zuletzt zwischen ihren Knien.

Als sie mit ihrer Verrichtung fertig war, ließ sie Margaretens Hand wie etwas Gleichgültiges fahren und sagte kalt: „Fahret fort!"

Allmählich wich das Grausen aus Margaretens Seele. Sie wurde wieder Herrin ihrer selbst. Ein Gemisch von Widerwillen und Mitleid erfüllte ihre Seele.

„Erlaubet, daß ich gehe", sagte sie. „Was Ihr meint, ist so weit entfernt von dem, was ich meine, so daß wir uns niemals finden werden."

„Oh doch", sagte die Beußerin. „Ich weiß sehr wohl, was Ihr gesagt habt. Ihr müßt Geduld mit mir haben. Alte Leute haben ihre Kindereien. Ihr habt begehrt, daß ich Euern Gatten von seinem Eide löse, das heißt, daß er in Heilbronn bleiben darf, auch wenn ich dorthin ziehe. Seid Ihr gekommen, mir dieses zu sagen?"

Margarete sah mit Erstaunen auf die Frau, die sie vorhin für irr gehalten und die jetzt vernünftige Worte redete. Zögernd nahm sie wieder auf dem Feldstuhle Platz.

„So weit ging meine Hoffnung nicht", gab sie zur Antwort. „Ich weiß, daß Euer Haß unversöhnlich ist. Aber unmenschlich braucht er deswegen nicht zu sein. Mein Gatte ist krank, wie mir jetzt mit einem Male die Angst sagt, sterbenskrank."

„Er darf nicht sterben, bis ..."

„Bis?"

„Bis sein Kind tot ist."

Margarete erhob sich stumm, um das Zelt zu verlassen.

„Bleibet!" rief Ammel und erhob sich gleichfalls. „Ihr habt Eure Bitte nicht vollendet."

„Ich war eine Törin, bei einer irr gewordenen Teufelin Menschlichkeit zu suchen. Mein Mann wird mich schelten."

„Bleibet!"

Unwillkürlich blieb Margarete stehen.

„Ihr wolltet mich bitten, daß ich nicht nach Heilbronn gehe, sondern Euerm Gatten die Ruhe gönne, die er gefunden hat, damit er entweder genese oder im Frieden sterbe. Darum wolltet Ihr mich bitten. — Ihr schweigt. Es ist so.“ —

„Nun, wer weiß?“ sagte sie nach einer Pause mit veränderter Stimme. „Was soll ich in Heilbronn? Wozu soll ich Euern Mann aufjagen wie der Hund den wunden Hirsch? — Lasset mich Euer Kind sehen!“

„Daß Ihr es mit Euern Augen vergiftet? Nimmermehr!“

„Fürchtet Ihr nur von meinen Augen? Ich habe auch Finger!“

„Finger wie Schlangen! Aber von Euern Fingern fürchte ich nichts. Ihr rühret mein Kind nicht an.“

„Lasset es kommen! Wer weiß, vielleicht bin ich gnädig. Was soll ich in Heilbronn? Ich besitze in Ulm ein schönes Haus. Lasset Euer Söhnlein hertragen. Vielleicht rührt sein Lallen mein Herz. Vielleicht gewinne ich es lieb, wie ich die Tochter meines Angelo liebgewann, die arme Ursa, die zu Heidelberg von meinem Gift genommen hat, weil sie nicht wollte, die arme kleine Törin, und nicht entrinnen konnte. Das ganze Haus war voll von Tillys Soldaten. Mich haben sie in Ruhe gelassen, aber sie nicht. Warum sollt' ich nicht auch meinen Urenkelsohn liebgewinnen? Ich will sehen, wieviel von mir in ihm ist, ob er meinem Johann ähnlich sieht oder meinem Angelo oder meinem Ulrich. Zeiget mir Euer Kind! Wer weiß, ob sich nicht mein Herz wendet?“

Da ging Margarete an die Pforte des Vorhangs und rief: „Irmgard!“ Als die Dienerin kam, sagte sie leise: „Gib mir das Kind! Aber bleib hier außen, dicht bei der Türe! Horche genau! Wenn ich dich rufe, komm eilend herein!“

Sie trat mit dem Kinde auf dem Arm in das Zelt.

„Nicht näher!“ rief sie der Beußerin zu. „Setzet Euch wie vorhin! Ich halte mein Kind auf dem Schoß, und Ihr könnt es von dort betrachten.“

Die Greisin beugte sich vor, sah scharf das Büblein an und murmelte: „Keine Spur! Keine Spur!“

„Es hat ein gut Teil helmstattisch Blut“, frohlockte Margarete. „Nun? Spricht es nicht zu Euerm Herzen?“

„Doch! — So! —“

„So? Ihr krallt die Finger in der Luft und erwürgt im Geist meinen süßen Knaben. Immerzu! Immerzu! Gottes Engel stehen umher. Mit keinem Finger rührt Ihr es an.“

„Gib mir meinen Urenkel, daß ich ihn küsse!“

„Ja, tot wollt Ihr ihn küssen! Nein, nein! Komm, du stolzer Erbherr! Hundertundsieben Dörfer sind dein und eine Stadt dazu und siebzehn Burgen. Du wirst ein Stammhalter werden, zu dem Kinder und Enkel aufschauen."

„Daß Euch die Pest! Daß Euch die Pest!"

„Komm, du mein Herzensjunker! Wir lassen die alte Frau fluchen und gehen zum Vater!"

„Bringet ihm ein Geschenk von mir mit! Er wird niemals mehr schlafen, niemals mehr schlafen, wenn er erfährt, was ich jetzt künde."

„Er erfährt es nicht: die Kunde stirbt in meinem Herzen."

„Euer Herz trägt sie nicht, sie ist zu giftig und hat wilde Zähne. Ihr könnt sie nicht behalten. Sie beißt sich und frißt sich durch Fleisch und Knochen und bricht aus Eurer Brust heraus."

„So will ich sie nicht hören."

„Ihr müßt. Kennt Ihr das furchtbare Geheimnis der Burg Hirschhorn?"

„Ich kenn es."

„Wißt Ihr, daß die Burg Handschuhsheim das gleiche Geheimnis birgt?"

Margarete nickte mit dem Kopf.

„Nicht wahr? Hier das vermodernde Weib, dort der vermodernde Mann, das ist wie zwei Hälften eines Rings?"

„Was soll dies alles? Ich gehe."

„Nein, Ihr bleibt. Weiß Euer Gatte den Sinn?"

Margarete entschloß sich zu bleiben und horchte.

„Ich kenn ihn, denn er stammt aus meinem Herzen, wie Euer Kind aus Euerm Leibe."

„Keine Mörderin starb so verflucht unter dem Rade, wie Ihr zu sterben verdient."

„Schweiget und horcht! Horcht! Ich wollte Kinderreichtum in unsre beiden Häuser bannen."

„Ihr seid eine Zauberin! — Gott schütze mein Kind!"

„Ich war es. Jetzt lache ich der Torheit. Es ist Wahn und Trug. Aber damals glaubte ich daran, so inbrünstig, als ich meinem Schoße Feigenbäume wünschte, die ins Endlose wachsen und blühen. Wollet Ihr mich hören?"

„Sprechet!"

„Die Sterne und der Kristall stimmten überein. Jener Mann, der zwischen den Steinen zu Handschuhsheim steht, jene Frau mit Söhnlein und Töchterlein und mit dem gesegneten Schoß, die auf Eurer Burg zwischen Mörtel und Backsteinen erstickt und verhungert ist, diese beiden Gatten, unschuldig, glücklich, mit beiden Häusern verwandt: die mußten es sein, die Sterne und der Kristall wollten's so haben. Aber das Mittel selbst, die Geschlechterarznei, zusammengebraut aus blühendem Leben und Finsternis und Grabesdunst, das stammt aus einer uralten Sage, von der man sich nur im Finstern zuraunt. In grauer Vorzeit haben unsre Väter so getan, wenn sie Türme und Brücken bauten, damit sie halten, und wenn sie ein Haus aufrichteten, legten sie einen lebendig unter die Schwelle, damit das Ehebett fruchtbar sei."

„Oh schweiget! Ich weiß genug."

„Ihr bleibet, bis Ihr alles wißt. Sehet, Ihr bleibt! Wer die Sage gehört hat, kann sie nie vergessen: in einer gottverfluchten Stunde gibt er sie einem andern Menschen weiter, einem aus dem jungen Geschlecht, so wie ich jetzt auch. Und dann und wann, vielleicht in hundert Jahren einmal, hört sie jemand, der das Herz hat, danach zu tun. Ein solcher Mensch war ich."

„Nie, nie wieder wird es geschehen."

„Ich war schon Großmutter, aber noch jung und Gattin eines alten Mannes, als ich sie hörte. Ich empfing sie in einer sündenvollen Stunde von einem aus Euerm Geschlecht. Man nannte ihn den tollen Hans. Er lehrte mich böse Liebe, jagte mit mir nach Juwelen, trieb mit mir die geheimen Künste und braute mit mir Gift. Der wußte davon seit früher Jugend. Aber er schwelgte in den Gedanken und machte aus allem ein fratzenhaftes Spiel. Auch im Frevel war er der Hansnarr. Ich aber nahm es bitterernst mit allen Dingen. Ich wollte die Ahnfrau sein vieler Geschlechter."

„Oh du Unglückliche!"

„Hast du Mitleid mit mir? — Es hat eine Weile gedauert, bis die Männer wollten, denn sie waren feig. Aber sie waren auch wild, roh und trunken. Und ich war über alle mächtig. So geschah es denn."

„Entsetzlich."

„Mein Enkel und mein Sohn waren auch dabei. Sie sollten ja die Frucht der Tat genießen."

„Mein Gatte war zwölf Jahre alt. Man hat seine Hand frevelhaft mißbraucht."

„Mein Johann war ein zarter Knabe. Er hat auf dem Wege zur Mauer gelächelt; auf dem Rückweg war sein Gesicht verzerrt. Oh!"

„Mich wundert, daß Ihr leben könnt."

„Mein Enkel hat meinen Sohn erschlagen!"

„Wühlet nicht weiter! Höret auf!"

„Ich werde leben, bis auch das Haus Hirschhorn erstorben ist. Dann ... ah! ...“

Sie deutete nach der Brustspange, worinnen ihr Gift geborgen war, hob die hohlen Finger an den Mund und schlürfte wollüstig mit den Lippen, so daß die Luft zischte ...

33

Margarete eilte mit ihrem Kinde entsetzt der Stadt zu. Die gewissenlose Dienerin war der Musik nachgelaufen. Rings um sie her war Freudengeschrei, Feuerwerk, Gesang und Reigen. Der nächste Weg ging in die Weinberge hinab, auf unsicheren, zufälligen Stufen. Margarete sah den Boden nimmer, und es war Glück, wenn sie auf dem kreuz und quer ziehenden Pfade auf den rechten Fleck trat. Sie hielt den Knaben mit dem linken Arm an die Brust gepreßt, wohleingewickelt und -verwahrt. Die rechte Hand streckte sie aus, um sich an den Mäuerchen, an Rebpfählen oder Baumstämmchen festzuhalten. Sie verlor mehrmals den Boden, glitt und neigte sich vorwärts, aber konnte sich immer wieder aufrichten. Da blendete sie der Blitz eines Pistols, das dicht neben ihr von einem aufwärts steigenden Gesellen in die Luft geschossen wurde. Sie taumelte, stürzte und schlug mit dem Kind auf den Boden. Aber im Fallen hatte sie es zu bergen gewußt, so daß ihm nichts Schlimmes widerfuhr. Das spürte und wußte sie allsogleich. Sie hatte ihre linke Hand aufgeschlagen und die Finger verletzt. Aber was lag daran? Im Nu hatte sie sich wieder aufgerichtet und sah vorwärts. Der böse Weg war zu Ende, sie hatte einen sicheren Pfad vor sich. So nahm sie das Kind in den rechten Arm, löste mit der linken Hand die Tücher von dem schreienden Köpfchen und entfernte Laub und Erdbröckelchen und Steinchen, die auf des Kindes Gesicht lagen, mit Vorsicht und Sorgfalt. Da bemerkte sie, daß der Giftring geöffnet war. Durch den Aufschlag auf den Stein war die Kapsel aufgesprungen. Margarete sah entsetzt in den goldenen Behälter. Am Rand hing etwas von der klebrigen Masse. Der Ring war offen gestanden, während sie ihres Söhnleins Mund und Wangen von dem Unrat reinigte. Entsetzt sah sie auf ihr Kind. Es verzerrte das Mündchen, verdrehte die Augen, schäumte ein wenig, streckte sich — — —

Friedrich fühlte sich matt und hatte schwere Gedanken. Er las gerade in der Bibel das fürchterliche Kapitel von Gottes Fluch im dritten Buch

Mosis. Er hatte durch die Stille des herbstlichen Sonnenscheins das Wiehern der gespenstischen Rosse vernommen; da las er dann gerne die gewaltigen Stellen von Gottes Ernst aus dem Alten Testament, um sich darauf zu erquicken an einem seiner Lieblingspsalmen oder an einem Spruch des Evangeliums. So hatte er gerade gelesen: „Ich will wilde Tiere unter euch senden, die sollen eure Kinder fressen. Und ob ihr euch in eure Städte versammelt, will ich doch die Pestilenz unter euch senden und will euch in eurer Feinde Hände geben."

Er schob die Bibel weg und flüsterte: „Unentrinnbar!" Dann aber lächelte er stille vor sich hin.

Da tat sich die Türe auf, seine Frau trat herein mit geistesstarren Augen. Er sah sie an und wußte alles. Er stöhnte auf, und das Schwarze in seinen Augen wurde bleich. Dann lag er still, gefaßt da, als ob er solches erwartet hätte. Er fragte nach dem Hergang. Da erfuhr er die ganze Wahrheit. Er hörte sie als ein Mensch, den nichts mehr erschüttern kann.

Eine Weile lag er mit geschlossenen Augen, dann griff er nach seiner Frauen Hand, sah sie an und sagte:

„Du, es gibt keinen Fluch, es gibt nur Segen."

Sie schüttelte leise den Kopf.

„Doch du! Aber die Menschen können freveln, daß die Natur zerrissen wird; da muß dann alles sterben, damit sie wieder genese."

Von Tag zu Tag wurde er schwächer.

„Leonhard soll mir den Sarg machen. Aber bestattet werden will ich hier, bei meinem Anselm Kasimir in der Kilianskirche. Meinem gnädigen Lehnsherrn, dem Kurfürsten von Mainz, schicke ich dienstwilligen Gruß aus treuem Herzen. Grüße deinen Vater und deinen Bruder Albert. Er soll mit meinem Berberpferd siegreich reiten."

„Vier Tage, nachdem sein Söhnlein beigesetzt war, saßen Margarete und der Arzt an seinem Bett und tauschten vielsagende Blicke. Friedrich erwachte vom Schlummer. Margarete beugte sich über ihn. „Ich hatte einen so schönen Traum", flüsterte er. „Mir träumte, ich stand in der Waldbucht zu Zwingenberg, auf der hinteren Wiese. Die Abendsonne schien herein, und die Buchen leuchteten. Ich stand ganz allein am Quell, der murmelte so schön, und ringsum sangen die Vögel, die zarten Meisen, dicht neben mir, und weiter hinten im Busch die Amsel. — Oh du schöne grüne Wiese! Oh mein lieber Wald!"

Da klopfte es an die Türe, und eine abwehrende Dienerin beiseiteschiebend, trat unaufgefordert ein Mann herein, gestiefelt und gespornt, den Hut auf dem Kopf. Er sah sich in der Stube um, heftete die Augen auf den Kranken und sagte: „Ich habe dem Ritter von Hirschhorn zu melden, daß Frau Ammel von Eberbach heute abend in die Stadt Heilbronn zieht.“

Wie Friedrich den Namen hörte, zog er mit zitternder Hand die Bettdecke über sein Gesicht, wie er den Hut vor sein Antlitz zu halten gepflegt hatte, wenn sie ihm begegnet war.

„Er soll ihr sagen“, flüsterte er, „daß ich als deutscher Edelmann mein Wort halte. Ehe die Nacht anbricht, habe ich ihr das Feld geräumt. Gott schenke ihr Frieden!“

Nachdem der Bote fortgegangen war, schickte sich Friedrich zum Letzten. Er gab allen, die sich eingefunden hatten, dem Arzt, dem Geistlichen, den Dienern die Hand und bat sie, wieder fortzugehen.

Als es um ihn Ruhe geworden war, sagte er zu Margarete: „Jetzt will ich sterben, allein, meines Stammes Ende. Niemand sehe nach mir. In der Wohnstube hängt mein Hut. Geh dorthin. Wenn es so düster geworden ist, daß die rote Feder auf meinem Hut schwarz aussieht und die goldene Agraffe wie Blei, dann magst du die Türe öffnen und die Läden schließen. Margarete! Du! —“

Als sie zur bezeichneten Zeit zurückkehrte, lag er tot im Bett; die Hände übereinandergeschlagen — unendlicher Friede im Angesicht.

Sie schloß die Läden. Als sie sich hinausbeugte, fuhr gerade die Kutsche der Beußerin vorüber und der Bürgermeister stand vor dem Rathaus und verbeugte sich.

Es wurde finster im Gemach. Margarete kniete am Bette und weinte lang und still. Dann öffnete sie die Türe und sagte zur Dienerschaft: „Kommet leise zum letzten Ritter von Hirschhorn.“

Am folgenden Morgen mußte Margarete über die Straße. Einige spielende Kinder standen und schauten zu ihr her. Auf einmal sprang ein Bübchen herbei, faßte ihre Hand und fragte:

„Du, ist es wahr? Ist das deutsche Herz tot?“

Margarete brach in Tränen aus.

Da drückte das Büblein die Hand der edeln Frau in einem fort, in einem fort an das eigne klopfende Herzlein und sagte: „Du, sei nur ruhig. Ich lebe noch.“

Die Weinende beugte sich zu dem Kind nieder und fragte: „Wie heißest du?“

„Ich heiße —“

Aber da sah das Büblein in der Ferne etwas vor sich gehen, wobei es sein mußte. So sprang es davon und hat seinen Namen nicht genannt.

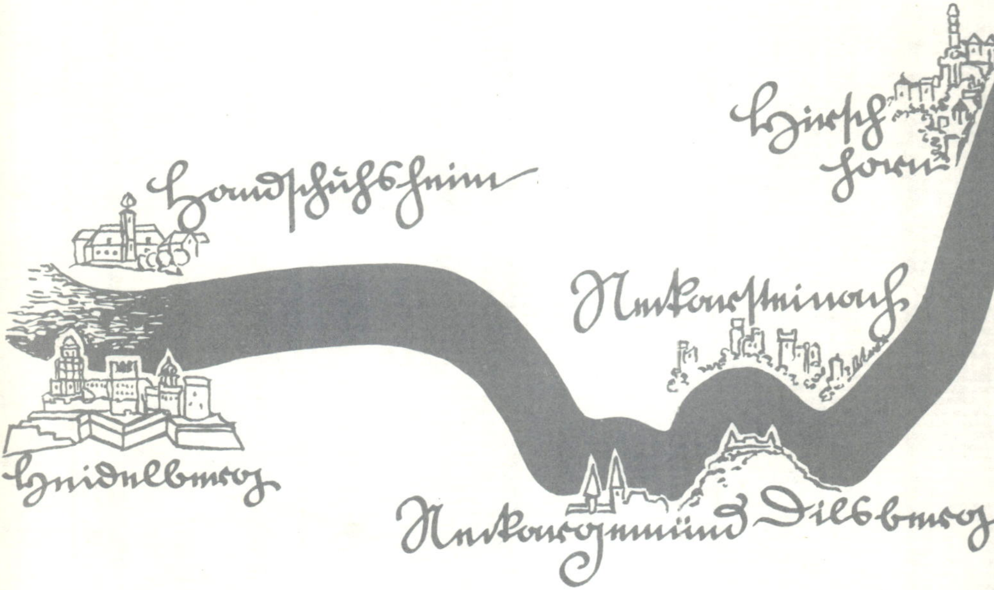
Handschuhsheim
Hirschhorn
Neckarsteinach
Heidelberg
Neckargemünd
Dilsberg

Anno Domini
1618